데이비드 프리드먼 교수의
# 경제학 강의

데이비드 프리드먼 교수의

# 경제학 강의

**데이비드 프리드먼** 지음

**고기탁** 옮김

옥당

# 일상에 숨어있는 경제학의 발견

**스티븐 랜즈버그**
(로체스터 대학교 경제학과 교수, 《런치타임 경제학》 저자)

데이비드 프리드먼을 알게 되면 자연스레 '열정은 전염 된다'는 말이 무슨 뜻인지 알게 된다. 이 사람은 사소한 것 하나도 그냥 넘어가는 법이 없다. 길에서 그를 만나면, 그는 불법행위에 관한 징벌제도가 어떤 점에서 잘못됐고, 농부가 식료품 상인보다 왜 정치적 영향력이 큰지 한참 동안 이야기한다. 그뿐 아니라 세계의 파멸을 가져올 가상의 핵 격발 장치를 제작하는 방법, 심지어 남자 화장실을 찾는 밀턴 프리드먼Milton Friedman의 법칙까지 거침없이 설명한다. 점심이라도 같이 먹게 되면 중세 아이슬란드 사법제도의 기본 원칙은 물론 강도에게서 집을 안전하게 지키는 방법까지 상세히 들을 수 있다.

요즘은 다양한 아이디어로 넘쳐나는 사람이 무척 많다. 우리는 그런 사람들을 흔히 괴짜라고 부른다. 그러나 온갖 아이디어로 넘쳐나면서도 균형을 잃지 않는 사상가는 무척 드물다. 따라서 자신의 생각을 명쾌하면서도 재치 있게 표현할 수 있는 균형감각을 갖춘 사상가는 가히 국보

國寶라 할 수 있다. 데이비드 프리드먼이 바로 그런 사람이다.

프리드먼의 생각에서 핵심을 차지하는 이론은 경제이론이다. 그는 무엇에나 경제학의 기본 원칙을 엄격하게 적용한다. 그의 사고방식은 경제학과 복잡하게 뒤엉켜 있어서 일상에서 일어나는 일들을 그만의 재치있는 시각으로 풀어나간다. 그래서 그는 주류 경제학의 기본 이론과 그만의 기발한 생각을 한데 모아 한 권의 책으로 정리할 필요가 있다고 생각했다. 이 책이 바로 그 책이다.

서점을 둘러보면 재미있는 물리학 책은 많이 있는데 경제학 책을 찾기는 쉽지 않다. 이 책이 출간된 이후 많은 학자가 그의 아이디어와 이론을 인용했다. 나도 책을 쓰면서 프리드먼의 이론을 많이 인용했다. 그래서 내 책에서는 다른 어떤 경제학자보다 데이비드 프리드먼이란 이름이 자주 나온다. 한마디로 그는 어려운 경제학 원리를 아주 쉽게 알려주는 선생이자 일상생활 속에 숨어있는 경제학 원리를 쏙쏙 찾아내 명쾌하게 풀어주는 이야기꾼이다. 그가 이 책에서 펼치는 열정의 경제학 이야기에 여러분도 의심 없이 빠져보시길 권한다. 경제학으로 즐거운 시간을 만끽하는 색다른 경험을 하게 될 것이다.

# 합리성의 세상, 현실 속으로

강의 도중에 옷을 벗는 등 학생들의 눈길을 사로잡는 행동으로 평판이 꽤 좋았던 동료 교수가 있었다. 광고업계에서는 이런 수법을 '비디오 뱀파이어Video Vampire 효과'라고 하는데 광고 제품에 쏠려야 할 사람들의 주의를 모델에게 전환시키는 경우를 이르는 말이다. 눈부시게 아름다운 여인을 등장하게 해 눈길을 사로잡는 광고판을 본 적이 있을 것이다. 30분 후에도 그 여자와 광고 문구는 뚜렷이 기억나지만, 그 여자가 무엇을 팔려고 했는지는 가물가물하다. 광고는 물건을 광고한 것일까, 아니면 그 여자를 광고한 것일까?

경제학 자체는 발가벗는 교수보다 훨씬 재미있고 흥미진진하다. 이 사실을 알려주려는 게 이 책의 목적이다. 이 책에서는 전쟁, 사랑과 결혼, 선과 악 등 약간 생뚱맞은 주제를 다루기도 한다(이런 것도 모두 경제학의 주제다). 아마 가장 생뚱맞은 문제는 게리 베커Gary Becker(1992년 노벨 경제학상을 받은 미국의 경제학자_옮긴이)의 '불량아 정리Rotten Kid theorem'일 것이다. 합리적인 아이가 자기 이익을 따져 누이의 엉덩이를 걷어찰 때를 결정한다는 이론이다. 선악 경제학the economics of virtue and vice은 부분적으로는 내가 독창적으로 제시한 것이지만, 부분적으로는 로버트 프랭크Robert Frank(맨큐, 테일러, 크루그먼, 버냉키 등과 함께 이 시대 최고의 경제자로 불린다_옮긴이)의 책에서 가져온 것이다.

경제학자들이 경제학을 어떻게 보느냐에 따라 경제학이 달라진다. 이론과 직관, 오리무중인 현실 세계, 때로는 괴상하지만 독창적인 해결책 등이 뒤섞인다. GNP(국민총생산)를 정확히 예측할 방법은 없지만, 행동을 이해할 수 있는 강력한 엔진은 있다. 이 엔진은 주로 인간의 행동에 적용되지만 유전자, 컴퓨터, 심지어 동물에도 적용된다. 바로 합리성이다. 그 단 하나의 가정, 합리성으로 무장해서 현실 세계를 정복해보자.

## 3부  현실 경제 들여다보기

# 1부

## 경제학 시작하기

# 합리성, 그게 뭔데?

## : 경제학자처럼 생각하기

## 경제학은 인간의 합리적인 행동을 탐구한다

대부분 사람에게 경제학은 통계 자료와 전문용어로 채워진 따분한 학문이다. 반면, 경제학자들에게 경제학은 군대는 왜 철수하는지, 이혼율은 왜 증가하는지 그 이유를 해석할 수 있을 뿐 아니라 노상강도를 당하지 않을 방법 같은 실제 문제를 해결하는 강력한 도구이다. 경제학의 논점은 돈이 아니라 이성적 판단이다. 달리 말하면, 경제학은 인간이 합리적으로 행동한다는 사실과 밀접한 관계가 있다. 좀 더 학문적으로 말하면, "경제학은 인간의 행동을 이해하기 위한 학문으로, 인간은 다양한 목표를 세우며 그 목표를 성취하기에 적합한 방법을 선택하는 경향이 있다는 가정에서 출발한다."

경제학이 가정하는 것은 우리 생각이 아니라 우리 행동이다. 예를 들어 걷는 법을 배우려고 하면서 머리로만 걷는 법을 익힌다면 (과학자들이 걷는 로봇 개발 초창기에 경험했던 것처럼) 실제로 걸을 사람은 아무도 없을 것이다. 우리는 논리적인 추론으로만 배우는 게 아니기 때문이다. 느낌과 피드백, 직관 같은 복잡한 과정을 통해서도 배운다.

논리적인 추론을 하지 않고도 합리적으로 행동하는 방법은 많다. 논리 추론을 하든 하지 않든, 인간은 살기 위해서는 먹어야 한다. 먹지 않으면 경제학자가 우리 행동을 분석할 새도 없이 죽고 만다. 따라서 진화야말로 합리적인 행동의 근원이라 할 수 있다. 시행착오도 합리적인 행동의 또 다른 근원이다. 나는 내가 사는 지역의 지도를 한 번도 본 적이 없지만, 학교에서 집까지 가는 지름길을 훤히 꿴다.

추론하지 않고도 합리적으로 행동하는 인간의 대표적인 예는 갓난아이다. 갓난아이에게는 자신의 목표를 성취할 수단이 하나밖에 없다. 배가 고프거나 기저귀가 젖으면 큰 소리로 울어서 문제를 해결해달라는 신호를 보낸다. 갓난아이가 자신이 처한 상황을 논리적으로 생각해서 그렇게 행동했을까? 어쨌거나 갓난아이는 목표를 달성할 수 있는 가장 적합한 행동을 한 것이다. 따라서 갓난아이는 합리적이다.

고양이도 마찬가지다. 우리가 신문을 읽느라 고양이를 쓰다듬어주지 않으면 고양이는 신문지 위로 올라와 자신의 뜻을 전달한다. 고양이의 이런 행동이 추론의 결과인지 시행착오의 산물인지는 모르지만, 효과가 있는 건 분명하다.

경제학에 접근하려면, 인간에게는 다양한 목표가 있고 그 목표는 상당히 단순하다고 가정해야 한다. 이런 가정이 없다면 경제학은 알맹이 없는 공론空論이 된다. 아무리 별난 행위라도 그 행위 자체가 목표라고 가정하면 얼마든지 설명될 수 있기 때문이다. 예컨대, 내가 발가락 사이에

1,000달러짜리 지폐를 끼고 책상 위에서 물구나무를 섰다면 그 이유가 무엇이겠는가? 그냥 그러고 싶었기 때문이다.


## 합리적 행동의 평가 기준, 비용과 편익

경제학에서 설정하고 있는 인간은 합리성을 갖춘 인간이다. 하지만 현실에서는 모든 인간이 합리적인 것은 아니다. 어떤 방향으로든 자기 방식을 고수하는 사람도 있을 수 있는데 이런 경우까지 예측하기는 어렵기 때문에 전체 평균으로 놓고 보았을 때 사람들이 합리적일 것이라고 가정하는 것이다. 합리적인 인간이 되기 위해서 가장 먼저 고려해야 할 것은 비용과 편익이다. 비용과 편익을 계산해서 편익이 나는 일을 선택할 때 그 사람을 합리적인 인간이라고 한다. 다음 경우들을 보자.

당신이 공원 설계를 맡아 풀밭에 산책로를 만든다고 생각해보자. 사람들은 가장 손쉽게 목적지에 가려 한다. 출발지점과 도착지점이 최단거리 직선으로 설계되어야 하는 이유다. 그에 따라 울타리는 어떻게 설치하고, 공원을 가로지르는 길은 어떻게 배치하며, 잔디 대신에 단단한 포장재나 친환경 저탄소 콘크리트 길을 만들자는 등의 다양한 제안이 나올 수 있다.

공원 전체에 잔디를 깔고 잔디밭을 가로지르는 것이 지름길이라고 알려주는 팻말을 세우는 것은 가장 비효율적인 방법이다. 공원을 찾는 사람이라면 그 정도는 이미 알고 있으니까. 합리성은 개인행동에 대한 가정이지 집단행동에 대한 가정이 아니다. 내가 녹색 잔디를 아무리 좋아해도 잔디밭을 가로지르는 지름길을 선택했다면 그 결정은 내 관점에서 봤을 때는 비용(잔디의 손상)보다 편익(절약되는 시간)이 더 큰 행동이다. 하지만 내가 선택한 지름길은 다른 모든 사람에게 내가 얻는 편익보다 더 큰 비용을 떠안긴다. 결과적으로 내 행동은 총비용이 총편익보다 크지만, 내 행동을 결정하는 요소는 나에게 국한된 비용과 편익이다.

두 번째 예는 남자 화장실을 만드는 밀턴 프리드먼 법칙, '남자 화장실은 삼면 중 하나가 여자 화장실과 붙어 있다'이다. 건축가의 목표 가운데 하나는 건축 비용을 최소화하는 것이다. 큰 배수관 하나를 수직으로 설치하면 작은 배수관 둘을 수직으로 설치하는 것보다 비용이 덜 든다. 따라서 남자 화장실과 여자 화장실이 같은 수직 배수관을 사용하게 맞붙여 지으면 비용을 줄일 수 있다.

세 번째 예로 두 가지 결정(어떤 차를 사느냐와 어떤 후보에게 투표하느냐)을 내려야 하는 사람을 생각해보자. 자동차를 살 때, 그는 확신을 갖고 특정 자동차를 선택한다. 반면에 투표할 때는 그의 결정이 특정 후보의 당선 가능성에 영향을 끼칠 확률은 1,000만 분의 1도 안 된다. 다시 말해, 그가 투표하지 않은 후보가 당선되더라도, 그가 투표한 후보가 패해도 그는 소중한 시간을 허비한 셈이 된다. 따라서 어떤 자동차를 사느냐에 시간을 더 투자하는 것이 합리적인 선택이다. 그에게 돌아오는 보상이 훨씬 크기 때문이다. 반면에 투표 행위는 '합리적 무시rational ignorance'라는 말로 요약된다. 정보를 얻는 데 필요한 비용이 정보의 가치보다 크다면 그 정보를 무시하는 것이 합리적이라는 얘기다. 그래서 그는 자신의 한 표가 직접적으로 세상을 변화시키지 못할 것이라고 생각해 현실을 외면해 버리는 것이다.

한편 발의된 법안이 하나 있는데, 당신이 그 법안의 혜택을 많이 볼 수 있을 것 같으면, 당신은 그 법안을 통과시키려고 흔쾌히 돈과 노력을 투자할 것이다. 만약 법안 비용이 다수에게 골고루 분산된다면 누구도 그 법안으로 자신이 얻게 될 손익을 따져 법안을 반대하겠다고 나서지 않을 것이다. 이런 이유에서 특수 이익집단은 수적으로 훨씬 많은 나머지 사람에게 비용을 전가함으로써 혜택을 누린다. 이 문제는 정치 경제학을 다루는 19장에서 자세히 살펴보기로 하자.

위의 세 번째 예에서 나는 합리성에 관한 정의를 조금 바꾸었다. 앞에서 합리성은 '해야 하는 것'에 관한 올바른 결정(이를테면 올바른 정치인에게 투표하는 행위)을 뜻했다. 이번에는 '해야 하는 것을 결정하는 방법'에 관한 올바른 결정(누구에게 투표할 것이냐와 관련한 정보가 해당 정보를 수집하는 데 드는 비용의 가치보다 높을 때만 정보를 수집하는 행위)을 뜻한다. 대다수의 경우는 앞의 정의로도 충분하다. 하지만 문제의 핵심이 정보를 수집해서 활용하는 비용일 때에는 뒤의 정의가 기준이 된다.

마지막 예로 전투에서 승리하는 방법을 생각해보자. 현대전에는 총격전이 많지 않다. 총을 쏘더라도 정확하게 겨냥해서 쏘지 않는다. 하지만 결코 불합리한 행동이 아니다. 자신의 총격이 전투의 승패에 지대한 영향을 미친다고 생각하는 병사는 거의 없기 때문이다. 적을 정확히 겨냥해서 총을 쏘려고 시간을 지체하다가는 오히려 자기가 총에 맞아 죽을 확률이 더 높다.

장군과 병사에게는 두 가지 같은 목적이 있다. 하나는 전투에서 승리하는 것이고, 다른 하나는 병사가 전투에서 살아남는 것이다. 그러나 병사가 생각하는 자기 생명은 장군이 생각하는 병사의 생명보다 훨씬 중요하다. 따라서 장군은 합리적인 판단으로 병사에게 적을 겨냥해서 총을 쏘라고 명령하지만, 병사도 자신의 합리적인 판단에 따라 적을 정확히 겨냥해서 총을 쏘지 않는다.

제2차 세계대전에 참전한 미군 병사를 연구한 자료를 보면, 총을 쏠 확률이 가장 높은 병사는 브라우닝 자동 소총을 소지한 분대원이었다. 그들의 상황은 특수 이익집단에 속한 사람과 비슷했다. 브라우닝 자동 소총은 일반 소총보다 화력이 훨씬 뛰어났기 때문에(자동 소총은 기관총과 비슷해서 방아쇠를 당기고 있으면 총알이 계속 나간다), 그들의 활약이 일반 보병의 활약보다 뛰어났고 전투의 승패를 결정하는 데 큰 역할을 했다.

생사의 문제는 현대전에만 국한되지 않는다. 1,000년 전으로 돌아가 보자. 당신은 창으로만 무장한 보병인데, 창으로 무장하고 말을 탄 창기병을 상대해야 한다. 보병이 단결해서 물러서지 않으면, 창기병의 공격을 무산시킬 가능성도 있고, 아군 사상자도 그다지 많지 않을 것이다. 하지만 보병이 너도나도 도망치면 대다수가 말발굽에 짓밟혀 죽고 만다. 따라서 당신은 당연히 단결해서 버티는 쪽을 택해야 하지만 이는 잘못된 선택이다. 당신은 자신만 통제할 수 있을 뿐, 보병 전체를 통제할 수는 없다. 보병 전체가 버티고 당신만 도망친다면 당신은 적어도 적의 손에 죽지 않을 가능성이 크다. 반면, 모두 도망치면 앞장서서 도망쳐야 살 가능성이 크다. 따라서 다른 병사는 어떤 선택을 하든 당신은 처음부터 달아나는 편이 낫다. 그런데 모두 똑같이 생각하고 달아나면 대부분 죽는다. 이것이 바로 합리성의 어두운 면이다. 집단을 향한 충성심, 애국심과 단결심 혹은 영웅에게는 보상하고 겁쟁이는 단죄한다는 종교적 믿음 등으로 우리는 합리성의 어두운 면을 해결하려 한다.

그 외에 병사들을 다리 너머로 진군시킨 후에 강 반대편에 진지를 구축하고 다리를 태워버리는 방법도 있다. 이른바 배수진으로 병사들이 달아날 길을 없애고 압력을 넣는 방법이다. 이렇게 하면 아군 병사는 도망치지 않지만, 적군은 도망칠 수 있으므로 전투에서 승리할 수 있다. 배수진을 치는 것은 위험성이 매우 높은 전략이다.

미국 고등학교 역사책은 미국 독립전쟁을 다루면서, 당시 영국군이 눈에 잘 띄는 주홍색 군복을 입고 기하학적 대형으로 진군하는 바람에 미군의 표적이 되었다고 설명한다. 하지만 내 생각은 다르다. 영국군은 그 방법의 효과를 믿었을 것이다. 그로부터 수십 년 후에는 똑같은 군복에 똑같은 대형으로 진군한 덕분에 워털루 전투에서 위대한 장군 나폴레옹을 무찔렀으니까 말이다.

사실 기하학적 대형을 이루면 어떤 병사도 꽁무니를 빼기 어렵다. 또 병사가 반짝이는 단추가 잔뜩 달린 밝은 주홍색 군복을 입고 있으면 전투에서 패배한 후에도 탈영하기 어렵다. 고등학교 역사책은 기하학적 대형과 눈에 잘 띄는 주홍색 군복이 병사들을 일사불란하게 통솔하기 위한 전략이었음을 간과한 것이다.

개인인 병사와 집단인 군대 사이의 이해충돌은 《냘의 사가Njal's Saga》(인간의 비극을 다룬 중세 문학 최고의 걸작_옮긴이)에 나오는 클론타프Clontarf 전투로 완벽하게 설명된다. 클론타프 전투는 아일랜드 군대에 대항해서 아일랜드인과 바이킹 연합군이 11세기에 벌인 전투다. 바이킹 지도자는 오크니 제도諸島의 백작, 얄 시구르Jarl Sigurd였다. 시구르의 군대에는 갈까마귀가 그려진 군기가 있었는데, 이 군기가 펄럭이는 것을 보면 군대는 전진했다. 군기를 든 병사는 군대의 맨 앞줄에 섰으므로 언제나 전사했다.

시구르의 군대가 전진하고 있었고 군기를 들고 앞장섰던 병사는 이미 둘이나 전사한 상황이었다. 시구르는 새로운 병사에게 군기를 들라고 했지만, 그 병사는 명령을 거부했다. 군기를 들겠다는 병사가 없자, 시구르는 "그럼 내가 맡겠다!"라며 깃대에서 깃발을 떼어 허리에 매고 앞장

서며 군사들을 독려했다. 하지만 시구르는 전사했고 그의 군대는 패배했다. 한두 명의 병사가 자진해서 깃발을 들었더라면 시구르의 군대는 전투에서 이겼을지도 모른다. 물론 그 병사는 살아남아 승리의 혜택을 누리지 못했겠지만.

경제학이 주식, 채권, 실업률이나 다루는 학문이라고 생각했을 텐데 이런 문제도 경제학적으로 생각할 수 있다니 놀랍지 않은가?


## 언제, 어떤 이유에서 균형에 이르는가?

### 마트에서 줄서기

당신이 카트에 물건을 가득 싣고 계산대로 걸어간다. 그런데 계산대마다 줄이 길게 늘어서 있다. 가장 짧은 줄을 찾아 이 줄 저 줄을 기웃거려야 할까? 답은 모든 줄이 거의 비슷하므로 더 짧은 줄을 찾으려고 수고할 필요가 없다는 것이다. 왜 그럴까?

두 줄의 길이를 가늠할 수 있는 위치에 있는 사람들은 당연히 더 짧아 보이는 줄 뒤에 선다. 그러다 보면 그 줄의 길이가 길어진다. 이런 과정이 반복되면 짧아 보이는 줄과 길어 보이는 줄의 길이는 결국 같아진다. 바로 옆의 두 줄에서도 똑같은 현상이 벌어지므로 결국 모든 줄의 길이가 거의 비슷해진다. 그래서 가장 짧은 줄을 찾으려고 고생할 필요가 없는 것이다.

하지만 이는 누구나 어떤 줄이 더 짧은지 쉽게 알아볼 수 있다는 가정에서 나온 결론이다. 문제가 되는 것은 줄의 길이가 아니라 시간의 길이다. 카트를 가득 채운 여덟 명 뒤에 서는 것보다 소량의 물건을 담은 열

명 뒤에 서는 편이 훨씬 낫다. 따라서 어느 줄에 서야 계산을 빨리 끝낼 수 있을지 가늠하려면 상당한 두뇌 회전이 필요하다. 물론 모든 줄이 시간의 흐름에 따라 똑같이 줄어들도록 시스템이 원활하게 작동한다면 그런 노력을 할 필요가 없을 것이고, 계산대 앞에 늘어선 여러 줄을 똑같은 길이로 맞추려는 노력도 필요 없을 것이다. 평균적으로 줄을 서서 기다리는 시간은 어떤 줄이 더 짧은가를 예측하려는 노력에 딱 보상이 될 정도로만 차이가 난다. 그 이상 차이가 난다면 모두 더 짧은 줄을 찾을 것이고, 그 결과로 모든 줄은 길이가 같아진다. 반면에 그 이하의 차이가 나면 누구도 더 짧은 줄을 찾으려고 하지 않을 것이다.

이번에는 사람마다 알고 있는 정보가 같지 않다고 가정해보자. 만약 3번 계산대의 점원이 다른 점원보다 일하는 속도가 두 배나 빠르다면, 그 정보를 아는 사람은 당연히 3번 계산대로 갈 것이다. 따라서 3번 계산대의 줄이 가장 길겠지만 가장 빠른 속도로 줄어들 것이다. 3번 계산대의 점원이 일하는 속도가 빠르다는 정보를 모르는 사람은 3번 계산대를 피하게 된다. 따라서 정보를 알고 있거나 운 좋게 3번 계산대에 선 사람은 다른 사람에 비해 두 배나 빨리 계산을 마치고 마트를 빠져나갈 수 있다.

만약 소문이 퍼지면서, 정보를 아는 사람이 증가하면 3번 계산대를 찾는 사람이 증가하고 그 뒤로 늘어선 줄도 길어진다. 3번 계산대의 줄이 다른 줄보다 두 배 길어지면, 그 정보를 아는 사람의 이익이 사라지고, 결국 줄도 그 이상 길어지지 않는다. 여기에서 숨겨진 또 하나의 가정은 '손님은 가능한 한 빨리 계산을 끝내고 싶어 한다'는 것이다.

그 마트가 동네 사교장 역할을 한다고 해보자. 사람들은 줄을 서서 이런저런 이야기를 나누며 새 친구를 사귀려고 한다. 부리나케 마트를 빠져나갈 이유가 없으므로 사람들은 굳이 가장 짧은 줄을 찾으려 하지 않는다. 이러면 지금까지 논의한 내용은 의미가 없어진다.

## 러시아워 블루스

차가 막히면 내가 있는 차선이 항상 제일 느리게 움직이는 듯하다. 그래서 차선을 바꾼다. 그런데 몇 분 후, 조금 전에 내가 있던 차선에서 내 뒤를 털털거리며 따라오던 낡은 트럭이 앞서 지나간다.

차선을 바꿔서 이익을 얻기 어려운 이유를 이해하려면, 다른 사람들도 더 빠른 차선으로 가려고 기회를 노리고 있다는 사실을 생각해야 한다. 마트에서 사람들이 상대적으로 짧은 줄에 몰려들어 결국 모든 줄의 길이가 비슷해지듯이, 자동차들도 빠른 차선으로 모여듦으로 결국 모든 차선이 똑같아진다.

좀 더 정확하게 분석하려면, 계속되는 차선 변경에서 발생할 수 있는 접촉사고와 짜증도 비용으로 고려해야 한다. 평균적으로 계산하면, 모든 운전자가 합리적이라고 가정할 때 차선을 바꾸면 분명히 속도가 약간 빨라진다. 차선을 바꾸더라도 속도가 전혀 빨라지지 않는다면 누구도 차선을 바꾸지 않을 것이고, 위에서 언급한 메커니즘은 작동하지 않을 것이다. 차선을 바꾸어도 얻는 이익이 거의 없는 사람에게는 보상과 비용이 같다. 반면에 운전자가 얻는 보상이 비용보다 적다면 차선을 바꾸지 않을 것이고, 보상이 비용보다 크다면 당연히 차선을 바꿀 것이다.

의사는 돈을 많이 번다. 그러나 의사가 되려면 의과대학과 수련과정을 거치며 오랜 시간 열심히 공부해야 한다. 이 두 가지 사실은 서로 무관하지 않다. 많은 직업에서 임금은 도로의 차선과 마트의 줄이 비슷해지는 원리로 결정된다. 따라서 직업을 선택할 때 어떤 직업이 임금을 가장 많이 주느냐를 묻는 것으로는 부족하다. 상대적으로 임금이 높은 것은 위험하거나 준비 비용이 많이 드는 것처럼 내키지 않는 부분도 있는 직업이라는 방증이다. 임금도 높고 어려움도 없다면 모두 그 직업을 선택하려고 할 것이고, 결국 그 직업의 임금도 낮아질 것이 뻔하다. 따라서 다른 사람들에 비해서 자신만의 능력을 발휘할 수 있는 직업이 무엇인지 고민해야 한다. 자동차의 연식에 기초해서 차선을 바꿀지 결정하고, 카트에 물건이 얼마나 많으냐에 기초해서 짧은 줄을 찾을지 결정하는 상황과 비슷하다.

결국 모든 줄이 길어지고, 빠른 차선도 마침내 같이 느려진다는 가설을 주식시장에 적용한 것이 효율적 시장가설efficient market hypothesis이다. 주가는 공개된 모든 기업 정보를 반영하므로 투자분석가를 고용하는 비용을 줄이고 대신 〈월스트리트 저널〉이나 사서 다트를 던져서 나온 주식을 고르는 편이 나을 수도 있다는 가설이다(어떤 주식을 사서 큰 이익을 볼 수 있다는 것이 확실하다면 누가 그 주식을 팔겠는가?).

이제 당신은 이 가설이 참이면서도 거짓인 이유를 나름대로 짐작할 수 있을 것이다. 이 가설이 전적으로 참이라면 투자자들은 기업 정보를 무시할 것이고 이로써 시장을 효율적으로 지탱해주는 버팀목이 없어진다. 따라서 주식이 얼마나 가치 있고 무엇과 교환해야 하는지 계산하려고 투자하는 시간의 가치만큼 주식의 실제 가치도 다를 것이 틀림없다.

고속도로에서 차선을 바꿔야 하는 사람은 찌그러진 낡은 자동차를 운전하는 사람이다. 한편 주식시장이 효율성을 유지하기를 바라는 사람은 내부 정보를 가진 사람이거나, 대규모 거래에 전문가의 식견을 갖춘 사람일 것이다. 따라서 어디에도 속하지 않는다면 주식시장에서 빨리 발을 빼는 것이 좋다.

이러한 예의 논리 구조, 즉 경제적 균형에 대해서는 앞으로도 계속 언급될 것이다. 언제, 어떤 이유에서 마트 계산대 뒤의 줄이 모두 같아지고, 고속도로의 차선이 함께 느려지는지 명확히 안다면, 나아가 어떤 이유와 어떤 조건에서 그렇지 않은 지도 명확히 이해한다면, 당신은 경제학에서 무척 유용한 개념 하나를 분석 도구로 확보한 셈이다. 이 책을 처음(혹은 두 번) 읽고 무슨 뜻인지 훤히 이해하는 사람이라면, 경제학자가 되면 어떨지 진지하게 생각해보길!

## 진화생물학의 합리성

진화론자는 부분적으로 고전 경제학자들의 사상을 근거로 삼았다. 이것은 역사적 우연만은 아니었다. 경제학과 진화생물학은 다른 분야이지만, 두 학문의 논리 구조는 무척 유사하기 때문이다.

경제학자들은 사람들이 목표 달성 방법을 알아내긴 하지만, 정작 어떻게 그 방법을 알아내는지에 관해서는 큰 관심을 보이지 않는다고 생각한다. 한편 진화생물학자들은 유전자(우리 몸의 구조를 통제하는 유전 형질의 근본 단위)가 동물의 몸 구조와 행동을 통제해서 번식 기능을 극대화한다고 생각하지만, 유전자가 유기체를 조절하는 세부적인 생화학적 메커니즘에 관해서는 큰 관심을 보이지 않는다. 또 경제학에서는 개인 이익과 집단 이익이 충돌하고, 진화생물학에서는 유전자의 이익과 종의 이익이 충돌한다는 점에서도 두 분야는 비슷하다.

통계학의 아버지로 불리는 R. A. 피셔의 성비性比에 관한 설명을 예로 들어보자. 인간을 비롯해 많은 종에서, 수컷과 암컷은 거의 비슷한 비율로 태어난다. 이러한 비율이 종에게 이익이라는 확실한 증거는 없다. 수

컷 하나가 많은 암컷을 수정시킬 수 있기 때문이다. 하지만 수컷 소수만이 번식에 성공하는 사슴도 성비는 거의 일정하다. 그 이유가 무엇일까?

각 세대의 3분의 2가 여자라고 가정해보자. 아버지보다 어머니가 두 배나 많지만, 각 아이에게는 아버지와 어머니가 한 명이기 때문에 평균적으로 남자는 여자보다 두 배나 많은 자식이 생긴다. 따라서 아들 하나를 둔 부부는 딸 하나를 둔 부부보다 두 배의 손자 손녀를 두게 된다. 아들을 낳은 부부에게는 상대적으로 많은 후손이 있을 것이기 때문에 개체군의 다수가 그 부부의 후손일 것이고 그 부부의 아들을 낳는 유전자까지 물려받을 것이다. 따라서 아들을 낳는 유전자가 개체군에서 증가한다. 이 과정이 남자와 여자의 수가 똑같아질 때까지 계속된다. 성비가 이보다 높거나 낮은 지점에서 시작하더라도 상황은 언제나 성비가 비슷한 지점으로 되돌아간다.

논증이 복잡해지는 걸 피하려고 아들과 딸을 낳고 기르는 데 필요한 비용 등 많은 변수를 생략하기는 했다. 그러나 이렇게 단순화한 분석도 우리 주변에서 관찰되는 규칙성을 설명하기에는 충분하다. 현미경으로나 관찰되는 생명체도 합리적으로 행동한다는 증거이다. 유전자 자체가 생각하는 능력을 가진 것은 아니지만 앞의 예를 비롯해 많은 사례에서, 유전자는 미래 세대에 생존할 가능성을 높이기 위해 신중하게 계산한 것처럼 행동한다.

# 내 선택에 책임을 져라

## : 행동경제학 이해하기

THE ECONOMICS OF DAILY LIFE

## 선택과 가치

경제학자는 건강이나 행복, 인생 등 만물의 가치를 돈으로 평가할 수 있다고 생각하고, 그 때문에 종종 비난받는다. 실제로 경제학자가 믿는 것은 그보다 훨씬 더 이상하다. 경제학자는 굳이 돈이 아닌 다른 어떤 것으로도 세상 만물의 가치를 평가할 수 있다고 믿는다. 내 인생은 아이스 크림콘 한 개보다 훨씬 가치 있으며, 마찬가지로 산은 모래 한 알보다 훨씬 높다. 하지만 인생이나 아이스크림은 산이나 모래알처럼 같은 기준으로 평가된다.

이 같은 주장은 자동차나 자전거, 전자레인지 같은 다른 소비재를 떠올려보면 그럴듯해 보인다. 하지만 인간의 삶에서 신장투석을 받거나 심각한 심장 수술을 받을 기회가 초콜릿 바를 먹는 즐거움이나 텔레비전을 보는 재미와 어떻게 같은 기준으로 평가될 수 있을까?

경제학자가 사용하는 '가치'는 '선택'으로 나타나기 때문이다. 실제로 사람들은 그들의 인생을 사소한 가치와 맞바꾸며 산다. 담배를 피우면 수명이 준다는 것을 알면서도 많은 사람이 담배를 피운다. 나는 심장마비가 발생할 확률이 (아주 약간) 증가한다는 사실을 알면서도 초콜릿 아이스크림을 먹는다. 이처럼 사람들은 삶의 극히 일부분을 일상적으로 팔며 살지만, 누군가가 거액을 준다 해도 삶을 통째로 팔아버리는 일은 절대로 하지 않는다. 여기에는 타당한 이유가 있다. 죽은 사람은 돈을 쓸 수 없기 때문이다. 이것은 삶이 값을 매길 수 없을 만큼 소중하다는 증거가 아니라 단지 죽은 사람에게는 돈이 쓸모없다는 증거다.

흡연이나 과식을 하지 않더라도 우리는 다른 가치를 위해 일상적으로 삶을 포기한다. 예를 들어, 우리가 길을 건널 때마다 차에 치일 확률은 아주 조금씩 높아진다. 건강 검진을 받거나 자동차에 안전장치를 추가하는 데 쓸 수도 있었던 돈으로 책을 사거나 영화를 본다든지, 영양학자라면 절대 추천하지 않을 것 같은 음식을 먹는다든지 할 때마다 확률적인 측면에서 우리는 다른 것을 얻기 위해 삶의 극히 일부분을 포기하고 있는 셈이다.

바람직한 대안은 먼저 건강관리에 충분히 투자하고, 그러고도 남은 자원이 있다면 원하는 다른 목표를 위해서 사용하는 것이다. 어쩌면 현명한 사람들은 이미 그렇게 하고 있을 것이다. 이와 관련해서 경제학자는 건강관리를 위한 지출이 편익을 낳기까지는 자기 수입을 모조리 쏟아부어도 모자랄 수 있으므로 의학 분야에서 정한 절대량으로 '충분하다'는 개념은 의미가 없다고 말한다. 얼마큼이 충분한지는 그것이 어느 정도 가치가 있고 원가가 얼마인지에 따라 결정된다. 만약 당신이 의사에게

갖다 주는 돈을 줄이고 다른 용도에 써서 삶의 질을 높일 수 있다면, 당신이 현재 건강관리에 쓰고 있는 비용은 과다하다. 친구와 대화하려고 도로를 건너는 즐거움이 도로를 건너다가 교통사고를 당할 위험과 정확히 일치할 때, 당신은 딱 필요한 만큼의 안전장치를 사고 있는 셈이다.

비경제학자는 비록 우리가 지금 당장 가진 것은 충분하지 않지만, 충분히 가질 수 있고 또 그래야 한다고 생각할 수 있다. 영화와 아이스크림을 포함해서 모든 것이 충분하다면, 더는 건강관리나 영양관리 비용을 줄여서 다른 것을 얻으려 할 필요가 없다. 물론 영양공급이 충분한데 아이스크림까지 많이 먹는다면 어떤 사람에게는 문제가 있겠지만 말이다. 만약 우리가 경이로운 현대 과학기술을 활용해서 국가의 총 산출량을 획기적으로 늘리는 한편, 소유할 가치가 없는 것들의 지출을 모두 없앤다면, 국민이 원하는 모든 것을 제공하지 못할 이유가 무엇이겠는가? 그러면 오히려 소비량을 늘리려고 한 사람이 자동차를 세 대씩 운전하고 하루에 여섯 끼를 먹어야 할지도 모른다.

이 같은 생각은 가치와 양을 혼동하는 것이다. 나는 자동차가 네 대씩 있어 봤자 쓸모가 없지만, 지금 소유하고 있는 자동차가 네 배 더 빠르고, 네 배 더 안전하길 원한다. 물론 그러려면 비용은 네 배보다 훨씬 더 많이 들 것이다. 내 식탐은 몇백 그램의 음식을 섭취하면 곧 사라질 것이고, 자동차를 여러 대 갖고 싶은 욕구도 곧 시들해질 것이다. 하지만 맛있는 음식이나 좋은 자동차를 갖고 싶은 욕구는 수입이 늘어도 계속될 것이고, 결국 어떤 것을 더 많이 소유하고 싶은 욕망은 어떤 환경에 처하더라도 살아서 꿈틀거릴 것이다.

내심 우리 대부분은 (우리가 합리적이라면) 우리에게 필요한 것은 지금 가진 것보다 조금만 더 있으면 된다고 믿는다. 그런 믿음은 틀렸지만 합리적인 행동의 결과이다. 1년에 500달러를 버는 인도의 소작인이든, 20만 달러를 버는 미국인 변호사든 우리의 소비 결정은, 즉 구매를 고려하는 재화는 우리의 수입에 비추어 적당한 것들이다. 우리가 구매하길 원하는 것은 물론이고 구매하지 않을 것까지 모두 가진 곳이 있다면 그곳이 바로 천국일 것이다. 우리 대다수는 수입이 두 배가 되고 여윳돈이 꽤 있을 때나 그렇게 할 수 있을 테니 말이다.

부족하진 않지만 더 원할 뿐이다. 무한한 가치를 지닌 건 삶을 비롯하여 아무것도 없다. 우리는 어떤 것도 만족할 만큼 충분히 가질 수 없고, 따라서 삶과 사랑 그리고 아주 사소한 즐거움 등 우리가 가치를 부여하는 다양한 것의 거래를 받아들여야 한다.

가치를 이야기하면서 나는 은연중에 한 가지 중요한 정의, 즉 우리가 느끼는 가치는 말이 아닌 행동으로 드러난다고 설명했다. 경제학자들은 이런 현상을 '현시선호이론the principle of revealed preference(소비자의 행동을 관찰하면 그가 선호하는 것을 알 수 있다는 이론_옮긴이)'이라고 부른다.

가치란 일정한 외적 기준(우리가 실제로 원하는 것이 아닌 외적인 기준에 비추어 의무적으로 원해야 하는 것)에 기초해야 한다고 믿기 때문에 이 이론에 반대하는 사람도 있을 수 있다. 또 정말로 건강과 목숨을 소중하게 생각하지만 단지 담배 한 개비의 유혹을 떨쳐버릴 수 없을 뿐이라고 주장하는 사람도 있을 수 있다. 그렇지만 경제학은 행동을 설명하고 예측하기 위해 존재한다. 자신의 목숨을 소중히 여긴다는 흡연자의 주장은 담배에 불을 붙이는 그의 행동 정보보다 그의 미래 행동을 예측하는 데 덜 유용하다.

만약 굶주린 사람 손에 들려 있는 딱딱한 빵조각이나 마약 중독자의 손에 들린 헤로인 주사기를 언급하는 데 똑같이 가치라는 단어를 사용하는 게 불편하다면 대신 경제적 가치라고 바꿔 말하도록 하자. 하지만 '경제적'이란 단어가 추가되었다고 해서 금전적인 가치가 있다거나, 물질적이라거나, 누군가의 이윤을 창출할 수 있다거나 하는 건 아니다. 경제적 가치란 단순히 개개인이 평가하고 그들의 행동으로 드러난 개인적인 가치일 뿐이다.

현시선호는 가치에 관해 우리가 내린 정의 중 일부이지만, 직접적이고 실질적인 용도도 있다. 새로운 동료가 지금의 자리에 오랫동안 있으려고 왔는지, 더 나은 자리를 찾아가기 위한 디딤돌로 여기고 왔는지 알고 싶다고 가정해보자. 물론 그에게 직접 물어보는 방법도 있겠지만, 그 사람의 관점에서는 어쩌면 사실대로 말해주기 싫을 수도 있다. 차라리 그에게 머물 집을 샀는지 또는 임대했는지 묻는 것이 낫다. 행동은 선택을 보여주니까 말이다.


## 선택일까, 강요일까?

경제학자들은 인간의 모든 행동이 궁극적으로 선택에 의한 것이라고 주장한다. 하지만 이런 주장을 비현실적이라고 보는 학자도 많다. 우리는 자신의 능력을 벗어난 어떤 것을 선택할 수 없다. 그렇다면 겨우겨우 살아가기도 빠듯한 인생에서 선택은 어떤 역할을 할까? 답은 어쨌든 간에 선택이 그들의 삶에서 매우 중요한 역할을 한다는 것이다. 삶과 죽음 사이에서 직면하는 선택의 문제는 초콜릿과 바닐라 아이스크림을 놓고 선택하는 일보다 훨씬 중요하다.

내가 알기로는 가난한 사람들이 진료를 받지 않겠다고 '선택'하는 것이 아니다. 단지 진료를 받을 경제적인 여유가 없을 뿐이다. 따라서 착한 정부는 가난한 사람들에게 필요한 의료혜택을 제공해야 한다. 가난한 나라들에서 통상 그렇듯이 설령 그것이 의료혜택을 받는 다른 사람들이 낸 세금으로 제공될지라도 말이다.

이 문제를 선택의 문제로 바꿔보자. 가난한 사람들은 병원 진료를 포기한다. 진료를 받으려면 그보다 훨씬 중요한 다른 것, 이를테면 음식이나 난방 등을 포기해야 하기 때문이다. 그 정도로 가난하다면 진료받는 것을 포기해야 한다고 말하는 것이 비정하게 들릴 수 있겠지만, 적어도 그런 상황에 있는 사람에게 억지로 진료를 받으라고 강요하는 행동이 그 사람에게 굶어 죽든지 얼어 죽으라고 말하는 것과 다를 바 없음을 상기해야 한다. 일반적으로 선택권을 제한하는 행동은 선택의 당사자에게 도움이 되지 않는다.

행동을 선택에 의한 것으로 보는 관점과 환경에 의해 강요된 것으로 보는 관점 사이의 대립이, 전체 경제가 어느 정도 유연성이 있는가에 관한 논의에서는 더 강해진다. 1970년대 초반, 기름값이 한창 치솟았을 때 가격이 어떻게 변하더라도 미국인은 이전과 다름없이 휘발유를 계속 소비할 것이라고 보는 사람들이 많았다. 하지만 집에서 3km 넘게 떨어져 있는 식료품 가게까지 기꺼이 걸어가려 한 사람이 얼마나 많았던가?

휘발유를 절약하는 방법은 많다. 승용차 함께 타기나 경제속도로 주행하기 같은 확실한 방법도 있고 차를 경차로 바꾸는 것 같은 상대적으로 불확실한 방법도 있다. 근로자가 회사 근처로 이사하거나 공장을 근로자들이 사는 곳 가까이 옮기는 것은 훨씬 불확실한 방법이다. 이 밖에 난방유 사용을 줄여서 휘발유 정제에 사용할 원유의 양을 늘리는 것도 휘발유를 절약하는 방법이다. 또 단열재를 사용하거나 집 크기를 줄이는 것,

따뜻한 남쪽으로 이사하는 것 등도 방법이다. 비경제학자들은 끊임없이 그리고 많은 경우에 지나치게, 소비를 줄이려면 필연적으로 가격을 올려야 한다고 강조한다.

근본적인 오류는 우리가 주변에서 관찰되는 행동 패턴을 자연 발생적인 현상으로 받아들이는 데 있다. 실제로는 그렇지 않음에도 말이다. 즉, 우리 주변에서 관찰되는 행동 패턴은 합리적인 개개인이 특정한 제약에 직면해 적응하면서 나타나는 결과이다. 제약이 바뀌거나 약간의 적응할 시간을 주면 패턴도 변한다.


## 순진한 가격이론의 오류

우리는 책임자가 없는 고도로 조직화된 시스템의 한가운데에서 산다. 우리가 일상생활에서 사용하는 물건들은, 이를테면 볼펜이나 연필처럼 지극히 간단한 것도 수많은 사람의 조화로운 행동으로 생산된다. 어떤 사람은 나무를 베고, 어떤 사람은 목재를 말려서 일정한 형태로 자르고, 어떤 사람은 나무 자르는 도구나 그 도구를 만들기 위한 도구를 그리고 그 도구를 가동하게 할 연료를, 그 연료를 생산할 정제 장치를 만든다. 이런 식으로 따져보면 인간은 살아생전에 연필이 어떻게 만들어지는지 다 알 수 없을 것이다.

경제학은 하나의 사고방식인 동시에 그 사고방식을 세상에 적용하는 일단의 검증된 개념이다. 그리고 이 개념의 핵심에 가격이 경제활동에 미치는 영향을 설명하는 가격이론이 있다. 가격이론을 이해하려는 이유 중 하나는 우리 삶에 기반을 제공하고 수많은 사람이 어떤 책임자도 없이 조화를 유지해나가는, 절대 녹녹지 않은 이 세상을 합리적으로 설명해주기 때문이다. 또 다른 이유는 가격이론을 이해하지 못하면 가장 통속적인 경제학의 오류를 범하기 때문이다. 다음의 예를 살펴보자.

## 임대 계약

당신이 거주하는 도시에서 법안 하나가 통과된다. 그 법안에 따르면, 세입자를 내보내려면 집주인은 6개월 전에 세입자에게 통보해야 한다. 계약 기간이 6개월보다 짧아도 상관없다. 명백히 그 법안은 계약조건을 세입자에게 유리하게 만들었으므로 집주인에게는 부담이고 세입자에게 이득이 되는 듯 보인다.

그렇게 보이는 이유는 대외적으로 공표되지는 않았지만, 그 법안이 세입자가 내는 임대료에는 어떤 영향도 미치지 않을 거라는 가정 때문이다. 같은 임대료를 내면서 더 유리한 조건으로 임대 계약을 할 수 있다면 당연히 세입자에게 이득이다. 그렇지만 그 법안은 임대료에 관해서는 어떤 언급도 없지만, 분명히 임대료에 영향을 줄 것이다. 해당 법안 때문에 집주인의 운영비용(악질 세입자를 쫓아내기가 더 어려워졌으므로)은 물론이고 세입자가 느끼는 임대 계약의 매력도 변하기 때문이다. 임대주택을 둘러싼 공급과 수요의 양상이 달라졌기 때문에 시장의 임대료가 이전과 같을 거라고 기대할 수 없다. 그렇지 않다면 모든 자동차에 CD플레이어를 장착하도록 의무화하는 법안이 통과되더라도 자동차의 시장가격은 영향을 받지 않을 거라고 기대하는 것과 마찬가지다. 임대료에 미치는 영향을 고려하면 해당 법안이 세입자에게 이득이 될 거라고 기대할 이유는 없어지고, 오히려 그 법안이 세입자에게 해가 될 가능성이 있는 이유만 남는다.

## 개량 전구

전구에 관하여 독점권을 가진 회사가 기존의 전구보다 10배 더 오래 가는 새로운 전구를 개발한다. 이 새로운 전구를 도입하면 회사는 기존 판매량의 10분의 1밖에 팔 수 없다. 그렇다면 새로운 전구를 개발하지 못하게 하는 편이 그 회사에는 당연히 이득이지 않을까? 실제로 그렇게 생각하는 사람들이 많을뿐더러 그런 이유로 개발이 금지되고 있다는 소문을 믿는 사람도 많다.

그 같은 믿음의 오류는 그 회사가 새로 개발한 전구를 이전과 같은 가격으로 팔 것이라고 가정하는 데 있다. 기존의 전구를 개당 1달러에 구매하던 소비자들은 1년으로 따지면 10분의 1에 해당하는 전구만 구매해도 되기 때문에 새 전구 값이 개당 10달러라도 기꺼이 구매하려 할 것이다. 만약 그 회사가 10배 비싼 가격으로 10분의 1의 전구를 판다면 이전과 같은 수입을 올릴 것이다. 새로운 전구를 생산하는 원가가 기존 전구를 생산하는 원가보다 적어도 10배가 넘지 않는다면 이전보다 원가는 적게 들고 이윤은 많아진다.

## 교과서 전매

한번은 경제학에 관한 지식이 거의 없는 경제 서적 편집자와 대화한 적이 있다. 한창 대화를 나누던 중에 나는 교과서 전매 시장에 관해 언급했다. 그러자 편집자와 그녀의 동료가 눈을 빛냈다. 그들이 유일하게 알고 있고, 싫어하는 경제의 한 부분이 바로 그 시장이었다. 이유는 간단했다. 그 출판사에서 발행한 교과서를 학생들이 중고 책으로 구매할 때마다 출판사는 그들에게 새 책을 판매해서 벌 수 있는 금액만큼 손해를 본다는 것이었다.

나는 그들에게 다음과 같이 질문했다. 먼저 한 발명가가 새로운 발명품, 즉 사용 시한이 정해진 잉크를 들고 당신에게 찾아온다고 가정해보라. 당신은 그 잉크를 이용해서 책을 인쇄하고 책이 출고될 때 시한을 작동시킨다. 학기가 끝나면 책에 인쇄된 글씨가 모두 지워진다. 학생들은 더는 중고 책을 살 수 없다. 이러면 당신의 이윤은 증가할까? 아니면 감소할까?

그들은 "당연히 증가하죠. 정말이지 그런 잉크가 있다면 좋겠네요"라고 대답했다. 하지만 나는 "아마도 감소할 겁니다"라고 말해줬다. 왜 그런지 살펴보려면 이 문제를 단순하게 생각해보자. 교과서는 유효기간이 2년이다. 새 교과서는 30달러이고 중고 교과서는 15달러이다. 한 학생이 1년에 교과서 하나를 사용하는 데 드는 비용은 15달러다. 예컨대 새 책을 30달러에 구매한 다음 학기가 끝나고 15달러에 팔든지, 중고 책을 15달러 주고 구매해서 학기가 끝나면 버리든지 비용은 결국 똑같다.

만약 사용 시한이 있는 잉크로 바꾸고 이전과 같이 30달러의 책값을 고수하면 출판사는 학생들의 책 구매 비용을 두 배로(교과서를 사용하는 1년 치 비용을 15달러에서 30달러로) 올린 셈이 되고, 그 때문에 책을 구매하려는 학생들의 숫자는 분명히 줄어들 것이다. 고객의 숫자를 그대로 유지하려면 출판사는 가격을 절반으로 내려야 할 테고, 가격이 절반으로 떨어지면 출판사의 수입은 새로운 잉크를 채택하기 이전과 같은(절반 가격으로 두 배의 책을 판매하므로) 반면에 비용은 더 늘어나서(출판사는 새로운 잉크를 사용하는 과정에서 발명가에게 사용료를 지급해야 할 뿐 아니라 두 배나 많은 책을 인쇄해야 하므로) 이윤이 감소할 것이다. 물론 출판사는 판매 부수가 줄더라도 가격을 30달러로 유지할 수 있다. 하지만 그렇게 해서 이윤을 늘릴 수 있다면 사용 시한이 있는 잉크를 사용하지 않으면서 60달러에 책을 판매하는 편이 더 이익일 것이다. 학생들이 부담하는 비용은 그대로라도 출판사의 비용이 줄어들기 때문이다.

이 간단한 사례에서 사용 시한이 있는 잉크는 이윤을 감소시킨다. 더욱 현실적인 답은 좀 더 복잡하다. 하지만 그 편집자가 보여준 즉각적인 반응은 단순히 새 책의 가격이 그 책의 유효기간에 영향을 받지 않는다고 가정했다는 점에서 잘못이었다. 경제학을 이해하는 건, 하물며 경제학 서적 편집자에게도 유익하다.

경제학을 잘 모르는 독자는 내가 문제를 명시할 때 아파트나 전구, 또는 책의 가격 변화를 언급하지 않았으므로 가격이 변하지 않는다고 생각하고 이의를 제기할 수도 있다. 만약 그렇다면 다음과 같은 추론을 해보자. 나는 한 친구를 방문하고 그 친구의 집에는 태어난 지 갓 한 달 된 아기가 난간이 있는 작은 아기 침대에서 자고 있다. 나는 친구에게 그 아기가 나이를 먹으면 좀 더 큰 아기 침대를 살 것인지 아니면 보통 침대를 살 것인지 묻는다. 친구는 내 질문에 당황한 듯 지금의 아기 침대에 무슨 문제가 있느냐고 되묻는다. 나는 아기가 나이를 먹으면 지금의 침대가 작아질 것이라고 말한다. 친구는 내가 "아기의 덩치가 지금보다 커지면……," 하고 묻지 않고 "아기가 나이를 먹으면 어떻게 할 계획이야?" 하고 물었다고 지적한다.

아기가 나이를 먹어도 덩치가 그대로일 것이라고 생각하는 건 이치에 맞지 않는다. 어떤 재화의 생산비용이나 잠재적인 구매자가 그 재화에 느끼는 가치에, 또는 그 두 가지 모두에 변화가 있는데, 그 재화의 시장가격이 그대로일 것이라고 생각하는 것 역시 이치에 맞지 않는다. 둘 중 어떤 경우든 일단 관련 인과관계를 이해하고 나면 "가격이 변할 거라고 언급하지 않는 이상, 아마도 가격은 그대로일 것이다"라는 논리는 더는 성립하지 않는다. 순진한 가격이론이 잘못된 것도 바로 이 때문이다.

나는 이런 오류도 하나의 이론이라 말한다. '단지 상식적인 의미에서' 라고 언급하면서 이론을 배제하는 행동이 때로는 경제이론을 바로잡기 위한 대안이 아니라는 점을 강조하기 위해서다. 부정확한 이론이 있어야 정확한 이론도 있는 법이다.

## 가격은 어떻게 결정되는가?

가격이 어떻게 결정되는지 이해하려면 복잡하게 얽혀 있는 퍼즐을 풀어야 한다. 소비자가 어떤 재화를 얼마큼 구매하는지는 소비자의 수입과 그 소비자가 구매하려는 재화의 가격으로 결정된다. 생산자가 얼마큼의 수량을 얼마의 가격에 팔 수 있는지는 생산자가 얼마나 많은 노동력을 투입하고, 해당 노동력을 투입하기 위해 얼마의 임금을 지불해야 할지에 영향을 미칠 것이다. 소비자는 대체로 자신의 노동력을 제공해서 수입을 만들기 때문에 생산자가 노동자에게 얼마의 임금을 지급하는지는 다시 소비자의 수입에 영향을 주게 되고, 결국에는 돌고 도는 관계가 형성된다. 따라서 문제의 특정 부분을 풀기 위해서는 그 문제의 나머지 부분을 먼저 풀어야 할 것이다.

해결책은 서로 복잡하게 맞물려 있는 문제를 더욱 작은 단편적인 조각들로 잘게 쪼개서, 각각의 조각을 다른 조각의 해답이 어떻게 도출되든 도출된 해답과 결합할 수 있도록 풀어낸 다음, 다시 하나로 결합하는 것이다. 우리는 앞으로 3장과 4장에서는 소비자의 관점에서 문제에 접근하고 5장에서는 생산자의 관점에서 문제를 풀어볼 것이다. 6장에서는 거래의 함축적인 의미를 살펴본다. 7장은 소비자와 생산자의 거래가 어떻게 시장가격과 수량을 결정하는지 알아본다. 끝으로 8장에서는 돌고 도는 관계를 종식하고 이전 다섯 개 장에서 도출한 결과를 하나로 묶어 전체적인 상호작용 시스템을 재창출한다.

우리는 매우 단순한 경제를 분석할 것이다. 생산과 소비는 개인에 의해서, 개인을 위해서 이뤄진다. 다시 말해, 경제의 주체는 기업이 아니다. 분석 과정에서 전제로 하는 세상은 예측할 수 있고 변화하지 않는 세상이다. 즉, 변화와 불확실성에 의한 복잡성이 배제된다. 이런 단순한 경제의 이치를 이해할 때 당신은 다섯 살짜리 프랑스 꼬마가 프랑스어를 이해하는 수준으로 경제학을 이해하게 된다. 그리고 그제야 우리는 처음에 배제한 복잡성을 하나씩 다시 대입함으로써 그림을 채워나갈 준비가 될 것이다.

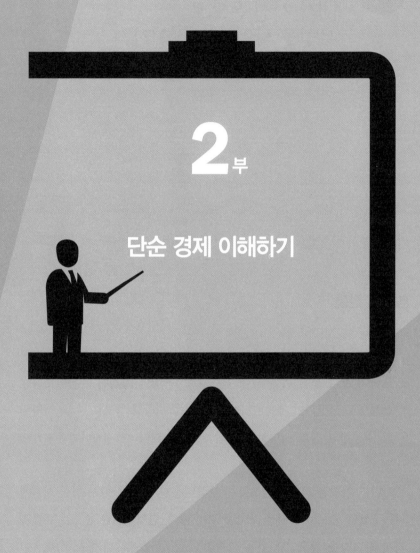

THE ECONOMICS OF DAILY LIFE

2부

단순 경제 이해하기

# 내가 가진 돈으로
# 무엇을 사야 합리적인가?

## : 소비자의 선택

## 광고의 진실

군이 없어도 살아가는 데 지장이 없는 다이아몬드가 생명 유지에 꼭 필요한 물보다 훨씬 비싼 이유는 무엇일까? 만약 가격이 유용함보다는 희소성으로 결정되기 때문이라면, 나에게는 주황색 잉크로 쓴 내 서명이 링컨 대통령의 친필 서명보다 훨씬 더 가치 있다(안타깝게도 값은 훨씬 덜 나간다).

아마도 가격을 결정하는 요소는 생산비용일 것이다. 아주 어린 시절에 나는 BB탄 총으로 풀잎을 쏘며 놀고는 했다. 만약 BB탄 총으로 풀잎을 쏴서 잔디밭을 깎으려면 아홉 살짜리 소년 임금으로 따져도 큰 비용이 들 것이다. 내 생각에 그 같은 방식으로 잔디를 깎게 하고 그에 상응하는 비싼 임금을 주려는 사람은 아마 아무도 없을 것이다.

이 같은 퍼즐(소비자 가치와 생산비용, 가격의 관계)은 이미 100년 전에 일부가 풀렸다. 그 해법에 따르면, 가격은 생산비용과 소비자 가치와 같고, 생산비용과 소비자 가치 또한 서로 같다. 어떻게 그런 해법이 가능한지 그리고 시장 구조가 어떻게 그 세 가지 요소를 일치시키는지 알아보자.

조간신문을 읽다가 아래처럼 서로 경쟁하는 두 식료품 가게의 광고를 본다고 가정해보자.

---

★ 크로거가 더 저렴하다는 건 고객님이 압니다 ★

스미스 부인이 자신의 동네 크로거에서 일주일치 장을 본 후에
우리는 그녀를 데리고 근처에 있는 A&P 매장으로 갔습니다.
그녀는 크로거에서 산 것과 똑같은 품목을 카트에 담았지만,
계산대 앞에서 깜짝 놀랐습니다.
총액이 4.17달러나 더 나왔기 때문이죠!

**저렴한 가격과 친절한 서비스를 원한다면 크로거에서 쇼핑하세요.**

---

★ 쇼핑하고 비교하세요. A&P보다 더 싼 곳은 없습니다 ★

고객 한 분의 이야기입니다.
"나는 항상 A&P에서 쇼핑을 해요. A&P가 가장 저렴하기 때문이죠.
하지만 정말로 그런지 확인하고 싶었어요. 그래서 A&P에서 쇼핑을 마친 다음
그곳에서 산 물건 목록을 만들었죠. 그러고는 크로거에서는 얼마에 파는지
가격을 따져봤죠. 그랬더니 일주일치 생필품을 산다고 했을 때
거의 4달러나 더 들겠더군요."
– 줄리아 존스

**한번 도전해 보세요. 그리고 확인하세요.**
**A&P의 가격은 누구도 따라올 수 없습니다.**

---

두 가게가 모두 더 저렴할 수는 없다. 따라서 어느 한쪽이 거짓말을 하고 있음이 분명하다. 일리 있는 말이지만 틀렸다. 두 광고 모두 사실을 이야기하고 있기 때문이다.

이유는 간단하다. 스미스 부인과 존스 부인이 다른 물건을 구매했기 때문이다. 스미스 부인은 크로거에서 살 물건들을 선택했고, 따라서 크로거의 가격에 근거해서 결정했다. 다시 말해, 그 주에 특히 저렴하게 판매하는 물건은 평소보다 많이 구매하는 대신 비싸게 파는 물건은 평소보다 적게 샀다. 그녀는 A&P에서 똑같은 물건을 똑같이 구매할 때도 여전히 크로거의 가격에 최적화된 물건들을 구매하고 있었다. 크로거에서는 할인판매 중이라서 평소 더 많은 달걀을 샀지만 A&P에서는 할인판매가 아니었고, 사과는 비록 A&P에서는 12개를 2달러에 팔고 있었더라도, 절반에 해당하는 여섯 개만 샀다. 존스 부인도 반대로 똑같이 했다. 그 실험은 구매자가 둘 중 어떤 가게를 먼저 가더라도 먼저 간 가게에 유리하게 되어 있다. 평균으로 따지면 두 가게가 똑같이 저렴할지라도 구매자가 처음에 방문하는 쪽이 더 저렴한 것처럼 보인다.


## 리카도의 단순화 전략

경제학자 데이비드 리카도David Ricardo는 18세기 후반 영국의 부유한 유대인 부모 사이에서 태어났다. 그는 퀘이커 교도 여인과 사랑에 빠져 결혼하면서 21세에 가족과 의절했다. 그로부터 4년 뒤, 그는 재능을 발휘해서 주식 거래로 엄청난 재산을 모았고 마침내 경제학 이론에 관심을 기울일 여유가 생겼다. 이어 그는 경제를 단편적으로 분석하지 않고,

일관성 있는 단일 상호작용 시스템으로 분석하여 일반균형이론general equilibrium theory에 관한 문제를 해결한 역사상 최초의 인물이 되었다.

경제학도라면 누구나 알겠지만 일반균형이론은 난해하고, 수학적으로도 최소한 대학원 과정 이상 수준의 고등 계산법이 요구되는 복잡한 영역이다. 하지만 리카도의 유일한 저서《정치경제학 및 과세의 원리The Principles of Political Economy and Taxation》에는 단순한 산수를 넘어서는 어떤 수학적 이론도 들어있지 않으며, 그가 고등수학을 알았다는 증거도 전혀 없다. 오늘날 경제 이론가의 관점에서 그 책을 읽고 리카도의 성취를 실감하는 것은 마치 최초의 에베레스트 원정대 일원으로 참가해서 에베레스트 산 정상에 도착했지만, 그곳에서 티셔츠에 운동화 바람으로 조깅하는 사람을 만난 것 같은 기분이 들게 한다.

무슨 이야기냐 하면, 리카도가 비록 정규 교육을 받지는 않았지만, 비범한 수학적 직관을 지녔다는 것이다. 그래서 일반적인 우리 생각에는 꼭 필요할 것 같은 도구가 없어도 그는 경제의 논리적인 구조를 이해할 수 있었다.

리카도가 채택했을 뿐만 아니라 그 이후 경제 이론가들에게 매우 유용한 것으로 입증된 한 가지 전략이 있는데, 바로 단순화 전략이다. 이 방법은 복잡한 문제에 직면하면, 핵심 내용의 중요하지 않은 특징들은 모두 배제한다. 이 작업이 끝나면 지극히 단순한 문제만 남게 되는데, 이로써 우리가 알고 싶은 답을 찾을 수 있다. 이 방법은 매우 효과적인 전략이다. 리카도의 저서가 출간된 이후로 또 다른 위대한 경제학자 레옹 발라Leon Walras가 공식적인 수학 용어를 이용해서 더 포괄적인 문제를 분석하는 데 성공하기까지는 60년이 넘게 걸렸다.

이제 식료품 가게와 관련한 모순에 리카도의 전략을 적용해보자. 꼭 필요한 특징은 그대로 놔둔 채 문제를 가능한 한 단순화하는 것으로 시작해서 단순해진 문제를 분석하고 그렇게 알아낸 내용을 더욱 현실적인 해석에 적용할 것이다.

식료품 가게 문제를 최대한 단순화하기 위해 각각의 가게에서 오직 두 개의 재화만을 판매하고, 소비자가 치를 비용도 정해져 있다고 가정하자. 비록 두 가지에 불과하지만 이들 재화는 앞에서 언급한 모순을 설명하기에 충분하다. 또 이 책이 인쇄된 이차원적인 지면에 도표를 그려 설명할 수 있을 정도로 충분히 적은 숫자다.

합리적인 선택의 논리는 간단하다. 모든 가능한 대안 중에서 자신이 선호하는 것 한 가지를 선택하면 그만이다. 따라서 선택을 둘러싼 우리의 분석은 이용 가능한 대안과 선택을 보여주는 방식이어야 한다. 그림 3-1은 이 두 가지를 보여준다.

스미스 부인은 수중에 25달러를 들고 크로거에 들어간다. 크로거에서

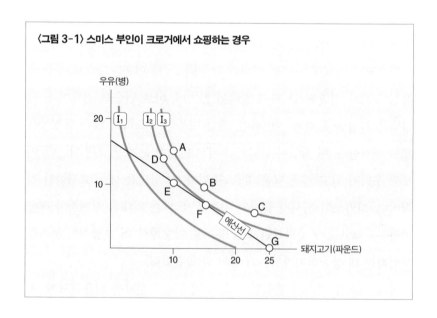

〈그림 3-1〉 스미스 부인이 크로거에서 쇼핑하는 경우

는 0.95*l* 짜리 우유 한 병이 1.50달러다. 할인판매 중인 돼지고기는 파운드(약 450g)당 1달러다. 그녀의 예산선budget line은 가진 돈으로 그녀가 살 수 있는 돼지고기와 우유의 다양한 조합을 보여준다. 예를 들어, 조합 E는 10파운드의 돼지고기와 우유 10병을 하나로 묶어서 25달러가 된다. 조합 G는 우유 없이 돼지고기 25파운드만으로 역시 25달러가 된다. 스미스 부인이 우유 한 병을 덜 구매하면, 그 돈으로 돼지고기 1.5파운드를 더 살 수 있고, 따라서 그녀의 예산선은 −1.00/1.50달러= −돼지고기 가격/우유 가격의 기울기를 가진 직선이다.

## 무차별 곡선

우리는 스미스 부인의 대안들을 하나의 예산선으로, 그녀의 선택을 일단의 무차별 곡선indifference curve(개인의 같은 만족이나 효용을 나타내는 곡선. 소비자가 자기 소득을 여러 재화 및 서비스의 구입에 어떻게 배분하는가를 설명하는 이론을 소비자 선택이론이라고 하는데, 이 이론의 기본이 되는 곡선이다_옮긴이)으로 설명한다. 이를테면 그림에 있는 $I_3$처럼 하나의 무차별 곡선은 스미스 부인에게는 똑같이 바람직한 모든 조합을 보여준다. 무차별 곡선 $I_3$의 조합 A는 돼지고기 10파운드와 우유 15병이다. 역시 무차별 곡선 $I_3$의 조합 B는 돼지고기 15파운드와 우유 10병이다. 스미스 부인에게는 조합 A나 B나 다를 게 없다. 어떤 조합이든 그녀는 상관하지 않는다.

어떤 한 조합이 다른 조합보다 돼지고기가 적지만, 스미스 부인에게 똑같이 매력적이려면 우유가 더 많아야 한다. 이 같은 논법은 같은 무차별 곡선에 있는 다른 두 가지 조합을 놓고 비교할 때도 그대로 적용되고 따라서 무차별 곡선은 우하향이다.

어떤 한 가지 재화를 많이 소유할수록 그 재화가 조금 더 추가됨으로써 발생하는 가치는 줄어든다(한계효용체감의 법칙). 만약 당신이 $I_3$ 곡선을 따라 우유가 적고 돼지고기가 많은 조합을 향해 우하향으로 움직인다면 추가되는 우유의 가치는 높아지지만, 추가되는 돼지고기의 가치는 떨어진다. A에서 B로 움직이면 스미스 부인은 추가로 5파운드의 돼지고기를 얻는 대신 다섯 병의 우유를 포기한다. B에서 C로 움직이면 우유의 양은 또다시 다섯 병이 줄어들지만, 우유가 줄어든 만큼 추가로 10파운드의 돼지고기가 생긴다. 바로 이 점 때문에 무차별 곡선은 모두 같은 일반적인 형태, 즉 우하향으로 갈수록 완만한 형태를 띤다.

실제로 나는 스미스 부인을 모를뿐더러 우유나 돼지고기에 관한 그녀의 기호를 모른다. 무차별 곡선은 실제 어떤 사람이 어떤 기호를 가졌는지를 알려주는 것이 아니다. 우리가 명료하게 생각하는 데 도움을 줄 뿐이다. 합리적인 선택의 논리를 고찰하기 위해 우리가 예산선과 무차별 곡선을 이용해 이끌어낸 주장은 (실제 인물의 기호를 묘사하는 곡선의 정확한 형태에 의해서가 아니라) 무차별 곡선이 갖는 일반적인 특징에 의해서만 영향을 받는다.

모든 가능한 조합은 무차별 곡선상에 존재한다. 달리 말하자면 모든 조합을 보여주면 무차별 곡선이라고 할 수 있다. 만약 이 무차별 곡선을 하나의 도표에 전부 다 그린다면 해당 도표는 무수히 많은 무차별 곡선으로 채워져서 검은색이 될 것이다. 곡선 $I_1$과 $I_2$, $I_3$은 내가 그릴 수 있는 무한히 많은 곡선 중 단지 세 개일 뿐이다.

만약 스미스 부인이 곡선 $I_3$의 A 지점에서 곡선 $I_2$의 D 지점으로 이동하면 우유와 돼지고기 둘 다 포기하는 셈이다. 요컨대 그 두 가지가 모두 재화인 까닭에 그녀는 A를 선호한다. 좌하향으로 이동하면 점점 바람직하지 않은 무차별 곡선으로 옮겨가는 것이다. 완벽한 무차별 곡선은 두 가지 조합을 놓고 비교했을 때 스미스 부인이 어떤 조합을 선호하는지 알려주므로 우유와 돼지고기에 관한 그녀의 선택을 완벽하게 설명해줄 것이다.

스미스 부인은 우유와 돼지고기가 선택할 수 있는 유일한 재화이므로 그 두 가지 재화에 가진 돈을 전부 사용할 가능성이 매우 크다. 구매할 다른 물건이 없기 때문이다. 그녀의 선택은 간단하다. 자신의 예산선에 있는 모든 조합 중에서 가장 좋아하는 한 가지를 고르면 된다. 답은 조합 F다.

스미스 부인이 조합 F를 선호할지 어떻게 알 수 있을까? 조합 F가 곡선 $I_2$에 있으며, $I_2$는 예산선과 맞닿은 가장 높은 무차별 곡선이기 때문이다. 스미스 부인은 아마도 곡선 $I_3$의 조합을 선호하겠지만, 해당 조합으로 구매하기에는 돈이 부족하다. 곡선 $I_1$에도 그녀가 구매할 수 있는 수많은 조합이 있지만 그녀는 조합 F를 선호한다.

우리는 이제 스미스 부인이 크로거에 갈 때 일어나는 일을 그래프로 설명하는 법을 알았다. 하지만 지금으로선 우리에게 아무런 도움이 되지 않는다. 우리가 그래프로 그린 내용은 스미스 부인이 A&P에서 쇼핑할 때 우리가 이전까지 알지 못했던 것을 비로소 알려주기 시작한다.

스미스 부인은 여전히 스미스 부인이고 따라서 그녀의 기호를 보여주는 무차별 곡선도 그대로다. 하지만 A&P에서는 우유가 할인판매 중이고 돼지고기는 할인판매가격이 아니다. 돼지고기는 파운드당 1.5달러이고 우유는 한 병에 1달러이다. 가격이 다르므로 스미스 부인은 이제 다른 대안 중에서 선택해야 한다. 그림 3-2에 있는 그녀의 예산선은 더는

F 지점을 지나지 않는다. A&P의 가격으로는 크로거에서 샀던 만큼의 돼지고기와 우유를 살 수 없다. 크로거의 광고가 사실이었던 것이다.

그렇다면 크로거가 정말로 더 저렴한 가게이고, 스미스 부인에게는 크로거에서 쇼핑하는 편이 더 이익일까? 아니다. 그녀는 크로거에서 구매했던 그대로 A&P에서 같은 금액에 구매할 수 없다. 하지만 그녀가 A&P에 있는 한 크로거에서와 똑같이 구매하길 원하지도 않을 것이다.

그림 3-2의 조합 D가 아마도 A&P에서 스미스 부인이 25달러로 선택할 구매 조합일 것이다. 그림 3-1의 조합 F와 마찬가지로 그림 3-2의 조합 D는 그녀가 구매할 수 있는 모든 조합 중 가장 높은 무차별 곡선에 위치한다. 다른 가격 패턴을 만났을 때 스미스 부인은 조합을 변경해서 재화를 구매한다. 크로거에서는 돼지고기가 싸고 우유가 비쌌기 때문에 돼지고기를 많이 사고 우유를 조금 샀지만 A&P에서는 이 패턴이 달라진다.

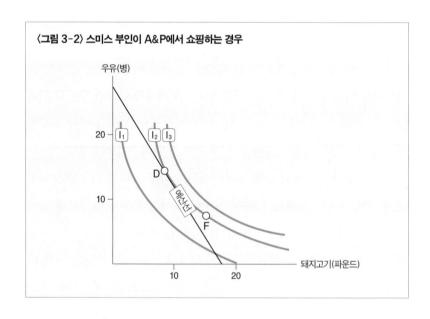

〈그림 3-2〉 스미스 부인이 A&P에서 쇼핑하는 경우

우연히도 그림 3-2의 조합 D와 3-1의 조합 F는 같은 무차별 곡선상에 위치한다. 곡선 $I_2$다. 스미스 부인에게 이 두 조합은 똑같이 매력적이다. 어떤 가게에서 쇼핑하든 그녀에게는 똑같이 이득이다.

만약 존스 부인의 기호가 우연의 일치로 스미스 부인의 기호와 똑같다면 같은 한 쌍의 그림이 A&P 고객인 존스 부인에게도 적용될 수 있다. 존스 부인은 25달러를 들고 A&P에 가서 자기 예산선에서 최적의 조합인 조합 D로 구매한다. 그런 다음 다시 크로거에 가서 같은 조합으로 구매하면 얼마가 나오는지 가격을 조사하고 약 4달러가 더 든다는 사실을 발견한다. A&P 광고도 사실이었던 것이다.

우리는 이제 식료품 가게의 모순을 더욱 정확한 방식으로 설명할 수 있게 되었다. 고객이 둘 중 어느 가게에서 쇼핑하든 상관하지 않으며, 처음에 간 가게에서 가진 돈으로 살 수 있는 재화의 최적 조합과 두 번째로 간 가게의 최적 조합 간의 차이에 별로 개의치 않는다면, 특정 예산을 가진 고객의 관점에서 볼 때 두 가게는 똑같이 저렴한 셈이다. 두 가게가 똑같이 저렴하지만 가격이 서로 다른 경우에는 둘 중 한 가게에서 정해진 예산으로 구매한 재화의 조합은 다른 가게로 옮겨가면서 더 비싸질 것이고, 그 결과 어떤 가게를 먼저 가든 먼저 간 가게가 더 저렴한 것처럼 보일 것이다.

## 가치와 가격

무차별 곡선은 '가치'라는 단어의 의미를 더 정확하게 이해하게 해준다. 특정 재화의 가치란 그 재화를 얻기 위해 우리가 포기하려는 딱 그만큼의 어떤 것이다. 하나를 얻고 다른 하나를 잃어서 어떤 이득이나 손해도 없다면, 즉 그런 교환이 발생하기 전과 후의 상황에 우리가 아무런 차이를 느끼지 않는다면 그 두 가지 재화는 같은 가치를 가진다. 그림 3-1의 A 지점과 B 지점 사이에서 돼지고기 5파운드의 가치는 우유 다섯 병이다. 그 반대도 마찬가지다.

우리가 특정 재화에 느끼는 가치는 우리의 선택으로 좌우될 뿐 아니라 우리가 그 재화를 얼마나 많이 보유하고 있는가에 따라서도 달라진다. A 지점과 B 지점 사이에서 돼지고기 1파운드는 우유 한 병의 가치가있다. B 지점과 C 지점 사이에서는 우유 반병의 가치가 있다. 더욱 엄밀히 따져서, A 지점에서 돼지고기의 가치는 당신의 관점에서 이득도 손해도 아니면서 약간의 돼지고기를 약간의 우유와 교환할 수 있는 비율이다. 이 비율은, 곧 무차별 곡선의 기울기가 된다.

무차별 곡선이 가치를 이해하게 해준다면, 예산선은 가격의 이해를 도와준다. 특정 재화의 가격, 또는 비용은 해당 재화를 얻으려면 포기해야하는 다른 것의 가격이다. 크로거에서 우유 한 병의 가격은 돼지고기 1.5파운드와 같다. 즉, 고객은 다른 모든 재화의 소비는 고정해둔 채, 해당비율로 돼지고기를 우유로 바꾸거나 우유를 돼지고기로 바꿀 수 있다. 비용은 기회비용(어떤 재화를 구매하든 또는 생산하든 그 재화를 얻기 위해 포기해야 하는 다른 것의 비용)이다. 내가 가르치는 학생의 관점에서 본다면 중간고사에서 A를 받는 비용은 세 번의 파티를 포기하고, 하룻밤을 새우고, 진지하게 교제 중인 친구와 결별하는 것일 수도 있다. 현 거주지에서 내가 거주하는 비용은 세금이나 유지비용뿐 아니라 이 집에 거주하는 대신 다른 사람에게 집을 팔았을 때 생기는 돈의 이자도 포함된다.

우리가 어떤 재화를 구매하느라 지출하는 돈은 그 돈을 사용하고 싶은 다른 재화가 있을 때만 비용이 된다. 그러므로 만약 세상이 오늘 자정에 멸망하게 될 거라는 확신이 있다면 우리는 돈에 대해 아무런 가치도 느끼지 못할 것이다.

(우유의 개수로 측정되는 돼지고기의) 가격은 예산선의 기울기, 즉 지출이 고정된 상태에서 어떤 재화를 다른 재화로 바꿀 수 있는 비율이고 따라서 전체적인 소비량은 변하지 않는다. (우유의 개수로 측정되는 돼지고기의) 가치는 무차별 곡선의 기울기, 즉 당신의 후생에는 어떤 변화도 없이 어떤 재화를 다른 재화로 바꿀 수 있는 비율이다. 당신이 소비하기로 선택하는 조합은, 그림 3-1과 3-2에서 볼 수 있듯이, 당신의 예산선이 무차별 곡선 중 하나와 딱 만나는, 즉 예산선과 무차별 곡선의 기울기가 일치하는 지점이다. 따라서 가격이 가치와 일치한다. 그렇다고 모든 지점에서 또는 모든 가능한 소비조합에서 똑같지는 않으며, 합리적인 개인이 소비하기로 선택하는 특정 조합에서만 가격과 가치가 같다. 계속해서 주목하자.


## 물가지수 읽는 법

앞서 언급한 두 개의 광고가 실렸던 그 신문에는 물가가 지난해에 10%나 올랐다는 기사도 있었다. 물가가 10% 올랐다는 것은 무슨 뜻일까? 지난해에 식료품 가격은 올랐지만 컴퓨터 가격은 내렸다. 어떻게 이런 변화들을 전부 합쳐서 평균을 내고 하나의 숫자로 표시할 수 있을까?

특정 재화에 사용하는 돈이 많을수록 해당 재화의 가격 변동은 우리에게 많은 영향을 끼친다. 주택 가격이 10% 오르고 종이 가격이 10% 내리면 우리에게는 손해다. 더욱 정확한 논증을 위해 지난해에 구입했던 모든 재화를 올해 다시 구입한다면 비용이 얼마나 들지 물어보자. '10% 더 든다'는 답변이 돌아온다면 물가가 평균적으로 10% 올랐다고 말하는 건 합리적인 듯 보인다.

하지만 이제 우리는 어째서 이 같은 답변이 옳지 않은지 알 수 있을 정도의 경제 지식이 생겼다. 만약 나에게 지난해에 구매한 물건들을 똑같이 구매할 돈이 있다면 작년만큼 올해도 잘 살 수 있을 것처럼 생각한다. 하지만 실상은 그렇지 않다. 물가에 변동이 있고 작년에 최적이던 조합이 지금도 여전히 최적일 리 없다. 만약 식료품 가격이 올랐고 컴퓨터 가격이 내렸다면, 스테이크 구매를 줄이고 더 좋은 컴퓨터를 사는 편이 이득이다.

만약 작년에 구매했던 것을 똑같이 구매할 수 있을 정도로 내 수입이 증가했다면, 나는 작년과 같은 조합의 재화를 구매하는 데 돈을 쓸 수도 있겠지만 분명 내게 훨씬 더 이득이 되는 더 나은 다른 조합으로 재화를 구매하려고 할 것이다. 따라서 수입이 10% 늘어서 작년에 샀던 것을 그대로 구매할 수 있다면 내 생활은 수입이 10% 증가한 만큼 작년보다 더 윤택해질 것이다. 똑같은 이유에서 수입 증가율이 10%가 안 되더라도 내 생활은 작년 수준만큼 윤택할 것이다. 결론적으로 물가는 10%보다 적게 오른 셈이다.

방금 설명한 것처럼 첫해에 구매한 물건을 똑같이 구매하려면 이듬해 수입은 얼마가 되어야 하는지 살펴봄으로써 물가를 평균 내는 방법(라스 파이레스식 물가지수Laspeyres price index)은 소비자가 이듬해에 새로운 물가 패턴에 맞춰 자신의 구매 패턴을 조정함으로써 얻는 편익을 무시하게 되므로 인플레이션 비율을 과대평가한다. 반면 소비자가 이듬해에 실제로 자신이 구매하는 재화를 첫해에 구매하려면 소비자에게 얼마의 수입이 필요할지 알아봄으로써 산출하는 물가지수(파셰식 물가지수Paashe price index)는 본질적으로 같은 원인에 의해 인플레이션 비율을 과소평가한다. 인플레이션 비율을 라스파이레스식 물가지수로 계산하면 10%, 파셰식 물가지수로 계산하면 9%일 때, 실질적인 인플레이션 비율이 얼마인지는 모르더라도 9%에서 10% 사이라는 것은 알 수 있다.

파셰식 물가지수와 라스파이레스식 물가지수는 기술적인 문제가 있고, 따라서 인플레이션 비율을 계산하는 통계학자나 경제학 시험을 치르는 학생들 외에는 거의 쓸모가 없다. 하지만 여기서 소개한 논리는 훨씬 더 광범위하게 쓰인다. 흥미롭고 중요한 현안에 선택 가능한 대안이 있고, 그 대안에 변화가 생겼을 때 합리적인 사람은 어떻게 반응할지 생각해보라. 비례세나 다양한 교육 지원 방식, 마약과의 전쟁 확산에 관한 찬반 논쟁 같은 경우에 말이다. 다음은 내가 가장 좋아하는 역설이다.


## 집값은 오르든 떨어지든 이득이다

집을 샀다. 한 달이 지나자 집값이 오른다. 집값이 올랐으니 이득일까? 아니면 물가도 올랐으니 손해일까? 대부분의 사람은 이득이라고 대답할 것이다. 집도 생겼고 샀을 때보다 값도 올랐으니까.

다른 경우를 생각해보자. 역시 집을 샀다. 한 달 뒤에 집값이 떨어진다. 집값이 떨어져서 손해를 볼까? 아니면 물가도 떨어졌으니 이득을 볼까? 대부분 사람은 손해라고 대답한다. 위의 두 대답에는 일관성이 있다. 누가 보더라도 집값이 오르면 이득이고 집값이 떨어지면 손해이므로.

일리는 있지만 틀렸다. 집값이 오르든 떨어지든 이득이라는 것이 맞다. 그림 3-3의 세로축은 집값을 나타내고 가로축은 집을 제외한 다른 모든 재화의 지출을 나타낸다. 초기 예산선은 당신이 최초 지급한 집값에서 선택 가능했던 집과 집값 외의 다른 재화 사이의 다양한 조합을 보여준다. A 지점이 최적의 조합(당신이 집을 구매한 금액)이다.

두 번째 예산선은 집값이 오르고 난 이후의 상황을 보여준다. 집값이 올랐다는 것은 조금이라도 넓은 집을 사려면 더 많은 돈을 포기해야 한다는 의미이므로 해당 예산선의 기울기는 완만하다. 그런데도 새로운 예산선은 여전히 A 지점을 지나야 한다. 선택할 수 있는 대안 중 하나는 이미 소유한 그 집에서 계속 사는 것이기 때문이다. 물론 A 지점에서 벗어나 예산선을 따라 위로(집을 팔고 돈을 보태서 더 큰 집을 사는 것), 또는

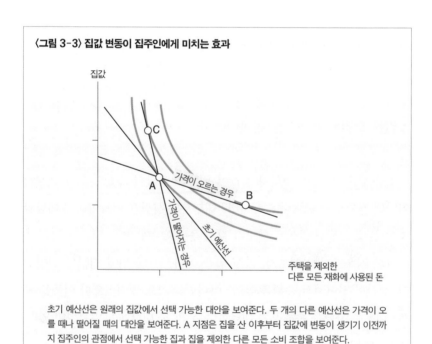

〈그림 3-3〉 집값 변동이 집주인에게 미치는 효과

초기 예산선은 원래의 집값에서 선택 가능한 대안을 보여준다. 두 개의 다른 예산선은 가격이 오를 때나 떨어질 때의 대안을 보여준다. A 지점은 집을 산 이후부터 집값에 변동이 생기기 이전까지 집주인의 관점에서 선택 가능한 집과 집을 제외한 다른 모든 소비 조합을 보여준다.

아래로(집을 팔고 작은 집을 사서 돈을 남기는 것) 이동하는 쪽을 선택할 수도
있다.

이 예산선은 당신이 어떤 선택을 하는지를 보여준다. 당신에게 최적인
새로운 지점은 B가 된다. 집값이 올랐기 때문에 당신은 기존에 소유한
집을 팔고 작은 집을 산다. 그리고 당신의 관점에서 그에 따른 수입 증가
는 집이 좁아진 것보다 더 가치가 있다. 이제 당신의 무차별 곡선은 가격
변동 이전보다 더 높이 있다.

세 번째 예산선은 집을 구매한 이후에 집값이 내릴 때의 상황을 보여
준다. 이때에도 당신에게는 원래의 집을 그대로 소유할 수 있는 선택권
이 있고 따라서 예산선은 A 지점을 통과해야 한다. 하지만 이번에는 예
산선의 기울기가 훨씬 가파르다. 집값이 내렸기 때문이다. 당신에게 최
적인 새로운 지점은 C이다. 즉, 당신은 집을 팔고 더 큰 집을 구매한다.
마찬가지로 당신의 무차별 곡선은 가격 변동 이전보다 더 높이 있다. 집
값 하락이 당신에게 더 이득이 된 것이다.

도표를 보면 이 같은 결과가 일반적이라고 확신할 수 있다. 새로 집을
구매한 이후에 집값이 오르든 내리든 변동이 있을 때가 변동이 없을 때
보다 당신에겐 이득이다.

문제는 당신이 어떻게 소비하는가, 즉 집값으로 얼마를 쓰고 집 이외
의 것들에 얼마를 쓰는가 하는 것이다. 가격 변동 이전에 당신이 선택한
조합(당신이 집과 집을 구매하고 남은 나머지 수입으로 구매한 모든 것)은 당신이
선택할 수 있는 최선이었다. 따라서 가격 변동이 없었더라면 같은 조합
으로 소비를 계속했을 것이다. 가격 변동 이후에도 여전히 같은 조합을
선택할 수 있다. 이미 집을 소유했으므로 가격 변동이 당신에게 손해를
입힐 수 없기 때문이다.

하지만 집과 다른 재화의 최적 조합은 집값에 의해 좌우되므로 가격 변동 이전의 조합이 가격 변동 이후에도 최적의 조합일 가능성은 별로 없다. 그리고 이전의 조합이 최적이 아니라면 이제 더 매력적인 다른 대안이 있다는 뜻이고 따라서 당신의 생활은 더 나아진다. 이전에 있던 최선의 대안(예전 조합)보다 더 나은 새로운 대안이 존재하기 때문이다.

기하학적 접근법의 이점은 도표를 통해 해답을 알아낼 수 있다는 것이다. 우리가 해야 할 일이라고는 그림 3-3을 잘 관찰하는 것뿐이다. 초기 예산선은 A 지점에서 무차별 곡선과 맞닿아 있었고 따라서 다른 기울기로 A 지점을 통과하는 모든 예산선은 해당 무차별 곡선을 관통한다. 새로운 예산선은 어느 한쪽이 예전 무차별 곡선 위에 위치한다. 다시말해, 이제 당신에게는 조합 A보다 더 선호할 만한 어떤 기회가 생겼다는 뜻이다.

도표가 이유까지 설명해주지는 않는다. 구술을 통해서만 문제를 해결하면 내가 도입부에서 가격이 내려가면 손해라고 결론지었던 것처럼 잘못된 답을 얻을 수도 있다. 하지만 일단 맞는 답을 찾고 나면, 어쩌면 도표에서 약간의 도움을 받아서, 무엇이 사실인지 그리고 왜 그런지도 알게 된다.


## 보조금을 받고 물건을 사면 이득일까?


로비단체가 감자는 건강에 좋고 따라서 감자 농가에 보조금을 지원해야 한다고 정부를 설득한다. 이제 감자의 생산비용이 감소한다. 그리고 이런 결과는 소비자인 당신에게도 이득이다. 당신은 더 많은 감자를 구입하고 그로써 감자를 생산하는 농부들도 행복해진다. 모든 사람이 만족한다.

하지만 한 가지 문제가 있다. 누군가는 보조금을 지급해야 하는 것이다. 단순화를 위해 모든 사람이 같은 수입과 같은 기호를 가졌고 같은 세금을 낸다고 가정하자. 보조금은 감자 1파운드당 1달러이고 당신은 한 달에 20파운드의 감자를 구입한다. 한 달에 20파운드의 감자를 구입하고 있으니 파운드당 1달러의 보조금을 지급하기 위한 세금으로 매달 20달러를 내고 있는 셈이다. 다른 사람도 마찬가지다.

당신은 세금으로 매달 20달러를 낸다. 그리고 정부가 보조하는 가격으로 20파운드의 감자를 구매하면서 세금으로 낸 돈을 돌려받는다. 회계학에서는 정확히 상쇄되는, 이를테면 1,000달러의 이득이 1,000달러의 손실로 균형이 잡히는 거래를 워시wash(이익도 손해도 아닌 것_옮긴이)라고 부른다. 세금과 보조금 조합도 워시처럼 보인다. 지급하는 만큼 다시 돌려받기 때문이다.

겉모양은 믿을 게 못 된다. 당신은 매달 20달러를 세금으로 낸다. 다른 사람들도 마찬가지다. 그리고 매달 보조금으로 20달러를 받는다. 이 역시 다른 사람도 마찬가지다. 결과적으로 당신은 손해다. 물론 다른 사람도 마찬가지다. 아마도 감자를 생산하는 농부들만 예외일 것이다.

왜 그런지 알아보려면 그림 3-4를 살펴보자. 그림 3-4는 보조금과 관련한 세금이 있을 때와 없을 때의 예산선을 보여준다. 보조금이 있을 때 A가 최적의 지점이다. 이 지점에서 예산선이 무차별 곡선과 만나기 때문이다. 선택 가능한 대안들을 고려해서 당신이 선택한 소비도 이 조합이다.

보조금이 없으면 감잣값이 더 비싸지므로 보조금이 없을 때의 예산선

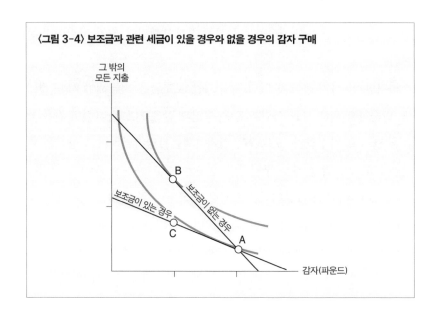

〈그림 3-4〉 보조금과 관련 세금이 있을 경우와 없을 경우의 감자 구매

그 밖의
모든 지출

B

보조금이 없는 경우

보조금이 있는 경우

C

A

감자(파운드)

은 기울기가 훨씬 가파르다. 즉, 당신이 감자 1파운드를 살 때마다 다른 것을 더 많이 포기해야 한다는 얘기다. 그런데도 이 예산선은 A 지점을 통과한다. 그리고 이 조합으로 구매하면 20달러의 추가비용이 발생한다. 보조금이 없으면 감자가 파운드당 1달러 더 비싸지기 때문이다. 그리고 정확히 그 금액만큼  세금을 내지 않아도 된다.

물론 원하면 여전히 A 지점에서 구매할 수 있다. 하지만 그렇게 하지 않는다. 도표에서 볼 수 있듯이 당신이 선택할 수 있는 가장 매력적인 조합은 B 지점이다. 당신은 감자 소비를 10파운드 줄이고, 그렇게 절약한 돈을 다른 재화에 사용하며, 당신의 무차별 곡선은 더 높이 이동한다.

우리는 A 지점보다 B 지점에서 더 이득이고 따라서 감자 보조금과 그 보조금을 만드는 세금의 조합은 우리를 더 가난하게 만들었다. 하지만 앞의 사례에서와 마찬가지로 왜 그런지 이해하려면 이 주장을 사람들이 이해할 수 있는 언어로 바꿀 필요가 있다.

보조금을 폐지하지 않고는 어째서 내가 A 지점에서 B 지점으로 갈 수 없는지 그 이유를 먼저 알아보자. 전체 인구를 놓고 봤을 때 거둬들이는 세금은 지급되는 보조금과 같고 지급되는 보조금 총액은 사람들이 얼마나 감자를 많이 구매하느냐에 따라 달라진다. 만약 모든 사람이 감자 소비를 반으로 줄이면 세금도 반으로 줄고 우리는 모두 B 지점으로 이동할 수 있다.

하지만 내가 모든 사람의 행동을 통제할 수는 없는 노릇이다. 오직 내 행동만 통제할 뿐이다. 만약 나 혼자만 감자 소비를 줄이면 다른 사람이 내는 세금은 거의 변함이 없을 테고 나는 C 지점에 있게 된다. A 지점에 그대로 있는 것보다 훨씬 손해인 셈이다. 모든 사람이 감자 소비를 반으로 줄이면 모두가 이득이겠지만, 개별적으로 감자 소비를 반으로 줄이면 소비를 줄인 개인만 손해를 본다.

금전적인 측면에서 볼 때 보조금은 이득도 손해도 아니다. 반면, 후생적인 측면에서는 순손실이다. 보조금이 모든 소비자에게 손해가 되도록 개개인의 유인誘因을 바꿔놓기 때문이다. 경제학에서는 돈이 전부가 아니다.

경제학 내용을 다루는 신문기사는 종종 유인이 좋은 것인 양 말한다. 유인이 많을수록 좋다는 식이다. 하지만 그건 틀렸다. 감자 보조금은 우리에게 더 많은 감자를 먹으려는 유인을 제공하고 우리를 가난하게 만든다. 우리가 원하는 건 더 많고 적은 유인이 아니라 올바른 유인이다.

정부가 감자에 보조금을 지급하는 대신 세금을 부과한다고 가정하고 이 문제를 재분석하면 어쩌면 더 흥미로울 수도 있다. 하지만 그럴 때도 제대로만 분석한다면 결과는 똑같을 것이다. 금전적인 측면에서 보면 세금은 이득도 손해도 아니다. 사람들은 오른 감잣값만큼, 자신의 몫을 되돌려받기 때문이다. 인간적인 후생 측면에서 보면 세금은 보조금과 마찬가지로 순손실이다.

지금까지의 논의에서 나는 소비자만을 생각했다. 그렇다면 생산자는 어떨까? 내가 한 분석은 보조금 덕분에 증가한 수요는 농부들의 감자 판매 가격에는 아무런 영향을 미치지 않고, 소비자가 내는 가격이 보조금의 총액만큼 떨어진다고 전제했다. 하지만 보조금이 감잣값에 미치는 영향과 생산자의 후생까지 고려한 더 완전한 분석은 아마도 다른 답을 보여줄 것이다. 즉, 생산자는 소비자의 손실을 보전하고도 남을 만큼의 이득을 볼 것이다.

완전한 분석은 훨씬 어려운 문제지만 결과적으로는 같은 답을 제공한다. 보조금이 모든 관련 당사자들, 소비자와 생산자, 납세자에게 미치는 순효과를 규명하고 예측해보면 보조금의 효과는 부정적이다. 궁극적으로 보조금은 우리에게 손해다. 왜 그런지 알고 싶다면 17장까지 인내심을 가져보자.

# 로빈슨 크루소의
# 무인도 탈출 비용은 얼마?

## : 한계가치와 소비자잉여

THE ECONOMICS OF DAILY LIFE

## 기회집합의 가치

인간은 매 순간 선택을 하며 산다. 우리가 사는 세상은 다양한 대안이
모인 하나의 기회집합이다. 어떤 것은 가격이 명확하다. 이를테면 고기
나 우유를 사거나, 진료를 받거나, 하와이로 여행을 가는 일은 정해진 값
을 치르면 된다. 하지만 가격이 불명확한 것들이 훨씬 많다. 축구를 즐기
는 대가는 타박상과 근육통이고, 아내와 다툰 대가는 저녁을 못 얻어먹
는 것이다.

하나의 기회집합은 어느 정도의 가치가 있을까? 로빈슨 크루소의 관
점에서 기회집합의 가치를 생각해보자. 그의 기회집합은 염소 몇 마리와
오두막, 여러 가지 흥미로운 계획, 동료는 거의 없고 식인종의 위협이 존
재하는 무인도다. 또 다른 기회집합은 그가 떠나온 세계, 즉 17세기 영국

이다. 만약 이 두 기회집합 중 하나를 선택할 수 있다면 그는 집으로 돌아가기 위해 얼마나 많은 것을 내놓아야 할까? 무인도 탈출의 가치는 얼마일까?

우리는 이와 비슷한 문제에 직면한다. 새로운 직업을 갖거나, 새로운 도시로 이사하거나, 결혼 또는 이혼하는 것은 선택이 필요한 순간에 주어지는 대안이다. 일생일대의 결정 중 대부분은 선택 가능한 여러 기회집합 가운데 하나를 택하는 것이다.

기회집합이 얼마나 가치가 있는지 따져보는 이유는 다수의 기회집합 가운데 하나를 선택해야 하기 때문이다. 게다가 언젠가 그것들을 팔아야 할 날이 올지도 모르기 때문이다. 디즈니랜드를 예로 들어보자. 고객이 입장권과 함께 구입하는 것은 하나의 기회집합(백설공주의 성을 걸어 다니거나 아프리카에 있는 것처럼 꾸민 강을 따라 여행하거나 수많은 놀이 중 어떤 것을 즐길 다양한 기회)이지만 그렇다고 거기 있는 모든 기회는 아니다.

어떤 놀이기구를 이용할 수 있는지, 비용은 얼마인지, 얼마나 기다려야 하는지 등 기회집합에 존재하는 변수는 고객이 해당 기회집합에 관해 느끼는 가치를 변화시키고, 그에 따라 고객이 내려는 디즈니랜드 입장료도 달라진다. 만약 당신이 디즈니랜드를 운영한다면 의사결정을 할 때(이를테면 놀이기구에 별도의 이용료를 부과할지, 부과한다면 얼마를 부과할지 결정할 때) 이런 점을 고려하라는 조언을 자주 듣게 될 것이다.

기회집합이 얼마나 가치가 있는지 따져보는 또 하나의 이유는 대부분의 중대한 정치적 현안, 즉 자유무역이나 관세 문제, 세금을 올리거나 내리는 문제, 이민을 늘리거나 줄이는 문제, 규제를 강화하거나 완화하는 문제 등이 다양한 기회집합의 가치와 관련된 사안이기 때문이다. 정부가 세금을 부과할 때마다 개개인의 수입과 후생을 비롯하여 사고파는 재화의 가격에 변동이 생기고, 따라서 선택할 기회에도 변화가 생긴다. 매출세 대비 비례 소득세와 누진 소득세를 비교하거나, 세금을 부과해서 공공 서비스를 제공하는 편이 세금을 걷지 않고 서비스도 제공하지 않는 것보다 더 나은지 판단하려면, 어쨌든 우리는 기회집합의 변화에 영향을 받는 개개인의 득과 실을 따져봐야 한다.

어떤 사람이 이민자가 줄어들거나 의료혜택이 늘어나면 더 살기 좋은 나라가 될 거라고 말할 때 그 사람이 실제로 주장하는 바는, 그런 변화가 진행된 이후에 사람들이 선택할 수 있는 일련의 대안이 이전에 선택할 수 있었던 대안보다 훨씬 매력적일 거라는 것이다. 그 같은 주장이 참인지 거짓인지 판단할 때 가장 중요한 도구가 바로 이 장에서 소개된다.

앞 장에서 나는 복잡한 문제들을 다루기 위한 전략 하나를 소개했다. 바로 단순화다. 우리는 단순화 전략을 통해 세상을 축소해 두 가지 재화만 존재한다고 가정했다. 이 장에서는 한 단계 더 나아가서 어떤 단일 재화를 소비하는 데 따른 가치 측정 방법을 알게 될 것이다. 우리는 여전히 선택을 한다. 그 선택은 한 재화와 그 재화가 아닌 다른 모든 재화에 사용할 수 있는 돈을 놓고 벌이는 선택이다.

## 현명한 소비자는 한계가치를 어떻게 이용하는가?

오렌지를 생각해보자. 오렌지 한 개를 더 소비함으로써 그 사람이 느끼는 가치는 그가 이미 얼마나 많은 오렌지를 소비하고 있느냐에 따라 달라진다. 만약 일주일에 오렌지 한 개를 먹고 있다면 일주일에 두 개를 먹으려고 비교적 큰돈을 쓸 것이다. 하지만 일주일에 50개의 오렌지를

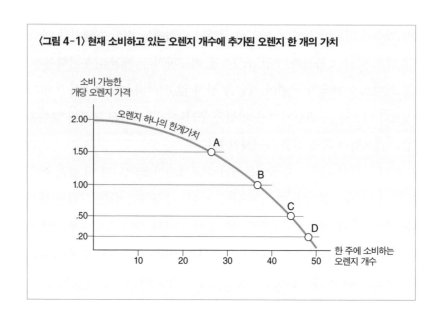

〈그림 4-1〉 현재 소비하고 있는 오렌지 개수에 추가된 오렌지 한 개의 가치

먹고 있다면 오렌지 한 개를 더 먹겠다고 안달하지는 않을 것이다. 아침에 오렌지 주스를 마시고, 점심으로 오렌지를 먹고, 야식으로 오렌지 잼을 바른 토스트를 먹고 있는 사람에게 51개째 오렌지의 가치는 어쩌면 제로에 가까울 것이다.

그림 4-1은 추가된 오렌지 한 개의 가치, 즉 오렌지 한 개의 한계가치를 보여준다. 수량이 한 개일 때 오렌지는 높은 한계가치를 지닌다. 이럴 때 사람들은 두 번째 오렌지를 얻기 위해서 2달러 가치의 다른 재화를 기꺼이 포기하려 한다. 수량이 50개에 도달할 때쯤에는 추가되는 오렌지 한 개의 가치가 제로에 가깝게 떨어진다. 만약 당신이 일주일에 이미 50개의 오렌지를 소비하고 있다면 한 개를 더 얻는 데에 한 푼도 더 쓰려고 하지 않을 것이다.

오렌지의 한계가치는 오렌지가 늘어날수록 점점 줄어든다. 많이 가질수록 추가되는 한 개의 가치는 감소한다. 대다수 재화가 일반적으로 이런 패턴을 보인다. 우리에게 물이 아주 조금만 있다면 그 물을 전부 마시는 데 쓸 것이다. 하지만 마실 수 있는 양보다 물이 많다면 초과한 양은 손을 씻는 것처럼 상대적으로 덜 중요한 용도로 사용한다. 보통의 미국인처럼 당신이 (직접 또는 간접으로) 하루에 1,000갤런(약 3,780*l*)의 물을 소비한다면 마지막 1갤런은 잔디밭에 뿌리거나, 새지만 굳이 수리할 필요를 못 느끼는 수도꼭지를 통해서 그냥 흘러가게 내버려 둘 것이다. 실제로 물은 생존을 위해 없어서는 안 되는 소중한 자원이지만, 1,000번째 갤런의 한계가치는 거의 제로에 가깝다.

점점 줄어드는 한계가치가 보편적이긴 하지만 필연적으로 그런 것은 아니다. 자동차 타이어를 생각해보라. 네 번째 타이어의 한계가치는 첫 번째나 두 번째, 세 번째 타이어보다 훨씬 크다.

오렌지가 한 개에 1달러다. 당신은 몇 개를 사야 할까? 당신에게 첫 번째 오렌지의 가치는 1달러보다 크기 때문에(그림 4-1 참조) 첫 번째 오렌지는 구매한다. 한 개가 아닌 두 개는 어떨까? 이때에도 추가된 오렌지 한 개의 가치가 1달러보다 크다. 따라서 두 번째 오렌지도 구매하는 것이 이득이다. 당신은 마지막으로 구매하는 오렌지의 한계가치가 정확히 1달러가 되는 그림 4-1의 B 지점까지 계속 오렌지를 구매한다. 그보다 더 많은 오렌지를 소비할 때 B 지점을 지나 추가된 오렌지는 해당 오렌지를 사려고 지급하는 가격보다 가치가 작을 것이다. 반대로, 그보다 적은 수의 오렌지를 사면 가격에 비해서 더 가치가 높은 오렌지를 살 기회를 놓치게 되는 것이다.

이런 주장은 가격이 얼마든 똑같이 적용된다. 오렌지 가격이 1달러 50센트든, 50센트든, 또는 20센트든 당신은 오렌지 가격이 마지막에 구매하는 오렌지의 한계가치와 같은 지점(그림 4-1의 A, C, D 지점)까지 계속 구매한다. 균형 상태에서 가격은 (한계)가치와 같다.

그림 4-1은 단순히 내 머리에서 나온 것이다. 즉, 나는 당신이 오렌지를 좋아하는지, 좋아한다면 얼마나 좋아하는지, 또는 한 주에 몇 개의 오렌지를 먹는지에 따라 당신이 느끼는 오렌지의 가치가 어떻게 달라지는지 전혀 모른다. 하지만 우리는 이제 더욱 정확한 그래프를 그릴 수 있다. 오렌지의 한계가치를 보여주는 실제 그래프를 그리려면 각각의 가격에서 오렌지 소비량이 어떻게 달라지는지 관찰만 하면 된다.

당신이 플로리다에 살고 있는데, 그곳에서는 제철 오렌지가 개당 20센트다. 내가 관찰한 바로 당신은 일주일에 오렌지 48개를 구매한다. 오렌지 한 개의 한계가치가 20센트가 되는 수량이 당신에게는 48개다. 내 그래프에 D 지점이다. 당신은 시카고로 이사했고, 그곳에는 찬바람이 불고, 칠레에서 수입되는 오렌지가 개당 1달러에 판매된다. 당신은 이제 일주일에 겨우 38개의 오렌지를 구매한다. 내 그래프의 B 지점이다. 한계가치는 처음에 선택을 고찰하는 방법으로 등장했다. 하지만 지금은 개인의 기호를 보여주는 주목할 만한 지표가 되었다.

이 같은 주장은 매우 중요하지만, 잘못 해석되기 쉬우므로 더욱 일반적인 문구로 명시할 필요가 있을 것 같다.

어떤 재화를 구매할 때 그다음 물건의 가치가 가격보다 높은 수량을 구매하는 소비자는 실제 가치보다 저렴하게 해당 재화를 얻을 기회를 놓치고 있는 셈이다. 그런 소비자는 구매량을 늘려야 한다. 반대로, 맨 마지막에 구매한 물건의 가치가 가격보다 낮은 수량을 구매하는 소비자는 돈을 낭비하는 셈이다. 그런 소비자는 구매량을 줄여야 한다. 결론적으로, 합리적인 소비자는 한계가치가 가격과 일치하는 수량을 구매한다. 그런 소비자가 일정

가격에서 구매하는 수량은 수요곡선 상의 한 지점에 있게 되는데, 수요곡선은 그 소비자가 어떤 가격에 얼마큼을 구매하는지 보여주는 그래프이기 때문이다. 그 소비자는 한계가치가 가격과 일치하는 수량을 구매하므로 그가 구매하는 수량은 그 사람의 한계가치곡선에 있는 한 지점이기도 하다.

우리는 방금 같은 곡선이 다른 두 가지, 즉 추가된 한 개의 오렌지가 (이미 얼마나 많은 오렌지를 가졌는지와 연관 지어) 얼마나 가치가 있는지 그리고 (오렌지의 가격과 연관 지어) 당신이 몇 개의 오렌지를 구매하는지 말해준다고 설명했다. 첫 번째 곡선이 한계가치곡선이고 두 번째가 수요곡선이다. 이 두 곡선이 의미하는 것은 다르지만 그래프 모양은 같다.

## 다이아몬드가 물보다 비싼 이유

가격(어떤 것을 얻기 위해 포기해야 하는 것)과 가치(어떤 것을 얻기 위해 기꺼이 포기하려는 것) 사이에는 명백한 관련성이 없다. 이 점을 잘 요약해서 보여주는 말이 '인생에서 가장 소중한 것들은 모두 공짜다'이다. 하지만 어떤 재화를 원하는 만큼 무한정 구매할 수 있다면, 우리는 방금 살펴본 것처럼 마지막에 구매한 것이 정확히 가격만큼의 가치가 있는 수량만큼 사려고 할 것이다. 따라서 우리가 원하는 만큼 구매했다고 가정할 때 모든 재화의 한계가치는 그 재화의 가격과 정확히 일치한다. 만약 인생에서 가장 소중한 것들이 공짜라면, 우리는 다른 어떤 것도 포기할 필요 없이 그것들을 원하는 만큼 소비할 수 있고, 따라서 그것들의 한계가치는 제로이다.

이런 논리는 우리에게 다시 다이아몬드와 물에 관한 역설을 상기시킨다. 물은 다이아몬드보다 훨씬 유용하지만 동시에 훨씬 저렴하다. 이 역설의 해답은 이렇다. 물의 총가치는 다이아몬드의 총가치보다 훨씬 크지만(다이아몬드는 없고 물만 있을 때보다, 물은 없고 다이아몬드만 있을 때 우리 삶은 더 힘들어진다) 물의 한계가치는 다이아몬드의 한계가치보다 훨씬 작다. 물은 저렴한 비용으로도 얼마든지 이용할 수 있으므로 나는 지극히 가치 있는 용도로 물을 사용한다. 하지만 해당 용도에 필요한 양보다 더 많은 물이 생긴다면 그 물은 생명을 유지하는 것처럼 가치 있는 용도가 아니라 잔디를 기르는 등의 다른 용도로 사용할 것이다. 반면, 다이아몬드는 그 희소성 때문에 본래 (극히 적은) 용도로만 사용한다. 가격은 한계가치와 같다. 다이아몬드가 물보다 비싼 이유다.

"모든 재화는 가치와 가격이 같으므로 어떤 재화를 구매한다고 해서 구매하지 않을 때보다 내게 더 이득 될 것이 없고, 따라서 어떤 재화도 판매되지 않는 로빈슨 크루소의 섬에 있어도 지금과 마찬가지로 행복할 것이다"라고 주장하는 사람이 있다고 가정해보자. 그런 사람은 한계가치와 평균가치를 혼동한다. 한계가치와 정확히 일치하는 가격으로 마지막 한 방울의 물을 구매한다고 해서 우리에게 이득이 되지는 않지만 앞서 같은 가격으로 구매한 물 한 방울이 우리에게 훨씬 가치 있는 용도로 사용됨으로써 우리는 이미 이득을 본 상태다.

이 같은 주장을 더욱 명확하게 할 순 없을까? 갤런당 0.01달러에 원하는 만큼 물을 양껏 구매할 수 있게 되거나 또는 달걀 하나당 0.8달러에 원하는 만큼 양껏 구매할 수 있게 된다면 얼마나 이득을 보는지 말해줄 수 있을까? 그림 4-2가 그에 관한 답을 보여준다. 달걀을 전혀 구매하지 않는 대신 하나를 구매함으로써 1.2달러의 한계가치를 얻고 0.8달러

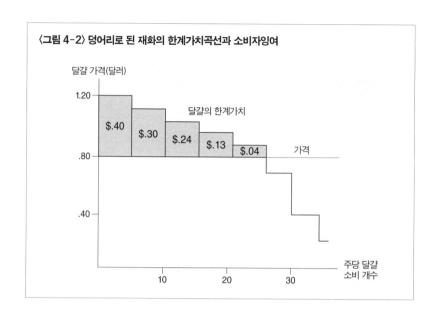

**〈그림 4-2〉 덩어리로 된 재화의 한계가치곡선과 소비자잉여**

달걀 가격(달러)

1.20

$.40

$.30

달걀의 한계가치

$.24

$.13

$.04

가격

.80

.40

주당 달걀
소비 개수

10    20    30

를 포기한다. 그러면 0.4달러만큼 이득을 본다. 두 번째 달걀을 구매하면
재차 0.8달러의 비용이 들고, 1.1달러만큼의 가치를 얻는다. 따라서 달걀
두 개를 구매함으로써 전혀 구매하지 않을 때보다 0.7달러 만큼 이득을
본다.

그렇다고 달걀을 전혀 구매하지 않았을 때와 비교해서 우리가 0.7달
러를 더 갖게 된다는 뜻은 아니다. 오히려 그 반대로, 돈은 1.6달러만큼
줄어든다. 다만, 달걀을 전혀 구매하지 않는 대신 두 개를 구매함으로써
수입이 지금보다 0.7달러 더 많을 때 여분의 재화를 구매하는 경우와 같
은 이득을 본다는 의미다. 현재의 수입에서 두 개의 달걀을 구매하든, 수
입은 0.7달러 더 많지만 달걀을 구매하지 않는 경우든 우리에게는 실질
적으로 아무런 차이가 없다.

한 주에 달걀 다섯 개까지는 추가로 구매함으로써 이득을 본다. 그림
에서 색으로 표시된 부분, 즉 작은 사각형들의 합은 개당 0.8달러에 다섯

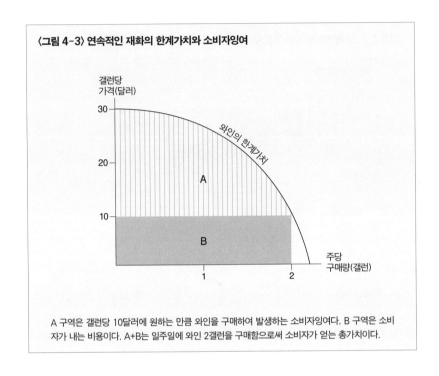

**〈그림 4-3〉 연속적인 재화의 한계가치와 소비자잉여**

A 구역은 갤런당 10달러에 원하는 만큼 와인을 구매하여 발생하는 소비자잉여다. B 구역은 소비자가 내는 비용이다. A+B는 일주일에 와인 2갤런을 구매함으로써 소비자가 얻는 총가치이다.

개의 달걀을 소비함으로써 얻는 총이익이다.

다음은 그림 4-3을 살펴보자. 그림 4-3은 달걀처럼 덩어리로 된 재화 대신에 와인같이 연속적인 재화의 사례다. 와인을 한 방울 한 방울씩 구매하는 이익을 계속 더해 가면 아주 작은 사각형들이 A 구역을 빈틈없이 채울 것이다. 이 구역이 와인을 갤런당 10달러에 구매함으로써 얻게 되는 소비자잉여다. 즉, 소비자가 소비를 통해 얻게 되는 순이익이다. 소비자잉여는 우리가 지불할 용의가 있는 최대 가격(그림에서 A+B)에서 실제 지불한 가격(B)을 뺀 나머지라고 생각하면 된다. 소비자잉여는 쓸모가 많다. 이것은 뒤의 여러 장에서 우리가 세금의 실질적인 비용을 계산하고, 디즈니랜드를 어떻게 운영해야 하는지 알아내고, 일부다처제를 합법화할지 결정할 때 도움이 될 것이다.

## 가격과 가치를 측정하는 법

대체로 소비량을 사과 몇 개나 물 몇 갤런 하는 식으로 설명하면 편리하다. 하지만 하루에 사과 100개를 소비하는 것은 1년에 사과 100개를 소비하는 것과 완전히 다르다. 우리가 이야기하는 수량은 주당 사과 여섯 개, 주당 달걀 일곱 개 하는 식으로 실제로는 비율을 의미한다. 수입과 가치는 단순히 얼마로 측정되는 게 아니라 비율로 측정된다.

나는 경제학이 돈에 관한 것이 아니라고 몇 번에 걸쳐 주장했다. 그렇다면 가격과 가치에 관해 이야기하면서 그 두 가지를 달러로 표시하는 이유는 무엇일까? 이유는 달러로 가격과 가치를 표시하는 방식이 독자들에게 익숙하기 때문이다. 이 장에서 언급한 것들은 달러 가치로 설명할 때와 마찬가지로 쌀이나 감자 같은 생필품 가치로도 얼마든지 설명할 수 있다.

내가 1달러를 더 가짐으로써 얻는 가치는 내가 그 1달러로 구매할 재화의 가치다. 그리고 그 재화의 가치는 내가 이미 무엇을 가졌느냐에 따라 달라진다. 여기에서 한 가지 문제가 발생한다. 어떤 한 재화의 가격이 달라지면 이외의 다른 모든 재화에 사용할 수 있는 돈의 가치도 달라지고, 그 결과 내가 소유한 재화의 가치도 달라지고, 그에 따라 추가로 갖게 된 1달러의 가치도 달라진다. 우리는 고무줄 잣대로 계측하고 있는 셈이다.

100여 년 전에 현대 경제학의 토대를 마련한 알프레드 마셜Alfred Marshall은 한 편지에서 경제이론을 바라보는 자신의 관점을 밝혔다. "도출된 결과를 수학적으로 계산한 다음 그것을 일반적인 언어로 풀어내라. 만약 두 번째 단계가 불가능하다면 계산한 것을 불태워버려라." 그 이후로 100년 동안 얼마나 많은 경제이론이 불구덩이 속에 던져졌을지 궁금할 따름이다.

과거에 집필한 한 교과서에서 나는 마셜의 충고대로 수학적 증명을 보통의 언어로 바꾸었는데, 다음과 같은 짧은 대화 형식이었다.

> **질문:** 새로운 어떤 재화를 이용할 수 있게 되면, 우리는 해당 재화를 돈을 주고 구매함으로써 소비자잉여를 얻는다. 하지만 그 때문에 구매하지 않게 된 다른 재화의 소비자잉여를 잃게 되는 것은 아닌가?
>
> **답:** 당신이 다양한 재화를 소비하고 있을 때 각각의 다른 재화를 한계 단위까지 구매하지 않으면 당신에게는 새로운 재화를 구매할 돈이 생긴다. 한계 단위는 그것을 구매하려고 내는 돈만큼의 가치만 있을 뿐이고('한계'라는 용어를 사용하는 이유도 바로 그 때문이다) 따라서 잉여를 생산하지 않는다.

## 감자 보조금 원리

3장에서 우리는 감자 보조금이 어떻게 당신의 돈을 가져갔다가 다시 되돌려주고 그리고도 당신에게 손해를 끼칠 수 있는지 살펴봤다. 우리는 이 장에 소개된 도구를 이용해서 다른 식으로도 같은 결과를 얻을 수 있다.

그림 4-4는 감자 수요곡선이다. 문제를 단순화하기 위해 감자가 생산되는 비용이 파운드당 2달러이고 이 생산비용을 보전하는 가격에 감자가 판매된다고 가정한다. 보조금이 없을 때 감자의 가격은 2달러이고 소비자잉여는 A구역이다. 보조금이 있을 때 가격은 1달러고 소비자잉여는 A+B이다. 따라서 보조금으로 인한 수익은 그 둘의 차이, 즉 B이다.

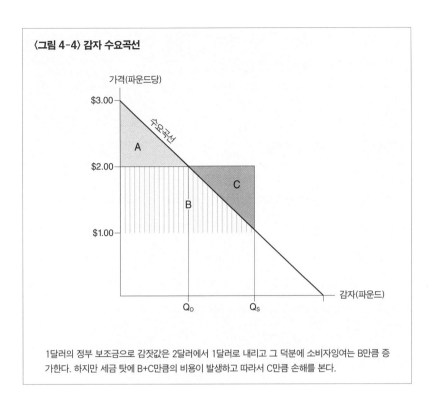

〈그림 4-4〉 감자 수요곡선

가격(파운드당)

$3.00

수요곡선

A

$2.00

C

B

$1.00

감자(파운드)

$Q_O$       $Q_S$

1달러의 정부 보조금으로 감잣값은 2달러에서 1달러로 내리고 그 덕분에 소비자잉여는 B만큼 증
가한다. 하지만 세금 탓에 B+C만큼의 비용이 발생하고 따라서 C만큼 손해를 본다.

보조금 때문에 발생하는 비용은 얼마일까? 3장에서와 마찬가지로 우
리는 모든 사람이 같은 양의 감자를 구매하고, 같은 세금을 부담하며, 따
라서 당신의 세금이 당신이 받는 보조금과 정확히 일치한다고 가정한다.
즉, 파운드당 1달러를 당신이 소비하는 감자 수량($Q_S$)과 곱한 값이다. 이
값은 그림에서 B+C에 해당한다. 당신은 B를 얻고 B+C를 잃기 때문에
당신의 순손실은 C이다.

그렇다면 이런 손실은 어디에서 발생할까? 당신이 감자의 생산 비용
보다 가치가 적은 감자를 소비하는 데서 발생한다. $Q_O$지점과 $Q_S$지점
사이에서 1파운드씩 추가되는 감자의 가치는 당신의 한계가치곡선(당신
의 수요곡선과 같은 곡선)에서 보았듯이 1달러와 2달러 사이다. 보조금 때문

에 2달러의 생산비용이 들지만 2달러 가치에 못 미치는 감자를 먹고 있는 셈이다. C는 그에 따른 순손실이다.


## 영화관 팝콘 가격의 비밀

영화관에서는 팝콘과 탄산음료값이 비싸다. 왜 그런지 생각해본 적이 있는 사람들은 답이 뻔하다고 생각한다. 일단 영화관 안으로 들어가면 음식을 살 곳이 한 곳밖에 없기 때문이다. 영화관은 전속 시장(선택의 여지 없이 특정 상품을 구매할 수밖에 없는 소비자층을 말한다_옮긴이)을 갖고, 해당 이점을 이용해서 가격을 높게 책정하는 것이다.

하지만 어째서 틀렸는지는 여러분도 알 것이다. 극장에 간 사람이 입장료를 내고 구매하는 것은 하나의 환경, 즉 기회집합이다. 영화를 관람할 기회는 해당 기회집합의 일부이고 마찬가지로 팝콘을 구매할 기회도 해당 기회집합의 일부이다. 팝콘을 구매할 기회가 얼마나 가치 있는지는 팝콘의 비용이 얼마인지에 따라 달라진다(영화관 주인이 팝콘 가격을 얼마로 책정할지 결정할 때 반드시 고려해야 하는 사실이다).

그림 4-5는 팝콘 수요곡선이다. 영화관에서 팝콘을 한 봉지당 1달러에 판매한다고 가정하자. 우리는 1달러를 내고 팝콘 한 봉지를 구매하면서 B+D구역을 소비한다. 그리고 소비자잉여는 A구역이다. 만약 영화관에서 판매하는 팝콘의 원가가 봉지당 50센트라면 영화관의 원가는 D이고, B는 남는 금액, 즉 50센트의 이윤이다.

그런데 영화관이 팝콘 가격을 50센트로 내린다고 가정해보자. 지출은 봉지당 50센트에 두 봉지를 구매함으로써 D+E가 된다. 영화관은 팝콘

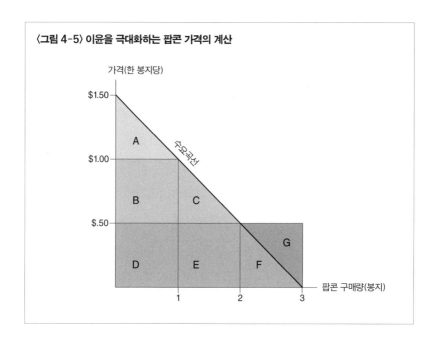

**〈그림 4-5〉 이윤을 극대화하는 팝콘 가격의 계산**

가격(한 봉지당)

$1.50

A

수요곡선

$1.00

B

C

$.50

G

D

E

F

팝콘 구매량(봉지)

1

2

3

을 원가에 판매하고 있기 때문에 이윤이 제로다. 가격을 내리면서 영화관 주인은 50센트(B구역)를 손해 본 듯하다.

하지만 소비자잉여를 깜빡했다. 가격이 낮을 때 소비자잉여는 A+B+C이다. 영화관에서 제공하는 환경의 가치가 B+C만큼 증가했고 따라서 그들은 팝콘 가격을 내리는 대신, 고객을 잃지 않으면서 내린 팝콘 가격만큼 입장료를 올릴 수 있다. 그들은 팝콘에서 B만큼 손해를 봤지만, 입장료에서는 B+C만큼의 이익이 발생하고 따라서 C만큼의 순수익을 남긴다.

영화관 측에서 고객에게 공짜 팝콘을 제공해서 소비자잉여를 더 끌어올린다고 가정해보자. 팝콘 가격이 제로일 때 당신은 세 봉지를 산다. 이때 팝콘 세 봉지를 만들어 공짜로 나눠주는 데서 생기는 손실은 영화관의 원가가 된다. 즉, D+E+F+G이다. 한편, 당신의 소비자잉여가 증가하므로 당신이 낼 수 있는 입장료 액수도 늘어난다. D+E+F이다. 결국 영화관은 G만큼 손해를 본다.

조금만 생각해보면 영화관이 팝콘을 원가에 판매해서 입장료와 팝콘으로 벌어들이는 결합이윤을 극대화한다는 것을 알 수 있다. 팝콘 가격이 원가보다 높으면 (그에 따라 영화관 입장료도 달라지고) 팝콘 판매로 늘어나는 영화관의 이윤보다 소비자잉여에 부과되는 비용이 더 많아진다. 반대로, 팝콘 가격이 원가보다 낮으면 소비자잉여가 증가하는 것보다 팝콘 판매에서 발생하는 손실 비용이 더 많아진다.

이제 우리에게는 하나의 난제가 생겼다. 경제학을 이용해서 우리는 영화관 주인이 팝콘을 원가에 판매함으로써 자신의 이윤을 극대화한다는 것을 증명했다. 그렇다면 현실에서는 왜 그렇지 않을까? 어딘가 잘못된 것이다. 증명 과정이나 영화관의 실상을 둘러싼 관찰 중 어딘가에 오류가 있음이 분명하다. 우리는 10장에서 두 가지 잠재적인 해답을 가지고 이 난제를 다시 살펴볼 것이다.

이 같은 분석과 난제를 처음 접하는 사람들은 대부분 경솔하게 단정짓는다. 즉, 이 장에서 제기한 주장이 이론적으로는 훌륭하지만 현실과는 맞지 않는다고 주장하며, 현실 세계에서 사람들이 입장료를 내는 목적은 영화를 관람하기 위해서지 팝콘을 먹기 위해서가 아니며, 따라서 팝콘 가격을 올려도 매표소에서 벌어들일 수 있는 수입에는 아무런 영향을 미치지 않는다고 생각한다.

그렇지만 적어도 내게는 내 주장을 뒷받침할 증거가 있다. 영화 배급사들이 영화관에 영화를 임대할 때 때로는 균일요금방식이 아닌 매표소 수입에 비례해서 임대료를 지급하는 조건으로 계약하는 경우가 있다. 일반적으로 그런 계약에서는 영화관이 판매할 수 있는 음식물의 가격 상한선이 명시되어 있다.

만약 팝콘 가격이 일정 금액의 입장료를 내려는 사람에게 아무런 영향을 주지 않는다면 굳이 영화 배급사들이 해당 영화관의 팝콘 가격이 얼마인지 신경 써야 할 이유가 없을 것이다. 반대로, 만약 내 분석이 옳다면 영화관은, 음식물 가격을 인상함으로써, 수입을 매표소에서 구내매점으로 이전한다. 만약 영화 배급사가 구내매점이 아닌 매표소의 매출에 근거해서 자신의 몫을 가져간다면 배급사는 그렇게 하지 못하게 제지할 충분한 이유가 있는 셈이다. 이 같은 증거는 영화 배급사의 행동이 '상식'이 아니라, 영화 사업으로 생계를 유지하는 사람들의 실질적인 경험에 들어맞는 '경제이론'에 근거한 예측임을 암시한다.

# 이 상품을 만들어 팔면 얼마를 벌까?
## : 생산자잉여

## 내가 쓴 1달러는 어디로 갔을까?

시장이 어떤 성과를 발표하기 위해 기자회견을 연다. 그는 다른 도시 세 곳과 경쟁해서 새로운 GM 공장을 유치하는 데 성공했다. 공장을 유치하는 데 든 대가는 세금 우대와 시채市債로 지원하는 저리대출, 우호적인 조건의 시유지 임대였다. 하지만 그럴 만한 가치가 있었다. 시의 관점에서 보면 관련된 모든 편익을 제공해도 많아 봐야 1년에 1,000만 달러의 비용이 들겠지만, 새로 유치한 공장은 그 도시에 해마다 2,000만 달러를 풀 것이기 때문이다.

기자들의 질문을 받자 시장은 편익에 관한 자신의 평가를 부풀린다. GM이 직원 급료와 각종 구매로 1년에 2,000만 달러를 지출하는 것이 전부가 아니다. 그 돈을 받는 사람들, 즉 그 지역의 기업들과 GM 직원들은 그들이 벌어들인 돈 대부분을 그 도시에서 지출할 테고, 그러면 지주들과 식료품점 주인들, 그 외의 수많은 사람에게 별도로 1,800만 달러의 수입이 생길 것이다. 그리고 그 돈을 받은 사람들도 마찬가지로 벌어들인 돈을 소비할 것이다. 이 모든 효과를 전부 합치면 새로 유치한 공장이 시민들의 수입에 적어도 1억 달러의 보탬이 될 거라고 시장은 평가한다.

이 이야기에서 진실과 속임수, 선의의 실수를 모두 밝혀내려면 경제학만으로는 부족하다. 복합적인 편익을 둘러싸고 시장이 제시한 교묘한 (그리고 많은 사람이 믿고 있는) 이론은 잠시 무시하자. 그런 식의 이론은 만약 센트럴파크에 10센트짜리 동전 하나를 떨어뜨리면, 그 동전이 도시 밖으로 흘러나가기 전에 수많은 사람의 손을 거치면서 그 사람들을 부유하게 만들어서 뉴욕시의 여러 문제를 해결할 수 있다고 말하는 것과 같다. 이 장에서 나는 그와 유사하지만 더 주목할 만한 오류, 즉 '한 도시 안에서 1달러를 사용하면 그 도시에 거주하는 사람들에게 1달러만큼의 편익을 제공하는 것과 같다'는 가정에 집중한다.

내가 풀고자 하는 퍼즐은 단순하다. 생산자는 그들이 생산한 재화를 판매할 기회를 이용해서 과연 얼마큼의 편익을 얻을까? 시장의 대답처럼 편익이 수입과 일치한다는 주장은 옳지 않다. 보수가 5만 달러인 일자리를 얻는 것은 5만 달러의 복권에 당첨되는 것과 같지 않다. 시장은 수입과 이윤을 혼동하고 있다.

생산자의 이윤은 생산자가 팔려는 금액보다 많은 값을 받고 재화를 팔 때 얻는 이득, 즉 소비자잉여에 상반되는 개념으로 생산자잉여를 의미한다.

## 1인 기업의 단순 생산

현실 세계에서 생산자들은 산출물을 생산하기 위해 다양한 생산요소(노동력과 원자재, 자본, 토지 등)를 결합한다. 다양한 생산요소를 결합하는 생산자들(기업)은 9장에서 살펴보기로 하고, 지금은 더 단순한 예, 즉 자신의 노동력이 유일한 생산요소인 1인 기업을 생각해보자.

단 하나의 생산요소만을 전제로 한다는 것은 자신이 무엇을 생산하든 생산자가 고민하지 않는다는 뜻이다. 단지 생산이 얼마나 오래 걸리고, 보수는 얼마를 받는지에 관심이 있을 뿐이다. 잔디를 깎으면서 1시간을 보내든지, 접시를 닦으면서 1시간을 보내든지 생산자 관점에서는 차이가 없다. 이런 전제가 없으면 우리는 잔디를 깎는 것이 생산자에게 1시간의 노동 이외에도 (햇볕에 그을리는 것 같은) 다른 비용을 부과한다고 가정할 것이다.

단순 생산의 논리에는 세 단계가 있다. 첫째는 무엇을 생산할지 선택하는 단계다. 둘째는 얼마큼 생산할지 결정하는 단계다. 셋째는 다른 많은 개인 생산자의 판단 결과를 결합하는 단계다. 각각의 단계를 거치면서 우리는 시장이 발표한 내용 중에서 무엇이 잘못되었는지 조금씩 알아갈 것이다.

### 1단계: 무엇을 생산할 것인가

당신은 표 5-1에 나오는 세 가지 재화 중 어떤 것이든 생산할 수 있다. 잔디를 깎을 수도 있고, 접시를 닦을 수도 있으며, 요리할 수도 있다. 잔디를 깎을 때 생기는 보수는 10달러(1만 2,000원)이고, 1시간에 깎을 수 있는 잔디밭의 수는 하나다. 따라서 잔디를 깎으면 1시간에 10달러를 벌 수 있다. 접시 하나를 닦을 때 보수는 0.1달러, 1시간 동안 접시 70개를 닦으면 시간당 7달러의 수입이 생기고, 요리 하나당 3달러의 가격으로 1시간에 두 개의 요리를 하면 6달러를 벌 수 있다. 이 세 가지 대안은 암묵적으로 임금의 차이밖에 없으므로 당신은 잔디 깎기를 선택한다.

〈표 5-1〉

|  | 잔디 깎기 | 접시 닦기 | 요리하기 |
|---|---|---|---|
| 산출량 | 잔디밭 하나/시간당 | 접시 70개/시간당 | 요리 2개/시간당 |
| 가격 | 10달러/잔디밭 | 0.1달러/접시당 | 3달러/요리당 |
| 임금 | 10달러/시간당 | 7달러/시간당 | 6달러/시간당 |

## 2단계: 얼마큼 생산할 것인가

당신은 몇 개의 잔디밭을 깎는가? 그림 5-1은 노동의 한계부정가치 marginal disvalue of labor를 보여준다. 당신이 얼마나 많은 오렌지를 보유하고 있는지에 따라서 오렌지의 한계가치가 달라지듯이 노동의 한계부정가치도 당신이 얼마나 많이 일하고 있는지에 따라서 달라진다. 만약 온종일 노는 사람이라면 아주 적은 보수(그림에서는 0.5달러)에도 기꺼이 일하려고 할 것이다. 즉, 아무 일도 하지 않으면서 하루를 보내든, 1시간을 일하고 0.5달러를 받든 그 사람에게는 그다지 차이가 없다. 반면에, 이미 하루에 10시간씩 일하고 있는 사람에게 1시간 더 일하게 하려면 그에 따른 대가는 10달러보다 많아야 할 것이다.

당신이 시간당 10달러의 임금으로 하루 5시간씩 일하고 있다고 가정해보자. 당신은 약 3달러만 받더라도 기꺼이 1시간을 더 일할 것이다. 하지만 1시간을 일하면 실질적으로는 10달러를 받을 수 있으므로 당신에게 이득이다. 똑같은 주장이 그다음 1시간에도 그대로 적용된다. 노동의 한계부정가치가 임금보다 적은 이상 이 주장은 계속해서 적용된다. 결국 당신은 임금과 노동의 한계부정가치가 일치하는 시간만큼 일한다. 다시 말해, 당신이 시간당 10달러씩 받으면서 노동력을 제공하는 시간의 양은 노동의 한계부정가치가 시간당 10달러와 같아지는 양과 같다. 4장에서 한계가치곡선이 곧 수요곡선이었던 것과 마찬가지로 노동의 한계부정가치곡선도 노동공급곡선을 의미한다. 결과적으로 당신은 하루에 10시간을 일하고 잔디밭 10개를 깎는다.

임금이 시간당 10달러다. 당신은 첫 1시간은 0.5달러를 받고도 일할 용의가 있다. 하지만 실제로는 10달러를 받으므로 당신의 순수익은 9.5달러다. 그다음 1시간은 1달러로도 일할 용의가 있다. 그리고 실제로는 10달러를 받아서 순수익은 9달러가 된다. 당신이 일하는 모든 시간에서 이 순수익을 합치면 그림 5-1 ⓐ의 짙은 색으로 표시된 부분이 되고, 당신은 시간당 10달러를 받고 일함으로써 해당 총액만큼 이득을 본다. 소비자잉여가 (한계가치곡선과 동일한) 수요곡선 아래, 가격 위에 있는 구역인 것과 마찬가지로 생산자잉여도 (한계부정가치와 동일한) 노동공급곡선 위에, 임금 아래에 있는 구역이다.

이제 우리는 노동공급곡선을 갖게 되었다. 하지만 우리가 원하는 것은 잔디밭의 공급곡선이다. 나는 1시간에 잔디밭 하나를 깎을 수 있으므로 잔디밭 하나를 깎을 때마다 받는 10달러는 시간당 10달러의 임금과 같고, 하루에 10시간씩 노동을 공급하는 것은 10개의 잔디밭을 깎는다는 의미다. 잔디밭의 공급곡선은 노동공급곡선과 같은 형태로 나타난다. 내가 할 일이라고는 단지 세로축을 '잔디밭 하나당 가격'으로, 가로축을 '하루에 깎는 잔디밭 숫자'로 바꾸기만 하면 된다. 형태만 본다면 그렇게 생각하기 쉽다. 하지만 이 두 개의 공급곡선 사이에는 한 가지 중요한 차이가 있다. 잔디밭 하나를 깎고 받는 임금이 7달러 밑으로 떨어지면 내가 잔디를 깎는 산출량은 제로로 떨어진다. 내 관점에서 접시를 닦는 편이 더 낫기 때문이다. 그림 5-1 ⓑ는 그에 따른 공급곡선의 변화를 보여준다. 짙은 색으로 표시된 부분이 나의 생산자잉여다.

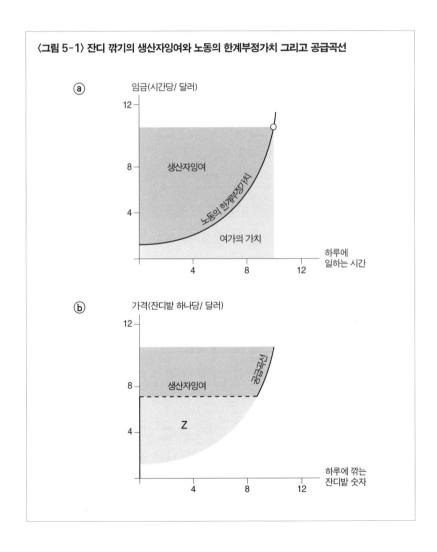

〈그림 5-1〉 잔디 깎기의 생산자잉여와 노동의 한계부정가치 그리고 공급곡선

ⓐ

임금(시간당/ 달러)

생산자잉여

노동의 한계부정가치

여가의 가치

하루에
일하는 시간

ⓑ

가격(잔디밭 하나당/ 달러)

공급곡선

생산자잉여

Z

하루에 깎는
잔디밭 숫자

내가 각각의 잔디밭을 깎을 때마다 7달러를 받을 경우, 나의 잉여가 얼마일지 생각해보면 7달러 선 아래에 있는 Z부분이 포함되지 않는 이유를 알 수 있다.

잔디 깎기를 아예 하지 않을 때와 비교할 때 7달러를 받고 잔디를 깎는 건 내게 얼마나 이득일까? 전혀 이득이 없다. 그 가격에는 접시를 닦는 일이 제일 낫다.

여기에서 비용은 기회비용이다. 내가 잔디를 깎는 비용은 잔디를 깎기 위해 내가 포기해야 하는 모든 것이다. 만약 내 시간을 활용하는 최선의 대안이 여가라면 비용은 내 여가의 가치다. 만약 최선의 대안이 접시를 닦는 것이라면, 비용은 내가 접시를 닦을 경우에 받은 돈이다.

한계부정가치곡선 위, 시간당 10달러의 임금 아래에 위치한 구역이 시간당 10달러를 받고 일할 때 발생하는 생산자잉여다. 잔디밭의 공급 곡선 위, 가격 아래에 위치한 짙은 색 구역은 잔디밭 하나당 10달러를 받고 잔디 깎기를 할 때 발생하는 생산자잉여다. 공급곡선은 당신이 그 다음으로 이득이 되는 대안(접시 닦기)을 선택하는 가격에서 수평으로 나타난다.

### 3단계 : 다른 생산자들의 판단 결과를 결합한다

생산자는 모두 동일하지 않다. 그들이 각각의 다른 재화를 생산하는 데 얼마나 능숙한지에 따라서, 또는 자신의 일에 얼마나 의욕을 가졌는지에 따라서 다르므로 생산자 저마다의 공급곡선도 모두 다르다. 잔디 깎기에는 탁월한 능력을 지녔지만, 그 외의 다른 일에는 지극히 서툰 생산자라면 가격이 아무리 낮더라도 잔디 깎는 일을 할 것이다. 하지만 잔디 깎기가 서툰 반면, 다른 일은 잘하는 생산자라면 가격이 높을 때만 잔디 깎기를 할 것이다. 그림 5-2는 각각의 경우에 해당하는 생산자 두 사람, A(앤)와 B(빌)의 공급곡선과 그 둘을 합친 공급곡선이다.

가격이 잔디밭 하나당 2.5달러보다 낮으면 앤과 빌은 모두 생산을 포기한다. 가격이 2.5달러보다 높지만 5달러보다 낮으면 오직 앤만 생산한다. 5달러가 되면 빌이 잔디 깎기 시장에 진입하고, (앤과 빌을 합쳐서) 일일 총산출량인 잔디밭 15개 중 6개를 깎는다. 가격이 5달러에서 6달러로 오르면 앤은 산출량을 하나 더 늘리고, 빌도 하나 늘린다. 따라서 총 산

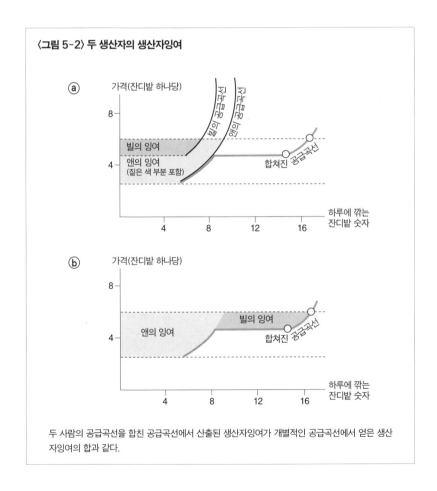

〈그림 5-2〉 두 생산자의 생산자잉여

두 사람의 공급곡선을 합친 공급곡선에서 산출된 생산자잉여가 개별적인 공급곡선에서 얻은 생산자잉여의 합과 같다.

출량이 잔디밭 17개로 늘어난다.

빌과 앤의 공급곡선을 합친 공급곡선은 수평적인 합계를 보여준다. 우리가 각각의 가격에서 생산되는 수량(그림에서 가로축에 표시된)을 더하고 있기 때문이다. 두 개 또는 그 이상의 개별적인 공급곡선에서 총 공급곡선을 이끌어 내는 경우에도 결과는 똑같을 것이다. 시장의 모든 소비자는 같은 가격을 지불하기 때문에 일정 가격에서 총 수요량은 소비자 A의 수요량에 소비자 B의 수요량을 더하는 식으로 계속해서 더해 나간 수량이다.

그림에서 보듯이 가격이 6달러일 때 빌이 얻는 생산자잉여에 앤이 얻는 생산자잉여를 더한 합계는 두 사람의 공급곡선을 합친 공급곡선에서 계산된 (합쳐진 공급곡선보다는 위에 있고 6달러에서 만들어진 수평선보다는 아래에 있는) 생산자잉여와 같다. 이런 결과는 생산자의 숫자가 달라져도 그대로 적용된다. 소비자가 몇 명이든 소비자잉여와 관련해서 비슷한 결과가 적용되는 것과 마찬가지다. 이와 같이 우리는 총 수요곡선이나 총 공급곡선이 마치 한 개인의 수요곡선이나 공급곡선인 양 간주하고 해당 총 수요곡선이나 총 공급곡선에서 잉여를 계산함으로써 소비자나 생산자가 얻는 잉여의 합을 구할 수 있다.

우리는 적어도 우리가 살펴보고 있는 단순한 경제에 관한 퍼즐을 풀었다. 생산자가 일정 가격에 자신의 재화를 판매해서 얻는 편익이 생산자잉여다(공급곡선의 위, 가격의 아래에 위치한 구역). 생산자잉여는, 적어도 원칙적으로, 측정 가능하다. 각각의 다른 가격에서 생산자가 기꺼이 생산하려는 수량이 얼마인지 살펴봄으로써 공급곡선을 측정할 수 있기 때문이다.

## 기펜재, 일 대신 여가를 즐기고 싶은 이유

　그림 5-1 ⓐ를 보면서 그림의 의미를 따져보라. 시간당 임금이 1달러일 때 생산자는 하루에 2시간을 일하고 2달러를 번다. 이 경우에 1년이면 730달러의 생활비를 벌 수 있겠지만, 쉬운 일은 아니다. 임금이 시간당 15달러일 때 똑같은 생산자는 하루에 12시간을 일하고 1년에 6만 5,700달러를 번다. 일하고 먹고 잠자느라 바빠서 실제로는 번 돈을 쓸 시간도 없는데, 그 많은 돈을 벌려고 하는 이유가 무엇일까? 우리가 분석한 내용 중 어딘가에서 어떤 것이 틀린 것이다.

　임금이 오르면 여가를 즐기는 비용도 증가한다. 결국 늘어난 여가 비용을 충족시키기 위해 더 많은 일을 하게 된다. 하지만 높은 임금으로 부유해진 생산자는 일을 하기보단 여가를 더 많이 즐기고 싶어 한다. 두 번

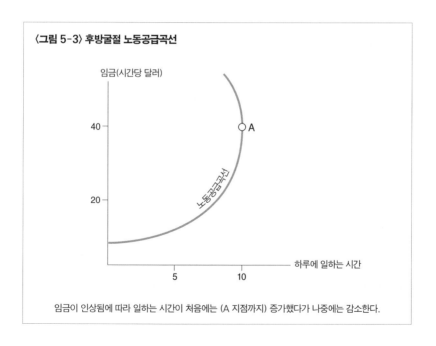

《그림 5-3》 후방굴절 노동공급곡선

임금(시간당 달러)

40 ⸰A

노동공급곡선

20

5　　10

하루에 일하는 시간

임금이 인상됨에 따라 일하는 시간이 처음에는 (A 지점까지) 증가했다가 나중에는 감소한다.

째 효과가 첫 번째 효과보다 큰 경우 늘어난 임금은 그림 5-3에서 보듯이 노동시간의 감소를, 즉 후방굴절 노동공급곡선을 초래한다.

후방굴절 노동공급곡선은, 생산 측면에서, '기펜재Giffen good'(수요곡선이 반대 방향으로 기울어지고 따라서 가격이 오를수록 더 많이 구매하게 되는 재화)라고 불리는 신기한 경제이론과 비슷하다. 일례로 가난한 나라의 콩을 들 수 있다. 가난한 나라에서는 소비자가 소득의 대부분을 (저렴한) 콩과 (비싼) 육류를 구매하는 데 사용한다. 콩 가격이 오르면 그들은 더는 육류를 살 수 없게 되고 따라서 더 많은 콩을 구매한다. 가격 상승으로 인한 소득효과(가격이 오르면 실제 수입이 줄어든 것과 마찬가지이므로 가난한 사람일수록 콩을 더 많이 먹는 것)는 대체효과(콩 가격이 육류보다 상대적으로 더 비싸졌으므로 콩 소비를 줄이고 육류 소비를 늘리는 것)를 상쇄하다시피 한다.

기펜재는 논리적으로 가능할 뿐 실제로는 거의 있을 수 없다. 우리는 소비지출을 여러 재화로 분산시키고, 따라서 한 가지 재화의 가격 변동에서 기인하는 소득효과는 일반적으로 미미하다. 하지만 우리는 대다수가 전문적인 생산자다. 다시 말해서, 소득의 대부분을 한 가지 노동을 제공하여 얻으므로 우리가 판매하는 재화의 가격 변동은 소득에 막대한 영향을 준다.

기펜재가 좀처럼 있을 수 없는 두 번째 이유는 기펜재가 열등재(우리가 돈이 많아질수록 덜 구매하는 콩 같은 것)이어야 하기 때문이다. 열등재는 통례가 아닌 예외다. 소득이 늘어나면 대부분의 재화에 관한 소비도 일반적으로 증가한다. 노동은 생산자인 우리가 구매하는 대상이 아니라 판매하는 것이다. 노동에 따른 보수가 증가하면 더 가난해지는 게 아니라 부유해지므로 소득효과가 대체효과에 반하여 작용하기 위해서는 여가가 일반재가 되어야 한다. 기펜재는 이론적인 호기심일 뿐이다. 반면, 후방굴절 노동공급곡선은 적어도 특정 범위의 소득에 한해서는 실제 현상임이 틀림없다.

수요곡선이 우하향이고 공급곡선이 우상향이면 두 곡선이 그림 5-3처럼 계속해서 휘는 경우보다 경제학적으로 분석하기가 훨씬 쉬워진다. 다행히도 우상향을 보이는 재화의 공급곡선에 관한 논의는 우상향인 노동공급곡선과 아무런 관련이 없다. 만약에 잔디를 깎는 임금이 올라서 사람들이 노동량을 줄이고, 따라서 하루에 깎는 잔디밭 숫자가 감소한다면 개별적인 공급곡선이 우하향을 보이는 경우가 있을 수는 있다. 하지만 가격이 오르면 잔디 깎기가 다른 대안보다 보수가 더 낫다는 사실을 발견하는 사람들도 늘어나고, 따라서 잔디 깎기의 총 공급곡선은 여전히 우상향을 보일 것이다. 특정한 재화를 생산하는 데 오직 적은 인원수가 필요한 경우만 아니라면 재화의 가격이 아주 조금만 올라도 직종을 바꿔 해당 재화를 생산하려는 사람들이 몰려들 테고 따라서 총 공급곡선이 후방굴절을 보이는 경우는 좀처럼 없을 것이다.

이 장의 도입부에서 소득효과를 무시한 분석은 생산에 의한 소득과 비교했을 때 다른 자원에 의한 소득이 더 많은 생산자의 경우라면 적절한 설명이 되었을 것이다. 그런 사람의 소득은 임금 변동의 영향을 적게 받으므로 우리는 합리적으로 소득효과를 무시하면서 대체효과만 고려할 수 있을 것이다. 그 결과가 바로 그림 5-1 ⓐ의 곡선과 5-2 ⓐ 그리고 5-2 ⓑ에서 따로 표시된 부분이다. 이 같은 분석은 일시적인 임금 변동에 직면한 생산자를 설명할 때도 적절하다. 그런 사람은 저축이나 대출을 통해 올해의 돈을 다른 해로 이전할 수 있으므로 돈의 가치가 현재의 소득으로 결정되지 않고 일종의 평생 평균치, 즉 '항상 소득permanent income'에 의해 결정된다. 그 사람의 항상 소득을 고려할 때 이번 주 임금 변화는 극히 미미한 변화를 줄 뿐이고, 따라서 일시적인 임금 변동이 주는 소득효과는 미미하다.

노동공급곡선이 어느 방향으로 기우는지는 이미 200년 전에 애덤 스미스Adam Smith가 현대 경제학의 기초가 된《국부론The Wealth of Nations》을 쓰면서 논란을 일으켰던 문제다. 당시에 일부 고용주는 임금이 오르면 피고용인이 노동 시간을 줄일 테고 그에 따라 국가의 수입도 감소할 것이라고 주장했다. 애덤 스미스는 임금이 오르면 먹고살기가 나아지고, 따라서 더 건강해진 피고용인이 보수를 더 받으려고 의욕적으로 일할 뿐 아니라 실제로도 더 많은 일을 할 수 있을 것이라고 주장했다. 또 노동자들에게 이로운 것은 영국에도 이롭고, 상인과 공장주에게 이로운 것(높은 관세를 비롯한 정부가 제공하는 그 밖의 여러 특혜)은 영국에 해롭다고 주장했다. 그는 자본주의 옹호론자였을 뿐 자본가를 옹호하는 사람은 아니었다.

지금까지 우리는 4장의 한계가치곡선을 이용해서 생산을 분석했다. 하려고만 했다면 3장의 무차별곡선을 이용해서 분석할 수도 있었다. 생산자가 여가와 소득의 다양한 조합 중 어떤 것을 선호하는지 보여주는 무차별곡선이 있고, 어떤 재화를 다른 재화로 바꿀 수 있는 능력을 나타내는 예산선이 있다. 생산자의 임금 변동은 그 생산자 예산선의 기울기 변화와 일치한다. 예컨대 그에게 다른 수입원이 없다면 모든 예산선은 온종일 여가만 있고 수입은 없는 지점을 통과한다. 예산선과 무차별곡선이 맞닿은 지점은, 각각의 임금에서, 선호되는 소득과 여가 조합을 보여주고 노동공급곡선은 이 지점을 찾음으로써 계산된다.

생산과 소비는 똑같은 문제다. 이 장은 소비자 선택을 둘러싼 이전 분석의 특별한 예를 보여줄 뿐이다. 원한다면 우리는 자신이 직접 소비할 수도 있고, 일정한 가격(임금)을 받고 판매할 수도 있는 여가라고 불리는 재화를 (하루에 24시간씩) 소유한 개인으로 시작해서 이 장을 고쳐 쓸 수 있다. 각각의 경우에서 가로축의 방향이 반대라는 점(여가가 증가하면 노동이 감소하는 것)을 제외하면 여가의 한계가치곡선은 노동의 한계부정가치 곡선과 같고, 여가수요곡선은 노동공급곡선과 똑같다.

한계효용균등의 법칙equimarginal principle(P=MV: 가격=한계가치, 모든 재화의 한계효용은 균등하다)은 여기에도 그대로 적용된다. 개인은 노동량이 조금 더 늘어날 경우의 부정가치가 노동의 대가로 지급받는 보수와 정확히 일치하는 시간만큼 일한다. 균형 상태에서 임금은 노동의 한계부정가치(여가의 한계가치)와 같다.

# 나에게 없는 것이 당신에겐 있을 때
## : 무역과 경제

## 비교우위의 원칙

무역을 제대로 이해하기 위한 첫 번째 단계는 무역의 이익이 어디에서 오는지 알아내는 것이다. 어째서 교역이 양 당사자 모두에게 이익이 될 수 있을까? 간단한 예로 시작해보자. 나는 사과 100개를 가졌고 당신은 오렌지 100개를 가졌다. 만약 우리 둘 다 사과와 오렌지를 모두 좋아하지만 많이 먹을수록 덜 좋아하게 된다면 아마도 내가 가진 사과 50개와 당신이 가진 오렌지 50개를 교환하면 우리는 둘 다 이득을 볼 것이다.

한계가치의 감소는 교환을 부추긴다. 내게 100번째 사과는 내 첫 번째 오렌지보다 가치가 없고 당신에게 100번째 오렌지는 당신의 첫 번째 사과보다 가치가 없다. 따라서 우리가 사과 한 개와 오렌지 한 개를 맞바꾸면 우리 모두에게 이익이다. 우리는 거래를 반복한다. 우리의 거래는 두 사람 다 거래하고 싶은 마음이 없어질 때까지 계속된다.

거래를 부추기는 또 다른 동기는 다른 기호다. 이번에는 각각 50개의 사과와 50개의 오렌지로 시작한다. 나는 사과를 싫어하고 당신은 오렌지에 알레르기가 있다. 나는 내가 가진 사과 전부를 당신이 가진 오렌지 전부와 맞바꾼다. 그리고 두 사람 다 만족한다.

우리가 같은 재화와 같은 기호를 가졌지만 거래를 통해 여전히 이익을 얻는 상황을 가정해볼 수도 있다. 당신과 나는 각자 맥주 네 병과 사과 네 개를 가졌다. 사과 파이를 만들려면 사과 여덟 개가 필요하고 적당히 취기를 느끼려면 맥주 여덟 병이 필요하다. 사과 네 개는 파이를 만들기에 너무 적고, 맥주 네 병은 마시고 나도 아쉬움만 남을 뿐이다. 나는 내가 가진 맥주 네 병을 당신이 가진 사과와 맞바꾸고 그 결과에 우리 둘 다 만족한다.

이 모든 경우는 매우 일반적인 원칙을 보여주는 예이다. 만약 어떤 재화에 대한 상대적 가치가 사람마다 다르다면 두 당사자는 교환을 통해 이익을 얻을 수 있다는 것이다.

나는 저녁 식사를 준비하는 데 1시간이 걸리고 나중에 설거지할 때는 30분이 걸린다. 내 룸메이트는 나보다 요리를 잘하지만 설거지는 서툴다. 30분 만에 뚝딱 저녁 식사를 준비하지만 설거지에는 1시간씩 걸린다. 우리는 교대로 요리와 설거지를 하기로 했다. 각각 정해진 기간 중 반은 요리를 하고 나머지 반은 설거지를 했다. 그 결과 이틀에 한 번씩 요리와 설거지에 1시간 반을 소비했다.

나는 거래를 제안한다. 친구가 요리를 전담하면 내가 설거지를 전담하는 식이다. 이제 우리는 저녁 먹고 설거지하는 데, 이틀에 1시간만 소비한다. 우리는 둘 다 만족한다. 똑같은 양의 음식을 먹고 똑같이 설거지를 하지만 그 과정에 드는 수고가 이전보다 줄었기 때문이다.

이 거래가 우리에게 이득을 주는 이유는 무엇일까? 여기에는 명백한 답이 있는데, 나는 내가 더 잘하는 집안일을 하고, 내 룸메이트는 자신이 더 잘하는 집안일을 해서다.

그동안 같이 지내던 룸메이트가 다른 도시로 이사한다. 새로운 룸메이트는 주방의 달인이다. 그는 고작 10분이면 저녁 식사를 준비하고 20분이면 설거지를 끝낸다. 그는 주방일에 관한 한 모든 면에서 나보다 낫다. 그렇다면 집안일을 분담해도 더는 아무런 이득이 없는 것일까?

나는 이전과 같은 제안을 한다. 내가 설거지를 전담하고, 그가 요리를 전담하는 것으로. 그 거래를 하기 전까지 나는 집안일을 하면서 이틀에 1시간 반을 소비했고 그는 30분을 소비했다. 거래가 성사된 이후로 그는 20분 만에 요리 두 개를 만들고, 나는 1시간 만에 두 끼 분량의 설거지를 한다. 우리는 둘 다 만족한다.

내 관점에선 새로운 룸메이트를 요리사로 채용한 셈이다(나보다 요리를 더 잘하기 때문에). 한편 그 친구의 관점에선 설거지(이 일 역시 그가 나보다 낫다)를 하도록 나를 고용한 셈이다. 첫 번째는 이치에 맞는다. 그렇지만 새로운 룸메이트가 자신이 나보다 더 잘하는 일에 나를 고용함으로써 어떻게 이득을 볼까?

그는 나보다 짧은 시간에 설거지를 할 수 있지만, 우리가 거래하고 있는 대상은 시간이 아니다. 따라서 시간 비용은 거래로 인한 이득을 결정하는 요소가 아니다. 나와 이전 룸메이트의 거래를 다시 생각해보자. 내가 요리 하나를 하는 데 드는 시간이면 설거지를 두 번 할 수 있다. 내가 요리에 들이는 비용을 설거지로 환산한 것이다. 이전 룸메이트는 요리

하나를 할 시간에 한 끼 분량의 설거지를 반쯤 해치울 수 있다. 즉, 그는 요리할 때 설거지 비용의 절반밖에 안 되는 비용을 들이는 셈이다. 반면 나는 설거지 비용의 두 배를 들인다. 따라서 그 친구 관점에선, 나보다 더 저렴한 비용으로 요리할 수 있기 때문에, 요리를 하는 편이 이득이다. 그 친구는 내게 요리를 팔고 나는 그에게 설거지로 대가를 지불한다.

더 정확하게 말하자면, 내가 설거지하는 비용은 요리 비용의 절반이고, 그가 설거지하는 비용은 두 개의 요리 비용이라고 할 수 있다. 나는 그보다 설거지를 잘하기 때문에 그에게 설거지를 판매한다. 그리고 그는 요리로 대가를 지불한다. 이 거래는 어느 쪽에서 보더라도 똑같이 타당하다.

이제 좀 더 재주가 많은 내 두 번째 룸메이트를 생각해보자. 시간으로 따진 그의 비용은 낮지만 요리나 설거지로 따진 비용은 정확히 똑같다. 그도 마찬가지로 한 끼 분량의 설거지를 반쯤 해치울 시간에 요리 하나를 만들거나, 요리 두 개를 만들 시간에 한 끼 분량의 설거지를 마칠 수 있다. 앞의 경우와 마찬가지로 나는 한 가지 서비스를 생산하는 데 이점이 있고, 그도 다른 한 가지 서비스를 생산하는 데 이점이 있으므로 거래를 통해 우리 둘 다 이득을 본다.

거래로 인한 이득을 이렇게 보는 방식은 한 가지 매우 중요한 (경쟁력에 관한 대중적인 논의를 대부분 무의미하게 만드는) 파급효과를 낳는다. 어떤 재화를 생산하는 비용이 그 밖의 다른 재화로 측정되므로 내가 모든 면에서 상대보다 나을 수 없다는 것이다. 만약 내가 (요리와 비교해서) 설거지를 더 잘한다면 나는 (설거지와 비교해서) 요리를 더 못할 수밖에 없다. 중요한 건 상대적인 비용이다.

만약, $\dfrac{\text{저녁식사 후에 설거지하는 비용}}{\text{요리 하나를 만드는 비용}}$ 이 상대보다 내가 더 크다면,

$\dfrac{\text{요리 하나를 만드는 비용}}{\text{저녁식사 후에 설거지하는 비용}}$ 은 나보다 상대가 더 클 것이다.

우리가 방금 살펴본 것은 '비교우위원칙principle of comparative advantage' 이라고 불린다. 각자 비교우위가 있는 재화를 생산할 경우, 두 개인이나 두 국가는 무역을 통해서 이익을 얻을 수 있다. A 국가가 다른 재화를 생산하는 비용에 비해 특정한 어떤 재화를 생산하는 비용이, B 국가가 다른 재화를 생산하는 비용에 비해 해당 재화를 생산하는 비용보다 더 낮은 경우, 해당 재화를 생산하는 데 A 국가가 B 국가보다 비교우위에 있다고 말한다.

절대우위(그는 모든 면에서 나보다 뛰어나다)를 비교우위와 혼동하는 실수는 어떤 국가는 저렴한 임금과 높은 생산성, 낮은 세금, 그 밖에 여러 이점이 있기 때문에 무슨 물건을 생산하더라도 자국의 국내 제조업자보다 낮은 가격에 판매할 수 있고, 그 결과 자국 생산자들과 노동자들이 일자리를 잃게 된다는 주장에서 드러난다. 이 같은 주장은 수입품이 자국에서 생산된 재화와 경쟁을 벌이지 못하게 하는 보호관세를 옹호한다.

이런 주장이 틀린 이유는 무수히 많다. 가장 먼저, 만약 미국이 일본에서 많은 재화를 수입하지만 정작 일본으로 수출하는 건 아무것도 없다면 (그리고 관련된 나라가 미국과 일본, 두 나라뿐이라면) 미국은 일본인들의 노력과 자본에 무임승차하는 셈이다. 그들은 미국에 자동차와 스테레오, 컴퓨터, 장난감, 직물 등을 제공하지만 미국은 그 대가로 달러(미국이 극히 적은 비용으로 생산하는 녹색 종이)를 지불할 것이다. 미국에겐 만족할 만한

거래지만 그들에겐 아니다.

다른 많은 경우와 마찬가지로 여기서도 돈에 관해 생각하다 보면 본질이 흐려진다. 무역은 궁극적으로 물물교환이다. 비록 여러 나라가 관련된 경우, 일본은 독일에서 재화를 사들이는 데 미국에서 받은 달러를 사용할 수 있고, 독일은 다시 미국에서 재화를 구매하려고 달러를 사용할 수 있기 때문에, 이 점이 불분명해지기도 하지만 말이다.

재화를 이용해서 비용을 측정할 경우, 일본이 모든 분야의 생산에 다 강점을 가질 수는 없다. 만약 일본이 자동차 한 대를 생산할 때 컴퓨터보다 적은 비용이 든다면, 다시 말해 일본에서 한 대의 자동차 생산에 필요한 모든 생산요소의 비용을 한 대의 컴퓨터 생산에 필요한 모든 생산요소의 비용으로 나눈 값이 그에 상응하는 미국의 비율보다 더 낮으면, 컴퓨터 한 대를 생산하는 경우에는 자동차를 생산할 때보다 많은 비용이 들 것이다. 따라서 일본이 그들이 생산한 자동차와 미국이 생산한 컴퓨터를 맞바꾸면 양쪽 모두에 이득이다. 공식화해 표현하면, 만약

$$\frac{\text{일본에서 자동차 한 대 생산하는 비용}}{\text{일본에서 컴퓨터 한 대 생산하는 비용}} < \frac{\text{미국에서 자동차 한 대 생산하는 비용}}{\text{미국에서 컴퓨터 한 대 생산하는 비용}}$$ 이면,

$$\frac{\text{일본에서 컴퓨터 한 대 생산하는 비용}}{\text{일본에서 자동차 한 대 생산하는 비용}} > \frac{\text{미국에서 컴퓨터 한 대 생산하는 비용}}{\text{미국에서 자동차 한 대 생산하는 비용}}$$ 이다.

따라서 일본은 자동차를 생산하는 데 비교우위가 있고, 미국은 컴퓨터를 생산하는 데 비교우위가 있다. 그런데도 관세가 미국인 노동자를 보호한다는 주장이 여전히 그럴듯하게 생각된다면 다음 이야기를 들어보자.

미국에서 자동차를 생산하는 방법은 두 가지다. 디트로이트에서 조립

하거나 아이오와에서 '재배'하는 것이다. 자동차를 조립하는 방법은 누구나 알고 있다. 반면 자동차를 재배하려면, 먼저 자동차를 만들 원자재부터 재배해야 한다. 바로 밀이다. 밀을 배에 실어서 태평양 건너로 선적하는 것이다. 그러면 밀은 혼다자동차가 되어 돌아온다.

미국이 혼다자동차를 '재배'하는 것은 미국의 자동차공장 노동자 대신 농장 노동자를 이용한다는 점만 다를 뿐, 혼다자동차를 조립하는 것과 마찬가지로 일종의 생산이다. 실제로 하와이와 일본 중간 어디쯤에 거대한 기계가 있고, 그 기계가 밀을 자동차로 바꾸더라도 미국에 미치는 효과는 똑같을 것이다. 이처럼 관세는 미국인 노동자를 보호하는 방법이다. 단, 다른 미국인 노동자들로부터 말이다.


## 무역수지와 환율의 상관관계

사과를 오렌지와 교환하고 요리를 설거지와 교환하는 수습 기간을 거쳤으므로 우리는 이제 비교우위 논리가 현대의 국가 간 무역에서 어떻게 작용하는지 살펴볼 준비가 되었다. 미국은 외국에서 재화를 생산할 때보다 국내 생산비용이 너무 높아서 경쟁력이 없다는 주장을 살펴보자.

미국의 비용은 달러화로 계산되고, 일본의 비용은 엔화로 계산된다. 이 둘을 비교하려면 먼저 1달러가 엔화로 얼마인지, 즉 환율을 알아야 한다. 환율이 어떻게 결정되는지 알기 전까지 우리는 일본에서 (엔화로 따졌을 때) 미국산 자동차가 비싼 이유가 미국에서 자동차를 생산하는 달러 원가가 높기 때문인지, 아니면 1달러당 엔화의 가치 때문인지 판단할 수 없다.

환율은 어떻게 결정될까? 어떤 사람은 달러를 엔화로 바꾸길 원한다. 또 어떤 사람은 엔화를 달러로 바꾸길 원한다. 엔화의 공급이 수요보다 많은 경우 엔화 가격은 떨어진다. 반대로, 수요가 공급보다 많은 경우 가격이 오른다. 수요와 공급이 똑같을 때 가격은 다른 시장과 마찬가지로 균형 상태에 이른다.

사람들이 달러를 엔화로 교환하려는 이유는 무엇일까? 분석과정을 단순화하기 위해 자본 흐름이 없는(일본인은 미국의 국채나 토지, 미국 기업의 주식 등을 구매하려 하지 않고, 미국인도 그와 유사한 일본의 자산을 구매하려 하지 않는) 세상에서 시작하자. 일본인이 가진 달러의 유일한 용도는 미국에서 생산된 재화를 구매하는 것이다. 마찬가지로 미국인이 가진 엔화의 유일한 용도는 일본에서 생산된 재화를 구매하는 것이다.

현재 환율에서 대부분의 재화가 미국보다 일본이 더 저렴하다고 가정하자. 많은 미국인이 일본에서 생산된 재화를 구매할 목적으로 달러를 엔화로 바꾸려고 하지만 엔화를 팔아 달러를 사려는 일본인은 거의 없다. 실질적으로 미국에서 구매할 가치가 있는 물건이 전혀 없기 때문이다. 엔화의 공급이 수요보다 훨씬 적고 따라서 엔화 가격이 상승한다. 이제 엔화를 사려면 이전보다 훨씬 많은 달러가 들고, 달러를 사려면 이전보다 적은 엔화가 든다.

1달러로 얻는 엔화가 적어질수록 일본에서 생산된 재화는 미국인에게 더욱 비싸진다. 미국인은 달러를 가졌고 일본에서 생산된 재화는 엔화로 값이 매겨지기 때문이다. 1엔으로 얻는 달러가 많아질수록 미국에서 생산된 재화는 일본인에게는 더욱 저렴해진다. 환율은 두 나라의 시세가 평균적으로 거의 같아질 때까지 (보다 정확하게 말하자면 미국인을 통해 매물로 나오는 달러의 양이 일본인이 구매하길 원하는 양과 같아질 때까지) 계속 움직인다. 한 나라에 속한 사람이 다른 나라의 화폐를 원하는 유일한 이유는 그 나라의 재화를 구매하기 위함이므로 미국이 수입하는 물품의 달러 가치(미국이 엔화를 벌기 위해 판매하는 물품의 달러 총계)는 이제 미국이 수출하는 물품의 달러 가치(일본인이 엔화로 구매하는 달러 총계)와 똑같다. 미국은 그들이 비교우위를 가진 재화(미국에서 다른 재화를 생산하는 비용 대비 해당 재화를 생산하는 비용이 일본에서의 해당 비율보다 낮은 재화)를 수출하고 일본이 비교우위를 가진 재화를 수입한다.

미국이 관세를 부과한다고 가정해보자. 해외에서 재화를 구매하거나 수입하는 경우, 누구든 금액의 10%를 정부에 내야 한다. 일본에서 생산된 재화는 미국인 관점에서 더 비싸졌고, 따라서 해당 재화의 구매량이 감소하고, 그 결과 해당 재화를 구매하기 위한 엔화의 수요도 감소한다. 엔화의 달러당 가치가 떨어지고 그로 인해 미국의 관점에서 볼 때 일본산 재화의 가격은 하락하고, 일본의 관점에서 볼 때 미국산 재화는 비싸진다. 무역수지가 재차 균형을 이룰 때까지 이 과정이 계속된다. 총 무역량은 이전보다 줄어든다. 정부가 세금을 부과하고 있기 때문이다. 하지만 이때 무역수지는 그대로이다.

미국에서 생산된 재화의 품질이 나아지거나 달러화로 계산된 가격이 내려서 해당 재화가 (예전 환율에서) 일본 구매자에게 이전보다 더 매력적인 경우에도 똑같은 현상이 발생한다. 여기에 더해서 그 결과는 무역수지의 불균형이 아니라 환율의 변화다. 생산이 개선되면 그 나라는 부유해지지만 그렇다고 그 나라가 경쟁력을 갖추게 되는 건 아니다.

## 무역적자가 생기는 진짜 이유

만약 미국의 무역수지가 저절로 균형에 이른다면 그렇게 되는 이유는 무엇일까? 이 문제에 관한 해답을 얻으려면 일본이 달러를 원하는 유일한 이유가 미국에서 생산된 재화를 구매하기 위함이라는 가정을 버려야 한다.

외국인들은 미국의 자산, 이를테면 주식이나 토지, 정부채 등을 매입하길 희망한다. 이를 위해서는 달러가 필요하다. 달러-엔화 시장에서 달러에 관한 수요 중에는 미국산 재화를 구매하기 위해 달러가 필요한 일본인의 수요도 있지만, 토지나 주식을 사기 위해 달러가 필요한 수요도 있다. 환율이 균형을 이룬 상태에서 미국의 수입량(달러의 공급량)은 미국의 수출량과 일본인의 투자금액(달러의 수요량)을 더한 것과 같다.

미국에서 생산한 재화를 수출하려는 기업에서 볼 때 무역적자가 생기는 이유는 원가가 지나치게 높기 때문이다. 하지만 그러한 판단은 원인과 결과를 혼동하는 것이다. 미국의 달러화 원가가 일본의 엔화 원가에 비해 높다는 사실은 미국의 원가에 관한 이야기가 아니라 환율에 관한 진술이기 때문이다.

무역적자가 생기는 진짜 이유는 자금유입 때문이다. 실제로 자금유입과 무역적자는 회계학적 항등식의 양변이다. 둘 사이에는 항상 등호가 성립한다는 뜻이다. 만약 미국 관점에서 수출보다 수입이 더 많은 수준으로 환율이 유지되지 않는다면, 일본인의 수중에는 미국의 자본 자산을 구매할 잉여 달러가 없을 것이다.

이러한 분석 결과가 암시하는 것 중 하나는 '무역적자'와 '국제수지 적자'가 오해를 초래하는 용어라는 사실이다. 본질적으로 자금의 유입은 나쁠 게 전혀 없다. 19세기 전반에 걸쳐 미국에는 자금유입이 있었고, 그 결과 '국제수지 적자'가 발생했다. 그렇지만 미국은 유입된 유럽 자금으로 운하와 철도를 건설했다.

만약 미국이 외국인들에게 투자하기에 안전한 나라라고 여겨져서 해외 자금이 유입되는 거라면 무역적자는 150년 전에도 그랬듯이 오늘날에도 더는 문제가 되지 않는다. 다만 미국인이 남의 돈을 빌려 먹고살길 좋아하고, 그 부담을 후손에게 떠넘기려고 할 때 문제가 된다. 하지만 그런 경우에도 무역적자는 징후일 뿐 병폐가 아니다.

## 쌍방독점

지금까지 우리는 무역 이익에 대해 다뤘다. 이제 조금 어두운 주제인 이익을 어떻게 배분할 것인가의 문제를 살펴보자.

내가 가진 말은 내가 볼 때 100달러의 가치가 있고 당신이 볼 때 200달러의 가치가 있다. 내가 이 말을 당신에게 100달러에 팔면 당신이 모든 편익을 가진다. 200달러에 팔면 내가 모든 편익을 가진다. 이 두 극단적인 교섭 범위 중 어딘가에서 우리는 100달러의 잉여를 나눠 가진다.

만약 내가 가진 말을 199달러 밑으로는 절대 팔지 않겠다고 한다면, 그 가격을 지불하는 편이 당신에게 이득이다. 아무것도 얻지 못하는 것보다 1달러라도 얻는 쪽이 낫기 때문이다. 만약 당신이 101달러 이상은 절대 줄 수 없다고 한다면 똑같은 이유로 그 가격에 파는 편이 내게 이득이다.

이 문제를 제시할 때 저자로서 나는 이 책의 독자인 당신에게 내가 가진 말이 우리에게 얼마의 가치가 있는지 알려줬다. 하지만 이 문제 속에 등장하는 당신과 나에게는 그 같은 정보가 없다. 따라서 상대방에게 그 말이 얼마의 가치가 있을지 추측해야 한다. 그리고 상대방의 추측이 틀렸다고 주장할 유인을 가져야 한다. 만약 당신이 나를 설득해서 그 말이 겨우 101달러의 가치밖에 없다고 믿게 한다면 나는 더 높은 가격을 요구할 이유가 없다.

그 같은 속임수에는 한 가지 위험이 존재한다. 그 말이 실제로는 내게 200달러 이상의 가치가 있다고 당신을 설득한다면 당신은 구매 의사를 포기할 것이다. 마찬가지로 당신이 나를 설득해서 그 말이 당신에게 100달러의 가치도 없다고 믿게 만든다면 나는 말을 팔려는 생각을 접을 것이다. 둘 중 어떤 경우든 거래는 무산되고 100달러의 이익도 없어진다.

시장에서 수요자와 공급자가 대립하는 위와 같은 상태를 '쌍방독점 bilateral monopoly'이라고 한다. 이 상황에서는 쌍방이 상대의 의도를 읽으면서 자기에게 유리한 거래 조건을 결정하게 된다.

쌍방독점의 다른 예로 파업을 생각해보자. 파업이 끝났다는 건 노동조합과 경영자 측이 어떤 계약 내용에 합의했다는 뜻이다. 경영자 측이 이익을 대변해야 하는 주주와, 조합이 이익을 대변해야 하는 노동자는 그들이 결과적으로 어떤 계약서에 서명하든 교섭 첫날에 합의를 이끌어낸다면 양쪽 다 이득을 볼 것이다.

하지만 그렇게 못하는 이유는 조합은 조합에 절대적으로 유리한 계약만 수용하려 하고, 경영자 측은 그런 제안은 할 수 없다고 맞서기 때문이다. 양측은 상대방에게 굴복하기 보다는 차라리 막대한 비용(파업의 형태로)을 감수하겠다는 의지를 보임으로써 각자의 교섭 입장을 관철시키려 한다.

전쟁도 마찬가지다. 포연이 가시면 평화조약이 체결될 것이다. 그때쯤이면 전쟁을 벌인 두 나라 중 어느 한쪽이 승리했거나 양쪽에서 절충안을 수용했을 것이다. 만약 선전포고를 하고 난 직후 최초의 발포가 있기 전에 평화조약이 체결된다면 수많은 생명을 구하고 물질적인 피해도 줄일 수 있을 것이다. 전쟁에 연루된 당사국이 그렇게 하지 못하는 이유는 현실에 대한 믿음이 다르기 때문이다. 다시 말해, 전쟁 당사자인 두 나라가 각자 자국의 탱크와 비행기 성능이 더 월등하고 군인들도 더 용감하다고 믿는다면, 어느 한쪽이 전쟁에서 승리하고 그 결과에 따라 체결될 평화조약의 조건에 대해 두 나라는 의견이 전혀 다를 것이다. 전쟁은 두 나라가 서로의 군사력에 관해 의견 차이를 좁히는 (비용이 많이 드는) 실험이다.

하지만 전쟁이 일어나는 이유에는 이 밖에도 여러 가지가 있다. 설령 군사 정세에 대해 두 나라의 의견이 일치하더라도 전쟁에서 승리하려고 기꺼이 지불하려는 비용이 얼마인가에 따라 그 두 나라는 다른 선택을 할 수 있다. 미국과 전쟁할 경우, 어떻게 전개될지 일본 정부가 일본군 제독에게 자문했다. 그러자 그 제독은 처음 1년은 승리하다가 그다음 1년은 그런대로 버티고, 그 뒤로는 패하게 될 거라고 대답했다. 상당히 정확한 예측이었다. 어쨌든 일본은 미국이 언제가 될지는 몰라도 2년 안에 강화협상에 합의할 거라는 믿음에서 공격을 감행했다(이 당시 미국은 유럽에서 벌어진 훨씬 힘들고 중요한 전쟁에 막 참전하려던 참이었다).

다행히도 쌍방독점 교섭은 현실 경제에서 주된 무역형태는 아니며 낮은 거래비용으로 더 나은 무역 조건을 설정할 수 있는 다른 방식도 있다.

## 바가지는 없다

만약 누군가가 자신이 받을 수 있는 가격보다 더 높은 가격으로 물건을 판매하면, 예를 들어 5달러에만 팔아도 이윤이 남는 물건을 15달러에 팔았다면, 그가 당신에게 '바가지'를 씌웠다고 생각하는 사람이 많을 것이다. 이상하게 들리겠지만, 이런 생각은 그 같은 상황을 바라보는 일방적인 관점에 불과하다.

만약 당신이 15달러를 지불하고 그 물건을 구매한다면, 당신에게는 그 물건이 적어도 그만큼의 가치가 있다는 말이다. 그 물건이 물건 주인에게는 5달러의 가치가 있고 당신에게는 15달러의 가치가 있는 경우, 당신이 그 물건을 구매하면 10달러의 이익이 발생한다. 즉, 그가 5달러에 팔아야 한다는 당신의 주장은 당신이 모든 편익을 독차지해야 한다고 말하는 셈이 된다.

반대로 말하면 당신이 기꺼이 15달러를 지불하고자 했을 어떤 재화를 5달러에 구매한다면 당신은 그 재화를 판매한 사람에게 바가지를 씌우는 셈이라는 주장도 마찬가지로 설득력이 있다. 하지만 내가 알기로 자신이 좋아하는 저자가 새로 책을 냈고 자신은 기꺼이 15달러를 지불할 의향이 있음에도 책 가격이 5달러임을 알고 자진해서 더 많은 돈을 내려는 사람이나 그 차액만큼 절반씩 절충하자고 제안하는 사람은 없다.

나는 법률과 경제, 정치, 역사 등 다양한 주제의 강연을 하고 신문에 논설도 기고한다. 때로는 아무런 보수 없이 그런 것들을 하기도 한다. 그렇지만 대가를 요구할 수 있는 경우라면 무료로 할 이유가 전혀 없다. 나는 기꺼이 무료로 강연할 마음이 있지만 누군가가 500달러를 지불하려고 할 때 그것은 내 강연이 적어도 500달러만큼의 순이익을 낳는다는 증거다. 나는 이 순이익을 청중에게 전부 돌려줘야 한다고 생각하지 않는다.

## 차익 거래와 거래비용

지금까지 나는 여러 번에 걸쳐 경제학에서 돈은 그다지 중요하지 않다고 주장했다. 그런데도 계속해서 돈을 이용해 예를 들고 있다. 그렇게 하는 이유는 지금까지 공부해오면서 분명하게 알게 되었을 것이다. 설거지나 요리에 가격을 매기는 편이 직접 달러로 설명하는 것보다 시간도 더 걸리고 궁색하지만, 지금까지 우리가 화폐가격을 이용해서 했던 모든 분석은 어떤 재화를 이용하든 가능하다는 것이다. 사과로 환산한 모든 재화의 가격을 일단 알고 나면, 그 가격을 다시 어떤 재화로도 환산할 수 있다. 예를 들어, 복숭아 한 개가 사과 네 개와 교환되고 사과 네 개가 쿠키 여덟 개와 교환되는 경우, 복숭아 한 개의 가격은 쿠키 여덟 개다.

정말 그런지 확인하는 두 가지 방법이 있다. 하나는 관찰을 통해 어떤 사람이 쿠키를 가졌고 복숭아를 원하지만, 복숭아 한 개에 쿠키 여덟 개 이상은 절대 지불하려 하지 않는다는 사실을 확인하는 것이다. 그 사람 관점에서 보면 쿠키 여덟 개를 언제나 사과 네 개와 바꿀 수 있고, 그 사과 네 개를 다시 복숭아 한 개와 교환할 수 있기 때문이다. 한편, 복숭아 한 개를 가졌으면서 쿠키를 원하는 사람은 자신의 복숭아를 절대로 여덟 개보다 적은 쿠키와 바꾸려 하지 않을 것이다. 그 사람도 복숭아 한 개를 언제나 사과 네 개와 바꿀 수 있고, 그 네 개의 사과를 다시 쿠키 여덟 개와 바꿀 수 있기 때문이다. 만약 복숭아를 사면서 쿠키 아홉 개로 지불하려는 사람이 없고, 복숭아를 팔면서 쿠키 일곱 개를 받으려는 사람이 없다면 복숭아 한 개를 쿠키로 계산한 가격은 여덟 개가 확실하다. 따라서 한 가지 재화로 모든 재화의 가치를 환산할 수 있다면, 우리는 다른 어떤 재화로든 모든 재화의 가치를 계산할 수 있다.

이 주장은 하나의 가정을 전제로 한다. 지급된 가격을 제외하고는 사거나 파는 데 드는 비용이 전부 무시될 수 있다는 가정이다. 이러한 가정은 대다수 경제활동에 관한 합리적인 접근법이지만 예외도 있다. 자동차 20대를 가졌고 집을 구매하길 원하는 사람이 있다고 가정해보자. 자동차 한 대 가격은 쿠키 4만 개다. 집 한 채는 쿠키 80만 개다. 앞선 논의대로라면 그 사람은 먼저 자신의 자동차를 쿠키로 바꾸고 그다음 다시 그 쿠키를 집으로 바꾸기만 하면 집을 살 수 있다.

그렇지만 집을 판 사람이 쿠키를 가져가길 기다리는 동안 80만 개나 되는 쿠키를 어디에 쌓아둘 텐가? 쿠키를 세어 넘겨주기까지는 또 얼마나 오랜 시간이 걸리겠는가? 거래가 끝날 때쯤이면 쿠키는 어떤 상태일까?

상대가격이 모순이 없어야 하는 두 번째 이유가 바로 이 때문이다. 엄청난 양의 사과나 쿠키, 복숭아 또는 그 밖의 어떤 것을 거래하는 일은 우리에게 많은 비용을 초래할 수 있다. 반면에 대량으로 거래하는 무역업 종사자들의 경우에는 훨씬 적은 비용이 든다. 일상적으로 그들은 사과나 밀, 생 돈육, 그 외의 많은 기이한 물건을 차례기로 사고팔며, 재화의 물리적인 위치를 이리저리 옮김으로써 거래하는 게 아니라 물건은 그래도 놔둔 채 단순히 서류 몇 장만 고쳐서 어떤 물건이 누구의 것인지 명시함으로써 거래를 성립한다. 그런 전문적인 무역업자들의 거래비용은 실제로 제로에 가깝다. 그리고 그들은 생계를 유지하는 과정에서 가격이 모순 없이 유지되도록 영향력을 행사한다. 그들이 영향력을 행사하는 방식을 가리켜 '차익 거래arbitrage'라고 한다. 차익 거래는 소수의 능숙한 사람들이 엄청나게 많은 돈을 버는 방법이기도 하다.

그 방법을 살펴보기 위해 모순을 가진 가격 구조에서 거래가 시작된다고 가정하자. 복숭아 한 개는 사과 두 개와 거래되고 사과 한 개는 쿠키 네 개와 거래되지만, 쿠키로 환산한 복숭아 가격은 복숭아 한 개당 쿠키 열 개다. 복숭아와 쿠키, 사과를 거래하는 시장에 전문 무역업자가 등장한다. 그는 1만 개의 복숭아로 시작한다. 그는 갖고 있는 복숭아를 쿠키 10만 개와(복숭아 한 개의 가격이 쿠키 열 개이므로) 바꾼 다음, 바꾼 쿠키 10만 개를 사과 2만 5,000개와(사과 한 개의 가격이 쿠키 네 개이므로) 바꾸고, 다시 그 사과를 복숭아 1만 2,000개와(복숭아 한 개의 가격이 사과 두 개이므로) 바꾼다. 처음에 복숭아 1만 개로 시작했지만 복숭아와 사과, 쿠키에 관한 소유권을 나타내는 서류 몇 장을 뒤섞고 나자 그는 처음 시작할 때보다 복숭아를 2,500개나 더 소유하게 되었다. 이 과정을 계속 반복하면 그는 자신이 원하는 만큼 많은 복숭아를 소유할 수 있다. 그리고 그 복숭아를 그만큼의 다른 어떤 것으로든 교환할 수 있다.

지금까지 나는 이러한 차익 거래가 교역재의 가격에 미치는 효과를 무시했다. 하지만 아무런 대가도 지불하지 않고 단지 서류 몇 장만 이리저리 뒤섞어서 복숭아를 획득할 수 있다면 기꺼이 그렇게 하려는 사람이 무한정으로 많아질 것이다. 그리고 그런 무역업자의 숫자가, 또는 각각의 무역량이 충분히 많아지면 그로 인해 상대가격에 변화가 생긴다.

이제 모든 사람이 복숭아를 쿠키로 바꾸려고 한다. 그 결과 복숭아 가격(복숭아 한 개를 얻기 위해 지불해야 하는 쿠키의 개수)이 내려간다. 그리고 쿠키를 가진 사람들은 하나같이 쿠키로 사과를 구매하려 한다. 그 결과, 쿠키로 환산한 사과의 가격이 상승한다. 가격이 이런 식으로 변해가면서 차익 거래의 이윤이 점점 줄어든다. 무역업자의 관점에서 거래비용이 전혀 들지 않는다면 이 과정은 이윤이 완전히 없어질 때까지 계속된다. 그 시점에 도달하면 상대가격에 존재하는 모순도 완전히 없어진다. 복숭아를 직접 쿠키로 바꾸든, 중간에 사과를 거쳐서 쿠키로 바꾸든 결과적으로 얻는 쿠키의 개수는 같다. 한편, 무역업자에게 거래비용이 드는 경우에도 결과는 거의 비슷하지만 똑같진 않다. 이를테면, 상대가격에 존재하는 모순이 미미한 경우에는 그 모순이 그대로 남아있을 수 있지만, 그러한 차익을 노리고 무역에 종사하는 것은 이익이 남지 않는다.

현실 세계에서는 어떤 한 재화의 가격이 다른 재화로 환산되어 명시되는 경우가 드물고, 따라서 복숭아–쿠키 시장에 관해 차익 거래를 할 수 있는 여지가 거의 없다. 하지만 통화는 일반적으로 가격이 명시되고, 따라서 파운드를 리라로, 달러로, 엔으로, 다시 파운드로 바꿔가며 차익 거래를 할 수 있는 시장이 있고 돈을 벌 수 있는 여지도 있다. 게다가 더 복잡한 형태의 차익 거래를 할 수 있는 기회도 한층 많아진다. 두 가지로 조합된 금융 자산이 실제로는 똑같은 가치를 가졌음에도 가격이 다르다는 사실을 최초로 발견한 어떤 사람은 그런 모순을 이용해서 엄청나게 많은 돈을 만졌을 수도 있다.

# 집세는 어떻게 결정될까?
## : 단순 경제의 가격이론

## 수요와 공급이 일치할 때

가끔은 세상의 모든 사람이 경제학자처럼 보일 때가 있다. 일례로, 필자의 장인은 물리학에 관해서는 내게 이의를 제기하려고 하지 않는다. 경제학으로 전공을 바꾸기 전에 내가 물리학 박사학위를 받았기 때문이다. 지질학자인 장인은 물리학에 해박한 편이다. 하지만 해외 무역에 관해서는 20년 넘게 경제학을 가르쳤고 관련 서적을 집필한 내 앞에서도 자기주장을 내세우는 데 망설임이 없다.

자칫 경제를 잘 안다고 생각하기 쉽다. '경쟁'이나 '효율성', '수요와 공급' 같은 말은 친숙하고 의미도 명백해 보인다. 또 물가나 임금, 재화, 용역 같은 말은 모두 '나'와 관련된 주제들이다. 따라서 '내게 익숙하다'는 생각이 '내가 알고 있다'는 생각으로 바뀌기 쉽다. 그래서 많은 사람들이 즉석에서 지어낸 자신의 경제 이론으로 모든 문제에는 어떤 의미가 있는지, 왜 그런 문제가 생겼는지, 그 문제를 해결하려면 우리가 어떻게 해야 하는지 열변을 토한다.

나는 지금쯤이면 여러분에게 그 같은 접근법이 통하지 않는다는 확신이 생겼길 바란다. 경제학에는 여러분이 이야기하면서 간단히 지어낼 수 없는 실존하는, 하지만 명확하지 않은 내용들이 있다. 잘못된 결론은 단순히 잘못된 결론으로만 그치지 않고 심각한 위험을 초래할 수 있음을 기억해야 할 것이다.

여기까지 오면서 나는 경제학을 여러 조각으로 나눠 살펴봤다. 이제는 그 조각들을 하나로 합칠 준비가 되었다. 이 장의 절반을 지날 때쯤이면 우리는 (비록 단순한 형태일지라도) 하나의 완전한 경제를 조립해놓고 있을 것이다. 각각의 조각들이 어떻게 하나로 합쳐지는지 살펴본 다음에는 우리의 새로운 장난감이 제대로 작동하는지를(세금이 누구에게 얼마의 비용을 초래하는지, 집주인·세입자 규제법이 집주인과 세입자에게 미치는 영향이 무엇인지 같은 현실 세계의 문제를 푸는 데 쓸모가 있는지) 실험할 것이다.

4장과 5장에서 우리는 한 개인이 어떤 가격에서 얼마큼을 소비하는지, 또는 생산하는지 보여주는 수요와 공급곡선의 원리를 살펴봤다. 그리고 시장의 공급곡선이 단순히 개별적인 공급곡선의 수평적인 합이라는 사실을 배웠다. 즉, 시장의 공급곡선은 내가 생산하려는 수량에 당신이 생산하려는 수량을 더하고 여기에 또 다른 사람이 생산하려는 수량을 더한 것이다. 같은 논리로 시장의 수요곡선은 개별적인 수요곡선의 수평적인 합계가 된다.

당신은 수요와 공급이 분리될 수 없다는 생각을 하게 되었을 것이다. 어떤 재화를 소비하는 것은 그 재화를 생산하는 사람이 없으면 불가능하다. 마찬가지로 어떤 재화를 판매하는 것은 그 재화를 구매하는 사람이 없으면 불가능하다. 어쨌든, 수요량과 공급량은 결국에 반드시 일치해야 한다. 이제 왜 그런지 살펴볼 때다.

그림 7-1 ⓐ는 어떤 제품에 관한 수요와 공급 곡선을 보여준다. 세로축은 가격이고 가로축은 수량이다. 그래프를 이루는 각각의 점들은 해당지점의 수량과 가격을 나타낸다.

이 제품의 가격이 한 개에 10달러라고 가정해보자. 해당 가격에서 생산자들은 소비자들이 구매하려는 것보다 더 많은 제품을 생산해서 판매하고자 한다. 더는 팔 수 없는 경우에 생산자는 기꺼이 제품 가격을 낮춰서 재고를 처분하려 한다. 따라서 가격이 내려간다. 그리고 공급량이 수요량보다 많은 이상, 가격 하락은 계속된다.

초기 가격이 10달러가 아니라 5달러였다면 어떻게 되었을까? 가격이 5달러일 때 소비자는 생산자가 판매하려는 것보다 더 많은 양을 구매하려 한다. 일부 소비자는 제품을 사고 싶어도 살 수 없다. 그림 7-1 ⓑ는 그런 소비자의 한계가치곡선을 보여준다. 제품 하나당 가격이 5달러일 때 그 소비자는 여섯 개의 제품을 구매하고 싶어 할 테지만 네 개밖에 구매할 수 없다. 그는 한 개의 제품을 더 구매하기 위해서 9달러까지는 기꺼이 지불하려 한다. 9달러가 해당 제품의 한계가치이기 때문이다. 그를 비롯해 같은 문제를 겪는 다른 소비자들은 앞다퉈 가격을 올린다.

그래프상의 수량이 $P_E$보다 낮은 경우 가격은 점점 상승한다. 수량이 $P_E$보다 높은 경우에 가격은 점점 하락한다. 수요곡선과 공급곡선이 교차하는 지점의 가격, 즉 $P_E$는 균형가격(공급량이 수요량과 일치하는 가격)을 의미한다.

'균형'의 개념은 많은 다른 학문에서도 흔히 존재한다. 대표적으로 세

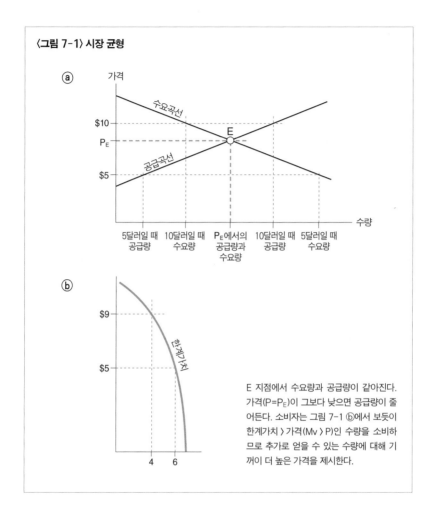

〈그림 7-1〉 시장 균형

ⓐ

가격

수요곡선

$10

$P_E$     E

공급곡선

$5

수량

5달러일 때 공급량    10달러일 때 수요량    $P_E$에서의 공급량과 수요량    10달러일 때 공급량    5달러일 때 수요량

ⓑ

$9

$5

한계가치

4   6

E 지점에서 수요량과 공급량이 같아진다. 가격($P=P_E$)이 그보다 낮으면 공급량이 줄어든다. 소비자는 그림 7-1 ⓑ에서 보듯이 한계가치 〉가격($Mv$ 〉$P$)인 수량을 소비하므로 추가로 얻을 수 있는 수량에 대해 기꺼이 더 높은 가격을 제시한다.

가지의 다른 개념이 존재하는데, 연필 한 자루로 쉽게 설명할 수 있다. 연필을 지우개가 달린 쪽이 밑으로 가게 해서 잡는다. 연필은 '안정된' 균형 상태에 있다. 지우개가 달린 부분을 한쪽으로 툭 밀더라도 연필은 흔들리다가 다시 균형을 잡는다. 그림 7-1 ⓐ의 E 지점도 하나의 안정 균형점이다. 이번엔 연필을 손가락 위에 올려놓고 균형을 잡아보라. 이 경우 연필은 '불안정한' 균형상태다. 연필은 누군가가 살짝 건드리기만

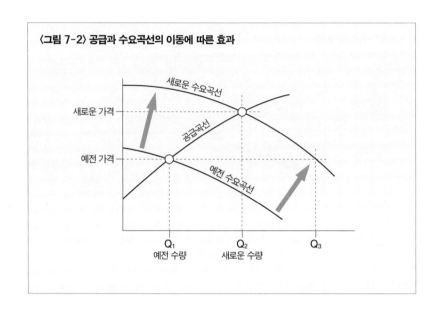

〈그림 7-2〉 공급과 수요곡선의 이동에 따른 효과

새로운 수요곡선

새로운 가격

공급곡선

예전 가격

예전 수요곡선

$Q_1$
예전 수량

$Q_2$
새로운 수량

$Q_3$

해도 곧장 떨어질 것이다. 단면이 둥근 연필을 테이블 위에 놓아보라. 연필은 '준안정적인' 균형을 유지한다. 연필을 툭 치면 어느 정도 굴러가다가 새로운 위치에서 다시 균형을 유지한다.

수요 변화(수요곡선의 이동)와 수요량의 변화를 세심하게 구분함으로써 많은 경우에 혼동을 피할 수 있으며, 공급과 공급량이 변하는 경우도 마찬가지다. 예를 들어, 그림 7-2를 보면 수요가 변하면서 가격이 변하고, 가격이 변함으로써 공급량에 변화가 생긴다. 하지만 공급은 달라진 게 없다. 즉, 공급곡선은 변화 이후에도 이전과 같다.

이러한 구분에 세심한 태도를 유지하면 당신은 경제학과 관련해 언론에서 가끔 보여주는 최악의 어리석음은 면할 수 있다. 다음과 같은 문구를 생각해보자.

"메모리칩 수요가 증가했고, 그로 인해 메모리칩 가격이 올랐으며, 그 결과 공급이 증가해서 가격이 다시 하락했다."

이는 그림 7-2에서 설명되는 변화이다. 수요 증가(수요곡선이 위로 이동하는 것)는 가격 상승을 낳는다. 그리고 이 가격 상승으로 인해서 수요량은 만약 가격이 수요곡선의 이동과 상관없이 동일하게 유지되었다면 보였을 수량($Q_3$)보다 아래로 감소한다. 새로운 수요량($Q_2$)은 $Q_3$보다 적지만 예전 수요량($Q_1$)보다 많다. $Q_2$는 $Q_1$보다 무조건 커야 한다. 수요량은 공급량과 같은데 공급곡선은 변하지 않았고 따라서 같은 공급곡선에서 가격이 높아지면 공급량도 더 많아지기 때문이다.

## 탄력성

공급과 수요 곡선의 위치 이동이 가격과 수량에 미치는 효과는 곡선의 형태에 따라 달라진다. 특히, 해당 곡선의 탄력성에 의해서 영향을 많이 받는데, 탄력성이란 가격에 변화를 주었을 때 수량이 얼마나 빨리 변하는지를 측정한 값이다. 가격이 1% 증가할 때 공급량이 1% 증가하면 탄력성은 1이 되고, 같은 상황에서 공급량이 2% 증가하면 탄력성은 2가 된다. 좀 더 공식화해서 말하면, 어떤 가격에서 공급곡선의 탄력은 극히 미세한 가격 변동이 발생하는 경우의 수량 증가율을 가격 증가율로 나눈 것이다.

공급(또는 수요)은 소폭의 가격 변화가 대폭적인 수량 변화를 초래하는 경우에 탄력적이고, 대폭적인 가격 변화가 단지 소폭의 수량 변화로 이어지는 경우에 비탄력적이다. 완전히 탄력적인 경우(수평인 공급곡선이나 수요곡선)나 완전히 비탄력적인 경우(수직인 곡선)는 지극히 한정되어 있다. 경제학자가 풀어내는 경제학과 언론인이나 정치가가 풀어내는 경제학의 차이 중 하나는 일반적으로 언론인이나 정치가는 (가격이 수량에 미치는 효과를 무시함으로써) 거의 모든 공급과 수요 곡선이 완전히 비탄력적인 것처럼 말한다는 점이다.

이 문제는 앞서 '필요한 것'과 '원하는 것'으로 구분한 논의와 같은 불일치다. 비경제학자는 물의 수요를 '우리에게 필요한 물의 양'으로 생각한다. 하지만 우리가 소비하는 물 가운데 식수로 사용되는 것은 1,000갤런(약 3,800$l$) 중 1갤런 정도로 극히 적은 양에 불과하다. 마시는 물의 수요는 광범위한 가격대에서 지극히 비탄력적인 반면에 다른 용도로 사용되는 물의 수요는 그렇지 않다. 물 값이 두 배로 오르면 농부들은 필요한 만큼의 물만 정확히 공급하는 세류관개로 바꾸고, 화학기업들은 제조공정에 사용되는 물을 줄이고, 각 가정에서는 물이 새는 수도꼭지를 수리하는 등의 효과가 있을 뿐이다. 마실 물이 없어서 죽는 사람은 없지만, 물의 전체 소비량은 감소한다.

경제와 관련한 대중적인 묘사에서 잘못된 것이 무엇인지 보여주는 친숙한 한 가지 예는 모노폴리 게임이다. 독점을 모델로 하는 이 경제체제에서, 당신이 머물 곳은 임대료가 아니라 주사위로 결정된다. 즉, 수요량은 가격의 영향을 받지 않는다. 당신은 잠재고객을 잃을 걱정 없이 파크 플레이스에 호텔을 짓거나 광장을 방문하는 비용을 35달러에서 1,500달러로 올릴 수 있다.

## 세금은 누가 낼까?

우리는 이제 경제학자가 자주 듣는 질문 중 하나를 알아볼 준비가 되었다. 누가 실질적으로 세금을 내는가? 정부가 어떤 재화에 세금을 부과할 때 재원은 해당 재화를 생산하는 생산자들의 주머니에서 나올까? 아니면 생산자들이 가격을 올려서 전가한 소비자에게서 나올까?

세금이 제품 하나당 1달러라고 하자. 제품이 팔릴 때마다 해당 제품의 생산자는 정부에 1달러를 지불해야 한다. 그 결과, 그림 7-3 ⓐ에서 보듯이 공급곡선이 S₁에서 S₂로 1달러만큼 이동한다.

왜 그럴까? 생산자에게 중요한 것은 소비자가 얼마를 지불하느냐가 아니라 자신이 얼마를 버느냐이다. 생산자가 제품 하나당 6달러를 받고 그중 1달러를 정부에 세금으로 내면 제품이 하나 팔릴 때마다 생산자가 얻는 수익은 그 제품을 세금 없이 5달러에 판매하는 것과 같다. 따라서 생산자는 세금이 부과된 이후에 개당 6달러에 제품을 판매하면서 세금이 부과되기 전 5달러에 판매할 때와 같은 수량을 생산한다. 다른 모든 가격대에서도 마찬가지다. 새로운 공급곡선에서 각각의 수량은 예전 공급곡선에서 가격이 1달러 더 높을 때와 일치한다. 공급곡선이 1달러만

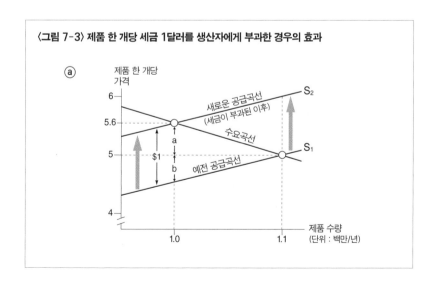

〈그림 7-3〉 제품 한 개당 세금 1달러를 생산자에게 부과한 경우의 효과

큼 위로 이동하는 것이다.

하지만 공급곡선이 위로 이동한다고 해서 시장가격이 정확히 1달러만큼 오른다는 뜻은 아니다. 만약 그렇다면 생산자는 세금이 부과되기 이전과 같은 수량을 생산하고, 소비자는 이전보다 소비를 줄여서 공급이 수요보다 많아질 것이다. 반대로, 가격이 전혀 오르지 않는다면 수요는 세금이 부과되기 이전과 같지만 공급이 감소하므로(생산자의 관점에서 제품 한 개에 1달러를 덜 받는 셈이 되므로) 공급이 수요보다 적어질 것이다. 그림 7-3 ⓐ에서 볼 수 있듯이 가격이 상승하긴 하지만 상승 폭이 1달러보다 적다. 생산자가 정부에 세금을 낸다는 점에서 본다면 생산자가 세금 전액을 내지만, 사실은 소비자가 지불하는 가격이 a만큼 올랐고 (세금을 공제한 후에) 생산자가 받는 가격은 b만큼 내려갔기 때문에 a와 b를 더해야 완전한 세금, 즉 1달러가 된다.

정부가 생산자에게 세금을 부과하는 대신 소비자에게 세금을 부과한다고 가정해보자. 제품을 구매할 때마다 당신은 정부에 1달러를 내야 한

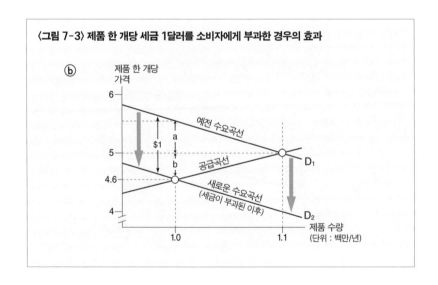

**〈그림 7-3〉 제품 한 개당 세금 1달러를 소비자에게 부과한 경우의 효과**

다. 그림 7-3 ⓑ는 그에 따른 결과를 보여준다. 이번에는 세금 때문에 수요곡선의 위치가 아래로, 즉 $D_1$에서 $D_2$로 이동한다. 당신 관점에서는 세금 없이 5달러인 제품을 구매하든, 원래는 4달러이지만 소비자가 지불해야 할 세금 1달러가 포함되어 5달러인 제품을 구매하든 비용은 똑같다. 둘 중 어떤 경우든 당신은, 5달러 가치의 다른 물건 구매 기회를 포기한다. 비용이 똑같기 때문에 그 두 경우 모두 같은 수량을 구매한다. 그리고 다른 소비자들도 그렇게 한다. 따라서 총 수요량은 가격이 4달러에 세금 1달러가 부과될 때와 세금 없이 가격이 5달러일 때가 똑같으며 다른 모든 가격대에서도 마찬가지다. 수요곡선은 세금인 1달러만큼 아래로 이동한다.

그림 7-3 ⓑ를 살펴보면 세금이 생산자가 받는 가격을 b만큼 낮추고, (세금이 포함된) 소비자의 비용을 a만큼 증가시킨다는 사실을 알 수 있다. 그리고 이 a와 b가 그림 7-3 ⓐ 그래프와 똑같다는 것도 알 수 있다. 그림 7-3 ⓑ는 그림 7-3 ⓐ가 단지 1달러만큼 아래로 이동한 것이다. 그림 7-3 ⓐ에서 세로축에 표시된 가격은, 생산자가 세금을 지불하기 때문에, 세금이 포함된 가격이다. 이와 달리 그림 7-3 ⓑ의 가격은 세금이 포함되지 않았다. 소비자가 세금을 지불하기 때문이다. 세전과 세후의 가격 차이가 세금의 액수, 즉 1달러다.

같은 상황이 그림 7-3 ⓒ에도 나와 있다. 여기에서는 생산자가 받는 가격과 공급의 상관관계, 그리고 소비자가 지불하는 가격과 수요의 상관관계를 보여준다. 세금이 부과되기 전에는 생산자가 받는 가격과 소비자가 지불하는 가격이 일치하는 수량(1년에 110만 개의 제품)에서 시장균형이 이뤄졌고, 세금이 부과된 후에는 생산자가 받는 가격이 소비자가 지불하는 가격보다 1달러 적은 수량(1년에 100만 개의 제품)에서 시장균형이 이뤄

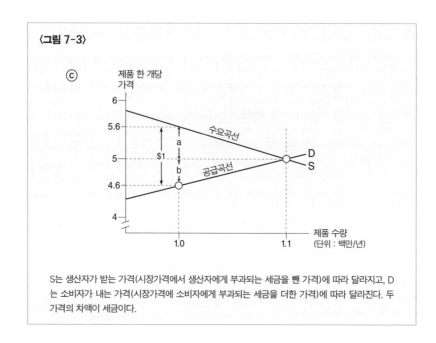

**〈그림 7-3〉**

ⓒ

제품 한 개당
가격

S는 생산자가 받는 가격(시장가격에서 생산자에게 부과되는 세금을 뺀 가격)에 따라 달라지고, D
는 소비자가 내는 가격(시장가격에 소비자에게 부과되는 세금을 더한 가격)에 따라 달라진다. 두
가격의 차액이 세금이다.

진다. 그리고 그 차액은 정부에 돌아간다.

그림 7-3 ⓐ와 ⓑ, ⓒ는 본질적으로 모두 똑같다. 유일한 차이는 세로
축이 나타내는 것이다. 그 세 가지 그래프가 모두 똑같은 이유는 내가 어
쩌다가 그렇게 그렸기 때문이 아니라 원래 그래야 하기 때문이다. 즉, 세
그래프가 모두 같은 상황을 묘사한다. 소비자가 제품을 구매하기 위해
지불하는 가격(소비자 관점에서 가장 중요한 것)과 생산자가 판매되는 제품
한 개당 받는 금액(생산자 관점에서 가장 중요한 것) 그리고 판매되는 제품의
수량은 세금을 생산자가 내든, 소비자가 내든 모두 같다. 세금 부담이 실
질적으로 어떻게 분배되는가의 문제는 정부에 실질적으로 세금을 내는
주체가 누구인가 하는 것과 전혀 상관없다.

## 세금이 주는 영향

앞서 우리는 '누가 실제로 세금을 내느냐'는 질문으로 시작했다. 그리고 이제 그 해답을 얻은 것 같다. 수요-공급 그래프를 이용해서 우리는 인상된 가격의 형태로 세금이 어느 정도까지 소비자에게 전가되는지, 어느 정도까지 생산자가 받는 (세후) 가격의 감소로 나타나는지 설명할 수 있다. 이 해답은 수요와 공급 곡선의 상대적인 탄력에 따라 달라진다. 공급이 수요보다 더 탄력적이면 세금의 대부분은 소비자에게 전가된다. 반대로 수요가 공급보다 더 탄력적일 때는 생산자에게 전가된다.

해답을 찾기는 했지만 질문 자체는 그다지 적절하지 않았다. 우리는 세금 탓에 소비자가 지불하는 가격이 얼마나 상승하는지, 생산자가 받는 가격이 얼마나 감소하는지 알게 되었지만, 세금이 생산자와 소비자 모두에게 얼마나 손해를 끼치는가 하는 것은 전혀 다른 문제다.

제품 한 개당 1,000달러의 세금을 부과할 때 생기는 효과를 생각해보자. 해당 제품의 생산과 소비가 제로로 떨어진다. 정부는 한 푼의 세금도 징수할 수 없게 된다. 생산자와 소비자가 아무것도 사거나 팔지 않기 때문이다. 그렇다면 제품 하나당 1,000달러의 세금은 소비자(또는 생산자)에게 어떤 비용도 초래하지 않은 것일까? 당연히 아니다. 소비자는 이전에 세금이 부과되지 않은 개당 5달러의 가격으로 110만 개의 제품을 소비함으로써 얻었던 편익을 잃고, 생산자 역시 해당 제품을 판매함으로써 얻었던 편익을 잃는다. 세금으로 인한 소비자의 비용에는 그들이 구매를 계속하기 위해 추가로 지불하는 돈과, 더는 구매할 가치가 없어진 재화에서 잃게 되는 편익도 포함된다.

세금 1달러의 비용을 분석하면서 우리는 구매나 판매에 따른 순편익

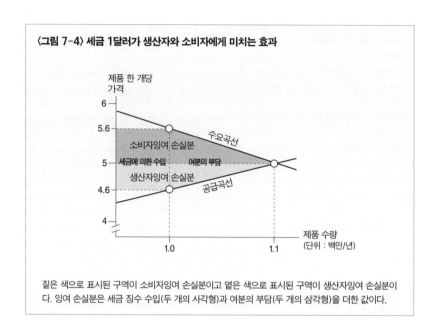

을 측정할 수 있는 소비자잉여와 생산자잉여를 제외했다. 세금이 부과되기 이전에 소비자는 개당 5달러에 자신이 원하는 만큼 많은 제품을 구매할 수 있었고 생산자는 판매할 수 있었다. 세금 부과 이후에는 소비자가 지불하는 비용이 제품 한 개당 5.60달러였고, 생산자가 얻는 수익은 제품 한 개당 4.60달러였다. 세금이 생산자와 소비자에게 초래하는 비용은 그림 7-4에서 보듯이 그들이 첫 번째 경우에서 얻는 잉여와 두 번째 경우에서 얻는 잉여의 차이다.

수요곡선 아래에, 5달러 위에 있는 전체 구역이 세금을 부과하기 이전의 소비자잉여다. 수요곡선 아래에, 5.60달러 위에 있는 구역은 세금을 부과한 이후의 소비자잉여다. 5달러 위로 짙게 표시된 구역은 이 두 가지 소비자잉여의 차이(세금이 소비자에게 초래하는 비용)를 나타낸다. 해당 구역은 두 부분, 즉 하나의 사각형(제품 하나당 증가된 비용과 구입한 제품의 개수를 곱한 것)에 삼각형(세금 때문에 해당 제품을 더는 구매하지 않음으로써 잃게 되는 소비자잉여)을 더한 것이다.

마찬가지로, 5달러 아래에 짙은 색으로 표시된 구역은 세금이 생산자에게 초래하는 비용(생산자잉여의 손실분)을 나타낸다. 이 손실 부분도 하나의 사각형(여전히 생산되고 있는 제품에 관한 수입 손실분)에 하나의 삼각형(세금 때문에 더는 팔리지 않는 제품에 관한 생산자잉여 손실분)을 더한 것으로 구성된다.

두 개의 사각형을 합치면 제품 하나당 세금(제품 한 개당 소비자가 지불하는 비용과 생산자가 얻는 수입의 차이)과 생산된 제품 숫자를 곱한 결과, 즉 세금으로 발생하는 총수입이 된다. 두 개의 삼각형을 합치면 세금으로 인해 발생하는 여분의 부담Eccess burden, 즉 생산자와 소비자가 거래를 포기함으로써 발생하는 손실이다.

그림 7-5 ⓐ와 ⓑ는 수입과 여분의 부담 관계가 부분적으로 수요곡선의 형태에 따라 달라짐을 보여준다. 수요곡선의 기울기가 가파를수록(수요가 더 비탄력적일수록) 세금으로 인한 수량 감소가 적고, 세금에 의한 수입 대비 여분의 부담 비율도 낮다. 특히, 수요가 완전히 비탄력적인 경우에는 소비 감소나 여분의 부담이 전혀 없을 것이다. 같은 주장이 공급곡선에도 그대로 적용된다.

이 주장은 생필품 수요가 비탄력적이라는 이론에 근거해서 생필품에 관한 과세를 옹호하기 위해 종종 제시되곤 했다. 그 같은 주장에 반대할 수밖에 없는 명백한 이유는 생필품에 관한 과세가 가난한 사람들에게 손해를 끼치기 때문이다. 또 한편으로는 생필품과 사치품이, 전통적인 정의에 따르면, 탄력적이거나 비탄력적인 수요를 가진 재화와 비슷하게 맞아떨어지지 않는다는 점도 이유로 들 수 있다. 일반적으로 담배는 사

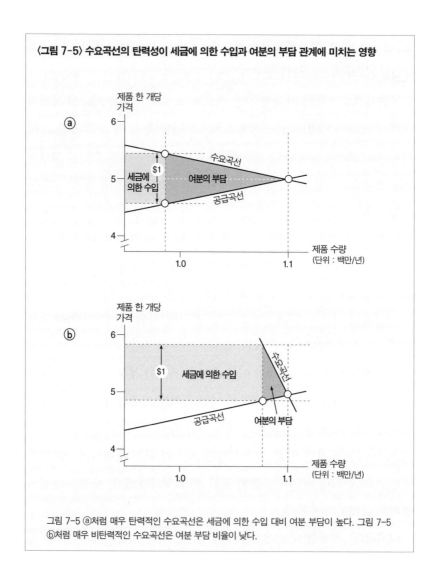

〈그림 7-5〉수요곡선의 탄력성이 세금에 의한 수입과 여분의 부담 관계에 미치는 영향

그림 7-5 ⓐ처럼 매우 탄력적인 수요곡선은 세금에 의한 수입 대비 여분 부담이 높다. 그림 7-5 ⓑ처럼 매우 비탄력적인 수요곡선은 여분 부담 비율이 낮다.

치품으로 간주되지만, 담배의 수요곡선은 완전히 비탄력적이다. 공급에 관해서도 토지 공급이 지극히 비탄력적이므로(세금을 부과하든 하지 않든 토지는 항상 그 자리에 있으므로) 지대의 과세를 정당화하려는 유사한 주장이 있다.

일반적으로 공급과 수요는 단기적인 측면보다 장기적인 측면에서 더 탄력적이다. 휘발유 가격이 오르면 소비자는 자동차 운행을 줄인다. 하지만 적응할 시간이 충분하면 카풀을 하거나, 소형차를 구매하거나, 집을 직장 근처로 옮길 수 있다. 난방용 기름 가격이 오르면 소비자는, 단기적으로 집 안 온도를 낮춰 생활하는 수밖에 없다. 하지만 장기적으로는 집의 단열 상태를 개선할 수도 있고, 기후가 따뜻한 곳으로 이사 갈 수도 있다.

생산자는 자신이 생산한 재화의 가격이 떨어지더라도 공장을 폐쇄하기보다 생산을 계속하는 편이 더 이득이다. 하지만 기계가 낡아도 더는 교체할 수 없으므로 산출량은 점차 감소한다. 가격이 오르면 생산자의 단기 대응책은 기존 공장에서 더 많은 산출량을 짜낼 수밖에 없다. 장기적으로는 더 큰 공장을 짓는 방법이 있다.

이 모든 이유로 수요와 공급은 일반적으로 장기적인 측면에서 훨씬 탄력적이다. 탄력성이 높으면 여분 부담이 많다는 뜻이고, 따라서 세금에 의한 여분의 부담은 시간이 흐를수록 점점 더 증가하기 쉽다. 일례로 몇 세기 전 런던에는 창문세가 있었는데, 이 창문세로 인해 창문이 거의 없는 건물이 등장했다. 또 뉴올리언스에는 건물에 부과하는 세금이 있는데, 이 세금은 건물 전면에서 바라본 층수에 따라 세금이 부과된다. 뉴올리언스 특유의 기괴한 건축물은 낙타등처럼 생긴 건물이다(전면은 1층이고 후면은 2층인 구조). 장기적인 측면에서 런던의 어두컴컴한 건물들과 뉴올리언스의 비싼 건축비용은 해당 세금 탓에 생긴 여분의 부담 중 일부로 나타난 결과였다.

낮은 세율은 그림 7-6 @와 ⓑ에서 볼 수 있듯이 징세 된 달러당 여분의 부담도 적다. 이런 주장은 세금 징수를, 소수의 특정한 재화에 부과되

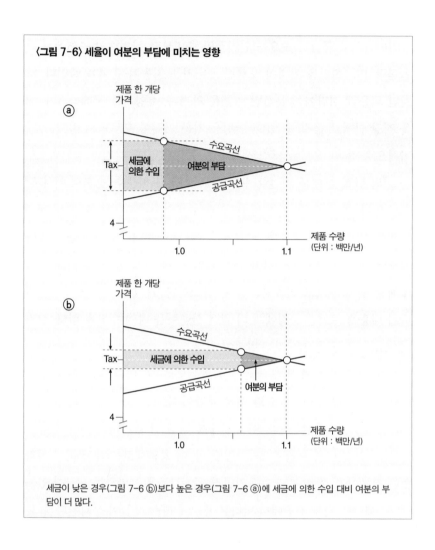

**〈그림 7-6〉 세율이 여분의 부담에 미치는 영향**

세금이 낮은 경우(그림 7-6 ⓑ)보다 높은 경우(그림 7-6 ⓐ)에 세금에 의한 수입 대비 여분의 부담이 더 많다.

는 세금을 통해 대부분의 세수를 채우는 대신 (이를테면 일반 판매세처럼) 다양한 재화에 고루 분산해야 한다는 주장을 뒷받침한다. 이에 반대하는 사람들은 만약 소수의 특정 재화에만 세금을 부과하면 세금을 거둬들이는 관리비용이 더 낮을 거라고 주장한다.

## 집주인과 세입자

산타모니카 시 정부는 사회정의 실현을 위해 모든 집주인은 세입자에게 매달 10달러씩 지불하라고 공표했다. 단기적인 측면에서 이 조치는 단순히 집주인에게서 세입자에게로 가는 부의 이전에 불과하지만 장기적인 측면에서 보면 좀 더 복잡하다. 새로운 법률에 맞춰 임대료가 변할 것이기 때문이다.

집주인 측에서 보면, 정부의 조치는 자신이 임대한 아파트에 매달 10달러씩 부과되는 세금이나 다를 게 없다. 앞에서 살펴봤듯이 공급곡선의 위치는 세금만큼 위로 이동한다. 세입자 측에서 보면, 10달러는 보조금인 셈이다. 그 결과, 수요곡선이 10달러만큼 위로 이동한다. 이전에 월 임대료 500달러에 임차하려고 했을 임대 물건이 지금은 임대료 510달러에 임차하려는 물건이 된다. 임대료 510달러에서 집주인에게 받는 10달러를 뺀 500달러가 세입자의 순비용이기 때문이다.

그림 7-7 ⓐ가 그에 따른 결과를 보여준다. 참고로 나는 단순화를 위해 주택을 연속적인 재화처럼, 이를테면 물처럼 다루고, 표준 크기의 아파트를 기준으로 가격과 수량을 정의하고 있다. 두 곡선이 10달러만큼 위로 이동하기 때문에 두 곡선의 교차점도 10달러만큼 위로 이동한다. 새로운 균형 임대료는 예전에 비해 정확히 10달러만큼 더 높아진다. 해당 법률은 세입자에게 도움이 되지도 않고 집주인에게 해가 되지도 않는다.

이제 더 현실적인 규제에 관해 생각해보자. 시의회가 기존의 임대 조건이 세입자에게 불리하다고 판단하고, 설령 세입자가 단기 임대조건에 동의했더라도 집을 비워야 하는 경우에, 앞으로 집주인은 6개월 전에 세

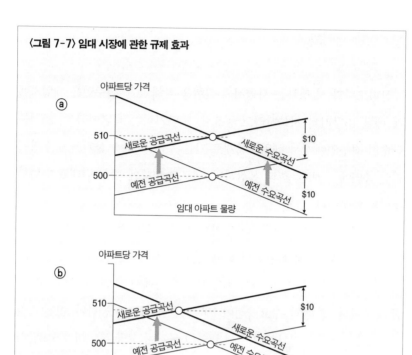

〈그림 7-7〉 임대 시장에 관한 규제 효과

ⓐ

아파트당 가격

510 ── 새로운 공급곡선  새로운 수요곡선 $10
500 ── 예전 공급곡선  예전 수요곡선 $10
임대 아파트 물량

ⓑ

아파트당 가격

510 ── 새로운 공급곡선  새로운 수요곡선 $10
500 ── 예전 공급곡선  예전 수요곡선 $5
임대 아파트 물량

그림 7-7 ⓐ는 집주인에게서 세입자에게 10달러를 일시적으로 이전하는 효과를 보여준다. 그림 7-7 ⓑ는 집주인이 세입자에게 임대 계약을 해지하기 6개월 전에 사전 통지를 하도록 의무화하는 경우의 효과다. 이 규제는 집주인에게 10달러의 세금을 부여하고, 세입자에게 5달러의 보조금을 지급하는 것과 마찬가지다.

입자에게 통보해야 한다고 발표한다. 여기서도 마찬가지로, 우리가 고려하는 시점은 임대료가 새로운 균형점에 도달할 정도로 충분히 많은 시간이 흐른 다음이다.

새로운 법령 때문에 집주인은 탐탁하지 않은 세입자를 내쫓기가 어려워지고, 따라서 경상비가 증가한다. 집주인에게는 일종의 세금인 셈이다. 해당 법령이 10달러의 세금과 같은 효력이 있다고 가정해보자. 6개월 전에 세입자에게 사전 통지를 하는 것이나 임대한 아파트당 매월 10 달러의 세금을 내는 것이나 집주인에게는 아무런 차이가 없다고 가정하는 것이다. 이 경우 임대 아파트의 공급곡선은 그림 7-7 ⓑ에서 보듯이 10달러만큼 위로 이동한다.

이 추가적인 보장은 세입자에게도 어느 정도 가치가 있다. 이를테면 한 달에 5달러의 가치가 있다고 가정해보자. 즉, 6개월의 임대 보장기간 없이 매달 500달러를 지불하든지, 또는 해당 보장기간을 갖는 대신 매달 505달러를 지불하든지 세입자 관점에서는 아무런 차이가 없다. 그림 7-7 ⓑ에서 보듯이 수요곡선이 5달러만큼 위로 이동한다.

그래프를 보면 새로운 가격이 예전 가격에 비해 5달러보다는 많지만 10달러보다는 적게 올랐음을 알 수 있다. 정확한 변화량은 곡선의 기울기에 따라 달라진다. 하지만 그 증가분은 조금 이동한 곡선보다 많고, 많이 이동한 곡선보다 적어야 한다. 새로운 법률은 그로 인한 임대료 증가분보다 집주인의 비용 증가분이 더 크기 때문에 집주인에겐 손해다. 세입자도 새로운 법률 탓에 높아진 아파트 가치보다 임대료 상승분이 더 많기 때문에 마찬가지로 손해다.

나는 해당 법률이 세입자에게 발생하는 가치보다 집주인에게 초래하는 비용이 더 많다고 전제했다. 하지만 그 법률이 5달러의 비용을 부과하고(공급곡선이 5달러만큼 위로 이동하고), 10달러의 편익을 제공한다고(수요곡선이 10달러만큼 위로 이동한다고) 가정하면 어떻게 될까? 임대료의 증가는 다시 5달러와 10달러 사이가 된다. 집주인과 세입자 양쪽은 그 법률 덕분에 모두 이득을 얻는다. 집주인은 비용 증가분보다 임대료 증가분이 더 많고, 세입자는 개선된 계약조건의 가치보다 임대료 증가분이 적기 때문이다.

하지만 이 경우에는 해당 법률 자체가 불필요하다. 임대계약 조건을 규제하는 법률이 없더라도, 한 달에 임대료 500달러를 받는 집주인은 같은 아파트의 세입자에게 6개월 임대 보장기간을 주는 대신, 이를테면 509달러를 내라고 하는 편이 자기에게 이득임을 알게 될 것이다. 세입자도 그 대안을 수락할 것이다. 보장기간이 없는 500달러보다 보장기간이 있는 임대료 509달러를 선호하기 때문이다. 집주인 역시 보장기간을 두더라도 한 달에 고작 비용 5달러만 들기 때문에 결과적으로 이득을 본다. 모든 임대계약은 계약 해지 6개월 전에 통보하는 조건을 포함하게 될 것이다.

해당 논리는 특정 현안에만 한정되지 않는다. 집주인이 자신에게 발생하는 비용보다 세입자에게 더 가치가 있는 조항들을 임대계약에 포함하게 하고, 그에 따라 임대료를 조정하게 하는 데도 도움이 된다. 집주인에게 가치보다 비용이 더 큰 어떤 조항을 의무적으로 포함하게 하는 것은, 임대료 규제의 효과를 고려해보면 집주인과 세입자 모두에게 해가 된다.

이러한 결과를 증명하는 과정에서 나는 단순화를 위해 수많은 가정을 했다. 그중 하나가 임대료 규제 때문에 각각의 아파트에 부과되는 비용이 집주인이 얼마나 많은 임대 아파트를 보유하고 있든 달라지지 않는다는 가정이다. 즉, 임대료 규제는 전체 공급곡선을 똑같이 위로 이동시켰다. 또 세입자에 관해서도 비슷한 가정을 했다. 즉, 임대 아파트가 얼마나 많든 간에 임대 보장기간의 가치가 아파트마다 모두 똑같다고 가정했다. 이 가정들을 배제하면 분석이 한층 더 복잡해진다. 임대료 규제가 집주인의 희생 위에 세입자에게 편익을 제공하는 식으로, 또는 세입자의 희생 위에 집주인에게 편익을 제공하는 식으로 수요와 공급 곡선을 이동시키는 상황을 가정해볼 수는 있지만, 실제로 그런 상황이 일어날 거라고 예상할 아무런 이유가 없다.

두 번째 가정은 임대료 규제가 모든 집주인이나 세입자에게 같은 효과를 준다는 것이었다. 이 가정을 배제하면 조금 다른 결과가 나온다. 당신에게 좋은 세입자를 알아보는 눈이 있다고 가정해보자. 이 경우 6개월의 보장기간을 두더라도 당신에게는 아무런 비용이 발생하지 않는다. 당신이 아파트를 비워주었으면 하고 바라게 될 세입자에게는 절대로 임대를 주지 않을 것이기 때문이다. 임대계약에 관한 아무런 법적인 규제가 없는 경우, 당신은 6개월의 보장기간을 제공함으로써 한 달에 500달러의 임대료 대신 505달러를 받을 수 있다는 사실을 알게 된다. 말하자면, 보장기간을 제공하더라도 비용이 전혀 들지 않기 때문에 군이 510달러를 받을 필요가 없다. 법이 바뀌어서 모든 집주인이 보장기간을 제공하도록 의무화되면서 (6개월의 보장기간이 제공되는) 임대 아파트의 시장 임대료가 (그림 7-7 ⓑ에서 보듯이) 505달러보다 비싸진다. 그 규제는 당신의 경쟁자들이 그들의 상품에, 그들의 관점에서, 생산비용이 비싼 어떤 특징(보장기간)을 추가하도록 강요하지만, 당신에겐 해당 생산비용이 전혀 비싸지 않다. 경쟁자들이 부담하는 비싼 비용은 시장의 공급곡선을 이동시키고 시장가격을 상승시킴으로써 당신에게 편익을 제공한다.

세입자와 관련해서도 비슷한 경우를 가정할 수 있다. 흥미로운 점은 집주인과 세입자 사이의 계약에 미치는 법적인 규제 효과가 애초에 우리가 기대했던 대로 한 집단(집주인)에게서 다른 집단(세입자)에게로 이전되는 부의 재분배가 아니라는 점이다. 만약 각 집단이 획일적이라면 규제는 일반적으로 양쪽 집단 모두에게 효과가 없거나 해를 끼친다. 각각의 집단에 속한 구성원들이 서로 다른 경우에도 규제는 각각의 집단 내에서만 재분배를 진행할 것이다. 즉, 각각의 집단에 속한 구성원 중 일부가 얻는 편익은 같은 집단에 속한 다른 구성원의 희생 위에 만들어진다.

얼핏 보기에 대부분의 경제학은 친숙한 주제에 관한 그럴듯한 이야기 같다. 하지만 착각일 뿐이다. 이 장에서 지금까지 나는 두 가지 놀라운 결과, 즉 세금이 생산자에게 징수되든, 소비자에게 징수되든 큰 차이가 없다는 것과, 임대계약과 관련해 세입자에게 유리한 규제가 보통은 세입자와 집주인 모두에게 손해를 입힌다는 것을 증명했다.

그중 임대료 규제의 증명 과정에서는 훨씬 더 포괄적인 결과, 즉 자유 계약의 바람직함에 대해 살펴봤다. 약간의 예외도 있지만 대체로, 계약 조건을 둘러싼 법적 규제는 한쪽의 희생 위에 다른 한 쪽에게 편익을 제공하기보다는 양쪽 당사자에게 손해를 끼치기가 더 쉽다.


## 균형가격을 찾아라

이제는 몇 가지 요점을 더 명확히 하고, 대중적인 오해에 관해 경고할 차례다.

계란이 1달러일 때 구매자는 주당 1,000개의 계란을 구매하려 하고, 생산자는 900개만 생산하고자 한다. 결과는 어떻게 될까?

**1단계:** 소비자는 경쟁적으로 높은 가격을 제시하고 그 결과 가격이 1.25달러로 오른다. 가격이 1.25달러인 경우에 소비자는 900개의 계란을 구매하려 한다.

**2단계:** 오른 가격에서 생산자는 주당 980개의 계란을 생산하려 한다. 하지만 오른 가격에서는 그만큼을 팔 수 없다. 소비자가 900개만 구매하려 하기 때문이다. 가격이 1.05달러로 떨어진다. 그 가격에서 소비자는 980개를 구매할 것이다.

**3단계:** 1.05달러에서 생산자는 주당 오직 910개를 생산하려 한다. 소비자는 다시 경쟁적으로 높은 가격을 제시한다.

이 같은 분석과정은 해당 유형의 문제를 풀어나가는 현명하지 못한 접근법이다. 우리는 어떤 결론에도 도달하지 못한 채 똑같은 과정만 끝없이 반복할 뿐이다. 더구나 우리는 생산자와 소비자가 가격이 앞으로 어떻게 될지 예측하려고 노력하기보다 어리석게도 예전에 가격이 어땠는지에 근거해서 결정을 내린다고 가정한다. 이 같은 접근법을 대신할 수 있는 접근법은 다음과 같다.

'만약 공급량이 수요량보다 많으면 가격이 떨어질 것이다. 반대로, 적은 경우에는 가격이 오를 것이다. 따라서 가격은 공급량과 수요량이 똑같은 지점을 향해가는 경향이 있다. 이 지점이 공급과 수요의 교차점인 균형가격이다.'

대부분의 사람은 '부족함'이 자연적인 현상이라고 생각한다. 하지만 경제학자는 부족함이 자연적인 현상과 전혀 상관없다고 생각한다. 다이아몬드는 공급이 턱없이 모자란다. 그런데도 다이아몬드가 부족하진 않다. 반대로, 물은 넘쳐난다. 보통의 미국인은 직간접적으로 하루에 1,000갤런 이상을 소비한다. 그런데도 물 부족 현상이 발생한다.

이런 오류는 '충분함'을 자연적인 현상이라고 가정하는 데서 발생한다. 우리는 특정한 양의 물이나 다이아몬드, 기름, 그 밖의 많은 것이 필요하다는 가정 말이다. 무엇을 얼마나 소비할지 결정하는 우리의 선택은 가격에 따라 달라진다. 우리가 필요하다고 생각하는 양은 단지 우리

가 익숙한 가격을 지불하고 익숙하게 소비하는 양일 뿐이다. 부족 현상
은 '이용할 수 있는 양'이 적을 때 발생하는 게 아니라 우리가 '원하는
양'보다 적을 때 발생한다. 후자의 경우는 가격에 따라 달라지므로 부족
이란 공급량이 수요량과 같아지는 수준보다 적다는 의미일 뿐이다. 일반
적으로 이런 현상은 정부의 가격 통제(70년대 초의 가스와 휘발유 가격)에 의
한 결과이거나, 정부가 어떤 것(수돗물)을 공급하면서 시장가격대로 가격
을 부과하지 않은 데 따른 결과다. 때로는 수요를 잘못 판단하고 가격이
나 산출량을 재빨리 조정할 의지나 능력이 없는 생산자가 이 같은 결과
를 초래하기도 한다.

안정적인 공급과 수요의 불균형을 보여준 (불균형의 결과가 부족이 아닌
잉여로 나타난) 흥미로운 사례가 수년 전 홍콩에서 있었다. 인력거는 한 사
람이 끄는 바퀴 두 개짜리 작은 수레이며, 사람을 태워 이동하는 데 쓰인
다. 인력으로 움직이는 일종의 택시로 홍콩에서는 흔히 이용되는 교통수
단이었다. 인력거꾼은 도로의 연석에 앉아 손님을 기다리면서 하루의 대
부분을 보내는 듯했다. 즉, 공급량이 수요량보다 훨씬 많은 듯했다. 이유
가 무엇일까?

그들의 주된 고객은 홍콩보다 임금 수준이 훨씬 높은 나라에서 온 관
광객이었다. 그들 관점에서 당연한 것처럼 보이는 가격은 공급이 수요
와 같아지는 지점의 가격보다 훨씬 비쌌다. 인력거꾼들은 (하루 중 4분의 1
만 시간당 높은 보수로 일하고, 나머지 4분의 3은 앉아서 쉬면서 버는) 일당이 홍콩
에 있는 다른 직업군의 일당과 비슷해질 때까지 인력거를 끄는 일에 매
력을 느꼈다. 노동 가치가 1홍콩달러에 해당하는 인력거를 타고 4홍콩
달러를 지불한 관광객은 1홍콩달러를 지불했을 때보다 3홍콩달러만큼
손해를 봤다. 하지만 돈을 받은 사람은 그 3홍콩달러에 상응하는 이득이

없다. 4홍콩달러는 그들이 들인 시간, 즉 인력거를 끈 1시간과 다음 고객을 기다리면서 보낸 3시간을 합친 시간임을 고려할 때 정당한 가격이었기 때문이다.

경제학 책은 꼼꼼하게 읽지 않으면 경제학자들이 공급과 수요 곡선을 측정하고 그 곡선에서 가격과 수량을 계산하느라 바쁘게 돌아다닐 거라고 오해하기 쉽다. 정말 오해일 뿐이다. 공급곡선과 수요곡선은 분석을 위한 도구가 아니라, 가격이 결정되는 메커니즘을 이해하는 단서다.

실제로, 수요와 공급 곡선은 많은 경우에 관찰이 불가능하다. 어떤 한 재화의 가격에 변화가 있다면 분명 이유가 있다. 공급곡선이나 수요곡선이, 또는 두 곡선 모두 위치가 이동하는 경우처럼 말이다. 변화의 원인을 알지 못하고 따라서 어떤 곡선이 이동했는지도 모른다면, 우리는 새로운 가격과 수량이 수요곡선이 바뀌어서 생긴 건지 공급곡선이 바뀌어서 생긴 건지 알 수 없다.

경제학의 초기 난제 중 하나는 가격이 재화의 소비자 가치(수요)에 의해 결정되는가, 아니면 생산에 드는 비용(공급)에 의해 결정되는가 하는 것이었다. 우리는 이제 그 답이 '두 가지 모두'라는 사실을 알고 있다. 가격과 수량은 두 개의 곡선이 교차하는 지점에서 결정된다. 알프레드 마셜의 표현대로, 가격을 결정하는 요인이 수요인지 아니면 공급인지 묻는 것은 가위의 양쪽 날 중 어느 날이 종이를 자르느냐고 묻는 것과 같다.

가격은 소비자 가치와 생산에 드는 비용에 의해 결정될 뿐 아니라, 우리가 '가치'와 '비용'을 언급할 때 '한계가치'와 '한계비용'을 의미한다고 전제하면, 그 두 가지에 의해 결정되기도 한다.

합리적인 소비자는 추가되는 한 단위의 한계가치가 가격과 정확히 일치할 때까지 소비량을 늘린다. 결론적으로 가격은 가치와 같다. 가치가 가격을 결정하기 때문이 아니라 해당 재화를 구매하는 가격이 소비자가 소비하기로 선택하는 수량을 결정하고 소비량이 (한계)가치를 결정하기 때문이다.

합리적인 생산자는 재화를 판매할 수 있는 가격과 한계생산비용이 같아질 때까지 산출량을 늘린다. 결론적으로 가격은 비용과 같다. 비용이 가격을 결정하기 때문이 아니라, 생산자가 재화를 판매할 수 있는 가격이 생산량을 결정하고 그로 인해 (한계)비용이 결정되기 때문이다.

한 명의 소비자나 생산자만 고려할 경우, 우리는 주어진 가격을 그대로 수용할 것이다. 그 한 사람의 소비량이나 생산량이 가격에 심각한 영향을 주지 않을 거라고 생각하기 때문이다. 하지만 수많은 생산자로 이루어진 전체 산업과 수많은 개별 수요곡선이 모여서 만들어진 전체 수요곡선을 고려하게 되면 더는 그렇게 하지 않는다. 시장가격은 수요량과 공급량이 일치하는 가격이다. 수요와 공급 곡선은 공동으로 가격과 수량을 결정하고, 수량은 (수요와 공급 곡선과 더불어) 한계가치와 한계비용을 결정한다.

# 핵심 정리

## : 경제를 이해하는 법

## 올바른 가격표

경제는 복잡하고 상호 의존적인 시스템이다. 앞에서 우리는 단일 재화를 가지고 이 시스템을 설명했다. 이 장에서는 경제 전반에 걸쳐 그 같은 설명을 일반화할 것이다.

소비자로서 개개인은 선택 가능한 재화 조합 중 어떤 선택을 하느냐 하는 그 사람의 선택에 의해 규정된다. 선택은 3장에서 다룬 무차별곡선을 수많은 재화가 있는 세상에 일반화시키는 것이라고 생각하자. 생산자로서 개개인은 그 사람의 생산함수, 즉 자신의 노동력을 재화로 바꿀 수 있는 능력으로 규정된다. 생산함수는 5장에서 1시간에 몇 개의 잔디밭이나 요리, 설거지가 생산될 수 있는지 보여준 표를 일반화시키는 것이라고 생각하자. 소비자의 선택과 그들의 수입은 수요곡선을 만들고, 생산자의 선택은 생산함수와 더해져서 공급곡선을 만들고, 공급곡선과 수요곡선이 만나는 지점에서 가격과 수량이 결정되고, 그게 전부다. 우리는 선택과 생산함수에서 가격과 수량을 이끌어 냈다.

문제는 그렇게 간단하지 않다. 가격은 공급곡선과 수요곡선의 교차점에서 결정된다. 개개인이 생산해서 판매하는 재화의 가격은 수입을 낳는다. 하지만 수입은 수요곡선을 결정하는 요소 가운데 하나이므로 우리는 맨 처음 단계에서 수입이 필요했다.

어떤 한 재화의 가격을 결정하는 것이 무엇인지 살펴보는 과정에서는 일반적으로 다른 모든 가격은 이미 주어진 것처럼 다룬다. 하지만 상호 의존적인 시스템 전체를 이해하는 과정에서는 이 같은 과정을 그대로 따를 수 없다. 각각의 가격은 다른 모든 가격에 영향을 받는다. 어떤 한 재화의 소비자 가격은 그 소비자의 다른 재화에 관한 수요곡선에 영향을 미칠 수 있기 때문에 직접적인 영향을 받는다. 또 생산자가 자신의 재화를 판매할 수 있는 가격은 그 생산자가 해당 재화를 생산함으로써 얻는 수입에 영향을 주고, 그로 인해 다른 재화에 관한 그 사람의 공급곡선과 수요곡선이 영향을 받기 때문에 간접적인 영향을 받기도 한다.

경제 시스템을 구성하는 다양한 요소들의 상호 의존성은 완전히 새로운 사실이 아니다. 7장의 계란 시장에서 우리가 직면했던 난점이 더 복잡하게 나타난 사례일 뿐이다. 나는 단계별로 문제를 해결하려 애썼고, 각 단계마다 이외의 다른 요소들은 고정한 채 한 부분씩 풀어나갔다. 그 결과 복잡하게 뒤엉켜 있던 문제가 간단한 하나의 예로 정리되었고, 다른 모든 조각에 관한 효과는 무시하면서 상호작용 시스템을 한 번에 한 조각씩 설명하려 할 때 어떤 결과가 나오는지 보여줬다.

해법은 시스템의 구조를 무시하고, 대신 균형을, 즉 공급량이 수요량과 같아지기 위한 가격과 수량의 조합을 찾는 것이었다. 경제 전반과 관련한 더욱 복잡한 경우에도 우리는 그와 같은 과정을 따른다.

우리의 문제는 개인의 선택과 생산 능력에서 시작해서 완전한 한 쌍의 균형 가격과 수량을 찾아내는 것이다. 첫 단계는 가격표(모든 재화의 가격)를 확인하는 것이다. 이 최초 가격표는 첫 번째 추측, 즉 무작위로 선택된 가격일 뿐이다.

모든 생산자가 생산하는 모든 재화의 공급량은 그 생산자가 구매하려는 재화의 가격과 그가 생산할 수 있는 다른 재화의 가격에 의해 결정된다. 따라서 모든 재화의 총 공급량을 알려면 각 생산자 공급량을 산출해 합하면 된다. 우리가 생산하는 재화의 가격과 생산량으로 수입이 결정되기 때문에 우리는 모든 생산자의 수입을 계산할 수 있다. 또 특정한 재화에 관한 소비자 한 명의 수요량은 한 명의 생산자로서 그 소비자가 벌어들이는 수입과 다른 재화의 가격으로 결정되기 때문에 모든 수요곡선을 계산할 수도 있다. 즉, 어떤 재화의 수요량은 그 재화의 수요곡선과 가격에 의해 결정되므로 우리는 모든 재화의 수요량을 계산할 수 있다.

이와 같이 선택과 생산 능력, 가격표를 가지고 모든 공급량과 수요량을 계산할 수 있고 모든 재화의 수요량을 공급량과 비교할 수 있다. (모든 재화의) 수요량과 공급량이 일치한다면 올바른 가격표, 즉 해당 경제의 균형점을 보여주는 가격표를 갖고 있는 셈이다. 만약 그 둘이 일치하지 않는다면 다른 가격표를 골라서 같은 계산 과정을 다시 반복한다. 올바른 가격표를 찾을 때까지 계속한다. 표 8-1은 논리적인 순서를 보여준다.

이 방법은 답을 찾는 데 오래 걸린다. 1,000여 마리의 원숭이를 타자기 앞에 앉혀놓고 순전히 우연히 그 원숭이 중 한 마리가 《햄릿Hamlet》을 타이프로 칠 때까지 기다리는 꼴이다. 100만 년이 지날 때쯤이면 기껏해

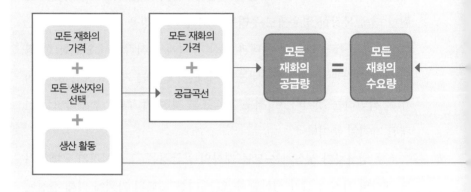

**〈표 8-1〉 경제를 이해하는 법**

모든 재화의 가격과 생산 활동, 소비자의 선택에서 시작해서 공급량과 수요량을 이끌어 낸다. 모든 재화의 공급량과 수요량이 일치한다면 처음의 가격표가 잠재적인 시장 균형, 즉 그 경제의 해법을 보여주는 셈이다.

야 "사느냐 죽느냐, 그것이 @%#$&"라는 결과를 얻을 수 있을 것이다. 미지수 n개를 포함한 n개의 방정식을 푸는 더욱 빠른 방법이 있고, 수학자라면 이 방법을 이용해 우리가 다루고 있는 문제를 풀 것이다.

예를 들어, 우리가 계란을 가지고 살펴본 예에는 미지수 두 개(가격과 수량)가 포함된 두 개의 방정식이 있다. 미지수가 두 개인 문제는 2차원 방정식으로 풀 수 있으므로 우리는 두 개의 곡선(수요곡선과 공급곡선)이 교차하는 지점을 찾아냄으로써 도표를 이용해 그 문제를 풀 수 있었다.

나는 하나의 경제 현상을 설명하는 올바른 방법과 잘못된 방법을 빠르게 훑어봤다. 그 과정이 너무 빨라서 두 번째로 잘못된 방법을 살펴보는 중에 첫 번째로 언급한 올바른 방법을 잊어버렸을지도 모르겠다. 따라서 최종적인 결과만 아주 간단히 다시 정리한다.

"경제 현상을 이해하기 위해서는 모든 재화와 서비스의 수요와 공급이 일치하는 지점을 찾아야 한다."

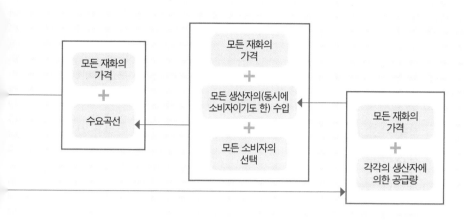

## 반직관적인 결과

아무리 간단한 현실 세계의 경제 문제라도 그 문제를 해결하는 것은 수많은 방정식과 관련된다. 사실상, 그런 문제는 고등수학이나 최신 컴퓨터로도 풀 수가 없다. 그런데도 분석하는 목적은 경제 문제를 해결하기 위함이 아니다. 설령 우리가 그 많은 방정식을 어떻게 푸는지 안다고 할지라도 모든 사람의 선택과 능력을 알 수는 없으므로 그 방정식을 글로 옮겨 적는 건 애초에 불가능한 일이다. 다만, 분석의 목적은 경제가 어떻게 상호 연관되어 있는지 배움으로써 어떤 특정한 변화(관세나 세금, 법률 등)가 전체 시스템에 어떻게 영향을 미치는지 이해하기 위함이다. 한편으로는, 우리를 둘러싸고 지탱해주는 교역이라는 복잡한 거미줄의 논리 구조를 이해하는 재미도 쏠쏠하다.

만약 당신 생각에 어떤 경제 문제와 관련해 (전체적인 가격과 수량이 어떻게 될지 예측하는) 실질적인 해답을 줄 수 없는 경제학은 쓸모가 없다고 생각되면 우리가 이미 살펴본 내용들을 생각해보라. 이 책은 지금까지 적어도 네 개의 놀라운 반反직관적인 결과를 보여줬다.

(1) 극장주는 팝콘을 원가에 판매함으로써 자신의 이윤을 극대화한다.
(2) 한 국가나 개인의 관점에서 어떤 한 가지 재화를 생산하는 데 강점을 가진다는 것은 그 밖의 다른 재화를 생산하는 데 약점을 갖는 것과 마찬가지다.
(3) 세금의 형태로 생산자와 소비자에게 부과되는 비용은 그 세금을 누가 지불하느냐와 상관이 없다.
(4) 임대 조건과 관련해 세입자에게 유리한 법적인 규제는 세입자와 집주인 모두에게 아무런 영향을 끼치지 못하거나 손해를 초래한다.

이 네 가지 결론 중 어떤 한 가지도 우리가 현실 세계의 수요와 공급 곡선을 안다고 해서, 또는 이 곡선들을 이끌어 내는 토대가 되었을 수도 있는 선택과 생산 활동을 안다고 해서 달라지지 않는다.

## 부분균형과 일반균형

우리가 7장에서 살펴본 경제학은 부분균형 이론이었다. 다시 말해, 시장 변화로 인해 발생하는 대부분의 재화에 관한 효과는 무시한 채 한 가지 재화의 효과만 분석했다. 반면, 이 장에서 다룰 것은 상호 의존적인 경제 전체를 하나로 묶어서 설명한 일반균형이론이다. 대부분의 경제학적 분석은 부분균형 개념으로 이뤄진다. 그렇게 하는 이유가 무엇이고 그에 따른 결과는 어째서 신뢰성을 갖는 걸까?

어떤 변화가 특정한 재화에 가격 변동을 초래해서 그 재화의 수요곡선이나 공급곡선을 이동시키는 경우를 생각해보자. 만약 어떤 소비자가 가격이 바뀐 그 재화에 더 많은 (또는 더 적은) 돈을 지출하고 있다면 분명히 그 밖의 모든 재화에 관해서는 이전보다 적은 (또는 더 많은) 돈을 지출하고 있을 것이다. 따라서 수요곡선이나 공급곡선이 바뀐 그 재화만 해당 변화로 영향을 받는다고 가정하는 건 잘못이다.

잘못이긴 하지만 그렇다고 엄청난 잘못은 아니다. 대부분의 경우에, 그런 영향은 대다수의 다른 재화에 분산되고 따라서 각각의 재화는 오직 미미한 영향을 받을 뿐이다(이 주장은 이를테면 버터와 마가린처럼 밀접한 대체재나, 자동차와 휘발유처럼 밀접한 보완재가 있는 특수한 경우에는 맞지 않으며, 부분균형 분석에서조차 그런 재화들이 함께 취급되는 이유도 바로 이 때문이다). 미세한 가격변화는 총잉여(소비자잉여와 생산자잉여의 합)에 아주 미세한 영향을 준다. 간단히 말하자면 가격이 0.10달러 상승하는 경우 1달러의 10분의 1만큼 효과가 생기는 것이 아니라 100분의 1만큼 생긴다는 뜻이다.

왜 그럴까? 가격이 오르면 소비자잉여의 손실 대부분은 생산자잉여에 흡수되기 때문이다. 단지 수량 감소로 잃는 잉여만큼만 순손실일 뿐이다. 1달러의 가격 상승에 따른 수량 감소분은 0.10달러의 가격 상승 때보다 대략 10배가 많기 때문에, 그리고 소비량 감소에 따른 단위당 평균 소비자잉여 감소분도 대략 10배가 넘기 때문에 생산량은 100배 더 늘어난다.

어떤 한 재화 시장에서 일어난 변화는 다른 재화 시장에도 변화를 준다. 만약 그 결과로 다른 재화 하나에 1달러의 가격변동이 발생했다면 이것은 중요한 문제다. 하지만 만약 그 결과로 다른 10가지 재화에서 0.10달러의 변동이 생겼다면, 또는 100가지 재화에서 0.10달러보다도 적은 변동이 생겼다면 비교적 덜 중요한 문제가 된다. 그런 효과는 전형적으로 수천 가지 재화에 분산되어 나타나므로 보통은 무시하는 편이 합리적이다. 부분균형 분석을 채택하는 것이 타당한 이유도 이 때문이다. 부분균형 분석을 채택하는 이유는 일반균형 분석이 일반적으로 훨씬 어렵기 때문이다.

## 단순 경제 이해하기

나는 우리가 지금까지 경제학을 살펴본 방식이 꼭 올바른 것만은 아니며, 그렇다면 올바른 방식은 어떤 것인지 설명하는 데 그리고 내가 그다지 옳지 않은 접근법을 고수하려는 이유를 설명하는 데 이 장의 많은 부분을 할애했다. 이 장을 건너뛰었더라면 우리는 시간과 수고를 아낄 수 있었을 것이다. 그렇게 하지 않은 이유는 거짓말이 아주 좋지 않은 교수법이라는 믿음 때문이다. 내가 제시하는 개념에 문제가 있으면 독자들이 알아채지 못하기를 바라면서 은근슬쩍 넘어가지 않고 그 문제를 지적하는 것도 내 의무다. 이 책의 나머지 부분에서도 나는 부분균형 이론에만 집중할 것이다. 이 장의 목적은 그렇게 함으로써 어떻게 올바른 해답을 얻을 수 있는지 설명하기 위함이다.

나는 이 책을 시작할 때 경제학을 합리성이란 차원에서 정의했다. 그같은 정의와 이후 일곱 개의 장에서 펼친 주장의 관계가 명확하지 않았을 수도 있다. 어디에서 어떤 주장이 적용되는지 언급하기 위해 분석을 중단하고 싶지 않았기 때문이다. 지금까지 우리는 어떻게 단순 경제를 이해할지 배웠고, 이제 복잡한 문제의 바다로 뛰어들 참이다. 따라서 지금이 이제까지 살펴본 것들을 돌아보고, 연결고리의 흔적을 찾아보기에 알맞은 시점인 듯하다.

사람들이 자신의 목적을 달성하기에 올바른 방법을 선택하는 경향이 있다는 합리성과 관련한 가정은 그동안 반복 적용되었다. 생산과 관련한 분석에서, 이를테면 우리는 개인의 관점에서 어떤 재화를 생산하는 편이 이익인지 우선적으로 살펴본 다음, 해당 개인이 생산하려고 하는 재화가 최선이라는 결론을 내렸다. 계속해서, 그 사람의 선택을 고려해서 얼마큼을 생산하는 게 이익인지 살펴봤고, 재차 그 사람이 생산하려는 수량이 최선이라는 결론을 내렸다. 마찬가지로, 개인은 자신의 순편익을 극대화하려고 행동하므로 소비와 관련한 분석에서는 수요곡선이 한계가치곡선과 일치했다. 또 무역에 대한 분석에서 개개인은 자신에게 이득이 있는 거래만 했다.

개별적인 목적이 합리적으로 단순하다는 가정은 은연중에 여러 번 적용되었다. 예를 들어, 3장에서 소비자의 행동을 논의할 때 나는 어떤 사람이 돈을 원하는 유일한 이유는 그 돈으로 구매할 재화가 있기 때문이며, 따라서 변화가 없는 세상에 사는 소비자는 매년 자신의 모든 수입을 소비한다고 가정했다. 하지만 우리는 자신의 소득수준에 비해 평생토록 검소하게 살면서, 그리고 자신이 구매할 수 있는 재화보다 적게 구매하면서 꾸준히 돈을 불리기만 하는 개인을 상상할 수도 있다. 어떤 사람의 눈에는 그런 사람이 비합리적으로 보일 수도 있겠지만, 우리는 사람들이 무엇을 원하는지 모른다는 사실을 기억할 필요가 있다. 경제학은 그들이 정말로 원하는 것에서 비롯되는 결과를 다룬다.

물가지수를 논의하면서 재차 나는 사람들이 돈을 갈망하는 이유가 그 돈으로 살 수 있는 재화가 있기 때문이라고 가정했다. 나는 여러분의 이득은 여러분이 어떤 조합의 재화를 구매할 수 있느냐에 따라 달라진다고 가정했다. 하지만 여러분이 인생의 어느 시점에 이르러서 백만장자라는 개념과 사랑에 빠진다고 가정해보자. 여러분이 원하는 것은 특정 수준의 소비가 아니라 자신이 '백만 달러를 보유했다'는 개념이다. 모든 수입과 가격이 두 배로 오르더라도 여러분이 선택할 수 있는 재화의 조합은 아무런 영향도 받지 않을뿐더러 여러분은 목표에 도달하기가 훨씬 쉬워질 것이다. 나는 그런 행동이 있을 수 있다는 여지를 배제했다. 그 같은 행동이 상식에 비춰볼 때 비합리적이기 때문이 아니라, 개인의 목표가 합리적으로 단순하다는 가정에 어긋나기 때문이었다.

현시선호이론은 한계가치곡선을 수요곡선과 연결짓는 논의에서 등장했다. 여러분이 어떤 재화에 부여하는 가치는 여러분이 정해진 가격에 그 재화를 얼마나 구매했느냐에 따라 드러난다. 소비자잉여에 접근하는 방식도 그와 같다. 소비자잉여는 극장주가 이윤의 극대화를 위해 팝콘을 원가에 판매한다는 사실을 증명하는 과정에서 합리성과 만났다. 나는 강의실에서 팝콘 문제를 논의하다가 상당수의 학생이 이 주장에 수긍하지 않는다는 것을 알게 되었다. 그 학생들은 소비자가 팝콘 가격을 무시하고, 단순히 영화가 가격만큼 가치가 있는지 없는지만 따진다고 믿었다. 어쩌면 그럴 수도 있다. 어떤 행동에 관한 경제학의 응용 가능성은 경험적인 문제다. 내가 증명한 것은, 만약 경제학적 가정을 극장에서 판매하는 팝콘에 적용할 경우 팝콘이 비싼 이유를 둘러싼 명백한 듯 보이는 해석이 잘못되었다는 점이다.

합리성은 팝콘 문제에서 두 번째로 등장해 소비자가 아닌 극장주에게 적용되었다. 만약 극장주가 팝콘을 원가에 판매함으로써 자신의 이윤을 극대화한다면 그 같은 극장주의 행동은 합리적이다. 극장주가 생산 원가보다 훨씬 비싼 가격으로 팝콘을 판매하는 것처럼 보이는 현실 세계의 관찰 결과는 우리에게 한 가지 난제를 던진다. 경제학이 틀렸다는 것이다. 이 난제와 관련해서는 10장에서 더 그럴듯한 해답을 얻을 수 있을 것이다.

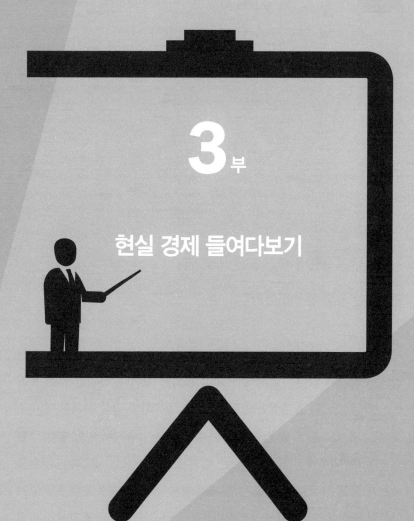

3부

현실 경제 들여다보기

# 모두의 기업은
# 누구의 소유도 아니다

## : 기업이론

## 관리자는 누가 관리하는가?

수많은 직원의 업무를 조율하는 가장 확실한 방법은 직원들 맨 윗자리에 누군가를 앉혀두고 지시를 내리게 하는 것이다. 하지만 지금 우리는 일반적으로 더 효과적인 방법, 즉 자발적 교환에 관해 논의할 것이다. 경제는 대체로 이 자발적 교환을 통해서 균형이 유지되지만, 항상 그런 건 아니다. 외부에서 볼 때 기업은 개인과 마찬가지로 사고파는 행위를 하는 수많은 시장 참여자 중 한 개체에 불과하다. 하지만 그 내부를 들여다보면 중앙통제경제의 축소판이다. 즉, 경영주는 중간 관리자에게 지시를 내리고, 중간 관리자는 지시받은 내용을 다시 직원에게 전달한다. 상호 간 거래를 토대로 조화를 유지하는 자본제도이지만 그 안에는 이해하기 힘든 사회주의 조직들이 주식회사란 이름으로 대거 포진해 있는 듯하다.

이런 상황은 세 가지 난해한 질문을 낳는다. 첫째, 기업이 존재하는 이유는 무엇인가? 시장경제에 지시를 통한 조율이 굳이 필요한가? 둘째, 기업은 어떻게 통제되는가? 즉, 기업이 달성하려는 목표가 무엇이고 그이유는 무엇인가? 셋째, 기업의 존재를 어떻게 경제이론에 적용해 설명할 수 있는가? 개인 참여자를 전제로 했던 시장분석이 훨씬 더 복잡한행위자의 등장으로 어떻게 변할 것인가?

나는 직장을 구하고 있다. UCLA처럼 내게 어울리는 대학이 20곳이나 더 있지만 UCLA에 어울릴 만한 경제학자 역시 나 말고도 100명이나 더 있다. 나는 UCLA에서 제의한 교수 자리를 받아들인다. 남부 캘리포니아로 이주해서 집을 마련하고 처음 1~2년은 다른 동료들과 사귀거나 같이 일하는 법을 배우면서, 대학생들을 가르치는 법을 깨달아간다. UCLA에서 내 연봉은 10만 달러다. 2년이 지나자 나는 딱 주위의 기대만큼 제 몫을 해내고 애초에 기대했던 만큼 UCLA 생활도 즐긴다. 하지만 문제가 생긴다.

학과장은 내가 연봉 10만 달러에 기꺼이 일을 수락했으므로 연봉을 9만 5,000달러로 낮춰도 분명히 그만두지 않을 거라는 사실을 알아차린다. 어쨌든 나는 캘리포니아로 이사하느라 든 비용도 무시할 수 없다. 학과장이 나를 자기 사무실로 불러 빠듯한 학과 예산에 관해 이야기한다.

나 역시 연봉과 관련해서 그동안 생각한 게 있으므로 반가운 마음으로 학과장과의 면담에 임한다. 나는 처음 2년 동안 이러저러한 요령을 익혀야 했으므로 내 몫을 충분히 해내지 못했다. 그로 인한 손실은 내가몇 년 만 지나면 그 이상의 값어치를 해낼 것이고, 고용주는 그때가 되면보상받을 수 있을 거라고 믿는 도리밖에 없다. 하지만 지금은 때마침 학과장과 면담할 기회도 생겼으므로 내가 맡고 있는 직무의 난이도를 고려할 때 훨씬 높은 연봉을 받을 자격이 충분하다고 그를 설득하려 한다. 결과적으로, 처음 2년 동안 학과장이 나 때문에 입은 손실을 보전할 방법은 없다.

내가 고용된 경쟁시장은 나와 고용주가 손실을 감수하고서라도 서로의 조건을 조정하려는 경우, 잠재적으로 교섭비용이 발생할 수 있는 쌍방독점 시장으로 바뀌었다. 확실한 해법은 장기 계약을 하는 것이다. UCLA로 가기로 했을 때 나는 향후 몇 년의 연봉만 협의했다. 장기 계약 해법은 그 자체로 희생을 요구한다. 예컨대 시장 상황이 바뀌어서 계약 조건을 재교섭해야 하는 경우에도 고용주와 피고용인은 장기 계약의 구속을 받는다. 시장 상황의 변화로 생긴 재교섭과 쌍방독점을 악용하려는 의도된 재교섭을 구분하기는 쉽지 않다. 우리는 각자 자신의 상황(생활비용이나 대학의 예산, 대안으로 선택할 수 있는 일자리 등)에 맞춰서 월급을 정하려 하지만 아무리 약관을 꼼꼼하게 넣어도 계약서 한 장에 모든 내용을 포함하는 건 불가능한 일이다.

유사한 문제가 결합생산(두 가지 이상의 생산물이 같은 생산기술과 생산요소에 의해 생산되는 것을 말한다_옮긴이)을 위해 여러 사람이 서로 맞춰가며 일하는 과정에서도 나타난다. 하나의 컨베이어벨트에 연결되어 공동 작업을 하는 각각의 근로자가 모두 독립된 하도급업자인 경우를 생각해보라. 결정적인 순간, 이를테면 수요가 연중 최고치에 달한 시점에 단 한 명의 근로자가 전체 수익에서 자신의 몫을 대폭 늘려주지 않으면 자리를 이탈해서 전체 라인의 생산을 중단시키겠다고 위협할 수 있다. 이때에도 장기 계약이 하나의 해법이 된다. 단, 계약 내용에는 각각의 참여자가 어떤 역할을 책임지고 그 역할을 이행하지 못하면 어떤 불이익이 있는지 분명하게 명시해야 한다.

기업이란 단지 정교한 장기 계약의 한 형태이며 여기에는 피고용인이 고정 급여를 받고 제한된 여건에서 하루 중 정해진 시간 동안 지시받은 업무를 수행하겠다는 합의가 포함되어 있다. 기업의 기능은 상호 의존적으로 생산 업무를 수행하는 개개인을 조율하고자 그들과 개별적으로 거래함으로써 발생하는 거래비용을 없애는 것이다.

거래에는 비용이 든다. 통제에도 비용이 들기는 마찬가지다. 기업의 주된 문제는 '관리자는 누가 관리하는가qui custodiet ipsos custodes?'라는 격언으로 요약된다. 근로자는 고정 급료를 받으므로 그들의 목표는 가능한 한 즐겁게 일하고 돈을 버는 것이다. 하지만 즐겁게 일하려는 근로자의 행동이 이윤 극대화라는 기업의 목표에 반드시 부합하는 건 아니다. 그래서 근로자들이 각자 맡은 일을 제대로 해내도록 감독할 관리자가 필요하다. 그렇다면 근로자들을 감독하기 위해 고용한 관리자는 누가 감독해야 할까? 또 관리자를 감독하는 그 누군가는 또 누가 감독할까?

수석 관리자를 잔여청구권자residual claimant(기업의 종업원, 사채권자 등에게 약속된 금액을 지불하고 남은 현금 흐름 및 자산에 관한 청구권을 가진 사람을 말한다_옮긴이)로 임명해서 기업에 순이익이 발생했을 때 자신의 수입으로 가져가게 하는 것도 하나의 해법이다. 그 사람이 하급 관리자들을 감독하고 하급 관리자들이 다시 그들 밑에 있는 직원들을 감독하는 식이다. 잔여청구권자는 기업에 이익이 되게 행동하는지 감독받을 필요가 없다. 기업의 이익이 곧 자신의 이익이기 때문이다.

지금까지는 소유주가 경영하는 기업에 관해 알아보았다. 감독하기가 가장 어려운 직원이 수석 관리자인 경우 위에서 제시한 해법은 나름대로 합리적이다. 잔여청구권자가 된 수석 관리자는 자기 자신을 스스로 감독하기 때문이다. 하지만 기업에 따라서는 감독하기도 어렵고 동시에 가장 중요한 사람이 수석 관리자가 아니라 기능인인 경우도 있다. 그런 경우 해당 기업의 실적은 그 사람의 성과에 달렸다. 말하자면 발명가 한 명을 중심으로 그 발명가의 천재성을 지원하려고 기업이 만들어진 경우이며, 대표적인 기업으로는 개인용 화기를 제조하는 브라우닝Browning 이나 루거Ruger, 음향기기 전문기업 돌비Dolby 등이 있다. 이런 기업에서는 기능인이 잔여청구권자, 즉 소유주가 되고 수석 관리자가 피고용인이 된다. 이렇게 조직된 기업이 종종 있다. 이외에도 여러 명의 기능인이 서로를 손쉽게 감독하는 기업도 있다. 제휴 형식으로 운영되는 법률회사가 그렇다.

우리에게 익숙한 형태로는 주식회사가 있다. 주식회사는 그 회사의 자본을 일정 부분 제공하는 주주들이 소유한 회사이며, 그들이 선출한 이사회에서 관리자를 임명해 기업을 운영한다.


## 애덤 스미스가 틀렸다

18세기 이전에 나왔던 책을 통틀어 가장 영향력 있는 경제학 책을 저술한 애덤 스미스는 대규모 주식회사가 거의 절망적일 정도로 경쟁력이 없다고 주장했다. 많은 사람에게 소유권이 분산되어 이른바 모두의 소유인 기업은 누구의 것도 아니다. 관리자가 주주들의 돈을 내키는 대로 집행할 수도 있는 것이다. 애덤 스미스는 대규모 자본이 필요하나 전문적인 기술은 별로 필요치 않은 은행업이나 보험업 같은 몇몇 분야를 제외하고는 정부의 지원이 있어야만 주식회사가 성공할 거라고 예상했다.

애덤 스미스가 틀렸다. 정부의 특별한 지원 없이도(유한 책임만을 갖는 특권은 제외하고) 오히려 주식회사에 특수세가 부과되는 상황에서 주식회사는 소유주가 직접 경영하는 기업이나 제휴회사와 성공적으로 경쟁하고 있다. 최소한 애덤 스미스는 공개매수에 의한 유익한 결과를 예측하지 못했다는 점에서 실수를 범했다.

당신은 특정한 어떤 주식회사의 경영 상태가 좋지 못함을 알아챈다. 즉시 그 주식회사의 주식을 최대한 매입한다. 해당 주식회사를 인수할 수 있을 정도로 많은 주식을 매입해서 기존 경영진 대부분을 해고하고 경쟁력 있는 새로운 경영진으로 구성한다. 주식회사의 수익이 급속히 증가한다. 당신이 보유하고 있는 주식의 시장가치도 덩달아 치솟는다. 당신은 보유 주식을 처분하고 경영 상태가 좋지 못한 새로운 기업을 찾아나선다. 이런 식의 기업 사냥은 증권 규제법과 법인 관리법의 규제를 받는다. 하지만 바로 이 기업 사냥 때문에 오늘날의 주식회사가 성공할 수 있었을 것이다(한편으로 기업 사냥 위협은 경영자를 정직하게 만든다).

주식회사가 제 기능을 발휘할 수 없다는 주장은 민주주의 정부에 적용해도 커다란 설득력을 가진다. 여기에도 마찬가지로 '모두의 기업은 누구의 소유도 아니다'라는 논리가 작용한다. 많은 유권자가 자신을 대표하는 정치인의 이름조차 제대로 모른다. 유권자의 표는 타인에게 양도할 수 있는 주식이 아니므로 우리는 공개매수를 진행하거나 또는 그렇게 하겠다고 위협을 가해서 정부가 정직하고 효율적으로 일하게 할 수 없다. 그래도 유권자의 표가 타인에게 양도될 수 있는 세상을 상상해볼 수 있다.

시민들은 각각 하나의 시민권을 가졌으며 따라서 표도 하나이다. 나라 꼴이 엉망으로 돌아가는 경우, 누군가는 그 나라의 시민권을 대량으로 매입하고 경쟁력 있는 정부를 구성하고 대량으로 매입했던 시민권을 더 높은 가격에 매각해서 떼돈을 벌 수 있지 않을까? 그 중간 과정에서 시민들이 나라를 비워줄 필요는 없다. 시민권을 매입한 순간부터 매도하기 전까지 기업가는 자신이 보유한 시민권을 언제든 타인에게 임대할 수 있기 때문이다.

## 현실 기업이론

우리의 경제 상황과 관련지어서 좀 더 구체적으로 기업에 관해 알아보자. 기업은 개인과 마찬가지로 시장에서 두 가지 관점, 즉 구매자와 판매자 관점을 모두 취한다. 하지만 기업이 구매하는 목적은 소비가 아니라 생산이라는 점에서 개인과 차이가 있다(기업이 밥을 먹거나 영화를 보지는 않는다).

여태껏 모든 생산은 딱 한 가지만 투입하면 되었다. 바로 생산자의 노동력이다. 하지만 이제 그 전제는 버려야 한다. 오늘날의 기업은 원자재나 노동력, 자본재, 토지 등 다양한 요소를 투입해서 산출물을 내놓는다. 따라서 어떤 특정한 요소들을 투입해서 얼마큼을 생산할지, 가격은 얼마로 할지 결정해야 한다.

까다로운 문제일수록 처리하기 쉽게 세분화해야 하고 그렇게 봤을 때 기업은 합리적인 첫 번째 단계로 먼저 수량(이를테면 텔레비전 1,000대)을 결정하고 해당 수량에 맞춰 생산하는 모든 방법을 고려한 다음 최소한의 생산비용을 계산해야 한다. 기업에서 생산하려는 산출량이 달라질 때마다 생산비용이 어떻게 달라지는지 산출량의 변화에 따른 각각의 비용

변화를 모두 계산한다. 그 결과물이 바로 총 비용곡선이며 각각의 산출량에 상응하는 가장 저렴한 생산요소의 조합을 보여준다. 일단 총 비용곡선을 알았으면 그다음 단계로는 수량을 얼마나 생산해야 기업의 이윤이 극대화되는지 계산해야 한다. 즉, 총수익과 총비용의 차이를 파악한다. 기업은 가장 적은 비용을 들여 이윤이 극대화되는 수량을 생산한다.

이런 기업 행위를 두 가지 측면으로 구분해서 살펴보면, 생산요소를 구매하는 구매자로서 기업의 행위와 산출물을 생산하는 생산자로서 기업의 행위로 나눌 수 있다.

### 생산요소 시장

나는 내 주변에 한계효용균등의 법칙이 존재한다는 것을 안다. 소비에서 한계효용균등의 법칙을 이끌어 내는 논리는 한계가치를 한계생산물로 바꾸기만 하면 생산에도 그대로 적용된다. 어떤 한 생산요소의 한계생산물은 그 밖의 다른 생산요소들은 고정시키고 해당 생산요소의 양만 늘렸을 때 산출량이 증가하는 비율이다. 어떤 생산요소를 한 단위만큼 늘렸을 때 결과적으로 증가하는 산출량을 따져보라. 기존에 1,000명의 근로자가 근무하는 자동차 공장에 다른 생산요소들은 모두 그대로 유지한 채 근로자만 한 명 더 늘렸고 그 결과 1년에 자동차 두 대가 더 생산되었다고 가정해보자. 그 공장에서 노동의 한계생산물은 1년을 기준으로 했을 때 일 인당 자동차 두 대인 셈이다.

강철을 추가로 더 투입하지 않고도 어떻게 자동차가 두 대나 더 생산될 수 있을까? 근로자가 한 명 추가되면서 어쩌면 품질관리가 개선되었고 따라서 폐기되는 자동차 수가 줄었을지도 모른다. 아니면 생산 과정이 이전보다 훨씬 노동 집약적으로 바뀌었고 그 덕분에 강철을 약간 덜 쓰면서 자동차를 생산하게 되었을지도 모른다.

하지만 투입량을 대량으로 늘릴 생각이라면 이야기는 달라진다. 아무리 많은 노동력을 투입하더라도 원자재 없이 자동차를 생산하는 것은 불가능하다. 여기에는 수확체감의 법칙Law of diminishing returns이 적용된다. 이 법칙은 소비에서 한계효용체감의 법칙처럼 생산에서 같은 작용을 한다. 만약 당신이 다른 생산요소는 전부 그대로 둔 채 하나의 상수만 증가시킨다면 그 상수의 한계생산물이 줄어들기 시작한다. 한 사람당 연간 작업량이 늘어날수록 추가로 생산되는 자동차의 숫자는 점점 줄어든다. 아무리 비료를 많이 주더라도 화분에 밀을 심어서는 세계의 밀 공급량을 늘릴 수 없는 법이다. 마찬가지로 다른 소비재는 모두 그대로 놔두고 매번 같은 소비재만 추가하는 경우 궁극적으로 그 소비재의 가치는 추가될 때마다 조금씩 감소한다. 아무리 아이스크림이 좋아도 아이스크림만 먹고 살 수는 없는 노릇이다.

어떤 한 생산요소의 한계수입생산량Marginal Revenue Product(MRP)은 기업이 제품 한 개를 더 생산할 때 얻는 수입에 한계생산물을 곱한 것이다. 만약 어떤 자동차의 가격이 1만 달러이고, 강철의 투입량을 추가로 1톤씩 증가시킬 때마다 자동차가 0.5대씩 늘어난다면 강철의 한계수입생산량은 톤당 5,000달러어치다.

강철을 구매하는 비용이 톤당 4,000달러라고 가정해보자. 만약 기업이 다른 생산요소는 그대로 놔두고 강철의 투입량만 추가로 2톤을 늘린다면 생산 비용은 8,000달러가 늘어나고, 산출량은 자동차 1대가 되므로 기업의 수입은 1만 달러 증가하고, 이윤은 2,000달러 증가한다. 강철을 구매하는 비용이 한계수입생산량보다 낮은 한 강철의 투입량을 늘릴수록 이윤은 계속 증가한다. 따라서 기업은 계속해서 강철의 투입량을 늘리고 결국 강철의 한계수입생산량이 강철 가격과 같아진다. 즉 MRP(한계수입생산량)=P가 된다. 이 공식이 왠지 익숙하지 않은가? 맞다. 4장에서 한계가치=가격(MV=P)임을 설명할 때 사용된 것과 똑같은 공식이다.

이 공식은 모든 생산요소에 동일하게 적용되고 따라서 생산요소의 한계수입생산량은 해당 생산요소의 가격에 비례한다. 더 높은 잠재적인 이윤을 취하려고 기업이 구매량을 조정하는 순간부터 추가로 투입되는 생산요소의 달러 가치는 산출물의 달러 가치에도 같은 증가를 가져온다. 이것이 우리에게 익숙한, 소비가 아니라 생산 분야에 적용된 한계효용균등의 법칙이다.

기업은 다른 기업에서 이런저런 생산요소를 구매한다. 하지만 어떤 생산요소든 그 제조과정을 살펴보면 그 끝에는 언제나 인간, 즉 노동력을 제공하는 근로자가 있다. 단순 경제에서 근로자가 자신의 노동력을 제공하고 받는 대가는 그 근로자의 노동력으로 생산된 재화가 소비자에게 주는 가치와 같다. 한편, 기업 경제에서 임금은 한계수입생산량과 같고, 따라서 근로자가 노동력을 제공하고 기업에서 받는 대가는 그 근로자의 노동력 덕분에 추가로 생산된 재화가 소비자에게 주는 가치와 같다. 특히, 해당 근로자의 노동력이 소비자에게 전달되기까지 여러 기업을 거치는 경우, 그 관련성은 더 복잡해지지만 결과는 똑같다. 근로자의 임금은 해당 근로자가 제공하는 노동력의 가치를 의미한다. 다시 말해 근로자는 자신의 임금 수준에 근거하여 자신이 제공하는 노동력이 해당 노동력을 이용해 편익을 얻는 사람들에게 어느 정도의 가치가 있는지 알 수 있는 것이다.

**주의:** 당신은 내가 이야기한 내용을 절대 오해하지 말아야 한다. 이를테면 제너럴 모터스General Motors 같은 기업은 산출량을 최대한으로 늘

리려고 가능한 모든 생산 방식을 검토해본 목록을 가지고 있지도 않으며, 산출량을 최대로 늘리는 데 필요한 최소한의 비용이 얼마인지 계산하느라 하루 24시간 쉬지 않고 돌리는 전산실도 없다. 제너럴 모터스는 1년에 자동차가 일곱 대가 생산되든 70억 대가 생산되든 생산 비용에는 전혀 관심이 없으며 마찬가지로 자동차를 풍선껌이나 마분지로 만들어도, 심지어 관상쟁이들이 회사를 주물럭거려도 전혀 관심이 없다.

경제학에서는 사람들이 중간 과정이야 어쨌든 결국에는 올바른 결정을 내린다는 사실을 기본 전제로 삼는다. 이 경우에는 최대한 저렴한 비용으로 재화를 생산하려 한다는 의미다. 우리는 기업이 올바른 결정을 내리려고 많은 정보와 무제한적인 실행 능력을 동원할 거라고 상상한다. 현실적으로 기업의 올바른 결정은 시행착오라는 중요한 요소와 결부되어 다분히 제한적인 과정을 통해 이뤄진다. 하지만 우리는 아무리 제한적인 과정을 거치더라도 그 결과는 같을 거라고 기대한다. 만약 제한된 과정 탓에 결과가 달라진다면 그리고 특정한 어떤 실질적인 방법이 차이를 만든다면 제너럴 모터스보다 적은 비용을 들여서 자동차를 생산하는 기업도 등장할 것이다. 궁극적으로 제너럴 모터스는 그 경쟁자의 방법을 따르든지 사업을 접어야 하는 상황에 놓이게 될 것이다.

**개인적인 문제:** 대기업은 보편적으로 우리와 거리감이 있고 추상적이며 난해하다. 우리의 생산함수(산출량과 생산요소 투입량의 관계를 나타내는 함수_옮긴이)를 생각해봄으로써 대기업의 생산함수를 이해하는 편이 더 쉬울 수 있다. 나도 생산요소를 이용한다. 나 자신의 노동력과 종이, 전기, 컴퓨터, 이외에도 많다. 이런 생산요소를 이용해서 산출물을 내놓는다. 이 책도 그런 산출물 중 하나다. 산출물을 만드는 가장 좋은 길을 모색하는 과정에서 다양한 비용으로 다양한 생산요소를 거래하는 최선의 방법

을 결정해야 하는 건 나나 기업이나 다를 게 없다.

내 사무실을 청소할지 말지에 관한 결정을 놓고 생각해보자. 청소비용은 현재 소비되는 몇 시간, 어쩌면 며칠이란 시간과 노력이다. 그에 따른 편익은 뭔가를 찾으려고 할 때마다 5분씩 헤매지 않아도 된다는 점이다. 사무실을 청소하는 건 뒤따를 보상을 위해 지금 이 순간에 필요한 자본 투자이다. 명백히 투자할 가치가 있다.

## 산출물 시장

생산함수는 산출물을 만드는 모든 방법을 보여주고 총 비용함수는 가장 저렴한 비용으로 산출물을 생산하는 방법을 보여준다. 유일한 생산요소, 즉 돈 한 가지만 이용해서 자동차를 생산하는 경우의 생산함수를 생각해보자. 이 유일한 생산요소는 노동력과 기계 설비를 확보하고, 강철과 유리, 고무를 구매하고, 자동차를 생산하는 데 사용된다.

자동차 몇 대를 생산하는 데 총 얼마의 비용이 드는지 보여주는 총 비용함수에서 우리는 한계비용함수(자동차 한 대를 더 생산하는 데 들어가는 추가 비용)를 추론할 수 있다. 한계비용함수가 기업의 생산결정 과정에서 수행하는 역할은 한계부정가치가 개인 생산자의 생산결정에서 수행하는 역할과 같다.

그림 9-1을 보면 평균원가곡선은 가장 낮은 지점에서 한계비용곡선과 교차한다. 여기에는 이유가 있다. 한계비용이 평균원가보다 높으면 추가로 생산된 제품의 원가가 기존에 생산된 제품의 평균원가보다 더 높다는 의미이고, 따라서 평균원가는 추가 생산으로 인해 올라간다. 반대로 한계비용이 평균원가보다 낮은 경우에는 추가 생산을 하는 데 평균보다 적은 원가가 들고 따라서 평균원가는 내려간다. 농구팀에서 선수

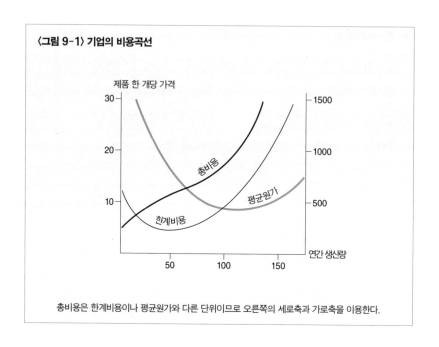

들의 평균 신장을 계산한 다음, 여기에 코치의 신장을 포함시킬지 말지 결정할 때도 똑같은 원리가 적용된다. 한계비용과 평균원가곡선이 교차하기 전에는 한계비용이 평균원가보다 낮고 따라서 평균원가도 내려간다. 하지만 두 곡선이 교차한 후에는 한계비용이 평균원가보다 높고 따라서 평균원가가 올라간다. 평균원가가 두 곡선이 교차하기 전에는 내려가고, 교차한 후에는 올라가므로 두 곡선의 교차점은 평균원가가 최소인 지점이다.

지금 시점에서 이런 식의 결론은 지극히 부정적인 의미에서 이론적으로, 예컨대 채점이 수월하다는 이유만으로 제대로 된 시험보다 더 선호하는 선다형 시험에 문제로 낼 경우에나 유용할 법한 결론으로 보일 수 있다. 하지만 평균원가곡선이 가장 낮은 지점에서 한계비용곡선과 만난다는 사실은 경제학의 전 분야를 통틀어 가장 놀랍고도 중요한 결과 중 하나를 증명하는 중요한 요소임이 16장에서 밝혀진다. 채널 돌리지 마시라.

## 규모의 경제

경제학 서적에서 보는 평균원가곡선은 대체로 그림 9-1에 나와 있는 형태를 취한다. 최고점으로 시작해서 최저점으로 떨어졌다가 재차 약간 상승한다. 그 이유는 규모의 경제economies of scale와 규모의 비경제 diseconomies of scale 사이를 오가는 균형 때문이다.

규모의 경제란 대기업이 중소기업보다 훨씬 더 저렴한 비용으로 생산하는 방식이다. 대기업이 그런 경제성을 확보할 수 있는 요인 중 하나는 대량생산이다. 1년에 100만 단위의 제품을 생산하는 기업은 조립 라인을 설치할 수도 있고, 자사 제품을 생산하도록 특화된 기계 설비를 구매할 수도 있으며, 그 외에도 다양한 혜택을 누릴 수 있다. 또 다른 요인으로 관리 규모에서 비롯된 경제성도 있을 수 있다. 대기업은 홍보업무를 전담하는 직원을 둘 수도 있고, 노무를 전담하는 직원을 둘 수도 있다. 규모의 경제는 규모가 일정 수준까지만 극대화된 경우에 일반적으로 의미가 있다. 그래서 제너럴 모터스나 미국 철강U.S. Steel 같은 대기업이 공장을 여러 곳으로 나눠놓은 것이다. 만약 여러 개의 대규모 공장을 훨씬 더 거대한 하나의 공장으로 합쳐놓음으로써 생산 원가를 확 줄일 수 있다면 일찍이 그렇게 했을 것이다.

규모에 따른 비경제적인 측면도 있다. 우리는 이미 규모의 비경제를 유발하는 주된 요인 한 가지를 논의한 적이 있다. 피고용인과 고용인의 이해관계에서 생기는 갈등이다. 이 문제는 관리자를 둬서 직원을 감독하고, 열심히 일하는 직원의 월급을 올려주고, 그렇지 않은 직원은 해고함으로써 해결할 수 있다. 그런 식의 감독은 비용이 만만치 않을뿐더러 그 효과도 완전하지 않다. 감독을 위한 관리자가 늘어날수록 비용은 늘어나고 실적은 줄어든다. 관리자가 많아질수록 직원들은 회사의 진정한 이윤보다는 그들의 직속 상사가 회사의 이윤으로 여긴다고 생각하는 것을 좇게 된다. 이런 관점에서 볼 때 이상적인 기업 형태는 1인 기업이다. 예컨대, 달랑 한 명뿐인 직원이 게으름을 피우기로 작정하면 해당 기업의 소유주이기도 한 그는 수익이 줄면서 발생하는 모든 비용을 감수해야 한다.

나는 출판사를 결정할 때 두 곳에서 제안을 받았다. 한 출판사가 다른 곳에 비해 규모도 훨씬 크고 더 알려진 출판사였다. 나는 작은 출판사를 선택했다. 가장 큰 이유는 그 출판사의 직원들과 만나면서 저자를 다루는 법에 정통한 훈련교본이 아니라 진짜 인간과 대화한다는 느낌을 받았기 때문이다.

만약 규모의 경제만 있다면 각각의 산업 분야에는 하나의 기업만 존재할 것이다. 반대로 규모의 비경제만 있는 경우에는 상호 간에 재화와 서비스를 교환함으로써 협력하는 1인 기업만 존재할 것이다. 하지만 우리가 실생활에서 만나는 건 다양한 규모의 기업들이 있는 경제이다. 이 기업들은 산업 분야의 다양성만큼이나 규모의 비경제가 규모의 경제를 능가하기 시작하는 시점 또한 다양함을 보여준다.

## 이윤은 어떻게 생기나?

　기업의 이윤은 들어오는 돈(총수입-생산량과 생산된 재화가 판매되는 가격을 곱한 값)과 나가는 돈(총비용)의 차액을 말한다. 자동차 한 대가 팔리는 가격이 그 자동차를 생산하는 비용보다 높은 한, 기업은 자동차를 생산할수록 이윤이 늘어난다. 기업의 이윤은 생산량이 늘어나서 결국에는 자동차 한 대를 생산하는 비용과 그 자동차를 팔 수 있는 가격이 같아지는 수준에 이르기 전까지, 즉 한계비용이 가격과 같아지기 전까지 계속해서 증가한다.

　가격이 너무 낮아서 아무리 생산량을 달리해도 기업이 생산비용을 보전할 수 없다면 어떻게 될까? 다시 말해, 가격이 평균원가보다 항상 낮다면 어떻게 될까? 기업이 한계비용과 가격이 같은 지점(MC=P)까지 생산을 확대해서 이윤을 '극대화'하려고 하더라도 그래서 가격보다 적은 비용으로 제품을 생산해서 이윤을 얻게 되더라도 이전 가격보다 높은 비용으로 제품을 생산하여 이미 손실을 입었기 때문에 결국은 이익이 아닌 셈이다. 즉, '극대이윤'은 아니다. 실제로 그런 기업은 문을 닫는 편이 낫다.

　이제 우리는 기업이 가격에 따라 생산량을 얼마로 해야 하는지 알게 되었다. 기업은 가격이 최소한의 평균원가보다 낮을 경우 생산을 중단한다. 반대로 가격이 최소 평균원가보다 높을 때는 한계비용과 가격이 같아질 때까지 생산량을 늘려서 이윤을 극대화한다. 기업 공급곡선은 한계비용곡선이 평균원가와 만나는 지점 위에서 형성된다. 그림 9-2는 일련의 다양한 가격을 보여주고 각각의 가격에서 기업이 선택하는 생산량을 보여준다.

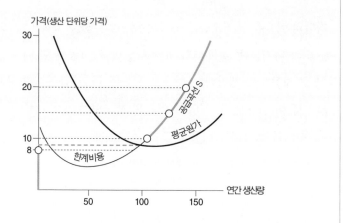

〈그림 9-2〉 네 가지 가격에서 생산되는 수량과 그에 따른 공급곡선

가격이 최소 평균원가보다 높게 유지되는 한 기업은 가격이 한계비용과 같아지는 수준까지 생산량을 늘려 이윤을 극대화한다. 가격이 평균원가보다 더 낮은 경우, 기업은 문을 닫고 생산을 중단한다. 따라서 공급곡선 S는 평균원가와 만나는 지점 윗부분에 해당하는 한계비용곡선과 일치한다.

5장에서 소개한 개인 생산자도 마찬가지로 한계비용곡선(시간 투자와 관련한 자신의 한계비용)과 같은 공급곡선을 가지고 있었다. 나는 공급곡선이 가격보다 아래에 있으면 기업이 생산에 따른 이윤을 창출할 수 없고, 따라서 생산을 포기하는 편이 낫다고 언급하면서 기업 공급곡선의 수평 부분에 관해 설명했다. 어떤 재화의 가격이 너무 낮아서 생산자가 다른 재화를 생산하는 편이 더 나은 경우를 예로 들면서 개별 공급곡선의 수평 부분에 관해 설명했던 것과 마찬가지다.

이 두 가지 설명은 결국 같은 말이다. 잔디를 깎는 데 시간을 들여 발생하는 비용은 똑같은 시간에 요리할 수도 있었다는 가능성에서 기인한다. 그렇다면 그 비용은 얼마나 가치가 있을까? 그것은 당신이 잔디를 깎는 대신에 요리를 했더라면 얻었을 가치와 같다. 만약 1시간 동안 잔디를 깎고 얻는 보상이 1시간 동안 요리를 했을 때보다 적다면, 요리를 하지 않아서 발생하는 기회비용을 고려할 때 잔디 깎기는 손해를 의미한다.

## 산업 공급곡선

규모가 큰 산업 분야에 속해 있는 기업은 대체로 그들이 구매하는 생산요소의 가격이 정해져 있다고 생각한다. 그들이 구매하는 생산요소가 의미 있을 만큼 대단한 양이 아니라고 생각하기 때문이다. 하지만 이런 생각은 산업 전체를 놓고 봤을 때 맞지 않는다. 어떤 한 농부가 밀 재배량을 두 배로 늘릴 경우, 농부는 자신의 결정 때문에 비룟값이나 농장 일꾼들 임금이 오를까 봐 걱정하지 않는다. 하지만 모든 농부가 밀 재배량을 두 배로 늘릴 경우, 비룟값과 농장 일꾼들의 임금은 십중팔구 올라간다.

일단 이런 현상을 감안하면 5장에서 언급한, 산업 공급곡선이란 생산자에 따른 개별 공급곡선의 단순한 수평적 합계에 불과하다는 내용은 더는 설득력이 없다. 각각의 기업은 생산요소의 가격이 고정된 것으로 간주하고 공급곡선을 추정한다. 하지만 산업 전체로 봤을 때, 늘어난 생산량은 생산요소의 가격 인상을 의미하고, 이는 모든 회사의 공급곡선을 상향 조정하는 결과를 가져온다. 자동차 업계가 자동차 생산량을 늘리려면 자동차의 가격 상승분이 개별 기업이 각자의 공급곡선에 따라 움직일 만큼 충분히 많아야 할 뿐 아니라, 자동차의 생산 증가로 강철의 수요가 증가하고 그로 인해 가격이 오른 강철을 구하느라 기업들이 감수할 비용을 보상할 수 있을 정도여야 한다.

이 같은 사실은 생산자잉여와 관련해 흥미로운 문제를 유발한다. 5장에서 몇몇 생산자들의 합산된 공급곡선에서 산출된 생산자잉여는 각각의 생산자에게서 산출된 생산자잉여를 단순히 합산한 것이었다. 그것은 중요한 결과였다. 산업 공급곡선만 있으면 세금이나 규제 같은 것이 생산자에게 미치는 전체적인 영향을 계산할 수 있다는 의미였기 때문이다.

하지만 여기에서는 그런 결론이 더는 설득력이 없다. 산업 공급곡선은 더는 여러 기업 공급곡선을 합산한 결과물이 아니다. 증가된 생산량이 생산요소의 가격에 미치는 영향으로 산업 공급곡선은 그림 9-3에서 보는 것처럼 좀 더 가파르게 상승한다. 산업 전체의 생산자잉여는 기업의 생산자잉여를 모아놓은 것이지만 정작 기업의 생산자잉여를 합친 것보다 훨씬 크다. 우리가 놓친 게 무엇일까?

그 해답이 바로 그림 9-4이다. 자동차를 만들어내는 건 자동차 회사이지만 자동차가 생산됨으로써 편익을 얻는 건 자동차 회사만이 아니다. 강철을 생산하는 철강 회사도 있다. 자동차 생산량이 늘어나면 강철도 더 많이 필요하다. 물론 강철 가격도 상승한다. 실제 생산함수에 근거해서 도표가 정교하고 일정한 비율로 그려졌다면 그림 9-4에서 어둡게 표시된 부분은 그림 9-3에서 옅은 색으로 표시된 부분과 정확히 일치할 것이다. 즉, 자동차 생산량이 1년에 110만 대이고 강철 가격이 파운드당 2달러일 때 강철 회사의 생산자잉여는 산업 공급곡선에서 산출된 생산자잉여와 기업 공급곡선에서 산출된 생산자잉여에서 차이 나는 부분과 일치할 것이다. 자동차 산업이 얻는 생산자잉여의 일부는 자동차 회사를 통해 그 자동차 회사의 생산요소를 생산하는 회사에 (그리고 궁극적으로는 개인에게) 이전된다.

### 〈그림 9-3〉 기업과 산업 전체의 잉여

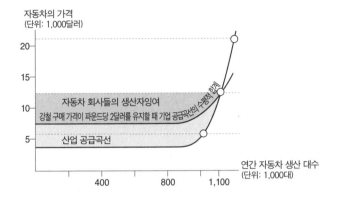

자동차 생산량이 1년에 110만 대이고 강철의 구매 가격이 파운드당 2달러일 때, 기업 공급곡선에서 산출되는 생산자잉여(짙은 색으로 표시된 부분)는 산업 공급곡선에서 산출된 생산자잉여(짙은 색과 옅은 색을 합친 것)보다 적다.

### 〈그림 9-4〉 산업 잉여가 생산요소의 생산자에게 미치는 영향

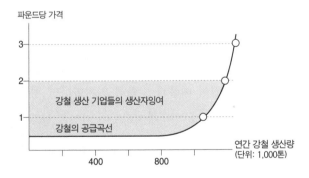

자동차 생산량이 증가하면서 자동차 산업의 늘어난 강철 소비량은 강철 가격을 올리고, 강철 생산자의 생산자잉여를 낳는다.

지금까지의 분석에서 우리는 한 산업 분야에 종사하는 기업의 숫자를 고정된 것으로 간주했다. 하지만 보통의 경쟁적인 산업 분야에서 기업은 어느 순간 갑자기 생겼다가 사라지는 비눗방울 같다. 시세가 좋으면 새로운 기업이 등장하고, 시세가 좋지 않으면 기존에 있던 기업이 문을 닫는다.

가격이 오르면 높은 가격의 이점을 취하려는 새로운 기업이 등장해서 전체적인 생산량이 일정 부분 증가한다. 우리는 5장에서 이와 똑같은 상황을 살펴봤다. 어떤 상품의 가격이 오르면 점점 더 많은 사람이 다른 상품보다는 그 상품을 생산하는 편이 낫다는 생각에 새로운 생산자가 되어 해당 상품을 시장에 쏟아낸다. 그뿐 아니라 기존에 그 상품을 생산하고 있던 개인들도 생산량을 늘린다.

이미 시장에 진입한 기업이나 앞으로 진입할 계획인 기업이 모두 같은 비용곡선을 가진 경우, 결과는 지극히 단순한 산업 공급곡선으로 나타난다. 기존의 기업들이 흑자를 기록하고 있는 경우(기업의 총수입이 총비용보다 더 많다면) 새로운 기업들이 등장하고 가격은 떨어진다. 반대로 기존 기업들이 적자를 기록하는 경우, 사업을 정리하는 기업이 생기고, 가격은 올라간다.

잠재적으로 오직 하나의 균형점, 즉 수입과 비용이 정확히 일치하는 가격이 있을 뿐이다. 수입이 비용과 정확히 일치한다면 평균원가가 곧 가격인 셈이다. 그리고 우리가 이미 주지하듯이 기업은 한계비용과 가격이 같아지도록 생산량을 조절한다. 따라서 전체 산업의 균형점은 가격과 한계비용, 평균원가가 모두 똑같은 지점에서 결정된다.

이미 살펴봤듯이, 한계비용과 평균원가가 같은 지점에서 생산이 이뤄질 때 기업의 평균원가는 최소가 된다. 따라서 이 균형점에 위치했을 때 기업은 최저 평균원가로 생산하고, 총수입과 총비용이 정확히 일치할 만큼의 가격으로 제품을 판매한다. 해당 산업의 공급곡선은 최저 평균원가와 같은 가격에서 완전한 수평선을 그린다. 수요가 증가하면 기업의 숫자가 늘어나고 더불어 생산량도 늘어나지만 가격은 변하지 않는다.

기존의 기업들이 이윤을 내기 시작하는 순간 새로운 기업들이 생긴다는 주장이 당혹스러울 수 있다. 어쨌든 분명한 건 기업가는 단순히 약간의 이윤을 얻는 차원을 넘어서 새로운 기업을 설립하는 데 들어간 시간과 노력도 보상받으려 하기 때문이다. 하지만 이윤은 수입에서 비용을 제한 부분이고 비용에는, 회계사는 어떻게 생각할지 모르겠지만 적어도 경제학자의 관점에서는, 기업가가 투자한 시간과 노력이 포함된다. 따라서 어떤 기업이 이윤을 내고 있다는 건 그 기업의 소유주가 창업 과정에 들어간 비용을 포함해 그 이상의 돈을 벌어들인다는 의미다.

그렇다면 주주들이 소유한 주식회사의 경우는 어떨까? 회계적인 측면에서 볼 때 주식회사의 이윤은 인건비와 원재료, 대출 이자를 지불하고 남는 돈이다. 이 돈이 투자의 대가로 주주들이 받는 몫이 된다. 하지만 경제학적 관점에서 볼 때 주주가 제공한 자본은 하나의 생산요소이고, 이 자본의 기회비용(그 돈을 다른 곳에 투자했다면 얻을 수도 있었던 이윤)은 생산비용의 일부가 된다. 따라서 기업이 주주들의 투자에 관해 시장의 정상이윤보다 더 많은 보상을 제공할 때 비로소 그 기업이 경제학적 이윤을 낸다고 말한다.

## 공급곡선이 우상향을 보이는 두 경우

5장과 7장에 나온 공급곡선은 우상향을 보여줬다. 산출물의 수요가 늘어날수록 가격이 상승했기 때문이다. 하지만 앞에서 말했던 예는 수평 공급곡선을 암시하는 듯 보인다. 만일 가격이 최저 평균원가 이상으로 오를 때마다 새로운 기업이 생산을 시작한다면 우리는 불변가격으로 무한정한 생산량을 얻을 수 있다. 하지만 실상은 그렇지 않다. 내가 무엇을 간과한 것일까?

나는 산업 규모가 확대되면 해당 산업이 생산요소의 가격 상승에 영향을 미친다는 사실을 간과했다. 자동차 생산량이 늘면 강철이나 자동차 공장 노동자, 그 지역의 부동산 수요도 증가한다. 이런 수요의 증가는 곧 가격 상승으로 이어진다. 생산요소의 가격이 상승하면 평균원가도 상승한다. 그리고 그 결과는 공급곡선의 상승으로 나타난다.

시장 진입 장벽이 낮은 경쟁이 치열한 산업 분야에서는 경쟁 때문에 이윤이 제로를 향해 움직이고, 따라서 기업은 생산자잉여를 얻지 못한다. 하지만 산업 공급곡선이 우상향을 보인다는 건 그 산업이 전체적으로 봤을 때 분명히 생산자잉여를 낳고 있다는 뜻이다. 이 말은 곧 기업들이 만들어낸 모든 생산자잉여가 그들에게 생산요소를 제공하는 공급자들에게 돌아간다는 뜻이다. 만약 그 공급자들 역시 진입 문턱이 낮고 경쟁 중인 기업들이라면 그들의 생산자잉여는 또 그들의 공급자에게로 돌아가고, 궁극적으로 생산자잉여는 최종 공급자들, 즉 노동력을 제공하는 노동자나 땅을 빌려준 지주의 수중으로 들어간다.

지금까지 우리는 모든 기업이 같다고 전제했다. 공급곡선이 우상향을 보이는 또 다른 경우는 일부 기업이 다른 기업들보다 생산에 강점이 있다고 가정하는 것이다. 산출물 가격이 상승함에 따라 비효율적인 기업들이 점점 더 시장에 등장한다. 생산의 어느 단계에서든지 가격은 가장 고비용으로 생산하고 있는 기업(한계 기업)도 생산비용을 보전할 수 있을 정도로 높아야 한다. 그렇지 않으면 그 기업은 생산을 포기할 것이다. 하지만 그다음으로 높은 비용 구조를 가진 기업, 즉 현재 생산을 하고 있지 않은 가장 효율적이고 잠재력을 가진 기업의 비용을 보전해주는 수준이 되어선 안 된다. 그렇지 않으면 해당 기업도 시장에 진출할 것이기 때문이다.

우상향인 공급곡선을 얻는 이 두 가지 방법은 사실상 똑같은 방법이다. 생산요소의 수요가 증가하면서 궁극적으로 생산요소의 비용이 상승하는 이유는 같은 생산요소가 무제한으로 공급되지 않기 때문이다. 시급 12달러를 받고 기꺼이 일하려는 자동차 공장 숙련공은 그 숫자가 한정되어 있다. 그런 숙련공을 많이 확보하려면 고용주는 더 많은 급여를 지급하고, 현재 고용된 직원들이 더 장시간 일하도록 유도하고, 더 많은 노동자가 그 분야에 뛰어들도록 유도해야 한다. 똑같은 원리가 토지와 원재료, 자본재에도 그대로 적용된다. 모든 기업의 공급곡선이 동일하지 않은 이유가 있다. 특정 기업에는 다른 기업에 없는 생산요소, 특히 숙련된 관리자나 특별히 좋은 기계, 지리적으로 유리한 입지 등이 있기 때문이다. 이런 특별한 생산요소의 공급이 제한되어 있기 때문에 후발주자는 상대적으로 비효율적인 기계와 덜 숙련된 관리자, 지리적으로 불리한 입지를 이용해서 생산하거나, 아니면 훨씬 더 많은 비용을 들여 다른 기업에서 그런 생산요소를 뺏어올 수밖에 없다.

기업이 희소성 있는 생산요소, 이를테면 기업 소유주의 다양한 재능이나 기업이 보유한 부동산 등을 보유하고 있는 한, 더 우수한 생산함수와 희소자산의 차이는 그다지 중요하지 않다. 전자의 경우, 기업은 경영을 통해 이윤을 창출하고 그 이윤은 소유주에게 넘어간다. 후자의 경우, 이윤은 제로이지만 소유주는 자신의 기업에 대여해준 희소 자원을 통해 수입을 얻는다. 다만, 그러한 희소 자원을 외부에서 임대한 경우나 회사의 피고용인이 희소 자산을 소유한 경우에 더 주목할 만한 차이가 생긴다. 그런 기업은 희소 자원에 관한 계약이 완료되어 재협상 될 때 그들이 창출한 이윤이 순전히 단기적인 현상이었음을 깨닫게 될 가능성이 크다.

## 법인세에 관한 근거 없는 통념

사람들은 산업 활동으로 발생한 편익이 기업을 통해 궁극적으로는 개인에게 돌아간다는 사실을 잘 인식하지 못하고, 이 같은 인식 부족을 이용한 정치적 선동도 꽤 많다. '생산자'는 기업, 즉 피도 눈물도 없는 냉정한 회사와 동일시된다. 이런 기업에 비용을 부과하는 세금이나 규제에 반대할 사람이 누가 있을까? 탐욕스럽기 짝이 없는 기업을 굶겨서 대중의 배를 채울 수 있다면 당연히 그렇게 해야 하는 것 아닐까?

하지만 기업은 따뜻한 심장도 없을뿐더러 위장도 없어서 기업을 굶주리게 만드는 건 여간 어려운 일이 아니다. 기업에 부과하는 비용은 노동자나 소비자, 공급자, 주주 등 사람에게 전가된다. 기업에 세금을 물려야 하는지 마는지 아무리 논쟁을 벌여도 소용이 없다. 기업은 포기하고 말고 할 소비 부분이 따로 없고 따라서 세금을 물릴 수도 없다. 단지 기업을 통해 사람에게 세금이 부과될 뿐이다.

이 장은 생산함수, 즉 투입량에 따라 어느 정도의 산출량이 생산될 수 있는지에 관한 설명으로 시작했다. 각각의 산출량을 생산하는 데 필요한 최소 투입량을 찾아냄으로써 총 비용곡선을 산출했다. 이 총 비용곡선(생산량과 총 생산비용의 상관관계)을 바탕으로 평균원가와 한계비용곡선을 도출했다. 이 평균원가와 한계비용곡선에 근거해서 기업 공급곡선을 산출했다. 예컨대 기업은 한계비용이 가격과 같아지는 수량을 생산함으로써 이윤을 극대화한다. 단, 해당 수량을 생산할 때 가격이 평균원가보다 낮지 않아야 한다. 가격이 평균원가보다 낮으면 기업은 생산을 중단하고 그 산업에서 손을 뗀다.

일단 기업 공급곡선을 알고 나면 산업 전체의 공급곡선도 알 수 있다. 새로운 기업들이 해당 산업에 자유롭게 진입하려면 균형이윤equilibrium profit이 제로가 되어야 한다. 흑자인 경우에는 새로운 기업이 진입하면서 시장 가격이 하락하고, 적자인 경우에는 기존에 있던 기업이 시장 밖으로 내몰리면서 시장 가격이 상승하기 때문이다. 똑같은 조건을 가진 기업들이 가격에 영향을 주지 않으면서 원하는 모든 생산요소를 구매할 수 있는 지극히 단순한 경우에는 그 결과가 해당 산업의 산출물 가격과 기업의 최소 평균원가가 같은 수평 공급곡선 형태로 나타난다. 좀 더 복잡한 경우에는 그 결과가 우상향인 공급곡선 형태로 나타난다. 그런데도 가격은 여전히 최저 평균원가와 같다.

자유로운 시장 진입을 둘러싼 경쟁적인 균형에는 흥미로운 특징이 있다. 당신이 해당 산업 분야의 총책임자로 임명되었고 똑같은 산출물을 가능한 한 최저 비용으로 생산하라는 지시를 받았다고 가정해보자. 당신은 아마도 이 해법에서 제기된 것과 똑같은 방식으로, 즉 최저 평균원가로 생산하면서 임무를 완수하려고 할 것이다.

상품을 소비자에게 판매하는 가격이 생산 비용과 같다는 점 또한 흥미로운 특징이다. 즉, 가격=한계비용(P=MC)이다. 소비자는 상품이 최소한 그 돈을 지불할 만한 가치가 있을 때 구매한다. 어떻게 보면 그런 경우에만 해당 상품을 생산할 가치가 있다. 이 두 가지 특징에 대해서는 16장에서 더 자세하게 논의할 것이다.

## 생산과 착취

새로 만들어지는 건 아무것도 없다는 말은 일리가 있다. 물리학 법칙에 따르면 질량과 에너지의 총량은 늘어날 수도, 줄어들 수도 없다. 우리가 쓰는 '생산'이란 말은 덜 유용한 물질과 에너지를 (우리에게) 더 유용한 형태로 '재배치'하는 것을 의미한다.

소매상이나 도매상 같은 중간 유통업자는 단지 재화를 이리저리 옮겨서 다른 사람들이 창출해낸 가치의 일부를 착취한다고 말하는 사람도 있다. 하지만 사람이 하는 일이란 하나같이 물건을 이리저리 옮기는 것이 전부다. 다시 말해, 덜 유용한 상태에서 더 유용한 상태로 재배치할 뿐이다. 생산자는 철광석과 그 외의 생산요소를 재배치해서 자동차를 만든다. 소매상은 자동차를 재배치해서 같은 시기에 생산된 여러 자동차 중 한 대를 특정 고객과 연결한다. 따라서 생산자와 소매상은 그들이 노력한 부분에서 가치를 늘리고 늘어난 가치에서 자신의 수입을 챙긴다.

경제 활동에 참가하는 사람 중에는 다른 사람을 이용하는 사람들이 있다. 대표적으로 고용주는 노동자를 이용한다. 그런 점에서 이용이란 말에는 다른 두 가지 의미가 있다. 첫째로, 만약 당신의 존재만으로 내게 어떤 편익이 생긴다면 나는 당신을 이용하는 셈이다. 나는 내 아내를 이용하고 아내도 나를 이용한다. 우리 부부는, 적어도 아직까지는 서로를 성공적으로 이용하고 있다. 우리 집 3층에 세들어 사는 사람은 우리 부부와 달리 정원 가꾸는 일에 대단한 열정을 지녔다. 따라서 우리는 무료로 정원을 관리 받는 대신에 그 사람은 우리 집 정원을 마음껏 이용한다. 이 경우 누가 누구를 이용하는 것일까?

둘째로, 당신과 나의 관계에서 내가 무엇을 얻음으로써 당신이 무엇을 잃는다면 내가 당신을 이용하는 셈이다. 이 경우에, 세상은 제로섬 게임이므로 얻는 사람이 있으면 반드시 잃는 사람이 있다는 주장이나, 또는 내가 우리 두 사람의 관계에서 어떤 것을 얻었고 당신도 마땅히 그 무엇을 얻을 자격이 있는데, 내가 그 무엇을 당신이 얻지 못하게 할 경우 당신에게 해를 끼치는 것이라는 주장으로 두 사람의 관계가 결정된다. 첫번째 주장은 그다지 설득력이 없다. 반면에 두 번째 주장은 흥미로운 불균형 관계를 보여준다. 만약 내가 모든 이익을 당신에게 준다면 당신은 이제 우리 관계를 통해서 이득을 취했고 따라서 그 이득을 내게 전부 돌려줘야 한다. '이용'의 의미를 규명하는 문제는 경제학적 담론보다는 정치적 독설가들의 몫으로 남겨두는 편이 훨씬 더 현명할 듯싶다.

# 독점은 무조건 금지해야 할까?

## : 독점과 이윤

## 가격 차별화 전략

9장에서 소개한 여러 산업은 각각 수많은 기업으로 이뤄졌고, 각각의 기업은 해당 산업의 전체 산출물 중 일부만 생산했다. '가격수용자'라고 하는 이런 기업은 시장에서 결정된 가격을 그대로 수용하고, 시장 가격으로 그들이 원하는 만큼 얼마든지 판매할 수 있을 거라고 가정한다. 밀이나 종이 산업을 비롯해서 상당히 많은 산업에 비교적 잘 들어맞는 설명이다. 하지만 자동차 제조업이나 지역 전화 사업, 작은 마을의 식료품점에는 그다지 맞지 않는 말이다. '가격설정자'라고 하는 이런 기업은 상당 폭의 가격 차등을 두고 상품을 판매할 수 있다. 물론 가격을 올릴수록 판매량은 줄어들 것이다. 당신이 해당 산업에서 유일한 기업을 운영한다고 가정해보자. 당신이 이윤을 극대화하려면 어떻게 행동하고, 가격은 어떻게 책정해야 할까?

이런 질문은 수십억 달러 규모의 기업을 경영하는 CEO에게나 어울릴 듯하지만 저자인 나와도 상관이 있다. 경제학에 관한 글을 쓰는 저자는 나 말고도 많다. 지금쯤이면 독자들도 이미 알아챘겠지만, 내가 쓰고 있는 이 책과 비슷한 내용을 다룬 저자는 아무도 없다. 따라서 '특정 내용의 경제학 글'이라는 좁은 의미에서 내 시장을 정의한다면 이 책의 저자인 나는 1인 기업인 동시에 이 분야의 독점기업인 셈이다.

내가 제일 먼저 할 일은 가격 결정이다(실제로는 출판사에서 해야 할 일이지만 설명의 편이를 위해 출판사는 따로 없는 셈 친다). 내가 완전한 경쟁 산업에 속해 있다면 가격 결정은 쉬운 일이다. 시장 가격보다 낮게 가격을 책정할 이유도 없거니와, 그렇다고 시장 가격보다 더 높게 가격을 책정해서는 팔 수 없기 때문이다. 하지만 독점기업으로서 나는 더 복잡한 상황에 직면한다. 가격이 높을수록 책의 판매 부수가 줄어들 거라는 점이다.

수입은 수량과 가격을 곱한 값이다. 만약 한 부에 10달러짜리 10만 부를 팔면 수익은 100만 달러가 된다. 하지만 내가 극대화하려는 건 수입이 아니라 이윤이고 책을 생산하는 비용도 고려해야 한다. 간단하게, 이 책을 생산하는 한계비용이 한 부에 10달러라고 가정해보자. 이 책을 한 부 더 찍어내려면 추가로 10달러가 들어간다는 뜻이다. 물론 여기에는 이 책을 집필하느라 내가 들인 시간과 노력은 포함하지 않았으며 편집이나 조판 등의 비용도 포함하지 않았다. 이런 부가적인 비용(이 비용을 고정비용이라고 부르는데, 책을 몇 부 찍든 상관없이 고정적으로 발생한다)을 통틀어서 10만 달러라고 하자.

앞 장에서 나는 경쟁 산업의 기업들이 한계비용과 동일하게 가격을 책정함으로써 이윤을 극대화할 거라고 주장했다. 이 주장대로 책값을

10달러로 책정하면 나는 10만 달러를 손해 보게 될 것이다. 그다지 매력적인 결과는 아닌 셈이다. 반면에 책값을 한 부에 15달러로 책정한다고 가정해보자. 그림 10-1의 수요곡선에서 보면 이 가격으로 내가 판매할 수 있는 부수는 단지 7만 5,000부이다. 하지만 생산비용보다 더 비싼 값에 책을 판매하기 때문에 고정비용을 충당할 돈이 남는다. 엄밀히 말하자면 총 37만 5,000달러가 남는다. 고정비용으로 10만 달러를 제하더라도 25만 달러가 약간 넘는 돈이 남는다.

한계비용에 맞춰 판매하는 경우와 비교하면 무척 좋은 결과다. 하지만 더 좋은 결과를 만들 수는 없을까? 가격을 달리했을 때 각각의 가격에 따라 판매되는 부수를 따져보고 그중에서 이윤이 가장 큰 경우를 알아보는 것도 한 방법일 것이다. 더 체계적인 방법으로는 판매 부수의 변화에 따른 한계수입(책이 한 부 팔릴 때마다 늘어나는 수입)을 따져보는 것이다. 한계비용보다 한계수입이 큰 동안은 책이 한 권씩 팔릴 때마다 이윤도 증가한다. 따라서 나는 한계비용이 한계수입과 같아지는 지점에 도달할 때까지 수량을 계속해서 늘린다. 나는 한 권에 20달러씩 5만 부를 판매하고 100만 달러를 벌어서 생산비용 50만 달러와 고정비용 10만 달러를 제하고 40만 달러의 이윤을 취한다. 그리고 이 책의 후속편을 쓰기 위해 안달하고 있을 것이다.

이윤을 극대화하기 위한 이 절차는 왠지 낯익다. 한계비용을 한계수입과 동일하게 맞추는 것은 앞 장에서 기업들이 했던 것과 정확히 일치한다. 경쟁 산업에 속한 기업은 시장가격에 맞춰 원하는 만큼 제품을 판매할 수 있고, 제품 한 개를 더 판매함으로써 얻는 추가 수입이 그 제품이 팔리는 가격과 똑같다는 점이 다를 뿐이다. 반대로 독점기업은 가격을 낮춰야 판매량을 늘릴 수 있다. 따라서 책을 한 권 더 판매함으로써 얻는 한계수입은 책 가격에서 그 책을 판매하느라 다른 부분에서 발생한 손실을 뺀 금액이다. 요컨대 나는 그 한 권의 책을 더 판매하기 위해서 나머지 책들도 전부 가격을 조금씩 낮춰야하고 그로 인해 손실이 발생하기 때문이다. 그림 10-1에서 한계수입곡선이 수요곡선 아래에 위치하는 것도 바로 그런 이유 때문이다. 수량이 얼마든 상관없이 한계수입이 가격보다 낮다.

그림 10-1에서 보이는 수요곡선은 직선이다. 한계수입곡선은 수요곡선이 직선이므로 마찬가지로 직선으로 나타나며, 그림에서 보듯이 수요곡선과 같은 세로축 지점(수요량이 제로인 지점의 가격)에서 시작해서 수요곡선이 가로축과 만나는 지점의 2분의 1 지점(가격이 제로일 때 수요량의 절반)을 향해 움직인다. 물론 현실 세계의 수요곡선이 직선으로 나타날 일은 절대 없으므로 이런 결괏값이 경제학적으로는 아무런 의미가 없지만,

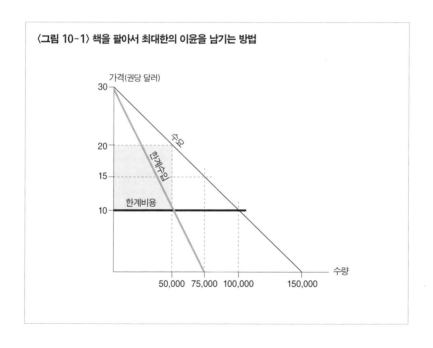

〈그림 10-1〉 책을 팔아서 최대한의 이윤을 남기는 방법

이해를 돕기 위해 도식화하는 데는 매우 편리한 방법이다.

지금까지 나는 내 책이 모두 같은 가격에 팔릴 거라고 가정했다. 그래서 추가로 책 한 권을 판매하려고 가격을 내렸을 때 어쩌면 더 높은 가격으로 팔 수 있었을지도 모를 다른 책에 대해서도 가격을 전부 내려야 했다. 바로 여기에서 이윤을 늘릴 수 있는 한 가지 명백한 전략이 나온다. 고객에 따라 다른 가격으로 책을 판매하는 것이다. 비싼 값에도 기꺼이 구매하려는 사람에게는 높은 가격을 제시하는 것이다.

이처럼 가격에 차등을 두는 방법에는 비록 절대로 해결할 수 없는 문제는 아니더라도 현실적인 문제들이 존재한다. 만약 처음 5만 부는 권당 20달러에 팔고 그다음부터는 권당 15달러에 팔 거라고 공지하면 사람들은 그때까지 기다린다. 당연히 나는 책을 한 권도 팔지 못한다. 책값이 비싸더라도 '부자들은 개의치 않겠지' 하고 생각해서 특별히 잘 차려입은 고객에게만 높은 가격에 책을 팔 수도 있다. 그러나 부자들이 그 사실을 알아차리고 서점에 올 때 넥타이를 풀고 올 수도 있다. 어쨌든 부자를 구별해내는 나만의 믿을 만한 방법이 있다손 치더라도 내게는 여전히 고민거리가 남는다. 낮은 가격에 책을 사서 부자들에게 그 책을 되파는 가난한 사람들 때문이다.

이 해결책으로 미국 출판업계에서는 흔히 두 가지 다른 버전의 책, 즉 페이퍼백과 표지가 두꺼운 양장본을 출간한다. 그리고 양장본 버전을 실제로 추가된 생산비용보다 더 비싸게 판매한다. 이제 선택은 고객의 몫이다. 절실히 그 책을 원하고 기꺼이 비싼 값을 치르고자 하는 사람들은 양장본을 선호할 터이다. 가볍게 읽을 수 있는 인기 작가의 소설은 대부분 처음에 양장본으로 출간된다. 딕 프랜시스Dick Francis의 새로운 소설이나 데이비드 드레이크David Drake 시리즈의 최신작이 양장본으로 나왔음에도 페이퍼백이 나올 때까지 기다릴 수 있는 사람은 그다지 많지 않을 것이다.

다른 산업 분야에서도 똑같은 전술을 사용할 수 있다. 일등석과 가장 싼 좌석 또는 같은 차종의 경제형과 고급형에서 나타나는 가격 차이는 생산비용의 차이를 반영하기도 하지만, 기꺼이 더 많은 비용을 지불하려는 사람들에게 더 많은 돈을 받기 위한 방법이기도 하다. 때로는 생산비용의 차이가 전혀 없어서 가격 차이를 만드는 요인이 분명하게 드러나기도 한다. 예전에 인텔은 386 마이크로프로세서를 두 가지 버전, 즉 수치연산 보조 프로세서가 있는 것과 없는 것으로 나눠서 판매한 적이 있다. 사람들은 이 두 마이크로프로세서의 가격 차이가 생산비용의 차이에서 비롯된 거라고 생각했다. 하지만 아니었다. 비싼 칩에서 보조 프로세서 기능을 제거해서 싼 칩을 생산하고 있었기 때문이다.

우리에게 좀 더 익숙한 예로, 극장에서는 어린아이에게 어른보다 저렴한 요금을 부과한다. 어린아이든 어른이든 좌석을 차지하는 건 매한가지다. 오히려 극장에서 시끄럽게 굴고 다른 고객들에게 불편을 끼친다는 점에서 어린아이에게 더 비싼 요금을 부과해야 마땅할 것 같다. 그렇다면 왜 보통의 극장주들은 어린아이에게 요금을 할인해줄까? 가장 명쾌한 해답은 어린아이가 어른보다 가난하기 때문이다. 어른과 똑같은 요금을 적용하면 아이들이 영화 관람을 포기하는 경우가 늘어날 것이다. 또 자녀가 여럿인 부모들 역시 자녀를 극장에 데려가지 않으려고 할 것이다.

한때 항공사들이 젊은 사람들에게 제공하던 할인요금도 비슷한 예다. 항공사들은 일정한 나이보다 어린 승객에 한해서 저렴한 대기표를 제공했다. 상대적으로 싼 요금이지만 대기 승객을 받아서라도 빈 좌석을 채울 수 있다면 항공사에서는 어쨌든 반길 만한 일이었다. 그렇다면 대기

승객의 자격에 나이제한을 둔 이유는 무엇일까? 물론 분명한 이유가 있다. 누구나 저렴한 대기표를 구매할 수 있다면 대다수 고객이 비싼 일반 항공권 대신 상대적으로 저렴한 대기표를 구매하게 되고, 그 결과 소비가 확 줄 수 있기 때문이다. 항공사의 바람은 특정 연령대의 젊은이들에게 대기표를 제공해서 그들이 버스나 자가용을 이용하는 대신에 항공편을 이용하게 하는 것이었다.

어느 정도의 돈을 지급할 수 있는지를 기준으로 삼아서 고객을 분류하는 방법에는 판매 경로를 달리해서 다른 가격을 적용하는 방법도 있다. 대표적인 예로는 '이달의 책 클럽'(미국 최대의 회원제 도서 통신 판매 조직_옮긴이)이 있다. 출판업자는 이 클럽에 특별히 할인된 가격으로 책을 제공함으로써 그렇게 하지 않았더라면 그 출판사의 책을 사보지 않았을 고객에게 책을 판매한다. 정상 가격에 책을 구매하려는 사람이 이 클럽에 가입했을 리 없으므로 소량의 책에 한해서 특별 할인을 제공하는 것이다.

비슷한 접근법을 보여주는 더 최근 사례로는 컴퓨터에 여러 가지 '무료' 소프트웨어를 미리 설치해서 판매하는 경우다. 대다수 구매자는 무료로 제공되는 소프트웨어가 어느 정도 가치가 있다고 생각하지만, 굳이 돈을 들여 해당 소프트웨어를 구매하지는 않는다. 게다가 그런 소프트웨어의 개발자가 주요 고객으로 삼는 사람들은 대부분 이미 컴퓨터를 보유하고 있다.

가격 차별화 정책을 적용하려는 기업은 두 가지 현실적인 문제와 부딪힌다. 첫 번째는 비싼 값을 주고라도 해당 상품을 구매하려는 고객과 그렇지 않은 고객을 구분하는 문제다. 앞에서 소개한 사례들에서도 비록 간접적이긴 하지만 고객의 복장이나 기호, 북클럽 회원 여부 등에 따라

고객에 관한 분류가 이뤄졌다. 어떤 안경사들은 더 직접적인 해법을 채택한다. 그들은 안경을 새로 맞추는 비용이 얼마냐는 고객의 질문에 "60달러입니다"라고 대답한다. 하지만 자신의 대답을 듣고 고객이 움찔하는 기색이 없으면 재빨리 이렇게 덧붙인다. "렌즈만입니다" 그런데도 여전히 움찔하는 기색이 없으면 다시 덧붙인다. "렌즈 한 개당요"

   이런 식으로 안경을 판매하는 건 지어낸 이야기일 수도 있지만 부동산 거래와 같이 일반적인 비즈니스에서도 매우 유사한 일이 있다. 내가 집을 사려고 부동산 중개업자에게 매물을 알아봐 달라고 부탁하자 대뜸 이런 질문이 돌아왔다. "예산은 어느 정도인가요?" 경제학자인 내 관점에서 그 중개업자의 질문은 앞뒤가 맞지 않았다. 다른 것을 살 때도 마찬가지이지만, 집을 사는 데 얼마의 돈을 쓰는가 하는 문제는 그 돈으로 어떤 집을 살 수 있는가에 달렸다. 그러나 부동산 중개업자는 거래된 집값에 따라 일정한 수수료를 받으므로 고객이 구매할 수 있는 한도 내에서 가장 비싼 집을 구매하게 하는 게 그들에게는 이익이다. 이를 위한 확실한 방법 중 하나는 고객의 예산을 우선적으로 파악하고, 그 예산에 따라 소개할 집을 선택하는 것이다.

   두 번째 문제는 전매를 막는 것이다. 생산자가 가난한 고객을 위해서 저렴한 가격으로 상품을 제공하더라도 그들이 그 상품을 그대로 부자들에게 되판다면 다 부질없는 짓이다. 교통수단이나 영화, 의료서비스 등 생산지 내에서 소비되는 재화에 한해 가격 차별화 정책이 빈번하게 관찰되는 것도 바로 이런 이유다. 만약 포드Ford 사에서 자동차를 팔면서 부유한 고객에게는 비싼 값을, 가난한 고객에게는 저렴한 값을 적용한다면 록펠러 회장은 자신이 탈 자동차를 아마도 운전기사를 시켜 사게 했을 것이다. 반면, 아무리 록펠러John Rockefeller 회장이라도 운전기사를 시켜 자기 대신에 여행하거나 영화를 보게 할 수는 없다.

지금까지는 고객에 따라 다른 가격을 부과하는 방법에 대해서 살펴봤다. 하지만 다른 형태의 가격 차별화도 있다. 고객의 차이를 무시하고 가격 차별화를 시행하는 것이다. 이 방식은 고객이 모두 똑같을 때 가장 효과적이다. 자, 이제부터 딱딱한 책 이야기는 그만두고 달콤한 쿠키 이야기를 해보자.

## 쿠키로 돈 벌기

당신의 쿠키 가게에는 1,000명의 단골이 있으며, 그들의 조건은 모두 같다. 가게 전체의 수요곡선은 한 고객의 수요곡선(그림 10-2)에 단순히 1,000을 곱해 놓은 것과 다를 게 없다. 한 개의 쿠키를 더 구워낼 때마다 40센트의 비용이 추가된다. 당신은 밀가루로 쿠키를 만드는 데 이미 도사나 다름없으므로 이제부터는 경제학 원리를 적용해서 쿠키로 돈 버는 방법을 알아보자.

그림 10-2는 당신의 첫 번째 시도를 보여준다. 쿠키를 70센트에 팔 때이윤도 최대가 되고 한계수입과 한계비용도 같다. 옅은 색으로 칠해진 부분은 각각의 고객을 통해 발생하는 이윤이다(쿠키값에서 한계비용을 뺀 금액인 쿠키당 30센트와 한 고객당 쿠키 숫자 6을 곱한다). 순이익을 알려면 이윤에서 고정비용을 빼야 하지만 당신이 쿠키값을 얼마로 정하든, 쿠키를 얼마나 많이 팔든 고정비용은 변하지 않으므로 지금 단계에서는 이를 무시해도 상관없다. 고정비용이 의미를 갖는 건 고정비용이 전체 이윤보다 많아서 순이익이 적자가 될 때(이 경우에는 쿠키 사업을 접어야 한다)뿐이다.

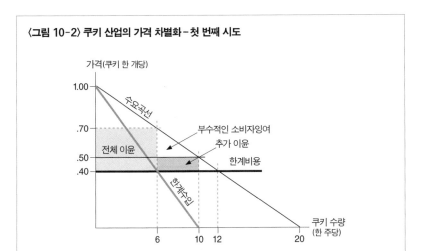

**〈그림 10-2〉 쿠키 산업의 가격 차별화 – 첫 번째 시도**

단일 가격으로 이윤이 최대가 되는 가격은 쿠키당 70센트다. 기업은 최초 여섯 개의 쿠키까지는 모든 고객에게 개당 70센트에 판매하지만 추가로 판매되는 쿠키에 대해서는 개당 50센트를 받음으로써 짙은 색으로 칠해진 부분까지 이윤을 늘린다.

위의 그림을 보면, 한 주에 12개까지는 생산량을 늘려도 고객이 생각하는 쿠키의 가치가 생산비용보다 더 높다. 추가 매출을 올릴 수 있는 기회를 날리고, 어쩌면 벌 수도 있었을 돈까지 그대로 날리는 건 정말 안타까운 일이다. 마침내 당신은 한 가지 꾀를 낸다.

고객을 위해 특별한 혜택을 마련하고 더불어 쿠키 발명 300주년을 기념하여 쿠키값을 내리자. 고객마다 그 주에 구매하는 처음 여섯 개의 쿠키는 예전 가격대로 70센트를 받되, 추가로 구매하는 쿠키에 대해서는 개당 50센트만 받자.

그림 10-3은 그에 따른 결과를 보여준다. 고객은 열 개의 쿠키를 구매한다. 여섯 개까지는 개당 70센트이고, 나머지 네 개는 가격을 할인받아

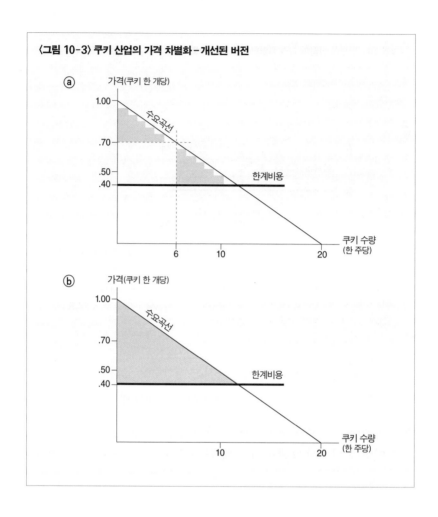

〈그림 10-3〉 쿠키 산업의 가격 차별화 – 개선된 버전

ⓐ 가격(쿠키 한 개당)

수요곡선

한계비용

쿠키 수량
(한 주당)

ⓑ 가격(쿠키 한 개당)

수요곡선

한계비용

쿠키 수량
(한 주당)

개당 50센트이다. 고객은 여분의 쿠키에 부수적으로 발생한 소비자잉여로 이득을 본다. 판매자 역시 쿠키 판매량이 느는 덕분에 이윤이 늘어나고 따라서 이득이다.

이 정도면 당신은 잘하고 있는 편이다. 하지만 마냥 흐뭇해 하고 있을 수는 없다. 그림 10-3 ⓐ는 이듬해에 더욱 공들여서 만든 가격표를 보여준다. 고객이 쿠키를 살 때 지급하는 최초의 가격은 95센트이고, 그다음에는 90센트, 이런 식으로 계속해서 수요곡선에 맞춰 내려간다. 짙은 색으로 표시된 부분은 모든 쿠키에 획일적인 가격을 적용했을 때보다 얼마나 이윤이 느는지, 이윤 증가분을 보여준다.

그림 10-3 ⓐ는 완벽한 가격 차별화에 매우 근접해 있다. 차등 적용된 가격표 덕분에 생산자는 모든 소비자잉여를 흡수할 수 있다. 똑같은 효과를 낼 수 있는 더 손쉬운 방법도 있다. 이듬해에 그림 10-3 ⓑ에서 보듯이 새로운 가격 정책을 발표하는 것이다. 쿠키는 더는 일반 대중에게 판매하지 않는다. 오직 쿠키 클럽의 회원에게만 판매한다. 회원들은 생산원가에, 즉 개당 40센트에 쿠키를 살 수 있으며 구매 수량도 제한이 없다. 쿠키 클럽의 회비는 주당 3.60달러. 이 금액은 묘하게도 고객이 개당 40센트의 가격에 원하는 만큼 자유롭게 쿠키를 구매함으로써 얻게 되는 소비자잉여와 정확히 맞아떨어진다. 이 2부제 가격전략(회비와 쿠키의 개당 가격)은 고객이 모든 쿠키를 구매하게 해서 소비자잉여와 생산자잉여의 합계를 극대화한 다음, 전체 소비자잉여를 생산자에게 이전한다.

이 때문에 생산자는 일반적으로 소비자잉여와 생산자잉여의 전체 합을 얻는다. 그리고 가격을 한계비용과 똑같게 설정해서 이 전체 합을 극대화한다. 만약 생산자가 가격을 한계비용보다 더 높게 책정한다면 쿠키에 대해서 생산비용보다 더 높은 가치를 부여하는 고객을 잃게 될 것이다. 반대로, 가격을 한계비용보다 낮게 책정하면 생산에 든 비용보다 더 낮은 가격으로 쿠키를 팔게 될 것이다. 가격이 한계비용과 똑같지 않고 더 높거나 낮으면 총잉여는 감소한다. 그에 따라 생산자의 이윤도 감소한다.

왠지 이런 이야기를 들어본 것 같지 않은가? 맞다. 왜 영화관에서 팝콘을 원가로 팔아야 하는지 논증하려고 4장에서 언급한 논리와 똑같다.

이 논리는 또 전화 사업자나 전기회사, 그 외의 다양한 재화나 서비스를 제공하는 판매자들의 가격 정책에도 그대로 적용된다.

가격 차별화 정책 중 한 가지 문제는 전매를 막는 것이다. 전매 문제는 쿠키 사업도 예외는 아니다. 쿠키 클럽의 한 회원이 한 주에 쿠키를 48개 구매해서 12개는 먹고 36개는 쿠키 클럽에 가입하지 않은 다른 친구들에게 판매했을 때처럼 말이다.

지금까지 고객은 적어도 쿠키의 수요자라는 측면에서는 모두 똑같았다. 하지만 가장 최근에 실시한 시장조사에서 새로운 동향이 나타났다. 고객이 두 개의 집단으로 나뉜 것이다. 한쪽 집단은 예전의 수요곡선을 그대로 보여주지만(그림 10-4에서 D$_A$) 다른 한쪽은 더는 예전처럼 쿠키를 좋아하지 않는다(D$_B$).

당신이 하던 방식 그대로 예전의 가격 시스템을 유지한다면 A집단은 계속 쿠키 클럽의 회원으로 남아 쿠키를 사겠지만, B집단은 클럽 회비가 그 가치에 비해 너무 비싸다고 생각하고 클럽에 가입하지 않을 것이

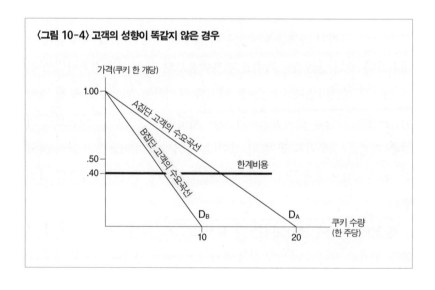

〈그림 10-4〉 고객의 성향이 똑같지 않은 경우

다. 당신은 나름대로 현명하게 대처해서 클럽 회비를 주당 2달러 40센트(B집단에 속한 고객들의 소비자잉여 부분)로 내리고, 고객들이 다시 클럽에 가입하도록 유도할 수 있다. 하지만 그렇게 해도 당신에게 돌아가야 할 A 집단의 잉여가 A 집단의 고객들에게 돌아가는 문제가 남는다.

어떤 고객이 어떤 집단에 속해 있는지 파악하고, 회비를 3.60달러로 정한 다음, B 집단 고객에게 '특별 할인가'를 제시하는 것도 한 가지 해법이다. 또 고객이 일주일에 쿠키를 몇 개나 구매하는지 말하게 하여 자신이 어느 집단에 속해 있는지 직접 고백하게 하는 방법도 있다. 클럽 회비를 내리는 대신 쿠키값을 올리면 A 집단에 속한 고객(기꺼이 더 많은 돈을 지급하려는 사람들)의 부담은 늘어나지만 B 집단 고객을 그대로 유치할 수 있다.

대충 계산해보더라도 쿠키값을 50센트로 하고 클럽 회비로 1.667달러를 받는 편이 쿠키값을 40센트로 하고 클럽 회비로 2.40달러를 받는 것보다 훨씬 이득이다. 그렇지만 당신은 쿠키를 생산하는 한계비용보다 더 높은 가격을 소비자에게 부과하고 있기 때문에 더는 총잉여를 극대화하고 있지는 않다. 아울러 당신은 더는 잉여의 전부를 취할 수 없다. 그런데도 쿠키값을 올릴수록 당신에게 돌아가는 몫은 늘어난다.

마침내 우리는 팝콘의 수수께끼를 푼 것 같다. 앞선 논의에서 나는 극장을 찾는 고객들이 모두 같다고 전제했다. 그 전제가 유효하다면 그 결과도 마찬가지다. 즉, 극장 측은 한계비용과 같은 값으로 팝콘을 판매하고 이윤은 입장권에서 챙겨야 한다. 하지만 고객의 성향이 모두 다르다면, 더불어 입장권에 기꺼이 더 많은 돈을 지불하려는 사람이 대체로 팝콘도 많이 사 먹는 경향이 있다면, 입장권은 싸게 판매하되 팝콘을 비싸게 파는 편이 그들에게 (물론 그렇지 않은 사람들을 내쫓지 않으면서도) 간접적으로 비싼 입장료를 부과하는 방법이다.

성공적으로 가격을 차별화하려면 그 기업에 어느 정도의 독점 능력이 있어야 한다. 여러 기업이 비슷한 제품을 생산하는 시장에서 가격을 차별화하는 건 실용성이 없다. 어떤 기업이 부유한 고객을 상대로, 또는 해당 제품을 절실하게 원하는 고객에게 특별히 비싼 값으로 제품을 판매하려고 하면 그 사실을 눈치챈 다른 기업이 더 낮은 가격으로 해당 고객을 가로챌 것이 뻔하기 때문이다. 항공사들은 자사 고객이 더 저렴한 표를 구매하길 원치 않는다. 그렇지만 델타 항공에서 보면 고객이 유나이티드 항공의 일등석 표를 포기하고 델타 항공의 저렴한 이등석 표를 구매한다고 해서 굳이 반대할 이유는 없다.

내가 가격 차별화의 예로 든 모든 사례는 어느 정도 독점이란 요소와 관련이 있다. 젊은이들을 위한 할인요금제 역시 요금은 비싸게 유지하는 한편, 새로운 기업의 시장 진입은 통제함으로써 민간기업의 카르텔을 보호하려는 정부 방침에 따라 규제기관인 민간항공위원회CAB(Civil Aeronautics Board)가 항공 요금을 통제하던 시절에나 가능했다. 그 이후에는 항공규제법과 함께 할인요금제도 사라졌다. 저작권법도 (더불어서 출판업계의 자본 환경도) 출판업자에게 특정한 책의 독점권을 제공한다. 따라서 출판업자는 가격설정자이다. 그들은 어떤 고객은 책값이 비싸도 기꺼이 구매하려고 하지만, 어떤 고객은 싸야만 구매할 거라는 사실을 잘 알고 있다. 영화관도 독점의 요소가 있다. 적어도 영화관이 너무 드물어서 고객이 같은 영화를 상영하는 여러 극장 중 입맛에 맞는 영화관을 선택할 수 없는 지역에서는 특히 그렇다.

## 독점이 존재하는 이유

어째서 독점기업이 존재할까? 왜 다른 기업은, 수입이 비용보다 많은 경우에, 독점기업과 똑같은 제품을 생산하려고 달려들지 않는 걸까? 한 가지 이유는 독점기업이 소송을 제기하기 때문이다. 독점은 원래 어떤 재화를 판매하는 데 따른 배타적인 권리를 의미했다. 일반적으로 이런 독점권은 재정을 조달하는 한 방편으로 정부에서 판매했거나, 국왕이 거느린 애첩들의 친인척처럼 정부에서 특혜를 받는 사람에게 제공했다. 이런 종류의 독점은 오늘날에도 흔하다. 일례로 우체국을 들 수 있다. 미국의 특송업무규제법령PES(Private Express Statutes)은 우체국 업무와 관련하여 민간업체의 모든 직접적인 경쟁을 불법으로 규정한다.

두 번째 이유는 자연독점이다. 이런 유형의 독점은 규모의 경제로 발생한다. 즉, 해당 산업의 전체 산출량을 모두 생산할 수 있을 만큼 규모가 큰 기업이 그 밖의 작은 기업보다 평균원가가 낮을 때 발생한다. 만약 그처럼 큰 기업이 등장해서 평균원가보다 높은, 하지만 다른 작은 기업의 평균원가보다는 낮은 가격으로 판매한다면, 작은 기업은 굳이 그 시장에 진출해야 할 이유를 찾지 못할 것이다.

자연독점을 떠올릴 때 사람들은 대부분 벨Bell Telephone이나 GM처럼 거대한 기업을 상상한다. 그리고 그런 기업이 대량 생산의 이점을 이용해서 다른 작은 기업보다 훨씬 더 저렴한 비용으로 생산하고, 따라서 자유 경쟁에 의해 독점이 발생하는 거라고 믿는다. "경쟁에 따른 문제는 누군가는 꼭 승리한다는 점이다"라는 조지 오웰George Orwell의 말처럼.

규모가 커서 생기는 경제적인 이점도 있지만 일반적으로 이런 이점은 규모로 인한 비경제성에 의해서, 의사결정권자인 사장과 생산 현장의 거리가 멀어짐으로써 발생하는 비용에 의해서, 또 아무리 크다고 해도 전체적인 산업 규모에 비하면 지극히 작은 규모이기 때문에 빛을 잃는다. 거대한 자연독점 기업은 극히 드물다. 비록 GM이 거대 기업이지만, 전 세계 자동차 산업을 독점하기에는 턱없이 작은 기업에 불과하다.

벨이나 GM의 상황보다는 내가 특정한 종류의 책을 펴내면서 누리는 독점이 자연독점을 보여주는 훨씬 더 좋은 사례다. 내 경우는 거창한 생산 규모 때문이 아니라 재화의 특성 때문이다. 인기 만점인 스릴러 작가나, 뉴욕 시내에 딱 하나뿐인 이탈리아 레스토랑 아이엘로 등도 모두 유사한 형태의 독점을 보여주는 예다. 이런 소규모 독점기업은 거대한 독점기업에 비해 흔히 볼 수 있고, 당신에게 훨씬 더 중요하다. 어쨌든 당신이 GM이나 미국철강 같은 대기업의 총수가 될 일은 없지 않은가. 실제로 그런 기업의 총수가 되더라도 기업의 독점 능력이 상당히 제한되어 있다는 사실에 놀랄 것이다. 하지만 당신이 지리적으로 특정한 지역에서 특화된 상품을 판매하고, 수요 감소에 직면해서 가격설정자로서 자기 역할을 수행하는 건 얼마든지 있을 수 있는 일이다.

규모의 경제성과 비경제성이 대략 균형을 이루고, 따라서 생산의 광범위한 영역에서 대기업과 중소기업이 모두 같은 원가로 생산한다고 가정해보자. 일반적으로 그런 상황이 되면 인위적인 독점기업이 등장한다. 대표적인 예가 존 록펠러가 이끄는 스탠더드 오일 트러스트Standard Oil Trust 사이다.

나는 록펠러다. 그럭저럭 하는 사이에 석유 산업의 90%를 점유했다. 내가 소유한 스탠더드 오일 회사는 막대한 수입을 바탕으로 엄청난 부를 축적한다. 스탠더드 오일의 자산은 여느 소규모 오일 회사들의 자산보다 훨씬 많으며, 추측컨대 그 회사들의 자산을 모두 합친 것보다도 더 많다. 다른 기업들이 존재하고 그들이 우리와 경쟁을 벌이는 한, 나는 내 자본을 이용해서 겨우 평범한 수입을 올릴 수 있을 뿐이다. 경제적 이윤이 제로나 마찬가지인 셈이다.

따라서 나는 가격을 평균원가 이하로 내려서 내 경쟁자들을 시장에서 몰아내기로 결정한다. 나도 내 경쟁자들도 모두 손해를 본다. 다만, 나는 그들보다 돈이 더 많으므로 그들이 먼저 파산할 것이다. 경쟁자들이 모두 나가떨어진 다음에는 독점 수준으로 가격을 올린다. 혹시라도 어떤 기업이 시장의 높은 석유 가격만 보고 새롭게 진입하려고 할 경우, 나는 이전의 내 경쟁자들이 어떻게 되었는지 보여주고 필요하다면 똑같은 짓을 반복할 거라고 위협한다.

이 주장은 근거 없는 분석 내용을 남발하는 경솔함을 보여주는 사례다. "나도 내 경쟁자들도 모두 손해를 본다"는 말은 마치 모두가 똑같은 액수의 돈을 잃는다는 말처럼 들린다. 하지만 사실은 그렇지 않다. 만약 내 회사가 전체 거래량의 90%를 판매한다면 내 경쟁자 중 어떤 회사는 1%를 팔 수도 있다. 그리고 만약 그 경쟁사와 내 회사가 평균원가도 같고 가격도 같다면 그 경쟁사가 1달러씩 손해를 볼 때마다 내 회사는 90달러씩 손해를 본다.

실제로 내 회사의 상황은 훨씬 더 심각하다. 가격을 낮춤으로써 내 회사는 수요 증가를 초래했다. 계속해서 싼 가격을 유지하고 싶다면 생산량을, 더불어서 손실도, 늘리는 수밖에 없다. 그 결과, 내 경쟁사가 1달러의 손실을 입을 때마다 내 회사는 95달러의 실질적인 손실을 감수해야한다. 내 경쟁사는 출혈 경쟁을 포기해서 손실을 줄이거나 생산량을 줄임으로써, 내 회사에서 더 많은 석유를 팔게 해 손실을 가중시킬 수도 있다. 또 그 경쟁사는 낡은 정유 공장의 가동을 중단하고 일부 공장은 반나절만 가동해서, 직장을 옮기거나 은퇴하는 직원이 생기게 해 비용 손실을 더더욱 줄일 수 있다. 결과적으로 내 회사가 95달러를 잃을 때마다 그 회사는 이를테면 0.50달러를 잃는다.

비록 내 회사가 그 회사보다 더 크고 자산이 더 많더라도 무한정으로 크고 자산이 많은 건 아니다. 단지 그 회사보다 90배 더 크고 대략 90배쯤 더 부자일 뿐이다. 하지만 내 회사는 경쟁사보다 90배나 더 많은 돈을 90배나 더 빨리 잃고 있다. 만약 계속해서 내가 원가보다 낮은 가격 정책을 고수해서 그 회사를 시장에서 몰아내려는 경우, 먼저 파산하는 건 경쟁사가 아니라 내 회사다. 록펠러가 시장에서 경쟁자들을 몰아내기 위해서 원가 이하로 석유를 팔기로 한 방침을 고수했다는 대다수 사람의 믿음에도 결국 스탠더드 오일의 해체로 끝난 독점 금지와 관련한 이 사건의 기록을 자세히 들여다보면 록펠러가 실제로 그랬다는 증거는 어디에도 없다.

실제로, 한 번은 스탠더드 오일 소속 임원이 작은 기업인 콘플랜터 오일 측에 사업 확장을 자중하고, 스탠더드 오일의 사업에 끼어드는 행위를 멈추지 않으면 가격을 낮추겠다고 협박한 적이 있었다. 여기에 콘플랜터 오일 관리자가 답변한 내용을 소개한다.

내가 말했습니다. "모페트 씨, 귀사에서 그렇게 하겠다니 감사할 따름입니다. 시장 가격을 낮추는 게 유일한 방법이라면 원하는 대로 하십시오. 그리고 귀사에서 실제로 가격을 낮춘다면 나는 귀사에서 320km 떨어져서 귀사가 그렇게 판매할 수 있도록 응원하겠습니다. 그보다 쉬운 일은 없겠군요.

원하는 대로 팔아보세요." 그리고 나는 그에게 인사를 하고 자리를 떴습니다. 그걸로 끝이었죠.

– 〈법과 경제학 저널Journal of Law and Economics〉(1958년 10월)

인위적인 독점을 쟁취해서 유지하려는 기업에는 약탈적 가격정책뿐 아니라 그 외에도 다양한 전술이 제안되었다. 그중 하나는 경쟁사를 전부 인수하는 방법이다. 록펠러는 약탈적 가격 결정이 아닌 바로 이 방법을 통해서 독점적인 지위를 유지했다는 주장도 있다. 하지만 문제가 있다. 누군가가 정유공장을 지을 때마다 록펠러가 그 회사를 인수해야 한다면, 정유공장을 시작하는 것이 돈 되는 사업이 되면서 록펠러는 결국 필요 이상으로 많은 정유공장을 보유하게 될 거라는 점이다.

이런 전술이 절대 통할 리 없음을 증명하는 건 매우 어려운 일이다. 만약 록펠러가 자신이 경쟁자를 제거하는 일에 기꺼이 무한한 금전적 손실을 감수하는 사람이라고 믿게 만들 수 있다면 그가 허세를 부린다고 생각할 사람은 없다. 실제로 경쟁자들이 그렇게 믿는다면 록펠러는 군이 금전적인 손실을 감수할 필요도 없다. 다만, 이런 게임은 상대가 큰 기업일 때보다는 작은 기업일 때 이점이 있는 듯하다. 또 꽤 많은 경제적·역사적 증거가 알려주듯이 인위적인 독점은 대체로 또는 전적으로 가공의 산물이다. 역사책이나 독점 금지법antitrust law에서만 등장할 뿐 현재도 그렇고 그동안도 그랬지만 현실 세계에서는 거의 찾아보기 힘들거나 아예 존재하지 않는다. 아마도 독점을 유지하기 위해 사용되는 전술 대부분이 효력이 없기 때문일 것이다.

오히려 인위적인 독점을 둘러싼 괴담이 결과적으로 독점을 부추길 수 있다. 원가보다 낮은 가격으로 제품을 판매하는 전술이 시장에서 경쟁자들을 몰아내려는 것이라면 하책下策이 분명하지만, 시장에 처음 진출하는 기업이 고객들에게 자사 상품을 사용해보도록 설득하려는 것이라면 상책上策이다. 하지만 현재의 독점 금지법에 따르면 원가 이하로 판매하는 기업은 경쟁자들에게 불공정 경쟁으로 고발되고, 강압적으로 가격을 올려야 할 수도 있다. 독점 금지법이라고 불리는 이 법률은 오히려 신규 기업, 또는 새로운 시장에 진출한 중견 기업의 생존을 더욱 어렵게 만들 뿐 아니라 기업 간 경쟁을 위축시키고 독점을 부추긴다.

## 미키마우스의 독점

수년 동안 디즈니랜드는 가격 책정 과정에서 입장료와 놀이기구 이용료를 조합해 다양한 조정을 해왔다. 내가 마지막으로 그곳을 방문했을 때는 놀이기구의 이용료가 제로였다. 입장권만 구매하면 놀이기구를 무한정으로 즐길 수 있었다. 그 전에 방문했을 때는 놀이기구를 탈 때마다 표를 사야 했다.

디즈니랜드는 이윤을 극대화하기 위해 입장료와 놀이기구 이용료를 어떻게 조합하여 가격을 결정해야 할까? 이 문제의 해답을 찾기 위해서는 사람들이 입장료로 지급할 금액이 놀이기구 이용료와 어떤 상관관계가 있는지 먼저 알아야 한다. 소비자잉여는 기회집합에 관한 접근 가치다. 즉, 이 경우에 기회집합은 디즈니랜드에서 판매하는 모든 것이다. 고객이 놀이기구를 이용함으로써 소비자잉여가 1달러만큼 증가하면, 고객을 잃지 않으면서 고객에게 부과할 수 있는 가격도 1달러만큼 증가한다.

소비자가 모두 똑같다고 가정하면 디즈니랜드는 쿠키 클럽과 똑같은 전략을 선택할 수 있다. 총잉여를 극대화할 수 있도록 놀이기구 이용료를 책정하고 입장료에서 모든 소비자잉여를 생산자잉여로 바꾸는 것이다. 한 사람이 놀이기구 하나를 더 이용하는 한계비용이 제로라면, 고객은 입장권을 구매함으로써 모든 놀이기구를 무제한으로 이용할 수 있어야 한다. 만약 어떤 놀이기구가 좌석이 하나씩 채워질 때마다 기계 작동에 20센트의 전기료가 추가된다면 그 20센트가 해당 놀이기구의 이용료가 되어야 한다. 놀이기구 이용료를 한계비용과 똑같이 책정한다는 건 고객이 해당 놀이기구에 디즈니랜드의 원가보다 더 많은 가치를 느껴야만 추가로 놀이기구를 이용한다는 뜻이다. 이런 요금정책은 디즈니랜드와 고객의 이익을 극대화하는 올바른 방법이다.

하지만 실제로 디즈니랜드를 경영하려면 이 요금정책을 바탕으로 두 가지 중요한 요소를 추가로 고려해야 한다. 그중 하나는 고객이 모두 똑같지 않다는 점이다. 입장료가 비싸도 기꺼이 내려는 고객일수록 일반적으로 놀이기구도 훨씬 더 많이 이용한다. 따라서 (입장료와 놀이기구 이용료를 합한) 전체 요금을 놓고 볼 때, 놀이기구 이용료를 더 비싸게 받는 편이 기꺼이 돈을 내고자 하는 고객들에게 간접적으로 더 많은 요금을 부과하는 방법이다.

나머지 한 요소는 특정한 놀이기구에 사람들이 잔뜩 몰릴 수 있다는 점이다. 이때 내가 놀이기구를 한 번 더 타기로 결정하면 그 놀이기구를 타기 위해 기다리는 사람들의 줄은 더 길어진다. 나 때문에 내 뒤에서 기다리는 모든 사람에게 비용이 발생하는 셈이다. 결과적으로 그 놀이기구를 포기하는 사람도 생길 것이다.

고객이 줄을 선 채로 얼마나 오래 기다려야 하든 그것이 디즈니랜드하고 무슨 상관이 있을까? 줄을 서서 얼마나 오래 기다려야 하느냐의 문제는 고객들이 디즈니랜드에 갈지 말지, 입장료 인상을 얼마까지 감수할 것인지 등의 결정에 중요한 역할을 한다. 놀이기구를 한 번 더 이용할 때마다 당신은 다른 고객들에게 직접적으로 비용을 발생시키고, 간접적으로는 디즈니랜드에도 비용을 발생시킨다. 디즈니랜드는 놀이기구 이용료를 결정할 때 이 비용도 고려해야 한다. 결과적으로 (모든 고객이 똑같다고 가정하고 놀이기구에 관한 수요가 들쭉날쭉하다는 점을 무시했을 때) 최선의 적정가격은 고객들이 줄을 서지 않아도 될 정도 가격이다.

## 팝콘 문제

4장 끝 부분에서 팝콘에 관해 논의할 때 나는 만약 고객이 모두 똑같다고 가정하면 영화관은 팝콘을 원가에 팔아야 한다고 주장했다. 우리가 조사한 바에 따르면 그들은 이미 그렇게 하고 있다. 그런데도 영화관에서 파는 팝콘이나 사탕, 음료수 등의 가격이 비싼 이유는 원가가 그만큼 비싸기 때문이다. 영화관은 2시간마다 20분 동안만 집중적으로 먹을 것을 판매하므로 운영비가 다른 판매자들보다 더 높을지도 모른다.

그리고 이 장에서는 다른 해석을 제시했다. 팝콘을 비싸게 판매하는 경우, 영화 관람에 5달러 남짓만 지불하려는 가난한 학생은 팝콘 없이 영화를 보거나 외부에서 몰래 들여올 것이다. 부유한 학생은 (또는 새로운 데이트 상대에게 잘 보이려고 애쓰는 학생도) 비싼 팝콘을 사느라 많은 돈을 써야 함에도 계속해서 영화관을 찾을 것이다. 따라서 관람료를 낮추는 대신 팝콘값을 높게 유지하는 요금정책은 부유한 학생들에게 가능한 많은 이익을 거둬들이는 한편, 가난한 학생들과 거래도 계속 유지할 수 있다.

어떤 해석이 맞는 걸까? 가격 차별화는 판매자가 상당한 수준의 독점적인 위치에 있을 때만 가능하다. 당신이 부유한 고객들에게 높은 가격을 부과하면 경쟁적인 산업 분야에서는 곧장 다른 기업이 그들에게 당신보다 낮은 가격을 제공한다. 작은 마을에는 특정 시기에 특정한 어떤 영화를 상영하는 극장이 오직 하나밖에 없다. 하지만 대도시에서는 똑같은 영화를 상영하는 여러 극장 중 하나를 고객이 선택할 수 있다. 가격 차별화에 관한 설명이 맞는다면 팝콘이나 사탕 가격은 극장마다 다를 것이고, 그 가격 차이는 대도시보다 작은 마을에서 더 크게 나타날 것이다. 한편, 이런 가격 차이가 원가의 차이를 반영하는 것이라고 한다면 반대의 결과가 나와야 한다. 일반적으로 대도시의 인건비나 부동산 가격(이 두 가지는 극장 내 매점의 원가 상승에 중요한 역할을 한다)이 훨씬 비싸기 때문이다.

# 허세가 필요한 이유

## : 게임이론과 과점

### 쌍방독점 게임: 먼저 조건을 제시하라

지금까지 나는 인간의 상호작용과 다양한 시장에 존재하는 중요한 한 가지 특징, 단체 교섭과 협박, 허세, 온갖 종류의 전략적 행동 등을 거의 무시했다. 대부분의 경제 이론이 그토록 피도 눈물도 없는 추상적인 관념으로 비춰지는 이유도 바로 이점 때문이다. 우리는 사회를 서로 다른 의지의 충돌로 보는 데 익숙하다. 회의실이나 전쟁터를 봐도 그렇고 사람들이 좋아하는 드라마를 봐도 그렇다. 반면에 경제학은 자기 의지를 지닌 인간집단이 아닌 개개인이나 생산자 소집단이란 측면에서 인간사회를 보여주는데, 이들 개개인이나 소집단은 본질적으로 비인간적인 환경에 맞서 조용히 기회집합을 극대화해 나간다.

경제학이 이런 방식을 채택하는 데는 이유가 있다. 전략적인 행동을 분석하기가 워낙 어렵기 때문이다. 가격이론을 통해 얻은 가장 인상적인 성과 중 하나는 전략적인 행동과 엮이는 상황을 교묘하게 피해 가면서도 실제 시장이 어떻게 돌아가는지 상당 부분 설명이 가능해졌다는 점이다. 이 장은 그 이중적인 측면에 대한 간략한 맛보기다.

나는 세상에서 딱 한 개뿐인 사과를 가졌고, 당신은 이 세상에서 사과에 알레르기 반응을 일으키지 않는 유일한 사람이다. 내게는 알레르기를 유발할 뿐 사과가 아무런 가치가 없지만, 당신에게는 1달러의 가치가 있다. 이 사과를 당신에게 1달러에 팔면 나는 1달러만큼 이득이고, 당신은 정확히 사과의 가치만큼 모두 지급했으므로 사과를 사지 않은 경우와 비교해서 특별히 이득 될 것이 없다. 반대로, 내가 사과를 당신에게 공짜로 주면 나는 아무런 이득이 없지만 당신은 1달러만큼 이득을 본다. 사과를 1달러보다 낮은 가격에 파는 건 당신과 내가 1달러를 나눠 갖는 것과 같다. 내가 사괏값에 동의할 수 없고 그래서 사과를 팔지 않았다면 사과는 그대로 내게 있지만, 거래를 통해 벌 수 있는 잠재적인 이득만큼 나는 손해를 본 셈이다.

'쌍방독점'이라고 부르는 이 게임은 공동의 이해와 이익충돌을, 즉 수많은 인간의 상호작용에서 전형적으로 나타나는 협동과 경쟁 상황을 잘 보여준다. 거래 당사자들은 합의에 도달해야 하는 공통의 이해가 있지만, 어떤 합의 조건을 도출할 것인가를 놓고 서로 충돌한다. 미국과 소비에트 연방은 평화를 유지하려는 공통의 이해가 있었지만, 평화 유지를 위한 합의 조건을 둘러싸고 갈등을 빚었다. 남편과 아내 역시 행복하고 조화로운 결혼생활을 유지하려는 공통의 이해가 있지만 각자에게 중요한 일이 다르기 때문에 한정된 자원을 어떻게 쓸 것인가를 놓고 수없이 충돌한다.

승리를 쟁취하는 방법 중 하나는 자신의 의지를 다소 분명하게 표명해서 물러서지 않겠다는 뜻을 명확히 하는 것이다. 타고난 전략가라면 이렇게 말할 것이다. "딱 잘라서 말하는데 나는 너한테 그 1달러 중 20센트 이상은 절대 못 줘. 맹세할 수 있어" 상대방이 이 맹세를 진짜라고 믿는다면 다시 말해, 20센트 이상을 주는 건 자신의 맹세를 깨뜨리는 수치스러운 일이므로 절대 물러나지 않을 것임을 상대방이 믿는다면 작전은 성공이다. 상대방은 20센트를 받아 집으로 가면서 이렇게 결심한다. '다음에는 내가 먼저 맹세해야지'

의지표명 전략이 가장 극적으로 드러난 예는 미국의 전략이론가이자 미래학자인 허먼 칸Herman Kahn이 처음 생각해낸 '둠스데이 머신the doomsday machine'이란 장치다. 둠스데이 머신은 미국과 소련의 냉전기에 양국이 가졌던 인공지능 핵공격 시스템이다. 이는 상대국이 핵공격을 해오면 자동으로 반격하는 시스템으로, 방사능으로 인류를 멸종시킬 수 있는 핵 대응 프로그램이다.

냉전 기간 동안 미국은 대대적인 보복 공격을 가하겠다는 위협으로 소련의 핵공격을 방어했다. 이런 위협에도 소련이 핵공격을 가했다면 뒤이은 미국의 보복 공격은 인류에게 도움이 되기는커녕 방사능 낙진의 양을 더하고 기후변화를 초래하면서 불행만 가중시켰을 것이다. 소비에트 연방도 마찬가지였다. 양쪽의 둠스데이 머신은 서로에게 충분히 위협적이었고, 그 덕분에 어느 쪽도 핵무기를 사용하지 않았다.

"맹세할 수 있어"라는 말과 핵에 의한 공멸 위협 말고도 그 중간에 해당하는 다양한 상황이 존재하며, 그런 상황에서는 위협과 의지표명이 중요한 역할을 한다. 핵무기가 개발되기 이전에도 전쟁은 양쪽 당사자 모두에게 손실을 초래했다. 따라서 자신이 기꺼이 전쟁을 감수할 거라는 사실을 적이 믿게 만드는 측이 교섭에서 유리한 위치를 점했다. 적들이 보기에 그는 허세를 부리고 있을지도 모르지만 아닐 수도 있다는 것이 문제였다.

비슷한 사고방식을 보여주는 사례는 얼마든지 많다. 술집에서 일어나는 싸움을 생각해보자. 손님 둘이서 야구팀을 놓고 벌인 논쟁이 어느덧 싸움으로 번지고, 결국에는 한 명이 죽음으로써 끝난다. 다른 한 명은 여전히 손에 깨진 병을 든 채 멍한 표정으로 서 있다. 어떻게 본다면 이 사건은 비합리적이고, 비경제적인 행동이다. 하지만 이 사건은 비합리적인 행동을 하겠다는 합리적인 의지표명에 따른 결과다.

나는 힘이 장사고 호전적일 뿐 아니라 내가 원하는 대로 하지 않는 사람에게 화를 잘 내기로 악명 높은 사람이라고 가정해보자. 그런 악명은 내게 도움이 된다. 사람들이 내 눈에 거슬리지 않게 행동하려고 조심하기 때문이다. 하지만 실제로 누군가를 손봐주려면 상당한 희생이 뒤따른다. 상대가 맹렬하게 반격할 수도 있고, 경찰이 나를 체포할 수도 있다. 하지만 내가 충분히 악명을 떨치고 있다면 굳이 누군가를 손봐줄 필요가 없을 것이다.

그 같은 악명을 유지하려고 나는 내 안의 성마른 측면을 계발한다. 자신에게 그리고 다른 사람들에게 내가 진짜 남자다운 남자이며, 남자다운 남자는 결코 다른 사람이 자신에게 이래라저래라 하게 놔두는 법이 없다고 말한다. 내가 생각하는 '내게 이래라저래라 한다'는 의미는 점차 확대되어 '남이 내가 원하는 일을 하지 않는 것'이란 의미가 된다.

우리는 일반적으로 이런 행동을 공격적인 성향이라고 묘사하지만, 합리적으로 채택된 의도적인 전략이라고 보는 편이 더 타당하다. 일단 이런 전략이 먹혀들기 시작하면, 나는 모든 상황에서 최선의 대응을 자유롭게 할 수 없다. 내 주장을 굽히기에는 지금의 이미지를 구축하기 위해 이미 너무나 많은 것을 투자했기 때문이다. 마찬가지로 미국은 그동안 전쟁 억제를 위해 공격을 받으면 대대적인 보복공격을 감행한다는 입장을 고수해왔기 때문에, 적의 미사일 발사를 간파한 순간부터 미국의 대응 미사일이 발사되는 마감시한까지 그 10분 사이에 마음을 바꿀 수 있는 선택권이 없다. 상대를 제지하려는 노력이 실패했을 때 물러나지 않는 행동은 비합리적이다. 하지만 자신을 뒤로 물러설 수 없는 상황으로 이끌어 가는 건 비합리적인 행동이라고 할 수 없다.

대부분의 경우에 나는 내 방식대로 행동한다. 하지만 가끔은 그 대가를 치른다. 언제든 나랑 똑같은 전략을 쓰는 사람을 만날 수 있기 때문이다. 이 세상에는 성마른 사람이 나 말고도 얼마든지 있다. 술집에서 어떤 대화에 끼어든다. 상대 남자가 내 의견에 수긍하지 않는 기색이다. 내가 그 남자를 밀친다. 그 남자가 다시 나를 밀친다. 상황이 종료되면 둘 중 하나가 죽어 있을 것이다.

## 매와 비둘기의 균형

매와 비둘기의 유일한 차이는 호전성이라고 가정해보자. 그 둘이 똑같은 먹이를 놓고 만났을 때 매는 항상 싸우려 들고 비둘기는 항상 달아난다. 만약 모든 새가 비둘기 같다면 매에게 이득이 생긴다. 매는 싸우지 않고도 먹이를 차지할 수 있기 때문이다. 만약 매가 비둘기보다 먹이를 더 많이 먹고, 더 많은 새끼를 낳아 더 잘 기른다면 매의 개체 수는 늘어날 것이다.

매의 숫자가 늘어나면서 매가 얻는 혜택이 줄어든다. 매끼리 부딪히는 경우가 점점 늘어나면서 싸움이 일어나고 그 싸움은 두 마리 모두에게 먹이의 실제 가치보다 더 심각한 피해를 준다. 비둘기 숫자에 비해서 매가 일정한 비율을 유지할 때 매와 비둘기 각자의 전략이 성공을 거둘 수 있다.

매를 호전적인 사람으로 바꿔서 생각해도 이러한 이치는 같다. 만약 호전적인 전략을 선택하는 사람이 없다면 당신은 그 전략을 선택하는 편이 이득이다. 그러면 점점 많은 사람이 당신과 같은 전략을 선택한다. 그에 따라 치명적인 싸움이 벌어질 위험이 증가하고 남자다운 남자가 됨으로써 얻는 이득은 감소한다. 물러나지 않는 상대를 만나며 발생하는 손실이 물러서는 상대를 만나며 얻는 이득과 완전히 같아질 때 균형이 생기고, 대안으로 선택한 전략(매와 비둘기, 남자다운 남자와 겁쟁이)이 동등한 이득을 안겨준다.

지금까지는 인간관계가 대다수 동물과 마찬가지로 비자발적이라고 가정했다. 남자다운 남자는 당신의 주변에 있는 환경의 일부일 뿐 당신이 교류하려고 선택한 사람이 아니다. 비자발적인 인간관계에서는 당신의 호전적인 성향이 당신에게 이득이 된다. 물론 당신 같은 사람이 너무 많지 않아야 한다는 전제가 붙지만 말이다.

하지만 자발적인 인간관계, 예를 들어 동업이나 고용인과 피고용인, 부부 등의 관계에서는 이야기가 다르다. 인간관계를 맺기 위해 누군가를 선택하는 과정에서 호전적인 사람은 기피대상 1순위다. 그런 사람은 직장을 구할 기회도 상대적으로 적고 결혼할 확률도 많이 떨어진다는 뜻이다.

자발적인 인간관계에서는 다른 식의 자기표명 전략이 이득이 된다. 사려 깊고, 예의 바르며, 다른 사람을 절대 속이지 않는, 지켜보는 사람이 없어도 절대 도둑질을 하지 않을 것 같은 그런 사람이 고용인이나 피고용인, 파트너, 배우자감이다. 다른 사람들이 당신의 성격을 올바르게 파악할 수 있는 한, 스스로 좋은 사람이 되기 위해 노력하는 건 바로 당신 자신의 이익을 도모하는 셈이다. 정직한 직원을 고용하면 도둑을 고용함으로써 발생하는 비용을 아껴줄 뿐 아니라 그 도둑을 감시하느라 드는 비용까지 아껴준다. 그리고 그렇게 절약된 비용은 정직한 직원과 부정직한 직원이 받는 보수의 차이로 나타날 것이다.

여기서도 매와 비둘기의 균형과 유사한 어떤 것을 생각해볼 수 있다. 거의 모든 사람이 정직한 경우에는 어떤 사람이 얼마나 정직한지에 주의를 기울일 필요가 없어지므로 위선자 전략(겉으로는 정직해 보이지만 들키지 않을 거라고 생각되면 속임수를 사용하는 전략)이 이득이 된다. 위선자의 숫자가 늘어날수록 사람들은 위선자를 식별하기 위해 더 많은 주의를 기울인다. 위선자와 정직한 사람의 평형비equilibrium ratio는 둘 중 어느 쪽을 택하더라도 그에 따른 이득이 똑같을 때 얻어진다.

어떤 사람은 착하게 행동하고 어떤 사람은 못되게 행동하는 이유를 이해하려는 이런 접근법은 흥미로운 결과를 보여준다. 나쁜 사람이 되는 것, 즉 호전적인 성격은 비자발적인 인간관계에 이득을 준다. 반대로 좋은 사람이 되는 것은 자발적인 인간관계에 이득을 준다. 흔히 우리는 인간관계가 대체로 비자발적으로 이뤄지는 사회보다 자발적으로 이뤄지는 사회에서 더 친절한(더 정직하고 덜 공격적인) 사람을 만날 확률이 높다고 생각한다.

## 두 명의 게임: 죄수의 딜레마

절도 혐의로 두 명의 범인이 체포된다. 관할 검사는 그 둘을 각각 다른 방에 격리한다. 먼저 조이를 만난 검사는 조이만 범행을 자백하고 마이크가 자백하지 않는 경우, 조이는 절도 혐의로 기소하지 않고 가벼운 처벌(징역 3개월)을 받게 하겠다고 약속한다. 만약 마이크도 자백하는 경우에는 공소를 철회할 순 없지만 판사에게 관대한 처분을 부탁하겠다고 말한다. 그 경우 마이크와 조이는 각각 징역 2년 형을 받을 것이다.

조이가 자백을 거부하면 검사의 호의도 기대할 수 없다. 이 경우에 만약 마이크가 자백하면 조이는 절도 혐의로 기소될뿐더러 검사는 가장 무거운 형량을 구형할 것이다. 하지만 두 사람이 모두 자백을 거부하면 검사는 그들을 절도 혐의로 기소할 수 없다. 다만, 무단침입과 체포 거부, 부랑 죄를 적용하여 징역 6개월을 구형할 것이다.

조이에게 모든 설명을 마친 검사는 마이크가 있는 방으로 가서 이름만 바꾼 채 다시 똑같은 설명을 한다. 표 11-1은 조이와 마이크가 직면해 있는 결과의 행렬을 보여준다. 조이는 아래처럼 판단한다.

만일 마이크가 범행을 자백하고 내가 자백하지 않는다면 나는 5년 형을 받겠지. 나도 자백하면 둘 다 2년 형을 받을 테고. 어쨌든 마이크가 자백할 거라면 나도 자백하는 편이 좋겠어.

하지만 우리 둘 다 자백하지 않으면 나는 6개월 동안 감옥에서 썩어야 해. 마이크가 입을 다물고 나만 자백하면 나는 3개월만 있으면 되잖아. 그러니까 마이크가 입을 다무는 경우에도 나는 자백하는 편이 낫겠군. 실제로 마이크가 어떻게 하든 난 자백하는 편이 낫겠어.

**〈표 11-1〉죄수의 딜레마를 보여주는 보상 행렬**

| | | 마이크 | |
|---|---|---|---|
| | | 자백함 | 자백 안 함 |
| **조이** | 자백함 | 2년, 2년 | 3개월, 5년 |
| | 자백 안 함 | 5년, 3개월 | 6개월, 6개월 |

표는 죄수의 선택에 따른 결과를 보여준다.

조이는 간수를 불러 검사와 이야기할 수 있게 해달라고 부탁한다. 검사가 오기까지 시간이 걸린다. 반면, 마이크도 진작부터 똑같이 생각했고 같은 결론에 도달해서 지금 진술서를 작성하고 있다.

두 명의 죄수는 합리적으로 행동했지만, 결과적으로 그들은 악수를 두었다. 범행을 자백했기 때문에 둘 다 징역 2년 형을 받게 되었다. 만일 둘 다 입을 다물었더라면 징역 6개월 형을 받았을 것이다. 합리적으로 행동한 것치고는 이상한 결과다.

그 이유는 조이가 마이크의 전략은 제외하고 자신의 전략만 생각했기 때문이다. 만일 조이가 행렬에서 오른쪽 아래 칸과 왼쪽 위 칸 중에서 선택을 할 수 있었다면 그는 오른쪽 아래 칸을 선택했을 것이다. 마이크도 그랬을 것이다. 하지만 그들은 그런 선택권을 제안 받지 않았다. 조이는 자백할 건지 말 건지 두 개의 가로줄 중 하나를 선택하는데, 그가 선택한 가로줄은 맨 위에 있는 가로줄, 즉 마이크의 선택에 따라 칸이 정해진다. 다시 말해 마이크가 어떤 선택을 하느냐에 따라 조이의 선택이 더 좋은 결과로 이어지기도 한다. 한편, 마이크가 자백할 건지 말 건지 세로줄 중 하나를 선택하면 왼쪽에 있는 세로줄, 즉 조이의 선택에 따라 오른쪽 세로줄에서 칸이 결정된다.

왠지 이런 이야기가 익숙하지 않은가? 그렇다. 1장에서 나는 합리성이란 집단행동이 아니라 개개인의 행동에 대한 가정이라고 밝혔다. 죄수의 딜레마는 두 사람으로 구성된 집단의 행동에도 같은 가정이 적용될 수 있음을 보여준다. 위의 죄수들이 자백하는 이유는 창기병을 만난 보병들이 도망치고, 사람들이 공원의 잔디밭을 가로지르는 지름길을 선택하는 것과 똑같은 이유다.

대다수 사람은 이런 결과가 지극히 의외라고 생각한다. 군사령관이 병사들에 관한 상벌의 기본 틀을 바꿔서 개발한 덕분이기도 하지만, 보병이라고 항상 도망치는 건 아니다. 병사들이 후퇴하지 못하게 그들의 뒤쪽에 있는 다리를 불태우는 것도 한 방법이다. 전장에서 이탈하는 병사를 총살하는 것 역시 그렇다. 마찬가지로, 범죄자들도 동료를 팔아넘기는 밀고자가 혹독한 대가를 치르게 하는 한편, 밀고를 거부해서 감옥에 가는 동료에게는 그에 상응하는 보상을 하려고 애쓴다.

그렇다고 죄수의 딜레마 논리를 부정하는 건 아니다. 단지 현실 세계의 죄수들이나 병사들이 때로는 그들만의 다른 게임을 한다는 뜻이다. 밀고나 도주하는 데 따른 최종적인 보상이 표 11-1에서 본 기본 틀을 따를 때 게임의 논리는 강제력을 가진다. 죄수는 범행을 자백하고, 보병은 도주하는 것이다.

한 사람을 추가함으로써 쌍방독점에 변화를 주고, 1달러를 나눠 갖는 결정 원칙decision rule을 과반수 표결 방식으로 바꾼다고 가정해보자. 이제 우리는 세 사람의 과반수 표결 원칙이라는 새로운 게임을 만난다. 어떤 일이 벌어질까?

앤과 빌은 1달러를 50센트씩 나누기로 합의하고 찰스에게는 한 푼도 나눠주지 않기로 한다. 두 사람이 그렇게 합의했으므로 과반수이다. 최종 결정을 내리기 전에 찰스가 앤에게 그 1달러를 자신은 40센트만 가질 테니 앤이 60센트를 갖고 대신에 빌을 제외시키자고 제안한다. 찰스 입장에서는 한 푼도 받지 못하느니 40센트라도 건지는 편이 더 나으므로 충분히 그런 제안을 할 만하다. 또 50센트보다는 60센트가 더 나으므로 앤도 굳이 마다할 이유가 없다.

하지만 게임은 끝나지 않는다. 한 푼도 받지 못하게 될 처지에 놓인 빌은 찰스에게 자신과 60 대 40으로 나누자고 제안한다. 찰스는 40센트보단 60센트가 더 나으므로 제안을 수락한다. 이 과정은 한동안, 어쩌면 영원히 끝나지 않을 수도 있다. 새로운 분배 방식은 매번 이전의 분배 방식에 우선하지만 그 방식 역시 곧 뒤에서 제기될 또 다른 분배 방식에 밀려난다.

이런 맥락에서 우선순위는 지극히 간단한 개념이다. 실현 가능할 정도로 많은 사람이 지지하는 분배 방식은 다른 분배 방식보다 얼마든지 우위에 놓일 수 있다. 이 게임은 다수결로 결정되기 때문에 두 사람이 지지하기만 하면 새로운 분배 방식이 기존의 분배 방식보다 우선한다.

게임이론의 목표는 게임을 풀어가는 것이다. 즉, 참여자들이 어떻게 그 게임에 임해야 하는지 알아내는 것이다. 천재 수학자라 불리는 존 폰 노이만John von Neumann은 참여자가 두 사람인 모든 고정합fixed-sum 게임(체스나 포커처럼 참여자의 이해가 완전히 대치되는 게임)에서 한 가지 해법을 찾아냈다. 내게 편익을 제공하는 어떤 것이 당신에게 해를 끼치고 우리가 함께 힘을 모아서 대항할 제3자가 없을 때에는 위협이나 약속의 여지가 전혀 없다. 그러므로 참여자가 두 사람인 고정합 게임에서는 전략적으로 행동할 기회가 매우 드물다.

폰 노이만의 해법은 하나의 전략이다. 앤은 자신의 전략을 써서 자신이 이익을 볼 거라고 확신한다. 빌 역시 자기 나름의 전략으로 자신이 이익을 볼 거라고 확신한다.

하지만 안타깝게도 가장 흥미로운 게임은 참여자가 둘인 고정합 게임이 아니다. 쌍방독점은 참여자가 둘이긴 하지만, 결과에 따라서는 두 명의 참여자 모두가 손해(예를 들어 핵 변형물질로 인해 전 세계가 날아가는 것)를 입을 수 있기 때문이다. 그리고 정치나 경제, 외교 등 우리가 해답을 찾고자 하는 수많은 다른 게임은 참여자의 수가 둘보다 많다. 세 사람의 과반수 표결은 참여자가 둘이 아닐 때 나타나는 문제의 단순한 예에 불과하다.

폰 노이만은 참여자가 다수인 게임의 해법을 정의하려고 했다. 그의 정의에 따르면 하나의 해법은 일련의 결과이며, 그 해법에 포함되지 않은 모든 결과는 그 해법에 포함된 결과에 영향을 받고, 해법에 포함된 어떤 결과도 같은 해법에 포함된 다른 결과에 영향을 미치지 않는다. 과반수 표결의 예를 들어보면 (0.50, 0.50, 0), (0, 0.50, 0.50), (0.50, 0, 0.50)처럼 세 가지 결과가 있을 수 있다. 각각의 결과에서 두 명의 참여자는 돈을 똑같이 나눠 갖고 나머지 한 명은 분배에서 제외된다. 당신도 직접 확인할 수 있겠지만, 아무리 방법을 달리해도 분배 방식은 이 세 가지 결과 중 하나에 좌우된다. 또 위의 세 가지 결과 중 어떤 것도 같은 해법 안의 다른 결과를 좌우하지 않는다.

폰 노이만 식으로 해법을 정의하는 데 따른 한 가지 문제는 이 해법을 통해서 우리가 그 세 가지 중 어떤 결과가 일어날지 알 수 없다는 점이다. 실제로는 이 세 가지 결과 중 어떤 하나가 정말로 나타날지조차 알 수 없다. 이 게임에는 다른 해법들이 존재하기 때문이다. 예를 들어, $(0.90-x, 0.10)$로 조합되는 무수한 경우(모든 결과에서 찰스는 10센트를 갖고 앤과 빌은 나머지 돈을 어떤 비율로든 나눠 갖는 경우)를 생각해보라. 이런 결과도 폰 노이만 식 해법 중 하나다. (0.91, $x$, 0.09)로 나누는 조합도 마찬가지다. 이런 조합은 얼마든지 가능하다.

참여자가 다수인 게임에 관한 폰 노이만의 해법은 한 가지 조합으로도 다수의, 어쩌면 무한한 결과를 내포할 수도 있으며, 심지어 무제한에 가까운 수많은 해법이 존재할 수도 있다는 것이다. 따라서 세 사람이나 네 사람이 상호작용을 하는 경우 실제로 무슨 일이 일어날지 알아내는 방법으로는 별로 도움이 되지 않는다.

폰 노이만 이후로 게임 이론가들은 이런 유형의 게임을 풀어내려고 다양한 접근법을 제시해왔지만, 그 어느 것도 만족스럽지 않다. 이제 더 대중적인 접근법 중 하나를 살펴보자.


## 다수의 게임: 모두의 선택을 따라라

참여자가 다수이며 계속해서 되풀이되는 게임을 생각해보자. 각각의 참여자는 더는 전략을 바꾸는 게 이롭지 않을 때까지 계속해서 자신의 전략을 수정한다. 그리고 다른 사람들이 따르는 전략을 고려하여 참여자 전원이 자신에게 최적인 전략을 선택했을 때 균형이 생긴다. 이것을 내쉬 균형Nash Equilibrium이라고 한다.

간단한 예를 들어보면 도로의 어느 쪽에서 운전할지를 결정하는 일이 있다. 미국은 내쉬 균형을 이룬 상태다. 즉, 운전자들이 하나같이 진행 방향의 오른쪽 차선에서 자동차를 운행한다. 누구나 오른쪽 차선을 선택하기 때문에 혹시라도 내가 왼쪽 차선을 타는 경우, 나 자신은 물론이고 타인에게도 엄청난 비용을 초래하게 된다. 따라서 오른쪽 차선을 타는 것은, 곧 나의 이익을 위한 길이기도 하다.

반면에 영국에서는 모두가 진행 방향의 왼쪽 차선을 이용한다. 대부분의 나라에서는 자동차가 도로의 오른쪽으로 다니기 때문에 영국 시장을 겨냥한 자동차는 운전석의 위치를 오른쪽으로 바꿔서 제작해야 한다. 영국에서 운전하는 외국인 관광객은 언제든 반대 차선으로 주행할 가능성(내 경험상 모퉁이를 돌 때, 특히 위험하다)이 농후하며 그 결과는 치명적인 사고로 이어질 수 있다.

만약 영국의 모든 운전자가 차선을 바꿔서 오른쪽 차선으로 운전한다면 그들에게 이익이 될지도 모르겠다. 하지만 한 영국인 운전자가 변화를 도모한답시고 혼자서만 오른쪽 차선으로 운전한다면 그 운전자는 훨씬 더 곤란한 지경에 처하게 될 것이다. 내쉬 균형은, 비록 바람직하지 않은 결과를 초래할 때조차, 개개인의 행동에 안정적으로 적용된다.

내쉬 균형은 여러 사람의 공동행위에는 안정적으로 적용되지 않을 수 있다. 또 두 사람의 공동행위에도 마찬가지이다. 총에 실탄이 한 발밖에 없는 교도소 간수와 사형장으로 가지 않으려고 폭동을 일으킨 죄수들이 대치해 있는 상황을 생각해보자. 죄수가 혼자라면 항복하는 편이 이롭다. 하지만 죄수가 두 명이라면 간수를 공격하는 편이 이득이다.

게임이론의 목표는 진지하고 야심 차다. 경쟁 구조로 된 모든 행동을 이해하는 것이다. 여기에는 경제학과 정치학, 사회학, 그 밖의 수많은 학문과 관련된 주제 대부분이 포함된다. 경제학만 놓고 보더라도 적용할 부분이 얼마든지 많다. 하지만 우리는 이미 이 장에서 많은 내용을 다뤘기 때문에 여기에서는 두 가지만 소개한다. 독점과 완전 경쟁의 중간 지점을 분석하는 두 가지 서로 다른 방법, 즉 독점 경쟁과 과점이다.

## 독점 경쟁

그림 11-1은 이발소들이 길을 따라서 드문드문 늘어선 모습을 보여준다. 이발사들이 전부(이발 실력뿐 아니라 수다 실력도 포함해서) 비슷한 실력을 갖췄다고 가정해보자. 고객이 특정한 이발소를 선택하는 유일한 기준은 가격과 집과의 거리이다. 처음에는 이발소마다 모두 똑같은 가격, 즉 8달러에 이발을 한다. 따라서 사람들은 집에서 가장 가까운 이발소를 이용한다. 이를테면 B 가게는 x 지점과 y 지점 사이에 있는 사람들이 모두 고객이다. B 가게의 주인은 보통의 다른 독점권 소유자들과 같은 상황에 놓인다. 그가 가격을 8달러보다 낮추면 x 지점의 서쪽과 y 지점의 동쪽에 있는 사람 가운데 조금 더 멀리 가더라도 더 싸게 머리를 깎길 원하는 사람들을 오게 할 수 있다. 반면에 가격을 8달러보다 높이면 발길을 끊는 고객이 생길 것이다. 단일 가격 정책을 펴는 다른 독점자와 마찬가지로 B 이발소 주인의 이윤은 한계비용과 한계수입이 같아지는(MC=MR) 가격대에서 극대화된다. 다른 모든 이발소도 비슷한 계산을 하므로 8달러로 이윤을 극대화할 수 있는 경우에만, 가격 패턴이 안정을

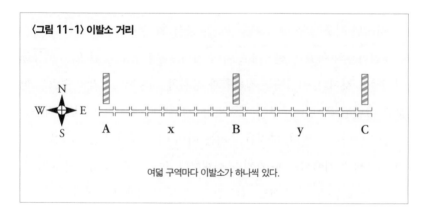

**〈그림 11-1〉 이발소 거리**

여덟 구역마다 이발소가 하나씩 있다.

유지한다.

8달러가 한계비용과 한계수입이 같은 가격이라고 가정해보자. 또 그 가격에서 이발소들이 이윤을 취한다고 가정해보자. 새로운 이발소가 그 시장에 진출하지 않을 이유가 전혀 없다. 그들이 해당 시장으로 들어오면서 이발소 간의 평균 거리는 짧아지고, 가게당 고객 수와 이윤도 줄어든다. 이러한 변화와 함께 이윤이 극대화되면 가격도 달라진다.

한계비용이 한계수입과 같고, 경제적 이윤이 제로라는 두 가지 조건을 만족하게 하는 밀집도와 가격에서 균형이 생긴다. 그 균형이 내쉬 균형이다. 이발사들은 다른 이발사들이 어떻게 하고 있는지를 살펴 자신의 이윤을 극대화한다. 제로를 최대치라고 설명하는 것이 이상하게 들리겠지만, 제로는 경쟁적인 산업 분야의 개별 기업이나 다름없는 개인 이발사가 취할 수 있는 최대 이윤치이다.

독점 경쟁은 이발소처럼 여러 기업이 비슷하지만 서로 대체할 수 있을 만큼 완전히 동일하지는 않은 제품을 생산하는 산업 분야에 존재한다. 이런 경우에 각 기업은 어느 정도 독점 능력이 있기 때문에 한계수입이 한계비용과 같은 지점에서 이윤이 극대화된다. 하지만 진입 장벽이 없고 그 결과 완전한 자유 경쟁 시장처럼 이윤은 제로를 향해 움직인다.

이런 현상은 판매자와 구매자의 지리적 위치가 중요한 산업에서, 즉 재화와 서비스가 생산자에게서 고객에게로 이동하거나 이발이나 영화 관람처럼 소비자가 생산자를 직접 찾아가야 하는 산업에서 흔히 나타난다. 하지만 그런 산업에만 전적으로 한정되어 있는 건 아니다. 소형 컴퓨터 시장을 보자. 어떤 기업이든 시장 진입이 자유롭고 실제로 이미 수많은 기업이 진입했다. 기업마다 생산하는 제품은 실질적으로 다르다. 어떤 한 회사의 컴퓨터값이 오르면 그 회사의 특정 브랜드에 그다지 목매지 않는 고객은 다른 회사의 제품을 찾고 값을 올린 그 회사의 수요는 줄어든다. 그런데도 다양한 가격대의 컴퓨터가 있기 때문에 그 회사는 적어도 컴퓨터 몇 대는 팔 수 있다. 이것은 이발소가 아무리 가격을 올려도 바로 옆에 사는 고객은 계속해서 그 이발소를 찾는 것과 똑같은 이치다.

이윤이 발생하면 새로운 기업들이 시장에 진입한다. 반대로 적자가 생기면 기존의 기업들이 떠난다. 어떤 한 가지 컴퓨터가 특별히 이윤이 많은 경우 다른 제조업체들도 그와 유사한 제품을 선보일 것이다. 특정 위치에 있는 가게가 많은 이윤을 취하는 경우, 그 거리의 다른 가게들이 그 가게 가까운 곳으로 이사하려는 것과 매한가지다.

애플Apple Inc.에서 맨 처음 매킨토시Macintosh를 선보였을 때만 하더라도 매킨토시는 직관적이고, 오브젝트 지향적이며(처리 절차와 데이터를 분리하지 않고 양자를 기능상의 단위로 묶어 소프트웨어 시스템을 구축하는 방법_옮긴이), 그래픽을 활용한 인터페이스를 중심으로 고안된 유일한 대량 판매용 컴퓨터였다. 그로부터 몇 년이 지나자 수많은 고객, 즉 일단 매킨토시를 알고 난 다음에는 진부한 디자인의 다른 컴퓨터보다 매킨토시를 좋아하게 된 사용자들이 컴퓨터 거리에서 매킨토시가 개척한 특정 자리에 거주하고 있었다. 1988년에 IBM은 그들의 자리를 옮겼고 애플과 똑같은 아이디어에 기초해서 새로운 컴퓨터 제품군과 운영체제를 선보였다. 거의 동시에, 하지만 훨씬 더 커다란 성공을 거두면서 마이크로소프트Microsoft Co.는 도스 컴퓨터가 매킨토시와 비슷하게 작동하도록 고안된 운영체제(윈도우)를 세상에 내놨다.

IBM이 컴퓨터 거리에서 자리를 옮긴 이유 중 하나는 원래 컴퓨터 거리에서 IBM이 차지하고 있던 자리가 점점 더 혼잡해지고 있었기 때문으로 보인다. 당시 IBM의 주력 제품이던 PC 생산라인을 최종적으로 단념했을 때는 이미, IBM 말고도 다른 기업에서 IBM과 호환되는 기종의 컴퓨터를 생산하고 있었다.

## 과점자의 비애

갑작스럽게 당신이 돌아가신 삼촌에게서 물려받은 대기업의 CEO가 되었다고 상상해보자. 그 회사는 치약 시장의 주요 업체이다. 불행하게도, 한량처럼 살아온 당신은 기업을 운영하는 데 필요한 기술도 딱히 없으며, 그렇다고 삼촌의 장례식이 끝나고 그분의 일을 물려받기 전까지 MBA 과정을 이수할 만한 시간도 없다.

만일 치약 산업이 완전경쟁 시장이라면 이 책을 통해 당신은 회사에 투자한 사람들에게 그들이 어째서 그저 그런 배당금만 받는지 해명할 유용한 변명거리를 얻을 수 있을 것이다. 반대로, 당신이 독점기업을 운영하고 있다면 이 책에서 다양한 조언뿐 아니라 독점이윤을 창출할 수 있는 방법을 얻을 것이다. 하지만 안타깝게도 치약 업계에는 여섯 개의 탄탄한 기성 기업과 신제품을 선보인 새로운 기업이 더 있기 때문에 당신 회사는 그 어느 유형에도 해당되지 않는다. 그렇다고 당신 회사가 독점 경쟁 범주에 드는 것도 아니다. 예컨대, 당신 회사의 홍보 직원이 아무리 홍보에 열을 올려도 치약이 다 거기서 거기라는 고객의 생각은 바뀌지 않는다.

당신이 삼촌에게 물려받은 이 기업이 존재하는 시장은 과점시장이다. 과점시장은 경쟁자가 존재하지만 그 수가 많지 않은 시장을 뜻한다.

모든 기업이 산출량을 줄이면 가격은 올라가고 동참한 기업은 독점이윤을 나눠 가진다. 하지만 가격이 오르면 치약을 생산하는 기업 모두에게 이익이 돌아가고, 그 결과 치약 판매량이 늘어나면서 가격은 다시 떨어진다. 당신에게 필요한 것은 기업들이 생산량을 줄이게 하는 한편, 이윤을 나눠 가지려는 새로운 기업이 치약 시장에 뛰어들지 못하게 막는 방법이다.

과거 한량으로 살았기에 당신은 기업 경영에는 좀 부족하지만, 다른 사람을 설득하는 일에는 경험이 많다. 그 덕분에 당신은 다른 여섯 개 기업을 설득해서 카르텔(가격과 산출량을 조정하기 위한 기업들의 조합)을 결성한다. 치약 산업은 이제 독점사업이 되었고 당신은 독점이윤을 극대화할 수 있는 가격과 산출량을 계산해서 각각의 기업에 통보한다.

다음으로 해결할 문제는 새로운 기업이 시장에 진입하지 못하게 막는 일이다. 당신은 자사 제품을 시험 판매 중인 기업들의 CEO와 모임을 주선해서 치약 시장에 진입하면 후회할 거라고 경고한다. 카르텔이 해체되고 가격이 폭락하면 그들은 투자금도 회수하지 못할 것이다. 하지만 모임에 참석한 CEO들은 당신의 경고를 매우 흔한 위협에 불과하다고 생각한다. 그런데 그들이 시장에 진입하고 난 다음에 그 위협을 실행하면 그들은 물론 당신도 파멸할 수 있다. 따라서 그들을 카르텔에 받아주고 이윤을 취하는 편이 더 낫다.

상황을 바꾸는 방법 중 하나는 진입 장벽을 만드는 것이다. 시장에 새로 진입하려는 기업에 추가 비용을 부과해서 해당 산업에 진입하는 것이 이익이 되지 않게 만드는 것이다. 주간州間통상위원회(ICC)의 규정 아래에 있던 트럭 운송업계를 생각해보라. 새로운 운송업체가 기존 노선을 운행하려면 해당 노선에서 그 업체의 서비스가 왜 필요한지 이유를 설명하고, 주간통상위원회의 허가를 받아야 했다. 기존 운송업체는 당연히 그들이 이미 적절한 서비스를 제공하고 있다고 주장했다. 그 결과, 신규 업체가 허가를 받기까지 비용과 시간을 많이 잡아먹는 논쟁이 이어졌다. 당신은 치약산업에 종사해온 기존 기업은 이미 치약 비즈니스의 특성을 잘 알고 있지만, 신생 기업은 그렇지 않으니 제품 출시 전에 제품의 안전성과 효율성을 철저히 입증해야 한다고 FDA에 촉구할 수 있을지도 모른다.

그런 시도가 먹히지 않는 경우에는 시장 진입을 막기 위한 또 다른 방법으로 경제 분야의 둠스데이 머신을 만들 수 있다. 당신이 고객에게 치약 시장에 새로운 기업이 뛰어들면 가격을 내리겠다고 약속하고, 그 내용을 법적 강제력을 갖는 계약서로 만들어 서명했다고 가정해보라. 그것은 곧 신생 기업이 치약 시장에 진입한다면 어느 누구도 독점이윤을 취할 수 없을 거라고 통보하는 셈이다.

선택권을 없애버림으로써 오히려 더 이득을 볼 수 있다는 사실이 의외일 수도 있겠지만, 사실이 그렇다. 이 상황은 앞서 말한 의지표명 사례들(이런저런 종류의 둠스데이 머신들)과 매우 유사하다. 이들 사례에서 보았듯이 자신의 의지를 표명하는 참여자는 위험을 감수한다. 어찌 됐든 다른 참여자가 상황을 오판해서 허풍이라고 생각했다가 나중에서야 허풍이 아니라는 사실을 알 수도 있기 때문이다.

진입 장벽을 만들었든 허풍을 떨었든 잠재적인 경쟁자들을 시장 밖으로 몰아내는 데 성공했더라도 또 다른 문제가 남는다. 시장에 이미 진출해 있는 기업들이 독점이윤을 어떻게 나눠야 하는가에 관한 문제다. 이 문제는 쌍방독점과 유사한 게임이지만, 참가자가 더 많다는 차이가 있다. 기업들이 분배 방식에 모두 합의하면 독점이윤을 나누면 그만이다.

그렇지만 합의점을 찾지 못하면 카르텔은 해체되고, 산출량은 증가하며, 가격은 떨어지고, 독점이윤을 기대할 수 없다.

카르텔의 약점 중 하나는 카르텔에 가입하는 것보다 가입하지 않는 편이 더 이익이라는 점이다. 카르텔에 속하지 않은 기업은 원하는 양만큼 생산한 다음 카르텔에서 책정한 가격으로 판매하거나 그보다 약간 저렴하게 판매한다. 대기업은 카르텔에 계속 남아 있기 쉽다. 그 이유는 대기업이 탈퇴하면 카르텔이 붕괴될 것이고, 그 결과 가격이 경쟁 산업 수준으로 떨어질 거라는 두려움이 있기 때문이다. 그러나 중소기업에 대해서는 이런 주장은 설득력이 떨어진다. 중소기업은 양쪽 세계의 장점을 모두 얻으려고 한다. 그들은 원하는 수량만큼 전량 독점 가격에 판매하면서, 대기업에서 생산하는 양을 줄여 가격을 올리게 만든다. 이런 중소기업을 카르텔로 묶어두려면 그들이 원래 받을 몫보다 더 많은 이익 배당을 제공해야 할 것이다.

이와 관련한 예로는 OPEC 석유 카르텔이 있다. 산유량 감소는 대체로 거대 산유국이 주도해왔다. 이를테면 사우디아라비아와 아랍에미리트다. OPEC에서 석윳값을 논의할 때 사우디는 온건파의 관점이다. 가격을 올리면 판매량이 줄어 정작 자신들이 가장 큰 피해를 본다는 사실을 잘 알기 때문이다. 하지만 그들은 정작 가격 인상에 반대하는 이유를 업계의 경제적 안녕을 추구할 책임이 있기 때문이라고 말하면서 그런 투철한 책임감의 보상으로 당연한 듯 고객의 군사적·정치적 지원을 받는다.

어쩔 수 없이 시장에 있는 작은 기업의 요구를 모두 들어줘도 또 다른 문제가 남는다. 어떻게 카르텔에 가담한 기업이 합의 내용을 지키게 감시하고 압박할 것인가? 당신은 내부 고발자로 이 문제를 절실히 깨닫는다. 고발 내용에 따르면 당신 회사의 영업사원 몇몇이 카르텔에서 정한 가격으로 농간을 부려 회사에서 보너스를 챙기고 있다. 그들은 다른 기업 고객 중 유혹에 넘어올 만한 그리고 그들의 은밀한 계약 조건에 관해 비밀을 지킬 수 있을 만한 고객에게 더 나은 가격을 제시한다. 당신은 불현듯 경쟁사의 영업사원들도 똑같은 짓을 하겠다는 생각이 든다. 그제야 합의한 수준대로 가격을 올리고 산출량을 줄이는 일이 왜 그렇게 힘들었는지 이해가 된다.

독점기업 문제에 비교적 호의적인 유럽의 법원이라면, 당신은 모든 기업이 같은 영업 대행사 한 곳을 통해서만 판매하게 해서 문제를 해결할 수 있다. 안타깝게도 미국에서는 카르텔 협정에 강제력이 없다. 게다가 불법이다. 여기에 더해서 독점방지법 위반으로 세 배에 달하는 배상금을 내야 할지도 모른다.

한 가지 가능한 대안은 합병이다. 동종 업계 모든 대기업을 하나의 거대한 기업으로 탈바꿈시키는 것이다. 하지만 당신과 경쟁자는 이미 대기업이고 따라서 관리 규모의 비경제성이 생산 규모의 경제성을 능가하기 시작한다. 치약산업이 자연독점이 아니라 과점인 이유가 바로 그 때문이다. 대기업을 더욱 거대하게 만드는 것은 규모의 비경제성 문제를 악화시킨다. 게다가 합병의 승인을 위해 법무성 독점금지국을 설득하느라 고생할 수도 있다.

이런 문제를 고민하던 중에 당신은 회사의 연구부장에게서 그의 부서가 치약 생산 공정에 관한 특허를 획득하는 데 성공했다는 보고서를 받는다. 문득 당신은 이런 특허를 보유하고 있으면서도 왜 다른 기업으로부터 특허사용료를 받지 않고 있었는지 궁금해진다. 그리고 몇 군데 전화를 걸어본 후에 답을 얻는다. 기업마다 치약을 생산하는 공정이 조금씩 다를뿐더러 저마다 생산에 필요한 특허를 보유하고 있었기 때문이다.

한 가지 아이디어가 당신의 뇌리를 스친다. 얼마 안 가서 당신은 회의를 주최한다. 치약산업의 CEO와 연구부장이 모두 모이는 자리다. 뒤이어 배포한 보도자료에는 치약산업의 생산성을 높이기 위해 모든 기업이 다른 기업의 특허에 특허사용료를 지불하기로 합의했다는 내용이 쓰여 있다.

불필요한 특허를 사용하는 것은 생산성을 높이는 측면에서는 별로 도움이 되지 않지만, 이윤을 늘리는 데는 상당한 도움이 된다. 다른 기업과 특허 사용 권리를 주고받는 과정에서 당신은 치약 하나를 만들 때마다 각각의 치약에 관해 다른 기업들에 2센트의 특허사용료를 지불한다. 다른 기업들도 비슷한 금액을 당신에게 지불하기로 합의한다. 특허사용료로 지급한 액수만큼 다시 특허사용료를 받기 때문에 이득도, 손해도 아니다. 하지만 당신이 치약을 얼마나 많이 생산하고 판매하는가는 마진 측면에서 원가 상승으로 이어진다. 추가로 치약을 생산할 때마다 다른 기업에 지급할 특허사용료는 늘어나지만, 다른 기업의 판매에 영향을 끼쳐 그 기업이 당신에게 지불할 돈은 줄어들기 때문이다.

이제는 한계비용이 올랐으므로 기업에서는 가격을 올리고 생산을 줄이는 편이 더 이익이라는 결론에 도달한다. 그래도 전체 산출량이 여전히 너무 많다고 생각하면 기업은 특허사용료를 올리기로 합의한다. 그리고 가격이 이윤을 최대화하는 수준이 될 때까지 계속해서 특허사용료를 올린다. 당신은 강제력이 있는 카르텔 협정에 서명하는 고상한 방법을 방금 알아낸 셈이다. 그것도 카르텔 협정이 강제력을 갖지 못할 뿐 아니라 불법이기까지 한 나라에서 말이다. 꼬투리 잡힐 확률을 줄이려면 경쟁사가 특허를 낸 공정을 당신의 생산 공정에 적용하는 것이 신중한 처

사이다. 그 공정이 특허받은 공정보다 더 나은 점이 있든 없든 상관없이
말이다.


## 법은 필요하다

　카르텔 협정을 위반하는 행위는 카르텔 회원 관점에서 보면 나쁜 일
이지만, 그 이외의 사람들, 특히 고객 관점에서 보면 반길 일이다. 여기
에서 의문이 생긴다. 카르텔 협정을 이행하는 데 악용될 수 있는 장치는
왜 불법이 아닐까?

　한 가지 이유는 그런 장치가 다른 목적으로도 사용될 수 있기 때문이
다. 가상의 치약 회사 두 곳이 각자 자사의 특허만을 이용해서 치약을 생
산하는 건 얼마든지 쉽게 상상할 수 있다. 하지만 현실 세계에서 실제로
기업이 그렇게 하는지 법원이 판단하는 건 몹시 어려운 일이다.

　그렇다고 정부가 독점 관련 행위를 규제하려는 어떤 시도도 하지 않
는다는 뜻은 아니다. 대기업 간의 합병이 독점금지법의 타깃이 되는 경
우도 빈번하다. 문제는 정부의 개입이 과점의 독점 가격 부과를 어렵게
만들기도 하지만, 현재 있는 독점 기업과 경쟁할 새로운 기업의 시장 진
입도 어렵게 만든다는 점이다.

　내가 아는 한 경제학자는 친경쟁적인 합병과 반경쟁적인 합병을 구분
하는 간단한 규칙을 제안했다. 어느 쪽이 불평하는지 보는 것이다. 독점
력을 강화하려고 합병한 경우라면 그다음 조치로 산출량을 줄이고 가격
을 올릴 것이다. 물론 같은 산업에 종사하는 나머지 기업도 그 같은 합병
을 반길 것이 틀림없다. 반대로, 기업이 더 효율적인 생산을 위해 합병한

경우에는 가격이 떨어지고 경쟁자의 이윤은 줄어든다. 따라서 경쟁자가 반대하는 합병은 허가하고, 반대하지 않는 합병은 금지해야 한다. 분명한 사실은 이 규칙이 효과를 거두려면 독점금지국이 그 규칙을 비밀로 간직하는 데 세심한 주의를 기울여야 한다는 점이다.

## 정부가 허가한 권리

> 원유 가격이 높으면 생산량이 늘어난다. 전에도 그랬고 석유가 땅에서 나오는 한 앞으로도 계속 그럴 것이다. 그들은 주체하지 못할 정도로 많은 원유를 생산했다. 그 많은 원유를 소화할 수 있는 시장을 찾는 건 불가능한 일이었다. …… (중략) 물론 조합에 가입하지 않은 사람들은 그들이 생산할 수 있는 만큼의 원유를 최대한 생산했다. 그리고 조합에 가입한 사람에 대해 말하자면, 그들 중 대다수는 명예를 소중히 여기고 고귀한 신분을 가진 사람들이었는데도 조합이나 우리에게 생산하기로 약속한 양보다 조금 더 늘려서 생산하고 싶은 유혹에 시달렸다. 원유가 낮은 가격으로 시장에 들어오지 못하게 하는 것은 매우 어려운 일 같았다.
>
> — 존 록펠러, 〈법과 경제학 저널〉(1958년 10월)

록펠러가 땅에서 더 많은 원유를 채취하면서도 가격을 높게 유지하는 방법은 말 그대로 독점이다. 이것은 배타적으로 생산할 수 있는 권리를 정부가 허가한 것이다.

항공산업을 예로 들어보자. 규제 완화 이전에는 민간항공위원회에서 허가를 받지 않은 어떤 항공사도 운항할 수 없었다. 1938년에 민간항공위원회가 출범한 이후부터 1970년대 후반 규제 완화가 있기 전까지는 주와 주 사이를 정기적으로 운항하는 메이저 항공사가 생기지 않았다.

항공사들이 정부의 도움으로 신규 업체의 시장 진입을 막을 수 있었다손 치더라도 한 항공사가 다른 항공사의 고객을 유치하기 위해 요금을 내리지 못한 이유는 무엇일까? 답은 또 민간항공위원회다. 허가 없이 요금을 바꾸는 행위는 불법이었다. 항공 운수업계는 연방정부에 의해 결성되고 강제력을 갖게 된 카르텔이었으며 항공사 고객들에게 상당한 비용을 부담시켰다.

민간 기업의 주도로 결성되는 카르텔은 오직 과점 시장, 즉 산출량 대부분을 소수의 기업이 생산하는 산업에서만 효력이 있다. 하지만 정부의 도움이 있으면, 주간통상위원회의 통제를 받는 트럭 운수업계 같은 자연스러운 경쟁 산업에서도 과점과 유사한 편익을 제공할 수 있다. 정부는 새로운 기업의 시장 진입을 차단함으로써 경쟁 산업에서 이윤을 제로로 만드는 제약을 제거한다. 해당 산업에 이미 진출해 있는 기업들이 반기고 좋아할 만한 개선책이다.

그런 개선책의 일반적인 형태 중 하나는 직업 관련 자격증의 발급이다. 정부는 무능한 의사(장의사, 미용사, 애견 미용사, 이발사 등)에게서 대중을 보호하려고 정부가 인정하는 자격증 보유자만 해당 직종에 종사할 수 있도록 허가하겠다고 발표한다. 그렇지만 현재 그 직종에 종사하는 사람에게는 자동으로 자격증이 발급된다. 그런 조치에 정치적 지지를 보내는 쪽은 고객이 아니라 해당 직종 종사자일 것이다. 자격증 요건이 생김으로써 새로운 사람이 해당 직종에 진입하는 건 더 어려워지는 대신, 기존의 종사자는 더 비싼 값에 자신의 서비스를 제공할 수 있기 때문이다.

## 어떤 전략을 선택하는가?

과점 문제의 해법 중 하나는 카르텔이다. 하지만 카르텔을 이용한 해결이 불가능하다고 가정해보자. 시장 진입의 통제 불능이나 일부 카르텔 회원들의 불합리한 요구, 암암리에 행해지는 카르텔 협정 위반, 법무성 독점금지국의 매서운 눈초리 때문에 기업이 담합하여 높은 가격을 유지하지 못하고, 이윤을 도모하지 못하고 있다. 이런 경우 어떻게 해야 할까?

해결책은 내쉬 균형이론, 즉 다른 기업이 어떻게 하는지를 고려해서 자신의 이윤을 극대화할 가격과 생산량을 정하는 것이다. 하지만 내쉬 균형이론에는 문제가 있다. 내쉬 균형이론은 각 참가자가 다른 참가자의 전략을 보고 자신에게 최적인 전략을 선택한다고 정의한다. 하지만 그 의미가 늘 불명확하다. 어떤 한 기업이 산출량을 늘리는데 나머지 기업이 계속해서 기존 가격을 고수하면 그들의 판매량은 결국 감소할 것이다. 그들이 이전과 같은 양을 판매하려면 가격을 내려야 한다. 한 기업의 행동이 바뀌면, 나머지 기업의 행동도 바뀌어야 한다. 이성적인 기업이라면 분명히 이 점을 생각할 것이다. 상호작용이야말로 문제의 핵심이고 따라서 상호작용을 빼놓고는 어떤 가정이든 모순을 피할 수 없다.

이런 점에서 어떤 전략을 선택하는가가 중요하다. 양이든 가격이든 둘 중의 하나를 선택해야 한다. 양을 선택한 기업은 판매할 양을 결정하고 그 양을 어떤 가격에 판매할 것인지는 시장의 결정에 맡긴다. 가격을 선택한 기업은 가격을 먼저 정해놓고 그 가격에 판매할 수 있는 양이 얼마인지는 시장의 결정에 맡긴다.

둘 중 어떤 대안을 선택하든 우리에게는 의례적인 수학 문제가 발생하지만, 이 문제는 관련된 비용곡선과 수요곡선만 알면 얼마든지 해결 가능하다. 각각의 해법은 모두 제각각이다. 그리고 경제이론이나 게임이론 그 어느 것도 특정 해법이 더 낫다고 말해주지 않는다.

우리가 의지만 있다면 훨씬 더 복잡한 여러 전략을 이용해 이 논의를 계속할 수 있을 것이다. 어쩌면 과점에 관한 제3의 해법은 물론이고 제4, 제5의 해법도 찾아낼 수 있을지 모른다. 하지만 한 문제에 답이 두 개면 그것으로 충분하다. 아니, 충분 그 이상이다.

희망컨대 당신에게 게임이론이 매력적인 미로라는 확신을 주었길 바란다. 그렇지만 내가 보기에 이 미로는 현명한 사람들은 가능하면 피해가는 길이다. 세상에는 수많은 전략이 있고 그에 따라 수많은 문제가 생긴다. 그중에 어떤 문제는 해법이 없지만, 또 어떤 문제는 해법이 무궁무진하다. 게임이론은 무척 재미있고, 전략적 행동 논리에 따라 사고하는 데 대체로 유용하지만, 경제학 원리를 적용하는 과정에서는 대안이 모두 실패했을 때 사용해야 하는 최후의 수단이다.

# 연봉 인상의 기준
## : 현재와 미래의 가치

**하버드냐 예일이냐, 그것이 문제로다**

지금까지 우리는 세상이 변하지 않는다는, 오늘도 어제와 다를 게 없다는 전제하에 경제학을 살펴봤다. 이제부터는 온갖 변수가 존재하는, 그런데도 불확실성은 여전히 배제된 세상으로 나아갈 참이다. 우리가 사는 이 세상은 변수와 불확실성이 공존하지만, 이 세계로의 험난한 여정은 이다음 장으로 미룬다.

시장은 공간과 시간을 초월한다. 재화는 그것이 무엇인지도 중요하지만, 언제 이용 가능한지도 중요하다. 같은 사과라도 오늘 있는 사과와 내일 있을 사과가 같을 수 없다. 가격에서도 현재의 오렌지와 사과를 비교하기도 하지만, 내년 사과를 올해 수확한 사과와 비교하기도 한다. 만약에 내가 지금 보유한 사과 100개를 내년에 수확할 사과 104개와 교환한다면 나는 사과 한 개당 4%의 이자를 받는 셈이다. 나중에 사과를 받는 조건으로 지금 사과 100개를 넘겨주는 행동은 어떤 재화를 빌려주고 나중에 그 재화에 이자까지 더해서 받는 행위와 같다.

내년 재화와 비교 산출한 올해의 재화 가격에서 '실질금리real interest rate'가 정해진다. 또 내년 달러화 대비 올해 달러화의 가격에서 '명목금리nominal interest rate(채권에 표시된 금리)'가 정해진다. 달러화 가격이 1년에 10% 오른다고 가정했을 때, 이듬해 4% 더 많은 재화를 구매하려고 한다면 14% 더 많은 돈이 든다. 따라서 실질금리 4%는 대략 14%의 명목금리와 맞먹는다.

우리가 소비하는 대상은 달러가 아니라 사과나 자동차, 집 등이므로 우리가 내리는 결정은 명목금리가 아니라 실질금리와 관련이 있다. 인플레이션이 심할 때는, 특히 이 사실을 명심해야 한다. 금리가 1년에 20센트라고 하면 꽤 높은 것 같지만, 물가상승률이 30%일 경우, 실제로는 당신이 빌린 돈에 대해 은행이 이자를 갚아주고 있는 셈이다.

당신에게는 오렌지 여섯 개와 사과 세 개, 손목시계 한 개가 있다. 이것들을 거래할 시장이 존재하는 경우, 당신은 그 세 가지 재화를 같은 가치를 지닌 다른 재화로 바꿀 수 있다. 즉, 보유하고 있는 물건을 팔아서 다른 물건을 살 수 있다. 따라서 자신의 물건을 무엇으로 대체할 수 있는지 확인하는 것도 그 물건의 가치를 판단하는 유용한 방법이다. 이해를 위해 지극히 극단적인 물건을 (소비 목적이 아니라 사고파는 목적에서) 비교할 수도 있다. 나는 기본적으로 다이아몬드보다 아이스크림을 더 좋아한다. 하지만 둘 중 하나를 고르라고 한다면 아이스크림이 아닌 1캐럿짜리 다이아몬드를 선택할 것이다.

시간을 초월해서 재화의 가치를 평가할 때도 똑같은 방법을 이용할 수 있다. 내가 두 곳에서 일자리를 제안받았다고 가정해보자. 하버드 대학은 10년 동안 연봉 8만 달러에 나를 채용하려고 한다. 예일 대학에서는 첫해에 연봉 6만 2,000달러를 지급하는 대신 향후 9년 동안 매년 4,000달러씩의 연봉 인상을 약속한다. 내가 10년 동안 직장생활을 하는 대가로, 두 학교에서 '올해 연봉과 내년 연봉' 등 10개의 다른 재화를 묶어서 내게 제안하고 있는 것이다. 과연 어떤 제안이 더 좋은 조건일까?

〈표 12-1〉 두 제안의 비교

| 년차 | 하버드 급여조건 | 하버드 급여의 현재가치 | 예일 급여조건 | 예일 급여의 현재가치 |
|---|---|---|---|---|
| 1 | $ 80,000 | $ 80,000 | $ 62,000 | $ 62,000 |
| 2 | $ 80,000 | $ 72,000 | $ 66,000 | $ 60,000 |
| 3 | $ 80,000 | $ 66,166 | $ 70,000 | $ 57,851 |
| 4 | $ 80,000 | $ 60,015 | $ 74,000 | $ 55,597 |
| 5 | $ 80,000 | $ 54,641 | $ 78,000 | $ 53,275 |
| 6 | $ 80,000 | $ 49,674 | $ 82,000 | $ 50,916 |
| 7 | $ 80,000 | $ 45,158 | $ 86,000 | $ 48,545 |
| 8 | $ 80,000 | $ 41,053 | $ 90,000 | $ 46,184 |
| 9 | $ 80,000 | $ 37,321 | $ 94,000 | $ 43,852 |
| 10 | $ 80,000 | $ 33,928 | $ 98,000 | $ 41,562 |
| 합계 | | $ 540,722 | | $ 519,781 |

각각의 제안은 시간의 흐름에 따라 지속적으로 지급되는 급여다. 나는 제안한 두 급여조건의 현재가치와 총액을 계산했고 결과적으로 하버드가 더 많았다.

두 학교에서 제안한 조건을 각각 하나의 재화, 즉 현재의 금전가치로 환산해서 비교할 수 있다. 10%의 이자로 1,000달러를 대출함으로써 나는 내년에 벌 1,100달러를 올해의 1,000달러로 바꿀 수 있다. 만약 모든 연봉을 올해의 가치로 환산해서 합산한다면 두 학교에서 내게 제안한 금액이 얼마인지 '현재가치'가 나온다.

하버드의 제안을 따져보자. 1년 차 연봉 8만 달러는 1년 차에 그대로 8만 달러의 가치가 있으므로 1년 차 연봉의 현재가치는 쉽게 알 수 있다. 2년 차 연봉 8만 달러는 1년 차 연봉과 비교하여 $80,000/1.1로 환산할 수 있다. 즉, 8만 달러를 1.1로 나눈 금액을 1년 차에 대출한다면 나는 2년 차에 받는 연봉만으로 이 대출금을 갚을 수 있다. 3년 차 연봉 8만 달러는 1년 차 연봉을 $80,000/(1.1×1.1)한 것과 가치가 같고 이후로도 같은 방식의 계산법이 적용된다. 표 12-1의 세 번째 줄을 모두 합산하면 하버드 대학에서 제안한 총액이 54만 724달러임을 알 수 있다. 해당 금액이 내가 1년 차에 대출할 수 있는 총액이고 총 10년에 걸쳐 지속해서 받게 될 연봉만으로 딱 떨어지게 갚을 수 있는 금액이다.

같은 방식으로 예일 대학이 제안한 급여조건의 가치도 계산할 수 있다. 결과적으로 예일 대학의 급여가 더 적다. 하버드 대학이 제안한 일련의 소득 금액을 적당한 취대borrowing and lending를 통해서 예일 대학이 제안한 소득 금액으로 환산해도 돈이 남는다. 따라서 하버드 대학의 제안이 예일 대학의 제안보다 확실히 더 낫다. 100달러짜리 재화를 팔면 90달러짜리 재화를 사고도 돈이 남으므로 100달러짜리 재화가 90달러짜리보다 명백하게 더 나은 것과 똑같은 이치다.

현재가치 계산법은 시간의 흐름에 따른 일련의 보수나 수입, 또는 비용의 형태로 나타날 수 있는 모든 프로젝트, 고용계약, 그와 유사한 것들의 가치를 평가하는 데 이용할 수 있다. 혹시라도 두 가지 급여조건 중 하나를 선택해야 한다면 현재가치가 높은 쪽을 선택하라.

영원히 1년에 1달러씩 받는다면 그 1달러의 현재가치는 얼마일까? 1달러를 금리로 나눈 금액이다. 왜 그런지 알고 싶다면 10% 이자로 10달러를 빌려주고, 그 이자를 받아 10달러를 만들어서 재투자하는 과정을 상상해보라. 실제로 이런 식으로 운용되는 채권이 있다. 브리티시 콘솔 British consol이라고 불리는 영국 정부채권이며 이 채권은 영원히 1년에 1파운드를 지급한다. 이 채권의 시장가치는 1파운드를 금리로 나눈 것이다.

## 변화하는 세상에서의 경제학

앞서 11개의 장을 다루면서 우리는 매 해의 조건이 모두 같다는 전제로 경제학 원리를 분석했다. 모든 결정은 그 결정이 현재 시점을 기준으로 어떤 영향을 끼치느냐로 평가할 수 있었다.

예컨대, 어떤 부품 생산이 올해 이익이 되었다면 해가 바뀌어도 매년 이익이 될 것이다. 하지만 진짜 세상에서는 그렇게 간단하지 않다. 때때로 기업은 앞으로 생길 이익을 위해 현재의 손실을 감수해야 한다. 현재가치를 따져봄으로써 우리는 변하는 세상에서 직면하는 선택의 문제를 이미 경험한 더 단순한 문제로 바꿀 수 있다. 어떤 부품의 생산 여부를 놓고 선택의 기로에 선 기업은 앞으로 발생할 모든 수입과 손실을 현재가치로 바꿔서 합산한다. 합산 결과가 플러스로 나오면, 즉 순익이 예상되면 해당 부품을 생산해야 된다.

반대로 합산 결과가 마이너스로 나오면, 즉 순손실이 예상되면 생산하지 말아야 한다. 기업에서 얼마를 생산할지 또는 어떤 생산요소를 얼마나 투입할지 등을 결정할 때도 유사한 계산법을 적용할 수 있다. 기업은 예상되는 모든 이익과 손실의 현재가치를 따져서 여러 대안을 비교하고 그중에서 최상의 대안을 선택한다.

어떤 기업이 영원히 지속되고 매년 100만 달러의 소득을 가져올 투자(공장이나 부동산, 연구 프로젝트 등)를 고려하는 중이라고 가정해보자. 영원히 지속될 연 100만 달러라는 소득 흐름의 현재가치는 100만 달러/r이다. 여기서 r은 시장금리를 의미한다. 따라서 투자비용이 그 금액보다 적으면 현재가치 측면에서 투자할 만한 가치가 있다. 매우 당연한 이치다. 만약,

$$\frac{소득}{시장금리(r)} \; \rangle \; 투자비용, \; 즉 \quad 소득 \; \rangle \; 시장금리(r) \times 투자비용$$

이라면 투자비용이 시장금리에 의한 수입보다 더 많은 수입을 제공한다는 의미이기 때문이다.

투자 대상이 닳아서 없어지는 것이라면 계산은 더 복잡해진다. 이 경우, 투자에 따른 소득이 적어도 금리와 대체비용을 더한 것보다 많아야 투자 가치가 있다. 이에 걸맞은 현재가치 계산법은 투자를 통해 발생할 소득 흐름의 현재가치를 초기 비용에 더해서 나중에 발생할 비용(이를테면 유지보수 등)의 현재가치를 더한 것과 비교하는 것이다. 투자 소득의 현재가치가 이 두 비용의 합계보다 커야, 다시 말해 순 현재가치가 이익이 되어야 투자 가치가 있다.

## 시간이 지나면서 자원이 없어진다면?

소모성 자원, 이를테면 석유에 관해 생각해보자. 석유의 매장량은 한정되어 있다. 매장량을 다 쓰면 더는 석유를 구할 길이 없다. 유정을 보유한 기업들은 이윤을 극대화하려고 시간에 따른 생산량을 어떻게 배분할지 결정해야 한다. 그 결과는 어떻게 나타날까?

편의를 위해 땅속에서 원유를 퍼낼 때 쓰는 비용이 없다고 가정해보자. 당신이 유정 하나를 보유했고, 그 유정에 100만 배럴(약 1억 5,890만 $l$)이 있다면 당신에게는 언제 얼마큼의 원유를 팔 것인지 결정하는 문제만 남았다. 여기에 더해서, 당신 말고도 원유를 생산하는 많은 기업이 있고, 그 회사들이 유정 몇 개를 갖고 있으며, 하나같이 시장 가격을 그대로 수용하는 가격수용자라고 가정해보자. 시장금리는 10%이고 올해의 원윳값은 배럴당 10달러지만, 내년에는 배럴당 12달러가 될 전망이다. 이런 상황에서는 모든 기업이 내년에 원유를 팔고자 할 것이다. 1년간 돈을 갖고 있으면 10%의 이자가 생기지만, 원유를 갖고 있으면 20%의 이익이 생기기 때문이다.

그렇지만 올해에 원유를 판매하는 사람이 아무도 없는 경우, 원윳값은 배럴당 10달러보다 훨씬 더 오를 것이다. 내가 방금 설명한 가격구조(올해에는 배럴당 10달러, 내년에는 배럴당 12달러)는 합리적인 행동과 모순된다. 만일 그런 가격구조가 있다면, 사람들은 그러한 가격구조를 만들지 않을 것이다. 그런 모순을 피하는 유일한 방법은 내년 원윳값이 10%만 올라서 기업들이 원유 1배럴당 얻는 현재가치가 올해에 팔든 내년에 팔든 똑같은 가격을 유지하면 된다.

내후년에도, 내후년의 다음 해에도, 이후로도 쭉 똑같은 논법이 적용된다. 원윳값은 매년 금리와 비례해서 상승해야 한다. 그렇지 않은 경우는 일부 기업이 실수하고 있다는 뜻이다. 예컨대 원유를 팔지 않는 게 이익임에도 원유를 판매하거나, 원유를 파는 게 이익임에도 판매하지 않는 것이다.

지금까지는 소모성 자원을 보유한 소유주가 안정된 재산권을 가졌다고 전제했다. 이 경우, 소유주는 올해에 석유를 팔지 않아도 그 석유에 관한 재산권이 여전히 자신에게 있으므로 내년에 그 석유를 팔 수 있다.

그렇지만 올해에 한 개의 유정을 보유한 사람은 누구나 이듬해에 유정을 뺏길 확률이 10%라고 가정해보자. 유정 소유주는 이듬해까지 원유를 팔지 않아서 잃게 되는 이윤은 물론이고 막상 내년이 되었지만 유정이 더는 자신의 소유가 아닐 가능성까지 모두 보상받을 만큼 원유 가격이 충분히 비싼 경우에만 올해 판매할 석유를 이듬해로 넘겨 판매할 것이다. 이런 분석결과는 석유 가격이 해마다 $1.1 \times (1+r)$의 비율로 상승할 것임을 암시한다.

오늘날 원유 대부분은 정부 소유다. 지금부터 10년 뒤에도 여전히 사우디아라비아를 통치하고 있을 거라는 전제로 원유 생산계획을 세우는 사우디아라비아의 지도자는 분명 바보다. 특히, 이란 국왕의 운명이나 쿠웨이트 침공 같은 사례를 감안하면 더욱 그렇다. 그들은 사우디아라비아 정부의 통제 아래 있는 원유보다 스위스 은행에 묻어둔 돈이 훨씬 더 안전한 재산임을 분명하게, 의심할 여지도 없이, 인지하고 있을 것이다.

불안정한 재산권의 영향은 먼 아랍권의 지도자에게만 국한되지 않는다. 미국의 정치는 안정되어 있을지 몰라도 경제정책은 아니다. 원유 회사에 불로소득세 같은 특별세의 부과는 일종의 수용expropriation(현지 정부가 일정한 보상을 주지 않고 다국적 기업의 재산권을 박탈하는 것_옮긴이)이라고 할 수 있다. 만일 그 같은 세금이 늘어날 것으로 예상되면 원유 회사는 훗날을 위해 원유를 아껴두기보다는 지금 당장 생산하는 편이 이익이다. 더 분명한 결론을 내리면, 지금 당장 더 많은 원유를 생산하고 나중에 덜 생산하는 편이 이익이다. 원유 회사들이 늘어날 세금을 예상하지 않았을 경우와 비교하면 사뭇 다른 결과다. 결과적으로 현재는 원윳값이 떨어지고 나중에는 오르게 된다.

## 원유 가격이 매번 다른 이유

원유 가격이 지난 50년이나 100년 동안 금리와 같은 수준으로 상승해 왔는지 묻는 독자들도 있을지 모르겠다. 대답은 "아니오"다. 1930년부터 1970년까지 원유의 실질가격(인플레이션을 감안한 가격)은 큰 폭으로 하락했다. OPEC의 보이콧은 원유의 실질가격을 거의 1930년 수준으로 되돌려 놨지만, 그 이후에 발생한 사건들은 원유의 실질가격을 다시 보이콧 이전 수준(1930년부터 1980년대까지 계속해서 금리와 같은 수준으로 가격이 상승했다고 가정하는 경우와 비교하면 한참 낮은 가격)으로 낮춰 놨다.

이론과 현실 사이에 존재하는 이 같은 명백한 차이에 대해서는 최소한 세 가지 해석이 가능하다. 첫째는 소모성 자원에 관한 경제이론이 잘못되었다고 보는 것이다. 둘째는 경제이론이 논리적으로는 옳지만, 전제조건 중 하나가 들어맞지 않는다고 보는 것이다. 예를 들어, 사람들이 미래를 예측하는 과정에서 해마다 수요는 과대평가하고 공급은 과소평가하길 반복한다면 가격은 항상 기대보다 낮을 터이고, 시간이 흐르면서 금리와 같은 수준으로 가격이 상승하지도 않을 것이다. 경제학자들은 이 같은 해석에 일반적으로 회의적이다. 그런 해석은 반복적인 실수에 더해서 일관성 있는 실수를 전제로 하기 때문이다. 더구나 미래의 원유 가격을 10년이나 20년 동안 계속해서 과대평가한 다음에는 사람들도 조금 더 정확하게 예측하는 법을 배우게 될 것이다. 특히, 유정을 소유한 사람들은 더욱 그럴 것이다.

앞에서 관찰한 가격 패턴에 대한 세 번째이자 가장 흥미로운 해석은 원유가 소모성 자원이 아니라는 주장이다. 이 주장이 엉뚱하게 여겨진다면 우리의 세상이 꽤 오랜 세월 동안 원유가 거의 바닥난 상태였다는 것을 생각해보라. 요컨대, 앞으로 10년이나 20년 남짓 지나면 원유의 확인 가채매장량(탐사 등으로 매장 사실이 확인되고, 현재의 기술과 가격 수준으로 앞으로 생산될 수 있는 양_옮긴이)이 모두 고갈될 거라고 생각하면서 살아온 세월이 거의 100년이다. 소모성 자원에 관한 분석을 시작하면서 나는 생산 비용이 존재하지 않는다고 전제했다. 따라서 소모성 자원의 가격은 전적으로 한정된 양에 의해서 결정되었다. 이제 그런 전제를 배제해보자. 생산비용의 존재는 결론에 어떤 영향을 미칠까?

생산비용을 확실하게 예측할 수 있다면 우리는 이전의 분석법을 그대로 적용할 수 있다. 다만, 가격을 '생산비용을 뺀 가격'으로 대체하기만 하면 된다. 생산비용을 뺀 가격이 유정 소유주가 벌어들이는 돈이다. 만약 이 가격이 금리보다 더 빠르게 오르면 생산자는 원유를 나중에 생산하는 게 이익이다. 반대로 금리보다 더 느리게 오르면 지금 당장 판매하는 게 이익이다. 균형을 이룬 상태에서 생산비용을 뺀 가격과 금리는 똑같은 비율로 상승한다.

이처럼 원유 가격이 그때그때 다른 이유는 (원유를 퍼 올리는 비용과 원유를 찾아내는 비용을 모두 합한) 생산비용이 원유 가격의 대부분을 차지하기 때문이다. 시간이 흐르면서 생산비용이 내려가면 가격도 함께 떨어질 것이다.

앞에서 우리는 완전한 소모성 자원, 즉 가격이 제한적인 공급에 의해 전적으로 결정되는 자원을 살펴봤다. 이번에는 완전히 다른 차원에서 하나의 자원을 생각해보자. 그 자원은 오직 한정된 양이 존재하지만, 생산비용이 많이 들고, 게다가 소비자가 요구하는 수준에 비해 자원량이 너무 많아서 가격이 생산비용을 보전하기에도 충분치 않다. 자원량이 너무 많아 해당 자원의 재고가 바닥을 보이기 전에 과학기술이나 법, 정치 제도가 몰라보게 변해 있을 것이다.

이런 자원을 공급이 부족할 때 판매하려는 건 그다지 좋은 생각이 아니다. 공급 부족 이전에 우리가 그 재화를 사용하지 않게 되거나, 재화의 소유주가 재산권을 잃거나, 인류가 자멸할 수도 있기 때문이다. 시간의 흐름에 따른 그 재화의 가격 변화는 전적으로 생산비용의 변화로 결정된다. 엄밀히 말해서 그 재화도 소모성이지만, 소모성이라는 사실이 가격에 영향을 주지 않는다. 유정 탐사와 개발에 투자하는 어떤 사람이 생산을 시작하자마자 자신이 개발한 유정을 뺏길 확률이 50%라고 가정해보자. 그 사람이 유정 개발에 기꺼이 투자하려면 유정 소유 수익이 유정 개발 비용보다 최소한 두 배 이상이 되어야 한다. 따라서 재산권이 불안정한 세계에서는 원유 가격이 더 고가이다.


## 나무와 코끼리

종이를 재활용하는 행동은 흔히 미덕으로 여겨진다. 나무를 보호할 수 있다고 믿기 때문이다. 그런 믿음은 잘못된 것일뿐더러 사실과 정반대다. 종이를 재활용하자는 주장에는 분명 타당한 구석이 있지만 오늘날 미국에서는 나무의 숫자가 줄어드는 결과를 낳고 있다.

미국에서 종이를 만드는 목재 대부분은 애초에 종이를 만들려고 기른 나무에서 얻는다. 하지만 재활용은 펄프재 수요를 감소시킨다. 그리고 일단 수요곡선이 내리막을 그리면 가격은 내려가고 수량은 줄어든다. 나무를 기르는 데 적합했던 땅은 가격이 바뀌면서 이제 더는 그 용도로 사용할 수 없게 된다. 가격 차이만큼의 면적을 다른 용도로 사용한다. 채식주의자가 늘어나면 소가 줄어드는 것과 마찬가지로 재활용 때문에 결과적으로 나무가 줄어든다.

사람들은 재활용 덕분에 적어도 당분간은 나무를 보호하게 된 세상을 상상한다. 재활용을 지지하는 많은 사람이 상상하는 세상에는 나무가 무성하다. 인위적으로 나무를 심지도 않았지만, 굳이 나무를 베지도 않는다. 하지만 그 세상의 펄프재 수요가 늘어나면서 벌목도 자연히 늘어난다. 나무를 베기만 하고 심지는 않기 때문에 재활용의 여부와 상관없이, 전체 삼림 면적이 줄어든다.

이와는 별개로 또 다른 시속時俗이 상아 판매를 막는다. 겉으로 보기에는 나무 사례와 같은 주장처럼 보인다. 상아 판매는 코끼리 사육으로 얻는 이윤창출의 한 방편이다. 하지만 오늘날 입법자들은 상아 판매를 불법으로 규정해서 코끼리 사육에 따른 이윤을 감소시켰고, 그 결과 전 세계 코끼리 숫자가 줄어들었다. 상아 거래를 금지하면서 의도했던 목적과 정확히 상반되는 결과이다.

하지만 이 경우에는 결론이 덜 명료하다. 그 이유는 불안정한 재산권 때문이다. 즉, 상아 한 개를 훔치는 것이 나무 한 그루를 훔치는 것보다 더 쉽다는 이야기다. 상아거래금지법은 상아를 팔아 돈을 벌려고 남이 애써 기른 코끼리를 쏴 죽이는 밀렵행위를 더는 이익이 되지 않게 만들었다. 상아거래금지법이 전체적으로 어떤 결과를 가져왔는지는 불분명하다. 왜냐하면 코끼리 주인의 관점에서 보면 이 금지법 덕분에 밀렵꾼에게서 코끼리를 보호하는 비용이 줄어 상아를 팔지 못해서 생기는 잠재적인 손실보다 더 많은 돈을 절약할 수도 있기 때문이다.

지금까지 내 설명은 이론적인 측면에 관한 것이었다. 이에 비해서 레이먼드 보너Raymond Bonner는 《인간의 손에서At the Hand of Man》라는 그의 저서에서 현실적인 측면들을 이야기한다. 이 책은 아프리카의 야생동물을 보호하려는 목표를 지지하지만, 그 방법에 대해서는 지극히 비판적이다. 그의 설명에 따르면, 남아프리카 지역 나라들은 상아거래금지법을 반대했는데, 이들 나라에서는 야생동물에 관한 재산권이 상대적으로 안정적이고 밀렵은 사소한 문제이기 때문이다. 여기에 더해서 수많은 야생동물전문가도 이 금지법을 반대하기는 매한가지였다. 이에 반해, 상아거래금지법을 찬성한 쪽은 기금 마련에 도움이 될 만한 적당한 이슈를 찾던 야생동물보호단체와 재산권이 거의 보호되지 않고 밀렵과 정치 부패가 팽배해 있던 동아프리카 국가들이었다. 상아거래금지법이 제정되던 1989년 투표에서 최소 7,000마리가 넘는 코끼리를 보유한 아프리카 12개국 중 7개국이 반대표를 던졌다. 반대한 국가들은 아프리카 전체 국가를 놓고 봤을 때 소수에 불과했지만, 아프리카에 서식하는 코끼리 중 대다수를 보유하고 있었다. 그 국가들이 그렇게 많은 코끼리를 보유할 수 있었던 것은 코끼리에 관한 재산권을 보호하는 나라였기 때문이다.

## 현재와 미래, 어떻게 배분할까?

사과 한 개를 놓고 지금 받을지 아니면 나중에 받을지 선택하라고 하면 우리 대다수는 지금 당장 받길 원한다. 시간의 흐름에 따라 만족도가 다른 선택 가능한 패턴, 즉 선택 가능한 효용 흐름 중 하나를 결정할 때 우리는 수입을 할인하는 것과 마찬가지로 효용을 할인한다. 수입은 달러를 기준으로 측정하고, 만족은 효용가치를 기준으로 측정한다. 만일 내가 지금 이 순간에 효용가치가 100인 만족을 얻든지, 나중에 105인 만족을 얻든지 상관하지 않는다면, 나는 효용가치에 대해 5%의 내부할인율을 가졌다. 각자의 내부할인율은 개인적인 기호에 따라 다르다. 즉, 나의 내부할인율은 현재의 만족과 미래의 만족 중 어떤 것을 선호하는지를 보여준다.

조급함이 더할수록 나는 점점 더 현재의 소비를 위해 미래의 소비를 기꺼이 포기한다. 미래의 소비를 현재의 소비로 바꿈으로써 현재의 달러에 대한 내 한계효용을 떨어뜨리고, 미래의 달러에 대한 한계효용을 높이는 셈이다. 이 일련의 과정은 늙고 가난할 때의 내게서 젊고 부유할 때의 내게로 돈을 옮김으로써 발생하는 효용의 손실이 효용을 좀 더 일찍 누림으로써 얻는 이윤과 균형을 이룰 때 비로소 멈춘다.

달러당 내 할인율은 내가 (시간이 흐르면서 수입이 주는 한계효용의 변화와 조급함이 복합적으로 작용한 결과로) 현재의 달러를 미래의 달러와 기꺼이 교환하려는 비율이다. 이에 반해, 금리는 현재의 달러를 미래의 달러와 교환할 수 있는 비율이다. 나는 현재의 달러 효용과 미래의 달러 효용이 같아질 때까지 현재의 달러를 미래의 달러와 (또는 미래의 달러를 현재의 달러와) 교환할 것이다. 이 같은 주장은 4장에서 언급했던 $MV=P$(한계가치=

가격)와 같다. 다만, 재화 대신에 시간을 적용했을 뿐이다.

## 시간의 흐름에 따른 효율적 배분

소모성 자원을 둘러싼 수많은 논의에서는 우리가 소모성 자원을 너무 빨리 탕진한다고 전제한다. 우리는 양이 한정된 원유를 시간의 흐름에 따라서 어떻게 배분해야 할까?

원유가 올해 배럴당 10달러에 판매된다면 원유 1배럴은 정확히 10달러의 가치가 있다고 느끼는 사람에게 판매될 때 최대 가치를 낳는다. 내년에는 배럴당 12달러에 판매된다면 마찬가지로 원유 1배럴은 12달러의 가치가 있다고 느끼는 사람에게 판매될 때 최대 가치를 낳는다. 올해 1배럴을 덜 생산하고, 내년에 1배럴을 더 생산한다면 올해의 10달러 가치를 내년의 12달러와 교환하는 것이다.

금리가 10%라고 가정하면 올해 10달러를 가진 사람은 그 10달러를 내년의 11달러와 바꾸거나 내년의 11달러를 올해 10달러와 바꿀 수 있다. 지금의 10달러가 내년의 11달러보다 가치가 없는 경우, 나는 수입 중 일부를 다른 누군가에게 빌려줘서 현재의 소비를 미래의 소비로 바꾼다. 반대로, 현재의 10달러가 내년의 11달러보다 더 가치가 있는 경우, 내년 수입에 근거해서 지금 돈을 빌릴 것이다. 이 두 경우가 균형을 이룰 때 오늘의 10달러가 내년의 11달러와 같은 가치를 가진다. 오늘을 기준으로 했을 때, 내가 소비하는 1달러 가치의 어떤 재화가 같은 금액의 다른 재화와 가치가 같아야 하는 것과 똑같은 원리다. 가격은 재화의 한계가치를 나타낸다. 그 재화가 무엇이든, 또는 그때가 언제든 상관없다.

만약 내가 현금으로 지금 10달러를 갖든, 내년에 11달러를 갖든 상관없다면 오늘은 10달러의 가치가 있지만, 내년에 12달러의 가치를 갖게 될 원유로 교환해두는 편이 훨씬 이익이다. 이 경우, 내년에 원유 가격이 올해 대비 10% 이상 오르는 한 이윤도, 아울러 내년에 소비자가 얻을 갤 런당 한계가치도 계속해서 증가한다. 그 결과, 우리는 내년 가격이 올해 가격에 10%를 더한 수준으로 떨어질 때까지 계속해서 현재 소비를 미 래 소비로 바꿀 것이다. 이 논리대로라면 우리의 호의적인 에너지 독재 자는 원유 가격이 금리와 같은 수준으로 오르도록 원유 공급을 조절할 것이다. 시장에서는 이미 그렇게 하고 있다.

## 저축과 투자 그리고 금리

소비자마다 수입과 내부할인율, 효용함수, 금리 등이 다르다. 이에 근 거해서 돈을 빌리거나 빌려준다. 소비자의 목표는 자신의 삶에서 현재의 효용가치를 극대화하는 소비 패턴을 찾는 것이다. 따라서 자신의 현재 내부할인율로 할인했을 때 자신에게 드는 비용보다 더 많은 효용을 줄 수 있는 지점에 자신의 소비를 재배치하여 그 목적을 달성한다. 자신이 직장생활 초반에는 소득이 높지만, 나중에는 줄어들 거로 예상하는 사람 (이를테면, 프로 운동선수)은 일찍부터 돈을 저축하고, 그 돈을 빌려주고 이 자를 받고, 또 그 이자를 모은다. 소비는 나중 일이다. 한편, 이와 반대되 는 상황에 있는 사람(이를테면, 의대생)은 젊을 때 돈을 빌리고, 나중에 나 이가 들어서 빌린 돈을 이자와 함께 갚는다.

이처럼 대부의 순수요를 결정하는 요소 중 하나는 평생의 수입과 지 출 기회가 어떤 패턴으로 진행되는가 하는 점이다. 이를테면, 의료 분야 처럼 오랜 기간 훈련이 필요한 직업이 늘어나면 대출 수요는 증가한다. 더불어 금리도 상승한다. 하지만 새로운 의학기술이 개발되어 나이 든 사람도 새롭고 유익한 방식으로 돈 쓸 일이 생긴다면 사람들은 젊어서 돈을 덜 쓰고 아껴두었다가 늙어서 쓰려고 할 것이다.

또 다른 요소는 내부할인율이다. 자신의 미래를 걱정하는 사람들이 늘어나면 저축은 늘고 대출은 준다. 반대로, 오늘을 즐기기로 한 경우에는 저축이 줄고 대출이 늘어난다.

대출과 대부가 모두 이런 식이라면 전체 대출과 대부가 같아야 한다. 즉, 당신은 다른 누군가가 1달러를 저금해두었다가 빌려주지 않는 이상 1달러를 대출할 수 없고, 따라서 (균형이자율을 유지하는 시장에서) 대출의 순수요는 제로가 된다. 대출 수요가 많아지고 그 공급이 줄어들면 금리는 수요량과 공급량이 다시 같아질 때까지 상승한다.

하지만 대출과 대부가 모두 이런 식은 아니다. 시간의 흐름에 따라 자신의 소비 패턴을 수정하려는 개인의 대부나 대출과는 별도로 투자를 목적으로 돈을 빌리는 기업들이 있다. 금리가 높으면 기업은 수익성이 높은 프로젝트에만 투자한다. 금리가 낮을수록 순현재가치가 흑자인 프로젝트 숫자는 늘어난다. 결과적으로 금리가 낮을수록 돈을 빌리려는 기업이 늘어난다.

자본 시장에 개인과 기업만 있는 건 아니다. 정부도 지출에 필요한 자금을 조달하는 과정에서 미래에 청구할 세금을 고려해 자국민과 외국인에게 돈을 빌린다. 물론 자본이 국내로 유입되기도 하고 국외로 유출되기도 한다. 국내외의 개인과 기업, 정부는 하나같이 국가의 금리를 결정하는 공급과 수요 곡선에 영향을 준다.

현재의 재화로 미래의 재화를 생산하는 방법에는 공장을 짓는 것과 재화를 안전한 곳에 보관해두고 기다리는 것이 있다. 보관비용이 그다지 많이 들지 않는 재화(금괴, 숨겨둔 장소를 아무도 모른다고 가정할 때)는 현재의 재화 한 개가, 곧 미래의 재화 한 개가 되고, 따라서 이런 재화의 금리는 제로보다 무조건 높다. 10온스짜리 금괴를 1년 뒤에 9온스짜리하고 바꾸려는 사람은 아무도 없다. 10온스짜리 금괴는 은밀한 곳에 언제든 감춰둘 수 있고, 1년 뒤에 꺼내도 10온스라는 사실은 변하지 않기 때문이다. 하지만 부패하기 쉬운 재화(토마토)이거나 보관비용이 비싼 재화(금괴, 숨겨둔 장소를 누구나 다 안다고 가정할 때)의 경우는 사정이 다르다. 그런 재화에는 마이너스 금리가 존재한다.

## 국제 수지

6장에서 나는 무역적자가 자본의 순유입과 마찬가지라고 설명했다. 또 자본의 순유입이 좋은 일인지, 나쁜 일인지는 왜 그 같은 자본 유입이 발생했는지 그 원인에 따라 다르다고 주장했다. 이제 이 주장을 좀 더 분명하게 진술할 수 있게 되었다.

자본 유입이 발생하는 원인은 외국 투자자들의 관점에서 볼 때 투자하려는 국가의 실질금리가 자국의 실질금리보다 더 높기 때문이다. 미국의 금리가 높은 원인이, 미국인들이 점점 더 조급해져서 미래의 효용을 위해 현재의 효용을 포기하려고 하지 않아서라면 미국의 높은 금리는 미국인들이 궁극적으로 더 가난해질 거라는 사실을 암시하는 징조다. 우리는 미래의 수입으로 오늘을 살고 있지만, 언젠가는 어음 지급 기일이 올 것이다. 하지만 미국 기업들이 많은 매력적인 투자 기회를 찾고 그래서 일본 기업들이 제시하는 것보다 더 높은 오퍼율offer rate(외환시장이나 금융시장에서 외화나 예금 등을 거래할 때, 거래당사자가 제시하는 가격 가운데 외화를 매입하거나 예금 등의 자금을 수취하려는 측이 제시하는 가격이나 이자율_옮긴이)을 제시한다면 미국인들은 어음의 지급 기일이 와도 투자를 통해 거둬들인 수익으로 어음을 결제할 것이다.

# 불확실한 세상에서의 합리적 선택
## : 확률

## 매몰비용

당신은 집에서 32km 떨어진 옷 가게에서 셔츠를 할인판매한다는 광고를 발견한다. 하지만 그 가게에 갔을 때 세일 중인 셔츠는 당신에게 맞는 치수가 없다. 당신에게 맞는 치수의 셔츠는 집 근처에 있는 가게보다 약간 저렴할 뿐이다. 당신은 어떻게 해야 할까?

지금 있는 그 가게에서 셔츠를 사야 한다. 차를 운전해서 그 가게까지 찾아간 비용은 매몰비용sunk cost때문이다. 매몰비용이란 일단 발생하면 복구할 수 없는 비용을 뜻한다. 집에서 출발하기 전에 그런 상황을 알았더라면, 당신은 그 가게를 찾아가지 않았을 것이다. 하지만 이미 그 가게에 도착한 지금, 당신은 셔츠를 사든 말든 상관없이 해당 비용을 이미 지출한 셈이다.

매몰비용과 관련해서 두 가지 상반된 오류가 있다. 하나는 매몰비용을 아직 투입하지 않은 비용처럼 여기는 오류다. 셔츠를 구매하겠다고 32km에 달하는 거리를 애써 달려왔는데도 가격이 싸지 않다는 이유로 셔츠를 구매하지 않는 행동이 이런 오류에 해당한다. 또 다른 하나는 동네에 있는 가게보다 옷값이 더 비싸지만 이왕 왔으니 무엇이라도 사는 편이 낫다는 생각에 무조건 구매하려고 하는 경우다. 이 경우 당신이 구매하려는 그 무엇은 차라리 없느니만 못하다. 다시 말해 잃은 돈을 건지려다 더 큰 손해를 자초하는 오류다.

내가 아주 어린 꼬마일 때 여동생과 다투고 내 방에 틀어박혀 있으면 아버지는 방문 밖에서 이렇게 말씀하셨다.

"실수를 저지르고도 그 실수를 인정하지 않으면 네 상처만 두 배로 커진단다."

내가 좀 더 나이가 들자 아버지는 같은 이야기를 이렇게 말씀하셨다.

"매몰비용은 말 그대로 매몰비용이란다."

매몰비용 개념은 불확실한 세상에서 기업 행동을 이해하는 중요한 수단이다. 일단 공장을 건설하면 그 공장을 건설하는 데 들어간 비용은 매몰비용이다. 합리적인 기업이라면 수입이 공장을 짓는 비용을 보전할 수 있을 때 공장을 지을 것이다. 같은 이치로, 합리적인 구매자라면 기름값과 시간을 들여서 찾아갈 만큼 돈을 절약할 수 있을 때 차를 끌고 32km나 떨어진 옷가게를 찾아갈 것이다. 하지만 일단 공장이 건설되고 나면 (공장을 가동하는 비용과 그 공장을 다른 사람에게 팔지 않음으로써 발생하는 기회비용을 모두 포함한) 비용을 보전할 수입만 발생하더라도 공장을 가동하는 편이 낫다.

기업은 공장을 건설하거나 신제품 개발비를 포함해서 전체 비용을 보전할 정도로 충분한 가격을 받을 수 있을 때만 시장에 진출한다. 이런 비용은 실제로 발생하기 전이라면 얼마든지 회수할 수 있다. 일단 시장에 진출한 기업은 시장 가격이 회수가능원가recoverable cost를 보전할 수 없을 때만 사업을 접는다. 이때 기업에서 되돌릴 수 있는 비용은 회수가능원가가 전부이기 때문이다. 따라서 뜻밖의 수요 증가로 가격이 오를 경우, 기업은 시장 가격이 매몰비용을 포함한 평균원가를 넘어서야만 시장에 진입한다. 반면, 수요 감소로 가격이 내려갈 경우, 기업은 시장 가격이 매몰비용을 제외한 평균원가 아래로 떨어졌을 때만 시장에서 이탈한다.

시장 가격이 매몰비용을 보전하기에 부족하다면 낡은 공장을 굳이 새로 지을 필요가 없다. 그리고 낡은 공장들을 폐쇄하면 공장의 숫자는 점점 줄고 가격은 점차 상승하여 궁극적으로 시장 가격은 평균 총비용과 같아진다. 이와 유사한 상황에서 그동안 우리가 균형점에 도달했던 것과 같은 이치다. 다만, 어느 정도의 시간은 필요하다. 새로운 공장을 짓는 것보다 그 공장이 노후화되는 시간이 더 오래 걸리기 때문이다.

불확실한 세상에서 시장에 진출할지 말지 결정해야 하는 기업이나 회사를 차릴지 말지 결정해야 하는 기업가에게 향후 가격 변화는 성패를 좌우할 중요한 요인이다. 그러나 결정 당시에 그들은 가격이 어떻게 변할지 알 수 없다. 따라서 자신이 기대할 수 있는 평균수익을 최대한 잘 예측해서 결정을 내릴 수밖에 없다. 여기에도 무이윤조건zero-profit condition은 계속해서 적용되지만, 일반적인 의미가 있을 뿐이다. 즉, 운이 좋다면 기업은 돈을 벌 것이고 그렇지 않다면 손해를 볼 것이다.

## 투기꾼의 가격 유지

신문이나 역사책을 읽다보면 꼭 악의적인 투기꾼과 마주친다. 종종 그들은 기근이나 통화 위기, 살인적인 물가 등 세상의 모든 문제를 일으키는 원흉으로 보인다.

투기꾼은 자신이 생각할 때 싸면 구매하고 비싸면 판다. 예를 들어, 올해는 작황이 좋지 않을 거라고 판단하면 가격이 싼 지금 곡물을 구매한다. 판단이 적중하면 곡물 가격이 오르고 구매한 곡물을 되팔아 많은 이윤을 챙긴다.

이렇게 이윤을 창출하는 방식이 언론에서 신랄하게 비난받는 이유는 여러 가지다. 그중 하나는 투기꾼이 타인의 불행을 이용해서, 키플링의 표현을 빌리자면 "다른 사람의 배고픔과 곤경"을 이용해서 이윤을 챙기고 돈을 번다는 것이다. 그렇게 따지자면 농부들도 똑같은 비난을 받아야 마땅하지만 일반적으로 농부는 좋은 사람으로 여긴다. 또 다른 이유는 투기꾼이 곡물을 사들임으로써 곡물 가격이 오르고 그로 인해 식량 부족 문제가 마치 투기꾼의 잘못인 양 비치기 때문이다.

그렇지만 돈을 벌려면 투기꾼은 사기도 하고 팔기도 해야 한다. 만약 곡물이 넘쳐날 때 구매한다면 투기꾼은 그 당시 곡물 가격을 올리는 데 실제로 일조한다. 하지만 곡물이 부족할 때 판매함으로써 추가 수량이 정말 유용할 때 공급량을 늘리고 가격을 낮춘다.

투기꾼은 비록 자신의 이기적인 동기로 행동하지만, 그 행동은 인정 많은 통치자가 보여줄 법한 행동과 거의 유사하다. 그는 기근이 발생할 것 같으면 시장 가격을 올려서 식량을 절약하게 하고(예를 들어, 가축 사료로 사용되는 곡물을 인간이 소비할 수 있도록 육용 동물의 도살 시기를 앞당긴다), 외국에서 식량을 수입하거나 낚시를 하거나 과일을 말리는 등의 행위로 다른 종류의 대체 식량을 생산하게 한다. 그리고 자신은 밀을 저장해두었다가 기근이 극에 달했을 때 제값을 받고 분배한다. 투기꾼이 기근을 유발하기는커녕 기근을 예방하는 셈이다.

능력 있는 투기꾼은 상황에 따라 가격을 올리거나 내리면서 가격을 일정하게 유지한다. 그들은 정부가 가격 안정화 정책을 통해 표방하는 것, 즉 단기간의 가격 변동 폭을 줄이는 역할을 한다. 그런데도 투기꾼과 투기 행위가 환영받지 못하는 것은, 조만간 어떤 물건이 부족해질 거라는 소식에 대한 반감이 한몫한다. 그것이 또한 가격이 올라서 당장 서민경제가 어려워질 거라는 예측을 동반하기 때문이다. 또 다른 이유로는 투기의 작동 메커니즘을 이해하기 어렵기 때문이다.

투기꾼이 가격 변동을 일으킨다고 의심받는 이유 중 하나는 라틴 격언인 "쿠이 보노Cui Bono?"라는 말로 설명할 수 있다. 이 말은 "누가 이득을 보는가?"라는 뜻인데, 보통 투기꾼은 가격을 올려서 스스로 이익을 본다고 생각하기 때문이다.

주정부가 발주한 여러 계약을 수주해서 작년에 1,000만 달러를 번 기업이 있다고 하자. 그 기업에게서 어떤 주지사 후보가 거액의 선거자금을 받았다는 사실이 신문에 보도된다면, 누구라도 해당 정보가 그 후보의 경쟁자에게서 나왔음을 쉽게 짐작할 수 있다. 또 제3세계에서 쿠데타가 발생했는데 쿠데타에 성공한 리더가 승리와 동시에 곧바로 소비에트 연방이나 미국과 동맹을 체결하게 된다면, 우리는 굳이 그 새 지도자의 은행 계좌를 조사하지 않더라도 그가 정권교체 과정에 모스크바나 워싱턴의 지원을 받았음을 짐작할 수 있다.

"쿠이 보노?"는 많은 경우에 적용되는 유용한 말이지만, 물가 동향의 이해와 관련해서는 쓸모가 없을뿐더러 절대로 믿을 게 못 된다. 특정 재화의 가격이 올랐을 때 편익을 얻는 사람도 생산자이지만, 해당 재화의 가격을 떨어뜨리는 것도 생산자다. 부품 제조업자는 제발 부품 가격 좀 오르게 해달라고 저녁마다 무릎 꿇고 기도하지만, 날이 밝으면 가격 낮추는 일을 하느라 분주하다. 가격 변동이 해당 가격 변동으로 편익을 얻는 사람들의 짓이라고 믿는 건 일반적으로 잘못이며, 때로는 그런 잘못이 위험을 낳기도 한다.

가격이 낮을 때 구매하는 행동은 가격을 끌어올린다. 반대로 가격이 높을 때 판매하는 행동은 가격을 끌어내린다. 목적한 바를 이룬 부품 제조업자가 부품 가격을 떨어뜨리는 것과 마찬가지로 투기에 성공한 투기꾼은 가격 변동 폭을 줄인다. 물론 시장을 불안정하게 만드는 투기꾼도 있다.

한번은 어떤 경제학자의 강연을 들은 적이 있다. 그 경제학자는 안정화와 유익한 투기의 관계를 역으로 응용해 강의했다. 중앙은행이 통화를 사고파는 목적은 환율을 안정시키기 위함이다. 만약 유익한 투기가 안정화를 불러온다면 이윤을 기대할 수도 있다. 달러화의 가격이 일시적인 하락세를 보이면 달러화를 매입하고, 일시적인 상승세를 보이면 매도함으로써 중앙은행은 달러화 가치의 안정화와 이윤을 동시에 꾀할 수 있다는 것이다.

이 같은 주장은 중앙은행이 불필요하다는 사실을 암시한다. 만약 통화를 안정시켜서 이익이 된다면 투기꾼들이 기꺼이 나설 것이다. 또 중앙은행이 투기로 돈을 벌었는지, 잃었는지를 보고 그 역할을 성공적으로 하고 있는지 판단할 수 있다. 이 문제를 연구했던 그 학자의 결론에 따르면 일반적으로 중앙은행은 돈을 잃는 쪽이었다.

## 합리적인 도박꾼

1장부터 11장까지 우리는 확실하고 변하지 않는 세상을 전제로 시장에서 어떻게 가격과 수량이 결정되는지 살펴봤다. 12장에서는 변하긴 하지만 확실한 세상에 대한 논증을 끌어냈다. 이런 세상에서는 모든 결정이 예측 가능한 비용과 편익 흐름을 포함한다. 따라서 각각 흐름을 현재가치로 바꾸고 비교만 하면 된다.

다음 단계에서는 불확실한 세상에서의 개별적인 선택을 분석한다. 또다시 우리의 목표는 우리가 다루고 있는 문제를 우리가 해결해 본 적이 있는 더 쉬운 문제로 바꿔놓는 것이다. 불확실한 세상을 묘사하기 위해 우리는 개개인 모두가 잠재적인 성과에 대해 하나의 확률분포probability distribution를 가졌다고 가정한다. 이들 개개인은 앞으로 무슨 일이 일어날지 모르지만, 어떤 일은 일어날 수도 있고, 그 일이 실제로 일어날 확률은 어느 정도나 되는지 알고 있거나 안다고 믿는다.

동전을 던져서 어느 면이 나올지 내기를 한다. 문제는 어느 쪽에 걸어야 할지 결정하기가 쉽지 않다는 점이다. 하지만 동전의 앞면이나 뒷면이 나올 확률이 정확히 반반이라면 답은 비교적 명확하다. 예컨대, 매번 1달러씩 건다고 쳤을 때 한 번에 딸 수 있는 돈이 1달러 이상이면 내기를 하고 그보다 적으면 내기를 하지 말아야 한다. 다시 말해 평균을 따졌을 때 돈을 버는 내기는 해도 괜찮고, 돈을 잃는 내기는 하지 말아야 한다.

이 기준은 같은 내기를 여러 번 할 때 합리적인 작전이다. 내기의 횟수가 많아질수록 끝에 가서는 그 내기의 평균적인 결과에 근접한 결과가 나타나기 때문이다. 하지만 내기가 단 한 번에 끝나는 경우를 생각해보자. 게다가 내기에 걸린 돈은 1달러가 아니라 자그마치 5만 달러다. 이 내기에서 진다면 당신은 빈털터리가 된다. 5만 달러가 전 재산이니까. 하지만 이긴다면 10만 달러가 생긴다. 돈만 놓고 따지면 정말 매력적인 도박이지만, 당신 관점에서 굳이 이런 도박은 할 필요가 없다. 전 재산인 5만 달러를 잃고 느끼는 상실감이 10만 달러로 재산이 늘면서 얻는 만족감보다 훨씬 크기 때문이다. 5만 달러를 잃어서 굶주리는 상황과 비교하면 10만 달러로 재산이 늘어나는 건 작은 일에 불과하다는 것쯤은 누구나 쉽게 상상할 수 있다.

이런 이야기는 경제학자들이 한계효용체감이라고 부르는 규칙을 보여주는 하나의 예다. 당신을 무일푼에서 5만 달러로 만들어주는 돈은 5만 달러 이후부터 추가되는 돈보다 당신에게 훨씬 가치가 있다. 돈은 재화를 구매하는 데 사용되고, 당신이 느끼는 재화의 가치는 그 재화를 많이 가지면 가질수록 줄어들 것이다.

직업을 선택하거나 사업을 시작할 때, 집을 살 때, 평생 저축한 돈을 투자할 때, 당신은 목돈을 걸고 내기를 하는 셈이고 일반적으로 그런 내기는 반복할 수 없다. 그렇다면 합리적인 사람들은 그런 내기를 할지 말지 어떻게 결정할까?

이 질문에 해답을 제시한 사람이 게임이론을 발명한 수학자 존 폰 노이만이다. 그는 기대수익 개념을 효용 개념과 결합해 (불확실한 상황이 반복되든지 한 번으로 끝나든지 상관없이) 불확실한 상황에 대처하는 개개인의 행동을 설명할 수 있다고 증명했다. 핵심 개념을 살펴보면 합리적인 개인은 달러가 아니라 효용의 기대수익(평균 수익이 아닌 평균 효용)을 극대화한다는 것이다. 당신은 재산이 늘어나면서 돈이 늘어날 때마다 추가되는 효용이 감소하면 위험을 피하게 되고, 당신이 이겼을 때 버는 돈이 잃었을 때 날리는 돈보다 더 많은 경우(내기를 통해 자칫 잃을지도 모르는 돈이 그 내기를 통해 벌고자 하는 돈보다 더 소중하다는 사실을 무시할 정도로 충분한 보상이 있는 경우)에만 내기를 수락한다.

그림 13-1 ⓐ는 위험을 피하려는 사람의 효용함수를 보여준다. 이런 사람의 효용은 수입과 비례해서 증가하지만, 수입이 늘어날수록 효용의 증가 속도가 점점 느려진다. 그림 13-1 ⓑ에서 보듯이 13-1 ⓐ와는 다른 형태로 휘어지는 효용함수를 가진 사람은 위험을 선호한다. 그런 사람은 평균적으로 봤을 때 (카지노나 복권회사에서 제공하는 거의 모든 내기처럼) 돈을 잃는 내기도 마다치 않고 받아들인다.

이런 용어들은 불확실성을 대하는 태도를 설명하면서 마치 위험을 선

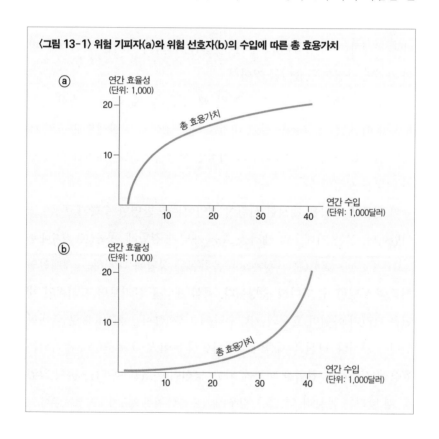

〈그림 13-1〉 위험 기피자(a)와 위험 선호자(b)의 수입에 따른 총 효용가치

호하는 사람들은 도박이 주는 긴장감을 좋아하고, 위험을 꺼리는 사람들은 싫어한다고 암시하는 듯 보인다. 하지만 실은 그렇지 않다. 물론 도박 행위 그 자체에서 효용(또는 비효용)을 얻는 사람도 있다. 하지만 그런 사람은 우리의 분석 대상이 아니다. 우리의 관심은 도박을 그 결과로 판단하는 사람이다. 위험을 피하는 사람이란 단지 수입에 따른 한계효용이 줄어들어 자신에게는 도박으로 벌 수 있는 돈이, 잃을 수 있는 돈에 비해 상대적으로 가치가 떨어진다는 사실을 감수할 만큼 많은 돈을 벌 기회가 있지 않고서는 도박을 수락하지 않는 사람이다. 한편, 위험을 선호하는 사람은 수입에 비례해서 한계효용이 증가하는 사람이다.

엄밀히 말해서, 우리가 '위험 기피자'라고 부르는 사람은 '금전적인 위험 기피자'이다. 돈에 따른 한계효용이 줄고 있는 사람이라도, 이를테면 수명 연장이나 자녀 수 같은 다른 재화에서 높은 한계효용을 찾을 수 있다. 10만 달러를 잃거나 딸 확률이 반반인 도박은 거부하지만, 10년을 더 살거나 덜 살 확률이 반반인 도박은 기꺼이 선택한다고 해서 절대 불합리하다고 말할 수 없다.

생존에 필요한 식량을 사기 위해 일정한 액수의 돈이 필요한 사람이 있다고 가정해보자. 해당 액수에 미치지 못하는 수입 증가는 그 사람의 삶을 조금은 연장해주지만, 그는 결국 굶어 죽는다. 그 사람에게는 생존할 수 있는 수입 증가가 무엇보다 중요한 문제다. 하지만 생존할 수 있는 수입을 넘어선 추가 수입은 상대적으로 덜 중요한 것을 구매하는 데 사용하고, 따라서 수입에 따른 한계효용이 감소한다. 그림 13-2 ⓐ는 이러한 효용함수의 변화를 보여준다. 즉, 수입 증가에 따른 한계효용이 처음에는 급격히 상승했다가 이후에는 점점 줄어든다.

이런 사람은 자신의 초기 수입이 최소한의 생활비보다 낮은 A 지점에

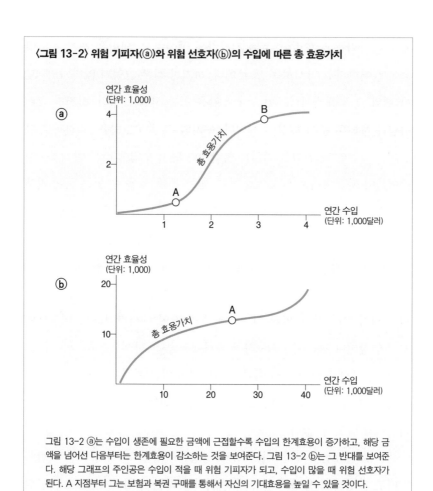

〈그림 13-2〉 위험 기피자(ⓐ)와 위험 선호자(ⓑ)의 수입에 따른 총 효용가치

ⓐ

연간 효율성
(단위: 1,000)

B

총 효용가치

A

연간 수입
(단위: 1,000달러)

ⓑ

연간 효율성
(단위: 1,000)

A

총 효용가치

연간 수입
(단위: 1,000달러)

그림 13-2 ⓐ는 수입이 생존에 필요한 금액에 근접할수록 수입의 한계효용이 증가하고, 해당 금액을 넘어선 다음부터는 한계효용이 감소하는 것을 보여준다. 그림 13-2 ⓑ는 그 반대를 보여준다. 해당 그래프의 주인공은 수입이 적을 때 위험 기피자가 되고, 수입이 많을 때 위험 선호자가 된다. A 지점부터 그는 보험과 복권 구매를 통해서 자신의 기대효용을 높일 수 있을 것이다.

있을 때 위험 선호자가 된다. 그리고 B 지점으로 들어서면서 위험 기피자가 된다. A 지점에 위치한 경우, 필요하다면 그는 승산이 반반일지라도 500달러를 벌기 위해 기꺼이 1,000달러를 거는 모험을 감행한다. 갖고 있던 1,000달러마저 잃어도 어차피 겪을 배고픔이 며칠 더 빨리 찾아올 뿐이기 때문이다.

당신의 위험 선호도는 세 가지 요소, 즉 당신의 효용함수 곡선의 모양,

초기 수입, 당신이 생각하고 있는 내기의 규모에 의해 결정된다. 내기에 걸린 돈이 적은 경우, 우리는 내기에 참가한 모든 사람이 대체로 위험 중립적일 거라고 가정한다. 1달러의 한계효용은 1만 9,999달러일 때나 2만 1달러일 때나 크게 다르지 않기 때문이다. 하지만 걸린 돈이 큰 경우, 위험 기피와 위험 선호는 중요한 차이를 낳는다.

## 불공평한 도박, 보험과 복권

위험 기피는 사람들이 왜 보험을 드는지 그 이유를 설명해준다. 평균적으로 보험은 보험료로 낸 금액만큼 손실이 발생하는 내기다. 보험회사는 고객이 받아가는 보험료뿐 아니라 보험을 판매하고 보험료 지급요청에 따른 조사를 하는 데 들어가는 비용도 보전할 수 있도록 충분히 많은 보험료를 책정해야 하기 때문이다.

혹시라도 자신의 20만 달러짜리 집이 불타 없어질 경우를 대비해서 보험료로 300달러를 지불하는 고객은 돈으로만 따졌을 때 해당 보험계약으로 100달러를 손해 보고 있는 셈이다. 하지만 정말 집에 불이 난다면 그 고객에게 보험료로 낸 돈의 효용은 불이 나지 않았을 때보다 엄청 높아질 것이다. 효용이란 측면에서 보험은 당연히 그 돈만큼의 가치가 있다.

이 예가 암시하는 바는 사람들이 작은 위험에 대해서는 (거의) 위험 중립적이기 때문에 작은 위험보다는 큰 위험에 대비해 보험을 든다는 점이다. 일반적인 사실에 비추어 보더라도 이것은 맞는 말 같다.

보험 상품을 구매하는 건 불확실성을 줄이기 위해 불공평한 도박(평균적으로 돈을 잃는 도박)을 수락하는 행동이다. 마찬가지로, 복권을 사는 것도 불공평한 도박(일반적으로 복권회사는 복권을 판매해서 번 돈보다 적은 금액을 당첨금으로 지급한다)을 수락하는 행동이다. 다만, 이번에는 불확실성을 늘리기 위해 도박을 한다는 점이 다를 뿐이다. 만약 당신이 위험 기피자라면 보험 상품을 사는 건 되지만, 복권을 사는 건 안 된다. 반대로, 위험 선호자라면 복권을 사는 건 되지만 보험 상품을 사서는 안 된다.

이 같은 전제는 (복권과 보험의 모순이라는) 난제를 불러왔고, 이 난제는 200년 이상 경제학자들을 괴롭혔다. 현실에서는 같은 사람이 보험 상품을 구매하기도 하고 복권을 사기도 한다. 이런 행동을 과연 합리적이라고 할 수 있을까?

적어도 두 가지 경우에는 그렇다. 그중 하나가 그림 13-2 ⓑ로 설명된다. 그림 13-2 ⓑ 형태의 효용함수를 가진 개인은 수입이 적을 때 위험을 기피하고, 수입이 많을 때 위험을 선호한다. 그래프의 중간 지점인 A 지점에서는 보험 상품과 복권 양쪽 모두에 관심을 보일 수 있다. 보험은 수입이 A 지점보다 낮아질 수 있는 위험(이 경우에 그는 위험을 꺼린다)에서 그를 보호해주고, 복권은 수입이 A 지점보다 높아질 가능성(이 경우에 그는 위험을 선호한다)을 제공하기 때문이다.

이 같은 해석은 논리적으로 가능하긴 하지만, 그럴듯하지는 않다. 어째서 사람들은 그토록 비정상적인 형태의 효용함수를 갖게 되었을까? 왜 수입이 늘어나는 초기에는 추가되는 돈의 가치가 하락하고, 이후에는 다시 상승하는 것일까? 아울러 사람들이 실제로 이런 비정상적인 효용함수를 갖고 있다면 어째서 그들의 수입은 두 구역 사이의 경계선 부근에서 나타나는 것일까?

우리가 가진 전제 중 하나가 관찰 대상인 현실 세계의 상황에 들어맞지 않는 것이다. 우리는 수입의 차이가 돈으로만 나타나는 상황을 전제로 해왔다. 요컨대, 각각의 효용은 오직 당신에게 남는 돈의 많고 적음으로 결정된다고 전제해왔다. 하지만 실제로 복권을 구매하는 사람들에게 이 전제가 그대로 적용되는지는 불확실하다.

이를테면 〈리더스 다이제스트Reader's Digest〉 지나 퍼블리셔스 클리어 링하우스Publisher's Clearinghouse(미국 소비재 판매회사_옮긴이), 기타 유사한 기업에서 경품 응모권을 받았다고 가정해보자. 응모하는 데 드는 비용은 우표 한 장 값이면 되지만, 상품으로는 '신형 캐딜락'이나 '카리브 해에서 보내는 휴가', '매년 2만 달러씩 평생 지급'에 당첨될 수 있는 (극히 희박한) 가능성이 제공된다. 경품에 응모하는 사람은 많다. 그러나 내가 계산한 바로는, 상품의 당첨 확률과 곱한 그 응모권의 가치는 우푯값도 아까울 정도다. 기대 수익이 마이너스란 뜻이다.

그렇다면 왜 그렇게 많은 사람이 그런 경품에 응모할까? 내가 찾은 가장 그럴싸한 해답은 그들이 우표 한 장 값을 투자해서 얻는 것은 4만 달러짜리 자동차를 탈 100만분의 1 정도 되는 가능성이 전부가 아니라는 점이다. 한편으로, 그들은 경품에 응모하는 그 순간부터 당첨자가 발표되기 전까지는 경품 자동차 (또는 휴가나 공돈)에 당첨되는 공상을 즐길 수 있으며, 경품에 응모함으로써 그런 공상에 젖는 확실성을 얻는다. 그 공상은 실제로 당첨될 확률은 희박하지만, 그런데도 가능성은 존재한다는 생각과 더불어 더 현실적이고 큰 만족감을 제공한다. 복권은 단순히 운을 시험할 기회를 판매하는 것이 아니라 꿈을 판매하는 것이기도 하다. 그뿐인가. 가격도 매우 저렴하다.

이런 해석에는 복권을 경제학에서 왈가왈부할 수 있는 영역 바깥으로 밀어내는 단점이 있다. 어쨌든 우리는 합리적인 도박에 대해서는 많이 알지만 꿈과 관련된 시장에 대해서는 거의 아는 바가 없기 때문이다. 하지만 복권의 존재를 설명할 뿐 아니라 복권의 특징까지도 설명하는 장점이 있다. 만약 복권이 사람들에게 돈을 벌 기회를 제공하기 위해 존재한다면 상품이 종종 돈이 아닌 다른 형태로 지급되는 이유는 무엇이겠는가? 왜 당첨자에게 그냥 4만 달러를 줘서 그 돈으로 당첨자가 캐딜락을 살지 말지 직접 결정하도록 하지 않는가? 그렇게 하면 당첨자도 더 반길뿐더러 스폰서도 광택지 사진을 제공하느라 드는 비용을 아낄 수 있을 텐데 말이다.

하지만 상품이 구체적인 형태로 제시되었을 때 사람들은 해당 상품을 가지고 더 쉽게 공상할 수 있다. 그래서 스폰서는 돈 대신 상품을 제공하는 것이다. 그리고 각자의 다양한 기호에 맞춰 공상하도록 다양한 상품을 제공하는 것이다. 이 같은 현상은 무료 복권인 경우에 특히 일반적으로 나타난다. 그럴 때 해당 복권의 가격은 우표 한 장 값이고, 복권의 스폰서는 다른 누군가에게 받은 광고비로 상품값을 지불한다.

1장에서 나는 경제학을 나름대로 정의하면서 모든 개개인이 상당히 단순한 목표를 가졌다고 전제했다. 공상을 좇는 행동이 이 전제와 부합하는지 아닌지는 당신 스스로 결정해야 할 일이다.


## 확률을 높이는 방법, 정보의 구매

자동차를 사기로 한 당신은 혼다 어코드와 닛산 알티마, 두 모델을 놓고 고민하고 있다. 두 모델 중 하나를 분명 더 좋아할 거라고 짐작만 할 뿐 안타깝게도 그것이 어떤 것인지 알 수가 없다. 한 가지 방법은 동전을 던져서 결정하고 내일 당장 둘 중에 한 대를 구입하는 것이다. 비용이 조금 더 들지만, 다음에 장거리 여행갈 일이 있을 때 혼다 어코드를 빌리고, 그다음에는 닛산 알티마를 빌리는 것도 한 방법이다. 그렇게 해서 추가로 얻은 정보는 올바른 차를 선택할 확률을 50%에서 거의 확실한 수준으로 높여줄 것이다. 단, 올바른 자동차를 선택할 확률이 높아짐으로써 얻는 편익이 두 번의 여행에서 자동차를 빌리느라 발생하는 부가 비용보다 더 많을 때만 자동차를 빌려야 한다.

이 간단한 예는 정보 구매와 관련한 논리를 설명한다. 약간의 탐색 비용을 투자해서 불확실성을 줄이고, 결정에 따른 평균적인 결과의 가치를 높일 수 있다. 탐색 비용을 투자할 가치가 있는지 없는지 결정하려면 탐색을 전제한 기대효용과 그렇지 않은 경우의 기대효용을 비교해야 한다. 물론 이 탐색 비용도 계산에 포함되어야 한다.

이와 관련해 최근까지 많은 주목을 받은 것이 구직활동이다. 직업을 잃은 사람 대다수는 웨이터나 접시 닦기, 택시기사 같은 일도 마다치 않는 경우, 실직과 동시에 얼마든지 새로운 직업을 구할 수 있다. 하지만 그들이 찾는 직업은 단순한 직업이 아니라 좋은 직업이다. 시간을 더 많이 투자할수록 좋은 직업을 찾을 기회는 늘어난다. 그들은 합리적인 전략이 계속된 구직활동으로 발생하는 비용보다 얻는 것이 더 많다고 예상되는 한 계속해서 구직활동을 한다. 이 같은 탐색적 실업은 실제 파악되는 실업률의 상당 부분을 차지한다.

실업률 증가는 실업 수당이 증가하는 추세와도 밀접한 관련이 있다. 실업자들이 일하는 것보다 실업 수당 받는 것을 더 좋아하는 게으른 건달이라서가 아니다. 그들이 합리적인 탐색자이기 때문이다. 실업 수당이 많으면 많을수록 구직활동을 하면서 실직의 부담은 줄어든다. 탐색 비용이 적을수록 더 많은 탐색을 할 수 있으므로 더 좋은 성과를 얻을 수 있다.

이 책의 1장에서 7장까지 우리는 경제학을 이용해 모든 것이 확실하고 불변하는 세상에서 시장이 어떻게 움직이는지 이해하려고 했다. 12장에서는 가변적이지만 확실성이 존재하는 세상에도 같은 방법, 즉 비용과 편익을 1년 단위의 동향 대신 현재가치로 평가하는 방법을 적용할 수 있음을 설명했다. 그리고 이제는 비용과 편익을 확실한 결과에 따른 효용 대신 확률적인 결과에 따른 기대효용을 측정함으로써 불확실한 세상에 대해서도 같은 분석법을 적용할 줄 알게 되었다. 12, 13장에서 배운 것을 하나로 묶는 건 간단하다. 비용과 편익을 기대효용에 따른 현재가치로 평가하는 것이다.

# 누가 얼마나 이익일까?

## : 소득분배

THE ECONOMICS OF DAILY LIFE

## 거짓말과 통계학

청중의 주의를 끌고 싶을 때 정신과 의사는 섹스 이야기를 한다. 경제학자는 소득분배 이야기를 한다. 이 두 경우 모두 청중의 호기심은 외설스럽고(다른 사람들은 어떻게 하고 있을까?), 청교도적이며(그러면 안 되지 않을까?), 개인적(나는 어떻게 하고 있지?)이다. 또 금기를 위반하는 데 따른 전율이 있다. 한편으로, 섹스는 점점 일반적으로 인정되는 대화 주제가 되고 있지만, 어떤 사람이 얼마를 버는지 묻는 건 여전히 도를 넘는 행동이다.

이 장에서 나는 이 금단의 질문을 세 가지 다른 관점에서 다룬다. 하나는 왜 미국에서는 소득분배와 관련한 사실 대부분이 눈에 보이는 것보다 미흡한 정보인지 논의한다. 또 다른 하나는 수많은 정치적 불화의 한복판에 존재하는 두 가지 질문, 즉 소득분배는 무엇에 의해 결정되는가와 소득분배는 정당한가를 살펴본다. 끝으로, 더 개인적이고 이기적인 문제와 관련해서 다음과 같은 질문을 검토한다. 특정한 어떤 변화가 내게 유리한지 또는 불리한지 나는 어떻게 알 수 있을까?

신문에서 하위 20%에 해당하는 가구가 전체 소득의 5% 미만을 가져가는 반면, 상위 20%가 전체 소득의 40% 이상을 가져간다는 내용의 기사를 읽은 적이 있을 것이다. 기사대로라면 이 세상은 매우 불평등한 곳이다.

하지만 그러한 수치에는 최소한 두 가지 오류가 있다. 하나는 사람마다 사는 방식이 다르고 인생의 어느 시점에 와 있는지도 모두 달라서 그 두 가지가 명확히 구분되지 않았다는 점이다. 하위 20% 중에는 자신이 소유한 집에서 저축한 돈으로 안락하게 살아가는 은퇴자나 시간제로 일하는 대학생도 포함된다. 또 다른 하나는 사람이 살다보면 좋은 날도 있고 힘든 날도 있는데, 일시적 차이와 영구적 차이가 구분되지 않았다는 점이다. 평생의 소득 흐름에 대한 현재가치에 기초해 개개인을 비교하면서 이 두 가지 문제만 보완하더라도 평가된 불평등은 반으로 줄어든다.

시간의 흐름에 따른 변화를 평가하는 과정에서 더 애매한 문제가 발생한다. 올해 소득분배 순위가 하위 10%에 드는 사람 중에서 무작위로 표본 집단을 선택하고 그들에게 작년 소득이 얼마였는지 묻는다고 가정해보자. 당신은 그들이 올해보다 지난해에 소득이 더 높았음을 발견하고 가난한 사람들이 점점 더 가난해지고 있다는 결론에 도달한다.

그때 당신은 다른 연구원을 만나고 그 연구원도 당신과 거의 비슷한 실험을 했다. 그가 선택한 표본 집단은 작년 분배소득이 하위 10%에 든 사람들이었다. 그들은 올해 들어서 작년보다 더 높은 소득을 올리는 중이다. 따라서 그 연구원은 가난한 사람들이 점점 부자가 되고 있다고 결론지었다.

당신은 방금 통계학자들이 회귀 오류regression fallacy라고 부르는 것을 발견했다. 언제를 기준으로 잡더라도 하위 10%에는 정말 가난한 사람도 포함되지만, 우연히 그해에 소득이 낮아진 사람도 포함된다. 그런 사람은 올해는 어쩌다 보니 비정상적으로 소득이 낮았지만, 작년에는 소득이 더 높았고 내년에도 더 높을 가능성이 크다.

"거짓말에는 세 종류가 있다. 거짓말과 빌어먹을 거짓말 그리고 통계학이다"라는 유명한 경구가 있다. 통계학자들이 이뤄낸 성과에 적용하면 이런 표현은 전적으로 부당한 비방이다. 그들의 전문 기술 중 하나가 그런 오류를 피하는 것이기 때문이다. 하지만 일간 신문이나 텔레비전 뉴스에서 제시하는 통계 자료에 적용하면 타당한 비판이다.

## 나의 월급은 어떻게 결정되는가?

누구나 공감하는 문제 중 하나는 자신이 마땅히 받아야 하는 보수보다 적게 받는다는 사실이다. 대체로 우리는 우리 친구들도 그들이 받아야 하는 것보다 보수를 적게 받는다고 생각한다. 적게 받는다는 건 세상의 재화에 대한 정당한 자신의 몫보다 적게 받는다는 의미다. 게다가 내가 정당한 내 몫보다 적게 가져가고 있는 이상 다른 누군가는 자신의 몫보다 더 많이 가져가고 있음이 틀림없다. 우리 대다수는 누가 그런 사람에 해당하는지 이야기하고 싶을 것이다.

여기에서 두 가지 당연한 의문이 생긴다. 우리가 현재 얼마큼 가져가고 있는지는 어떻게 결정된 것일까? 그리고 우리가 얼마큼을 가져가야 하는지는 또 어떻게 결정되는 것일까?

고용주는 직원을 더 고용할지 말지를 판단한다. 직원을 더 고용함으로써 산출량을 얼마나 더 늘릴 수 있는지 계산한다. 늘어난 산출량의 시장 가치가 관련 비용을 제하고 나서도 그 직원에게 지급해야 하는 것보다 많을 때 직원을 채용한다. 물론 고용주의 이윤도 늘어난다. 반면, 새로운 직원의 가치가 고용주가 부담해야 하는 비용과 정확히 일치하는 시점에 이르면 채용을 중단한다. 따라서 직원 개개인은 자신의 한계수입생산량(자신의 존재 덕분에 늘어난 생산물의 가치)에 상당하는 임금을 받는다.

이 논리는 다른 생산요소에도 그대로 적용된다. 결론적으로, 생산요소의 소유주가 해당 생산요소를 제공함으로써 받는 가격(노동자의 임금이나 부동산 임대료, 원금에 관한 이자 등)은 제공된 생산요소의 한계수입생산량과 같다.

다음으로는 근로자의 관점에서 상황을 고려해보자. 하루에 몇 시간을 일할지 선택이 자유로운 근로자는 자신의 임금이 여가의 한계가치(근로자 관점에서 추가로 일함으로써 발생하는 비용)와 같아질 때까지 일할 것이다. 따라서 근로자의 임금은 일해서 발생하는 비용과 같다. 마찬가지로, 개개인은 미래의 소비를 위해 현재의 소비를 조금 포기하는 비용이 그렇게 해서 얻는 것(절약된 돈의 이자)과 균형을 이룰 때까지 절약할 것이다. 결과적으로 원금에 관한 이자는 해당 원금을 마련하는 데 들어간 한계 비용과 같다.

우리는 노동을 통해 한계생산물을 받는다. 그런데 노동의 한계생산물은 얼마나 많은 노동(자본이나 부동산 등도 모두 포함해서)을 투입하고 있는지에 의해 결정된다. 수확체감의 법칙에 따르면, 우리는 나머지 다른 요소들은 그대로 고정해둔 채 하나의 생산요소만 양을 늘리기 때문에 해당 생산요소의 한계생산물이 감소하는 것이다. 노동은 노동에 따른 한계비용을 보상받지만, 그 비용은 얼마나 많은 노동을 제공하고 있는지에 따라 달라지기도 한다. 예컨대, 추가로 1시간을 더 일하는 비용은 당신이 몇 시간째 일하고 있는지와 부분적으로 관련이 있다는 뜻이다.

우리가 살펴본 것은 생산요소 시장의 균형에 관한 설명이다. 소득분배를 전체적으로 설명하면 다음과 같다. 생산요소의 가격은 해당 생산요소의 한계생산비용, 한계수입생산량과 같고, 제공되거나 사용된 생산요소의 양은 한계생산비용과 한계수입생산량이 동일하게 되는 양과 일치한다. 즉, (한계)비용과 가격, (한계)가치가 모두 같다.

## 과연 공평한가?

시장체제를 지지하는 사람들은 가끔 시장체제를 옹호하려고 모든 사람은 자신이 생산한 만큼 가져가고 따라서 공평하다고 주장한다. 노동자의 임금은 그 노동자가 추가로 생산하는 산출물의 가치와 같고, 자본가가 받는 이자는 해당 자본이 추가로 생산하는 산출물의 가치와 같다는 식이다.

설령 당신을 포함해 많은 사람이 어떤 생산요소는 소유주가 잘못되었다고 주장하더라도 (이를테면, 미국은 영토 중 상당 부분을 아메리카 원주민에게서 부당하게 강탈했으므로 돌려줘야 한다는 주장처럼) 그런 주장 역시 기존의 수입 분배와 관련하여 많은 부분을 인정하는 듯 보인다. 오늘날 미국에서는 인적 생산요소에 의한 수입이 전체의 대략 80%를 차지하고, 그 외에 이자나 부동산 임대, 기업 이윤 등이 나머지 20%를 차지한다. 그리고 우리의 주인은 우리 자신이라는 점에 많은 사람이 동의할 것이다.

가격은 생산비용과 같다는 시장 균등 논리에 근거해 우리는 수입의 반대 측면을 부각해 소득분배를 설명할 수도 있다. 이를테면 자본가는 자신의 소비를 뒤로 미뤄서, 미래의 더 많은 소비를 위해 현재의 소비를 포기함으로써 발생하는 비용을 보상받는 셈이므로 마땅히 이자를 받을 권리가 있다. 또 근로자는 일을 위해서 포기한 여가를 보상받는 것이므로 마땅히 임금을 받을 권리가 있다.

이런 주장의 문제는, 가격이 같을 때의 생산량과 비용을 한계생산물과 한계비용이라고 하는데, 이 두 가지가 다른 생산요소의 양에 따라 달라진다는 점이다. 근로자의 급여는 근로자가 마지막으로 일한 1시간에 대해서만 보상할 뿐이다. 하지만 그 근로자는 이외의 다른 모든 시간에 대해 같은 급여를 받는다. 자본가가 받는 이자는 그 자본가가 자본을 보탬으로써 생산될 수 있었던 추가 생산물의 가치와 같다. 하지만 추가된 생산물은 얼마나 많은 노동력과 부동산, 그 외의 다른 요소들이 투입되었는가와 부분적으로 관련이 있다. 순수한 자본만으로는 많은 것을 생산할 수 없다.

다행스럽게도, 무엇이 공평한지 판단하는 문제는 경제학에서 다루는 분야가 아니다. 적어도 아직은 그렇다.


## 무엇이 나에게 유리할까?

이제 도덕적인 문제는 철학자들에게 넘기고 우리는 더 실질적인 문제에 관심을 쏟자. 경제 이론에 근거할 때 어떤 경제적인 변화가 내게 이익이고 손해일까? 나는 언제 야유하고, 언제 환호하며, 또 무엇을 제안해야 할까?

한 가지 간단한 답은 내가 소유한 생산요소의 공급이 늘어나면 해당 생산요소의 가격은 내려가고 내 수입도 감소한다는 사실이다. 내가 소유한 생산요소와 유사한 생산요소의 공급이 늘어날 경우에도 마찬가지다. 내가 유정을 소유한 경우에는 다른 누군가가 새로운 천연가스 매장지를 발견했다는 소식이나 열핵융합을 이용해 전력을 생산하는 공정에 관한 소식이 그다지 유쾌하게 들리지 않을 것이다.

내가 소유한 생산요소와 함께 사용되는 생산요소(생산 보완재)의 공급이 증가하면 반대의 결과가 나타난다. 생산에 들어가는 내 생산요소의 공급량이 상대적으로 감소할수록 한계생산물은 증가한다(역으로 적용한 수확체감의 원칙). 내가 유정을 갖고 있다면 고속도로를 확장하려고 로비하는 건 당연한 일이다.

경제 변화는 내가 판매하는 것뿐 아니라 구매하는 것에도 영향을 끼친다. 내가 구매하는 재화의 공급이 늘어나거나 해당 재화를 생산하는 데 이용되는 생산요소의 공급이 늘어나면 그 재화의 가격은 내려가고 내게는 이익이다. 똑같은 이유로 해서 그러한 생산요소의 공급이 줄어들면 내게는 손해다. 광적인 컴퓨터 사용자인 내게 RAM 칩의 수입 규제는 끔찍한 재앙이다(나는 사용하지 못할 정도로 낡아서 상자에 넣어 지하실에 보관 중인, 그런데도 추억의 물건인, LNW 컴퓨터를 제외하고도 현재 사용 중인 컴퓨터가 여섯 대나 있다).

하지만 이런 간단한 답은 내게 그다지 도움이 되지는 않는다. 만약 내가 (이기적인) 의사라면 자격을 엄격하게 제한해서 의사 숫자를 적게 유지하는 법안에 찬성할 것이고, (이기적인) 환자라면 그 법안에 반대할 것이 분명하다. 하지만 정부의 적자나 이민 제한, 토지 이용을 제한하는 법 규들, 이외에도 내가 팔거나 사는 특정한 재화와 직접 관련이 없는 무수 히 많은 요인이 내 개인적인 행복에 미치는 영향을 어떻게 봐야 하는지 는 훨씬 불명확하다.

지금쯤이면 당신은 경제학이 비현실적인 단순화와 어떻게 할 수 없는 복잡성 사이에서 지속적으로 균형을 유지하려는 행위임을 깨달았을 것 이다. 앞서 소개한 7~13장에서 우리는 경제학이 현실 세계에 더 근접하 게 하려고 점점 더 복잡한 그림을 그렸다. 이제는 다른 쪽으로 방향을 선 회할 때다. 지금부터는, 심지어 오늘날처럼 복잡한 경제체제 안에서, 어 떻게 생산을 단순화할 수 있는지 살펴본다. 이런 단순화를 통해 우리는 사거나 팔지도 않는 재화와 관련한 경제적 변화가 우리의 후생에 미치 는 영향을 예상할 수 있다.

## 생산의 3요소

골든딜리셔스 종 사과와 조너선 종 사과, 그라니스미스 종 사과는 세 개의 서로 다른 재화다. 실제로, 똑같은 조너선 사과라도 두 개를 놓고 비교해보면 생김새가 제각각이다. 둘 중 하나가 더 진한 붉은색을 띠기 때문이다. 심지어 우리가 그 두 개를 같은 사과라고 여기는 경우에도 그 두 개는 각각 다른 장소에 있을 수 있는데, 재화가 어디에 있는지는 그 재화의 중요한 특징이다. 석유회사는 지하 3.2km에 매장된 원유를 지상 의 원유 탱크로 옮기기 위해서 엄청난 돈을 퍼붓는다.

미세한 차이로 발생하는 비용 중 하나는, 그 미세한 차이가 분석을 복잡하게 만든다는 점이다. 엄밀하게 말하면 골든딜리셔스 종 사과와 레드 딜리셔스 종 사과는 분명히 다른 재화이며, 다만 우연하게도 유사한 대체재로 보일 뿐이다. 그런데도 그 두 품종을 같은 재화로 보는 편이 훨씬 편리하다. 사과 하나하나를 모두 다른 것으로 보면 단순한 그림도 매우 복잡해질 수 있다. 반대로, 나는 다양한 많은 재화를 하나의 재화로 간주함으로써 복잡한 그림을 단순하게 만들려고 한다. 그 방법을 소개한다.

세 가지 유형의 토지가 있다. 목초지와 산비탈, 고지대에 있는 토지이다. 목초지는 특히 밀을 재배하기에 좋고, 산비탈 지역은 포도를 재배하기에 좋다. 고지대에서는 둘 중 어떤 작물도 재배할 수 있다. 현재 모든 목초지에서는 밀을 재배하고, 산비탈 지역에서는 포도를 재배하며, 고지대는 둘로 나뉘어 밀과 포도를 재배하고 있다. 이 세 가지 유형의 토짓값은 모두 같다.

홍수가 목초지 100에이커(1에이커는 약 4,040㎡_옮긴이)를 휩쓸었다고 가정해보자. 처음에는 밀과 밀을 재배하는 토지 가격이 오른다. 고지대에서는 포도를 재배하던 토지 일부가 (이윤이 더 많은) 밀을 재배하는 데 사용된다. 밀 공급량이 늘어나고 밀 가격은 홍수가 나기 이전 수준으로 떨어진다. 포도의 공급량이 줄어든다. 포도를 생산하던 토지 일부가 지금은 밀을 생산하고 있기 때문이다. 그 결과 포돗값이 오른다. 균형이 다시 회복되었을 때 이 세 가지 유형의 토지 가격도 다시 같아진다. 결과적으로 밀과 포도, 토지의 가격에 미치는 홍수의 영향은 그 홍수가 고지대나 산비탈 지역의 100에이커를 휩쓸었을 경우와 같다.

고지대 일부는 포도를 재배하고 일부는 밀을 재배하도록 놔두고 (토지와 밀, 포도의) 공급과 수요의 변화만을 고려하면 상황은 마치 모든 토지가 같은 것처럼 똑같다. 우리는 직접적으로 목초지를 산비탈 지역으로

(또는 반대로) 대체할 수 없다. 하지만 간접적으로 그렇게 할 수는 있다. 고지대로 목초지를 대체하고 산비탈 지역으로 고지대를 대체하는 것이다. 이처럼 특정한 경제 상태를 분석하는 과정에서 우리는 서로 다른 세 개의 생산요소(세 가지 유형의 토지)를 하나로 묶을 수 있다.

현실 세계의 토지는 이처럼 깔끔하게 분류되지 않는다. 하지만 정량적인 결과는 그래도 유효하다. 다양한 목적을 위해 우리는 토지를 단일 가격과 수량을 가진 단일 재화로 간주할 수 있다. 모든 토지가 똑같기 때문이 아니라 이 용도나 저 용도로 사용되는 중간에서 한계수익점에 있는 토지는 항상 존재하기 때문이다.

토지가 이런 식으로 다룰 수 있는 유일한 재화는 아니다. 고전적인 분류법에 의하면 생산에는 3요소가 있다. 토지와 노동, 자본이다. 각각의 요소는 서로를 효율적으로 대체해서, 일정한 목적에 따라, 충분히 단일 재화로 취급할 수 있는 일단의 재화를 의미한다.

대부분 생산요소는 토지나 노동, 자본 중 하나로 분류할 수 있다. 그런데도 이러한 분류가 경제학자가 아닌 일반인의 예상과 항상 일치하는 건 아니다. 예를 들어, 외과 의사가 되는 데 필요한 생산요소는 대체로 자본이다. 이 접근법을 이용하면 우리는 아무리 복잡한 경제라도 오직 세 가지 생산요소로 이뤄진 것처럼 생각하고 살펴볼 수 있다. 하지만 단기간의 변화를 분석하는 데 이 접근법은 그다지 도움이 되지 않는다. 비록 경제학자가 노동과 자본이 조합된 결과물이고, 막노동자의 임금이 노동 가치의 척도이며, 채권 금리가 자본 가치의 척도이긴 하지만, 경제학자에 관한 수요 증가가 막노동자의 임금이나 채권 금리에 즉각적인 영향을 끼치지는 않는다.

장기적으로는 토지나 노동 또는 자본의 한 형태를 다른 형태로 바꾸기가 좀 더 수월하다. 만약 경제학자에 대한 수요가 증가하면 더 많은 사람이 경제학자가 되고, 상대적으로 다른 직업군은 인력이 부족해진다. 더 많은 경제학자를 배출하려면 미래를 위해 지금 투자할 누군가(학생과 그 학생의 부모, 그 학생의 학자금을 지원해줄 투자자 또는 정부)가 필요하다. 그 결과, 다른 방식, 이를테면 공장을 짓거나 연구를 하거나 다른 직업에 종사하는 사람들을 훈련하는 비용으로 나갈 돈이 줄어든다. 수로를 만들거나 자동차와 기타 다양한 것을 생산하는 데 들어가던 노동과 자본이 경제학자를 만들어내는 데 전용되는 것이다.

사람은 똑같지 않다. 같은 시간에 도랑을 팔 경우, 덩치가 있는 남자가 몸집이 작은 여자보다 도랑을 더 깊게 팔 것이다. 도랑을 두 배나 깊게 팔 수 있는 사람이 타자도 두 배 빨리 치고 환자도 두 배 많이 치료할 수 있다면, 단순하게 우리는 그 사람의 노동 단위를 둘로 간주하고, 그렇지 않은 사람은 하나로 간주할 수 있다. 하지만 더 복잡한 세상에서는 서로 다른 기술과 간접적인 변환까지 고려해야 한다.

비서를 도랑 파는 인부로 바꾸는 방법 중 하나는 덩치가 크고 힘도 센 비서를 도랑 파는 인부와 바꾸는 것이다. 하지만 그렇게 해서는 인부를 많이 둘 수 없다. 더 좋은 방법은 비서를 트럭 기사로 쓰고 트럭 기사를 도랑 파는 인부로 쓰는 것이다. 트럭 운전은 남성적인 이미지와는 달리 육체적으로 그다지 강인할 필요가 없다. 여자도 얼마든지 트럭을 운전할 수 있으며, 실제로도 그런 경우는 얼마든지 있다. 만약 한 명의 여자 비서가 이처럼 간접적인 방법을 통해서 한 명의 도랑 파는 인부로 바뀔 수 있다면 비서와 인부의 노동 가치는 같다. 하지만 한 명의 비서가 도랑 파는 인부 두 명으로 바뀔 수 있다면(어쩌면 전직 비서가 탁월한 트럭 기사가 되고, 전직 트럭 기사는 탁월한 도랑 파는 인부가 될 수도 있을 것이다), 한 명의 비서

(설령 그녀에게 삽을 들 만한 기운이 없더라도)는 한 명의 노동자보다 두 배 많은 노동 가치를 가진다.

## 토지

앞선 논의에서 나는 각기 다른 종류의 토지 1에이커는 나머지 다른 토지 1에이커와 동등한 가치가 있다고 전제했다. 마찬가지로 목초지 1에이커는 밀 재배에 사용되는 고지대 2에이커와 같은 수익을 올리고, 포도 재배에 사용되는 고지대 1에이커는 산비탈 지역의 2에이커와 맞먹는 수익을 올린다고 쉽게 가정할 수도 있다. 그럴 경우, 목초지 1에이커의 가격은 고지대 1에이커 가격의 두 배, 산비탈 지역 1에이커의 네 배가 된다. 1에이커당 목초지는 토지 단위가 4이고 고지대는 2, 산비탈 지역은 1이다. 바로 앞의 예에서 비서는 두 개의 노동 단위를, 도랑 파는 인부는 한 개의 노동 단위를 가졌던 것과 마찬가지다. 우리는 토지를 분석하면서 토지의 종류가 모두 같다고 전제할 수 있다. 총량은 산비탈 지역의 가치에다 고지대의 가치 두 배, 목초지의 가치 네 배를 더한 것이다.

지구의 표면적은 그 넓이가 고정되어 있다. 그 넓이는 지난 10만 년 동안 거의 변하지 않았고, 대대적인 지각 변동이 없는 한 이후로도 10만 년 동안은 크게 변할 것 같지 않다. 따라서 우리가 오직 미개발 토지만을 고려하고, 미개발 토지의 생산성 향상을 위한 투자(땅을 비옥하게 만드는 작업이나 배수 공사 또는 개간 등)를 자본으로 간주하면 토지 공급은 우리가 앞에서 논의한 대다수 다른 요소의 공급과 달리 거의 완전히 비탄력적이다.

토지 공급이 완전히 비탄력적인 경우, 토지의 공급곡선은 수직선 형태로 나타나고, 따라서 토지에 부과되는 세금은 전적으로 소유주의 부담이 되며 토지를 임차한 사람에게는 절대로 전가되지 않는다. 이런 종류의 세금은 여분의 부담을 유발하지 않는다. 즉, 당신은 생산되지 않는 어떤 것의 생산량을 왜곡할 수 없다. 때로는 이러한 사실에 근거하여 토지가 세금을 부과하기에 가장 이상적이라는 주장도 제기된다(여분의 부담도 없고, 지주가 세금 전부를 부담하기 때문이다).

미개발 토지는 완전히 비탄력적인 공급을 보여줄지 모르지만 우리가 실제로 사용하는 토지, 우리가 거주하거나 작물을 재배하거나 도로를 건설하는 토지는 그렇지 않다. 이 경우, 미개발 토지에 다른 자원, 즉 토지를 개척하기 위한 노동력과 투자 자본이 결합하기 때문이다.

토지의 시장 가치대로 세금을 부과하면 토지 개발이 더디다. 개발된 토지의 공급곡선은 완전히 비탄력적이지 않기 때문이다. 반대로, 미개발된 토지의 가치대로만 세금을 부과하려면 미개발된 토지의 가치를 평가하는 방법부터 찾아야 할 것이다.

## 임차와 유사 임차

토지를 사용하는 대가로 지불하는 돈을 임차료라고 한다. 그 때문에 임차료라는 용어는 경제학에서 두 가지 의미로 사용된다. 하나는 어떤 것을 사용하는 대가로 지급하는 돈이다. 렌터카 회사인 아비스Avis에서 자동차를 임차하는 것이 그 같은 경우다. 또 다른 하나는 고정된 양만 공급되는 어떤 것을 사용하는 대가로 지급하는 돈이다. 예를 들어 천재 발명가나 뛰어난 농구 선수의 신체 조건 같은 경우는 고정된 양만 공급되고 유사한 대체재가 없는 자원이다. 이를테면 토머스 에디슨Thomas Edison이나 월트 체임벌린Wilt Chamberlain(농구의 신으로 NBA 한 경기에 100득점을 올린 것으로 유명하다)에게 지급된 임금은 일종의 임차료로 볼 수 있다. 이런 의미에서 임차료는 소비자 사이에서 어떤 재화의 사용권에 대한 가격이지만, 생산되는 재화가 아니기 때문에 생산자가 생산량을 얼마로 할지 결정할 수 없다.

단기적으로 보면 사실상 모든 재화는 고정된 양만 공급된다. 장기적으로 봐도 여전히 많은 재화가 그렇다. 하지만 아주 장기적으로 보면 고정된 양만 공급되는 재화란 없다. 만약 특정한 재능이 높은 수입을 창출한다면, 그런 재능을 가진 사람들이 부유해지고 많은 자녀를 낳게 되면서 같은 재능의 공급량이 늘어날 것이다. 마찬가지로 비싼 토지 임차료는 다른 행성에 관한 탐험과 개발을 부추길 것이다. 경제학적 분석은 긴 기간을 기준으로 했을 때 토지 임차료 개념이 다른 재화에 (심지어 토지 그 자체에도) 전혀 들어맞지 않을 수 있다고 설명한다. 하지만 단기간, 이를테면 생선은 하루, 주택은 30년을 기준으로 하면 여전히 다양한 가격 움직임을 설명하는 데 이용할 수 있다. 산업 자체가 사양길로 접어들어서 이용할 가치는 있지만, 교체할 가치가 없는 공장처럼 단기적인 측면에서 공급이 비탄력적인 재화에서 발생하는 수익을 '준지대 quasi-rent'라고 한다.

## 자본

생산의 세 번째 요소는 자본이다. 노동과 토지, 좀 더 포괄적인 의미로는 생산되지 않는 천연자원의 의미는 비교적 명료한 듯 보인다. 하지만 자본은 그렇지 않다. 자본을 생성한다는 건 저축을 의미할까? 공장을 짓는다는 의미일까? 저축한 돈을 투자한다는 의미일까? 자본이란 무엇일까? 어떤 것을 자본이라고 하는 것일까?

한 가지 명쾌한 답은 자본의 활용이란 미래의 산출물을 생산하기 위해 현재의 생산요소를 이용한다는 뜻이다. 산출물이 나오기까지 더 많은 돈과 시간이 필요할수록 더 많은 자본이 투입된다. 자본은 생산적이다. 그래서 기꺼이 기다릴 수만 있다면 그렇지 않은 경우보다 더 많은 산출물을 생산할 수 있다. 뭉툭한 돌덩이로 이틀 걸려서 나무 하나를 베는 대신에 일주일 동안 날카로운 돌도끼를 만들어서 그 도끼로 수많은 나무를 베는 것처럼, 또 무턱대고 자동차를 만드는 대신에 기계를 만들어서 새로운 기계를 만들고, 그 새로운 기계로 자동차를 생산하는 것처럼 말이다. 또 자본은 비용이 많이 든다. 일반적으로 사람들은 미래 소비보다 현재 소비를 더 좋아하고, 미래 소비를 위해 현재 소비를 포기할 경우, 보상을 원하기 때문이다. 자본재는 현재의 생산요소에 의해 생산되고, 미래의 산출물을 생산하기 위해 이용하는 공장이나 기계, 사과나무, 돌도끼와 같은 물리적인 형체를 가진 물건이다.

대다수 자본재는 일단 생산되면 그 활용 범위가 매우 제한적이다. 자동차 제조회사가 철강을 생산하거나 밀링머신으로 곡물을 재배할 수는 없다. 노동이나 토지는 일련의 매개물을 이용해서 서로가 서로를 대체할 수 있다. 비서는 트럭 기사를, 트럭 기사는 도랑을 파는 인부를 대체하는 것처럼 말이다. 하지만 철강 공장과 배수로를 연결하거나 창작력(연구를 통해 생성되고, 귀중한 지식의 형태로 존재하는 자본)을 트랙터와 연결할 고리를 찾는 건 결코 쉬운 일이 아니다.

철강 회사는 배수로를 건설할 수 없다. 하지만 투자자는 노동자들에게 일당을 지급함으로써 둘 중 어느 것도 만들 수 있다. 그리고 어느 것을 건설하든 투자에 따른 기대수익(금리)은 모두 같아야 한다. 투자자들이 배수로를 파는 것보다 철강 공장을 짓는 쪽에 투자하는 편이 더 돈이 된다고 예상하는 경우, 자본은 철강 쪽에 집중된다. 그 경우 철강 공급이 증가해서 철강 가격은 내려가고 철강 공장에 투자한 수익도 줄어든다.

반면에, 배수로 건설에 관한 자본 공급이 줄어들면서 배수로의 투자 수익은 증가한다. 투자자들은 자본을 여기저기로 계속 옮기다가 결국 양쪽의 수익이 같아질 때 멈출 것이다.

철강을 생산하는 공장의 숫자가 줄면, 예를 들어 전쟁이나 지진으로 100여 개의 공장이 한꺼번에 파괴되면 철강 가격이 오르고, 철강 공장의 투자 수익이 증가하며, 다른 곳에 사용할 수도 있었던 자본이 철강 산업으로 몰리고, 그 결과 금리가 상승한다. 장기적으로 자본은 단일 수량만 존재하며, 그 자본을 이용하는 가격도 하나뿐이다. 자본은 투자되기 전까지 모두 같다.

일단 투자되면 자본은 다양한 형태를 취한다. 그중에서도 가장 주목할 만한 것은 인적 자원이다. 외과 의사가 되기 위해 6년 동안 9만 달러를 투자하는 의대생은 미래의 편익과 맞바꿔서 현재의 비용을 부담하고 있는 셈이다. 시간과 돈을 투자해서 공장을 짓는 것과 마찬가지다. 외과 의사의 월급이 다른 데 투자하는 만큼 매력적일 정도로 많지 않다면, 그는 자신에게 투자하는 대신 실물자본에 투자했을 것이다. 따라서 외과 의사의 월급은 노동 임금인 동시에 희소한 인적 재능에 관한 임차료이며 인적 자원에 관한 금리이기도 하다.

인적 자본은 한 가지 중요한 측면에서 다른 자본의 형태와 다르다. 수익성 있는 어떤 공장을 지으려고 할 때 당신은 다른 투자자들을 공동 소유주로 끌어들이거나 공장을 담보로 돈을 빌려서 필요한 자금을 마련할 수 있다. 하지만 인적 자본에 투자하면 많은 제약이 따른다. 일단, 당신은 자신에 관한 지분 중 일부를 판매할 수 없다. 노예금지법 위반이기 때문이다. 마찬가지 이유로 자신을 담보로 제공할 수도 없다. 어쩌면 돈을 빌려서 교육비를 마련할 수 있을지도 모른다. 하지만 빌린 돈을 다 쓰고 난 다음에 여차해서 당신이 파산선고를 하면 그것으로 끝이다. 채권자들은 당신이 그들의 돈으로 받은 교육을 물릴 재간이 없다.

따라서 인적 자본에 관한 투자는 당사자가(또는 당사자의 부모나 당사자의 장래가 밝다고 판단하는, 아니면 그 사람이 빌린 돈을 반드시 갚을 거라고 신뢰하는 다른 누가) 필요한 자본을 댈 수 있는 경우에만 가능하다. 그런 측면에서 인적 자본 시장은 불완전한 시장이다.

그 원인은 12장에서 불안정한 재산권을 다루면서 논의했다. 12장에서 논의한 내용에 따르면 수용 가능성 때문에 원유 소유주의 재산권은 불안정했고, 그 결과는 원유 탐사와 유정 개발에 관한 투자 위축으로 나타났다. 여기에서 대부업자의 재산권이 불안정한 이유는 파산 가능성 때문이다. 그리고 그 결과는 (다른 누군가의) 인적 자본에 관한 투자 위축으로 나타난다. 이 같은 불완전함 탓에 한편으로는 학자금 대출과 관련해서 정부의 대책(또는 보증)을 요구하는 주장이 불거졌고, 다른 한편으로는 (자발적으로 선택한 경우에) 노예금지법을 완화하자는 주장이 등장했다. 학자금을 빌리고 나서 파산 신청하는 사람들에게 어느 정도 제한을 가하기 위해서이다.

자발적 노예금지법을 완화하자는 주장은 미국 이민사를 보여준다. 17~18세기 이민자 중 상당수는 연한年限 계약 노동자로 미국에 들어왔다. 그들은 운임이 없어서 미국에 도착하는 대로 자기가 경매되는 것에 동의했다. 경매에서 팔린 사람들은 그들의 고용주가 선장에게 빚을 대신 갚아주는 조건으로 최소한의 기간 노동력을 제공했다. 물론 그들로서는 합의하지 않는 편이 더 이익이었겠지만, 그런 합의라도 하지 않으면 미국에 올 수조차 없었다.

# 어째서 그 사람이 나보다 많이 벌까?

우리가 다른 사람의 수입에 호기심을 갖는 주된 이유는 다른 사람이 우리보다 더 많은 돈을 벌어들이는 불공평함에 관한 사심 없는 관심 때문이다. 아마도 세상 어딘가에는 자신의 직업이 절대로 필요하지만, 과소평가되고 보수가 몹시 적다고 여기지 않는 사람이 있을 것이다. 하지만 나는 아직 그런 사람을 실제로 만나보지는 못했다. 어쩌면 빌 게이츠Bill Gates 같은 사람도 자신의 노력에 대한 보상으로 얻은 부富가 진정한 노력의 가치에 비해 너무 적다고 생각할지도 모른다. 아울러 그런 노력 덕분에 돈을 번 한 명의 주주로서 말하자면 나는 그의 생각이 잘못되었는지 잘 모르겠다.

여기에서 한 가지 명백한 의문이 생길뿐더러 우리에게는 그 의문에 답할 수 있는 열쇠도 있다. 무엇이 직업마다 다른 보수를 결정하는가? 접시 닦는 사람부터 위로는 (또는 아래로는) 법정 변호사에 이르기까지 임금이 모두 똑같지 않은 이유는 무엇일까?

## 한동안 기다려라

첫 번째 답은 우리가 장기간에 걸쳐 균형을 유지하지 못할 수 있다는 점이다. 변호사가 되기 위해 교육을 받느라 들어간 시간과 돈은 매몰비용이다. 따라서 당신이 다른 직업을 갖기 위해 재교육을 선택하려면 새로운 직업의 보수가 자신에게 이미 투자한 것을 기꺼이 포기할 정도로 (로스쿨 졸업장을 찢어버리고 새로 MBA에 들어갈 정도로) 많아야 한다.

이 같은 사실은 시장에 새롭게 진입하는 노동자들에게 그다지 문제가 되지 않는다. 아직은 투자한 것이 없기 때문이다. 그런데도 새로운 노동자들의 유입 감소가 해당 직업에 종사하는 사람들의 숫자에 상당한 영향을 미치기까지는 오랜 시간이 걸린다. 불법행위 개혁운동 덕분에 변호사의 수요가 감소하는 경우에도 로스쿨 입학자 수는 바로 감소하겠지만, 새로운 변호사의 유입 감소로 변호사 임금이 다시 상승하기까지는 몇 년이 걸리는 것처럼 말이다. 마찬가지로, 집단소송이나 설계 결함에 관한 책임 문제, 그 외에도 다수의 소송과 관련해서 일종의 금맥이 발견되어 변호사의 수요가 급증하는 경우에도 기존에 해당 분야에 종사하던 사람들은 비록 한동안이지만 그들끼리 호황을 누린다. 이런 상황의 논리는 우리가 앞서 매몰비용에 관해 논의한 내용과 똑같다. 다만, 공장 대신 사람을 적용했을 뿐이다. 원고 변호사의 부유하고 화려한 생활에 드는 비용은 합법적인 준지대에서 지급된다.

## 능력 차이

임금 차이는 또 능력 차이에서 비롯되기도 한다. 어떤 사람은 우리보다 덜 벌고, 어떤 사람은 더 버는 이유도 바로 그 때문이다. 핵물리학자가 식료품점 점원보다 더 똑똑하다면 평균 임금도 그만큼 더 높을 것이다. 핵물리학자 개인적으로는 식료품점 점원으로 일하는 경우와 벌이의 차이가 그다지 없을 수도 있다. 하지만 평범한 물리학자라도 점원으로 일했다면 평범한 점원보다 더 뛰어난 점원이 되었을 것이다.

이것이 이야기 전부라면 핵물리학자가 식료품점 점원보다 더 똑똑하다고 이야기할 명백한 이유가 없다. 똑똑한 사람은 어떤 직업을 택해도 수입이 똑같을 테니 말이다. 하지만 다른 분야보다 특정한 분야에서 더 유용한 다양한 능력들이 존재한다. 지능은 그중 하나일 뿐이다. 2m가 넘는 신장은 농구선수에게 매우 유용하다. 그러나 그 사람이 대학교수라면 머리를 찧을 일만 많아질 뿐이다.

만약에 전체 인구의 10%에 달하는 사람들이 하나같이 키가 2m가 넘고 근육도 잘 발달해 있다면 농구선수들은 지금같이 높은 연봉을 받을 수 없을 것이다. 그럴 경우 기꺼이 농구선수로 뛸 의향이 있는 장신의 식료품점 점원과 장신의 대학교수, 장신의 막노동자가 넘쳐날 것이다. 반대로, 전국을 통틀어서 그런 사람이 오직 열 명뿐이라면 그들의 연봉은 앞다투어 치솟을 것이다. 그러고는 그들이 영입되고 난 다음에 할 수 없이 선택된 평범한 신참 선수들과의 가치 차이를 확연히 드러낼 것이다. 그 열 명의 장신 선수들은 희소가치가 있는 자신의 능력을 대여해주고 임대료를 받는 셈이다.

물론 세상은 잠재적인 슈퍼스타와 그 외의 사람으로 명백하게 나뉘지지 않는다. 균형 상태에서 임금이란 한계수익점에 있는 농구선수(농구선수를 선택하는 것과 다른 직업을 선택하는 것 사이에서 완벽한 균형 상태에 있는 개인)가 어떤 대안을 선택하든 똑같이 매력적이라고 생각하게 하는 것이다. 비록 평범한 실력을 가진 선수라도 한계수익점에 있는 선수보다 실력이 월등하면 그만큼 연봉도 더 많이 받을 것이다. 이를테면 마이클 조던이나 월트 체임벌린은 한계수익점에서 한참이나 멀리 떨어져 있는 사람이다.

하나의 직업군을 생각해보라. 그 직업군에서는 희소가치가 있는 능력이 필요치 않다. 또 최근까지 다른 유형의 노동력 수요로 예상치 못했던 변화가 발생하지도 않았고, 따라서 모든 사람이 해당 직업을 선택할 때 가졌던 기대만큼 임금을 받고 있다. 그런데도 임금에서 다양한 차이를 보인다.

균형 상태에서 똑같은 것은 그 분야의 순이득이지 임금이 아니다. 어떤 특정한 직업이, 이를테면 경제학 분야처럼, 다른 직업보다 훨씬 많은 재미를 준다면 보수는 적을 것이다. 그렇지 않다면, 즉 그런 직업의 보수가 상대적으로 재미없는 분야의 보수와 같다면 순편익 측면에서 해당 직업이 훨씬 매력적이다. 따라서 막노동자나 사회학자, 변호사로서 따분한 인생을 살던 사람들이 경제학 분야로 대거 몰려들어 임금 하락을 불러올 것이다.

이 논리는 비금전적인 장점이 있는 다른 직업에도 그대로 적용된다. 만일 대중이 흠모하는 시선으로 자신을 봐주길 갈망하는 사람들이 많아지면, 유명한 로커나 영화배우의 임금이 떨어질 것이다. 비금전적인 단점이 있는 직업에서는 반대로 작용한다. 흙보다 다이너마이트가 실린 트럭을 운전할 기사를 고용하는 데 훨씬 큰 비용이 드는 것도 바로 그런 이유다.

자격을 획득하는 비용도 직업마다 제각각이다. 계산대 점원이 되기 위해서는 그다지 특별한 훈련이 필요치 않다. 하지만 보험 회계사가 되려면 몇 년씩 교육을 받아야 한다. 만약 계산대 점원이나 보험 회계사가 똑같은 임금을 받는다면 보험 회계사가 되려는 사람은 거의 없을 것이다. 균형 상태의 보험 회계사 임금은 그 직업에 필요한 교육을 받느라 투자한 시간과 비용을 보상해줄 정도로 많아야 한다. 보험 회계사의 임금에는 순수한 노동력뿐 아니라 인적 자본의 값어치도 포함되어 있어야 한다.

직업에 따라서는 임금을 얼마나 받을 수 있는지 예측이 가능한 경우도 있지만 그렇지 않은 경우도 있다. 영화배우는 수입이 엄청나게 많다. 하지만 내가 유일하게 개인적으로 아는 한 여배우는 잠깐씩 비서로 일하면서 생계를 유지했다. 대다수 사람이, 적어도 재정적인 측면에서, 실패하는 직업 분야에서 크게 성공하는 소수 몇 사람이 있다는 사실은 그다지 놀라운 일이 아니다. 초보 배우는 이제 막 복권을 한 장 산 것이나 다름없다. 예컨대 1년에 수십만 달러를 벌어들일 수 있는 실낱같은 가능성도 있고, 가끔은 연기도 하지만, 부족한 생활비를 부업과 실업수당으로 보충해가면서 그럭저럭 살아갈 수도 있으며, 이 극단적인 두 가지 삶의 중간 어디쯤 해당하는 삶을 살아갈 수도 있다. 내 생각에 배우들의 평균 임금은 절대적으로 낮은 편이다. 그런데도 그들은 다른 일을 하면서 배불리 먹기보다는 무대에 서면서 굶주리는 쪽을 선택했는지도 모른다.

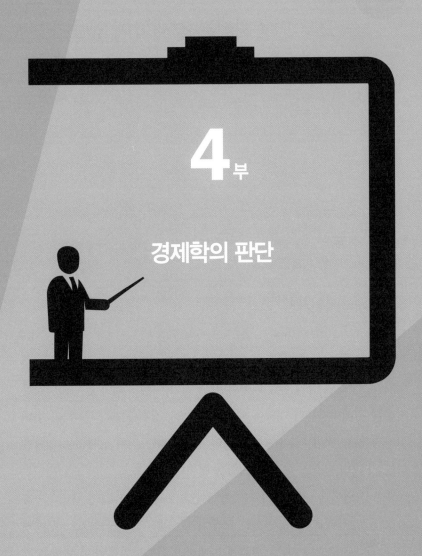

4부

경제학의 판단

# 모두 만족시키는 경제학이 있을까?

## : 경제적 개선

## 누구에게 이득인가?

이 장에서는 경제학자들이 말하는 '효율성'이 무슨 뜻인지 설명할 것이다. 그리고 이 장이 끝날 때쯤이면 "우리가 어떻게 해야 할까요?" 같은 질문에 경제학자들의 대답이 왜 불충분한지, 경제학자로서는 차라리 대답하지 않는 편이 더 나은지, 아니면 경제학과는 전혀 상관없는 대답을 하는 것이 더 나은지 이해할 수 있을 것이다.

많은 사람에게 영향을 미치는 어떤 변화(관세 폐지나 새로운 세금, 집세 통제 등)를 생각해보자. 그 변화는 누구에게는 편익을 제공하고, 누구에게는 손해다. 여기에 더해서, 변화에 반대하는 사람들이 기꺼이 변화를 받아들이게 하려면 돈이 얼마나 필요한지 알 수 있다고 가정해보자. 또 변화로 이익을 볼 사람들에게 그 변화를 끌어내기 위해 최대 얼마큼의 돈을 지불할 의향이 있는지 물어볼 수 있다고 가정해보자. 해당 금액은 그들이 변화로 인해 얻는 이익과 같다. 모든 사람이 진실을 말한다는 가정하에서 공통된 측정단위로 환산한 이익과 손해를 모두 합산할 수 있다. 합산 결과가 순이익으로 나타나는 경우, 해당 변화는 경제적 개선 economic improvement이라고 말할 수 있다.

적어도 두 가지 측면에서 이 설명은 어떤 경우에 변화가 바람직한가를 판단하는 우리의 직관에 꼭 들어맞지 않는다. 첫째, 어떤 것이 자신에게 얼마나 가치가 있는지와 관련해서 우리가 개개인의 평가를 그대로 수용하고 있다는 점이다. 하지만 당뇨병 환자가 인슐린에서 느끼는 가치를 마약 중독자는 헤로인에서 느끼는 것처럼, 개개인의 평가는 엇갈리게 마련이다. 둘째, 돈의 가치가 모든 사람에게 똑같다고 전제하고 비교함으로써 우리는 사람마다 돈의 효용가치가 다르다는 점을 무시했다. 어떤 특정한 변화가 백만장자에게는 10달러 가치만큼 편익을 제공하고, 가난한 사람에게는 9달러만큼 손해라고 한다면 돈의 가치는 백만장자의 10달러가 가난한 사람의 9달러보다 적다. 경제적 개선은 어떤 변화가 순전히 좋은지 또는 나쁜지 판단하는 직관의 근삿값으로 이용된다. 돈보다는 행복을 예로 들어 설명하는 편이 더 나을지도 모르지만, 행복을 측정하는 방법이 나오기 전까지는 별로 유용한 방법이 아니다.

어떤 변화가 경제적 개선인지 알려면 어떻게 가치를 측정해야 할까? 사실 우리는 이 책 전반에서 그 가치를 측정해왔다. 소비자(또는 생산자) 잉여는 자기 나름의 가치에 따라 달러로 측정되는 특정한 경제 협정을 맺은 소비자(또는 생산자)가 얻는 편익이다. 만약 어떤 경제 협정의 변화가 소비자잉여와 생산자잉여의 증가를 가져온다고 주장하는 경우, 우리는 그 변화가 경제적 개선이라고 주장한다.

우리가 당면한 과제는 다양한 사람들의 효용을 어떻게 하나로 합산해서 어느 한쪽의 이익이 다른 한쪽의 손실을 보상할 정도로 충분한지를 판단하는 것이다. 해결책은 돈의 효용가치가 모두 같다고 가정하고 효용가치를 합산하는 것이다. 이런 식으로 합산했을 때 장점은 "그 변화가 개선인가?"라는 의문을, 우리가 해답을 찾는 데 경제학이 종종 도움된다는 생각으로 바꿀 수 있다는 점이다.

경제적 개선을 설명하기 위해 이 같은 접근법을 창안한 경제학자 알프레드 마셜은 마치 돈의 효용가치는 모든 사람에게 같다는 생각에 배치되는 주장이 있음을 알았다. 물론 사람마다 돈의 효용가치는 다르다. 그의 견해는 부자에게는 편익을 제공하고 가난한 사람에게는 손해를 끼치는 어떤 변화를 평가할 때 돈의 효용가치가 모두 제각각인 것은 심각한 문제라는 것이었다. 하지만 대체로 경제학자들이 평가 요청을 받는 변화는, 이를테면 전체 신발 소비자와 생산자, 한 도시의 모든 거주자 등 광범위하고 다양한 집단에 영향을 미치는 변화다. 이때 개별적인 차이쯤은 배제해도 무방하다. 따라서 마셜이 언급한 문제들을 개선한 변화는 인류 전체의 행복 증진이라는 막연하지만 대의적인 측면에 기여했다고 볼 수 있다.

경제적 개선에 관한 마셜의 정의가 유용한 데는 또 다른 이유가 있다. 만약 어떤 상황이 비효율적이라 하더라도 해당 상황에서 (금전적으로) 순편익을 창출할 변화가 일어날 수 있다는 뜻이다. 그런 경우 영리한 기업가라면 변화 탓에 손해 보는 사람에게는 협조의 대가로 보수를 지급하고, 이익을 얻는 사람한테는 대가를 받고, 또 차액은 자신이 챙김으로써 변화를 주도할 수 있을 것이다. 설령 길모퉁이에 있는 공터를 맥도날드 가게로 바꾸는 것이 마셜식 개선을 실현하는 방법이라는 판단이 들더라도, 당신은 현재 상황이 비효율적이라는 결론에 이를 수 있다. 또는 그 공터를 매입해서 맥도날드 가맹점 계약을 하고 가게를 차림으로써 돈을 벌 수 있을 거라는 결론에 도달할 수도 있다.

## 말보다 행동, 현시선호이론

경제적 개선이란 개념을 오해하기 쉬운 몇 가지 오류가 있다. 그중 하나는 순편익이 돈으로 나타나므로 경제학이 단지 돈에 관한 학문이라고 단정 짓는 것이다. 돈은 개선 그 자체가 아니라 개선을 평가하는 도구다. 잣대가 단지 길이를 재는 도구에 불과하듯 돈도 가치를 표시하는 도구일 뿐 그 이상도 그 이하도 아니다. 인생과 건강, 지혜는 모두 가치가 있다. 누군가는 이것을 얻기 위해 기꺼이 돈을 포기한다. 경제적 개선을 설명하기 위해 반드시 돈이 있어야 하는 것도 아니다. 사과로 설명할 수도 있었다. 앞 장에서 차익 거래에 대해 논할 때 살펴봤듯이 교환할 수 있는 모든 재화는 가격을 정의하는 데 사용할 수 있다.

두 번째 오류는 변화의 영향을 받는 모든 사람에게 이익 또는 손실이 얼마나 되는지 묻는 것에 지나치게 집착하는 것이다. 판단의 근거를 사람들의 진술한 내용에 두는 것은 현시선호원칙을 위반하는 것이다. 현시선호이론은 말이 아니라 행동으로 가치가 측정된다는 이론이다. 이 이론은 어떤 것이 개선인지 아닌지를 분석하는 과정에서 가치를 판단할 때 사용하는 방법이다. 예를 들어 소비자잉여는 수요곡선에 근거해서 산출되는데, 이 수요곡선은 소비자의 행동을 보여주는 것이지 말을 들려주는 게 아니다.

# 신적인 공무원

이제 우리는 경제학자가 어떤 변화가 '개선'이라고 말할 때 무엇을 의미하는지 알았다. 이와 밀접한 관련이 있고 우리가 흔히 듣는 용어 중에 '효율적'이란 말이 있다. 가능한 모든 개선이 이뤄져서 더는 개선이 불가능한 경우, 우리는 그 상황이 효율적이라고 말한다.

어떤 경제 협정을 효율적 또는 비효율적이라고 표현할 때 우리는 그 협정을 선택 가능한 다른 대안과 비교하는 셈이다. 이런 비교는 한 가지 곤란한 질문을 낳는다. '가능하다'는 말이 무슨 의미일까? 일반적으로 우리는 오직 현재 존재하는 것만이 가능하다고 주장할 수 있다. 현재와 다른 어떤 것을 얻기 위해서는 현실 세계의 일부 요소가 현재 상태와 달라져야 한다. 당연한 결과로, 현재의 결과는 개선될 수 없고 따라서 모든 것이 효율적이다.

그러나 효율성이란 개념의 한 가지 용도는 우리의 선택을 돕고, 그렇게 함으로써 현실을 바꾸는 것이다. 핵융합을 이용한 저렴한 전력 개발이나 노화를 방지하는 의료기술의 발명 같은 변화는 경제적 개선이다. 그리고 만약 이 책이 의학이나 핵물리학에 관한 책이라면 그런 정보가 실질적으로 중요할 것이다. 천국에서 내리는 만나manna(이집트 탈출 후 광야를 헤매던 옛 이스라엘인들이 신에게서 받은 음식_옮긴이)도 경제적 개선이 될 수 있으며, 만약 이 책이 영적 교감에 관한 책이라면 그런 정보가 중요할 것이다. 하지만 이 책은 경제학에 관한 책이므로 우리가 관심을 기울이는 변화는 현재 상태의 과학기술과 현재 이용 가능한 생산요소를 활용하는 것에 관련이 있다. 누가 무엇을 생산하고 소비하는지에 대한 변화는 우리의 관심사가 아니다.

내가 '신적인 공무원bureaucrat-god'이라고 이름 붙인 복합 개념을 이용해 이 점을 구체화하는 것도 편리한 방법이다. 신적인 공무원은 그 사회의 구성원이 가진 모든 지식과 능력을 가졌다. 또 모든 구성원의 선택과 생산 함수를 알고 있으며, 사람들에게 무엇을 해야 할지 알려줄 수 있는 무한한 능력을 갖췄다. 그러나 납으로 금을 만드는 능력이나 새로운 발명품을 만들어내는 재주는 없다. 그는 호의적이다. 그의 유일한 목표는 마셜의 주장에 근거해서 효율성을 극대화하고, 가능한 모든 마셜식 개선을 달성하는 것이다. 그는 스탈린과 테레사 수녀, 최근의 슈퍼컴퓨터를 합친 존재라고 생각할 수 있다.

경제 협정은 신적인 공무원도 더는 개선할 수 없을 때 효율적이다. 우리가 어떤 협정이 효율적인지 아닌지에 관심이 있는 이유는 만약 그 협정이 효율적이라면 경제학을 이용해서 그 협정을 개선하려고 노력해봐야 아무런 소용이 없기 때문이다. 또 그 협정이 효율적이지 않은 경우, 비록 우리에게는 그 협정을 개선할 방법이 없지만(신적인 공무원이 없어서), 적어도 살펴볼 가치가 있기 때문이다.

어쩌면 당신은 이런 생각을 할 수도 있다. 효율성이 내가 정의한 대로 경제가 얼마나 잘 조직화될 수 있는지 보여주는 상한上限일지 모르지만 그런데도 현실 세계를 평가하는 유용한 기준은 아니라는 것이다. 현실 세계는 호의적인 전지全知의 신들이 아니라 제한된 지식과 이기적인 목적을 가진 인간에 의해 굴러간다. 이 같은 요소를 배제한 채 어떻게 우리가 신적인 공무원에 의해 작동되는 것처럼 원활하게 작동하는 시스템을 갖추길 원할 수 있을까? 인간이 만든 제도의 완성도를 판단하면서 '효율성'이란 단어를 사용하는 건, 경주용 자동차의 속도를 빛의 속도와 비교해 그 성능을 판단하는 것과 마찬가지로 부적절하지 않을까?

놀랍겠지만 그렇지 않다. 다음 장에서 살펴보겠지만 우리가 이미 언급했던 제도들도, 즉 우리 현실 세계의 제도들과 크게 다르지 않은 제도들도 얼마든지 효율적인 결과를 만들어낼 수 있다. 이런 사실은 경제이론이 암시하는 가장 놀라운 그리고 가장 유용한 것 중 하나다.

## 누구도 손해보지 않는다, 파레토의 법칙

만약 당신이 대학에서 경제학을 수강했고, 그때 배운 내용을 기억하고 있다면 효율성에 관한 내 설명에서 이상한 점을 발견했을 것이다. 당신이 맞다. 나는 효율성의 개념을 경제학자들이 가르치는 방식이 아니라 그들이 실제로 활용하는 방식으로 설명하고 있다.

어떻게 보면 알프레드 마셜이 이탈리아 경제학자 빌프레도 파레토 Vilfredo Pareto보다 경제학 역사에서 훨씬 더 주목할 만한 인물이지만, 수많은 교과서에서는 '개선'과 '효율성'을 정의할 때 파레토식 접근법을 채택한다. 파레토는 편익을 제공받는 사람은 있어도 손해를 보는 사람은 없는 변화를 개선이라고 정의했다. 즉, 파레토식 효율적인 상황이란 더는 파레토식 개선이 불가능한 경우를 의미한다. 이 접근법은 이익을 보는 사람과 손해를 보는 사람의 균형이 유지되어야 한다는 전제를 외면했다.

일례로 관세를 생각해보라. 자동차에 관한 관세가 폐지되면 자동차를 구매하거나 수출품을 생산하는 사람들에게는 편익이 생긴다. 하지만 자동차를 생산하는 노동자나 자동차 제조회사의 주주들은 불이익을 당할 것이다. 나중에 19장에서도 보겠지만, 첫 번째 집단의 이익이 두 번째 집단의 손실보다 더 크고, 따라서 관세 폐지로 인한 변화가 마셜식 경제적 개선이라고 믿을 만한 충분한 이유가 있다. 그러나 잃는 사람이 있다는 점에서 파레토식 개선은 아니다. 아마 머릿속에 떠올릴 수 있는 모든 정책 현안에 적용해도 결과는 비슷할 것이다.

관세 폐지 같은 어떤 변화가 적절한 일련의 이전 행위와 결합하는 경우, 파레토식 개선이 될 거라고 가정해보자. 예를 들어 관세가 폐지되면 당신은 10달러의 이윤을 남기고 나는 8달러를 손해 본다면, 그리고 관세가 폐지됨과 동시에 당신이 내게 9달러를 넘겨준다면 우리 둘은 관세가 폐지되기 전과 비교해서 모두 이익이다. 이 경우에 관세 폐지는 적절한 이전과 결합하면 파레토식 개선이 될 수 있는 변화, 즉 '잠재적인 파레토식 개선'이다(이 접근법을 최초로 생각해낸 경제학자의 이름을 따서 '힉스-칼도 개선'이라고도 한다).

만약 진짜 개선이 아닌 잠재적인 파레토식 개선에 만족한다면 우리는 관세를 폐지할지 말지와 같은 현실적인 질문에 얼마든지 대답할 수 있다. 그리고 그 대답은 우리가 마셜의 정의를 사용할 때와 거의 똑같을 것이다. 그다지 놀라운 일도 아니다. 어떤 변화가 순이익을 낳는다는 것은 수익자가 손해를 본 사람에게 보상할 수 있으며, 그렇게 하고도 남는 것이 있다는 뜻이다. 또 수익자가 자기 몫을 떼어놓고도 손해 본 사람에게 보상할 수 있다면 분명 순수익이 존재한다는 뜻이기도 하다.

잠재적인 파레토식 접근법의 문제는 이 접근법을 (관세 사례를 통해 보듯이) 이전 보상과 결합하지 않을 그리고 실질적인 파레토식 개선이 되지 않을 변화를 옹호하는 데 사용한다는 점이다. 따라서 해당 접근법은 어떤 사람은 이익을 보고 어떤 사람은 손해를 보게 만드는 정책을 사실상 추천하면서도 개인 상호 간의 비교는 거부하는 위선을 보여준다. 나는 개인적으로 마셜식 접근법을 선호하는데, 똑같이 추천하더라도 가식이 없기 때문이다.

관세 폐지와 보상금 지급이 파레토식 개선이므로 반대로 관세가 존재하는 세상이 파레토식 관점에서 비효율적이라는 주장은 더 포착하기 어려운 형태의 오류를 낳는다. 파레토식 관점에서 볼 때 관세가 없는 세상은 더는 개선될 수 없으므로 효율적이다. 효율적인 세상이 비효율적인 세상보다 나으므로 우리가 관세를 폐지해야 하는 이유는 명백하다.

여기에는 두 가지 문제가 존재한다. 첫 번째 문제는 비록 우리가 관세를 폐지할 순 있지만, 관세 폐지를 파레토식 개선으로 전환하기 위해 필요한 이전 행위를 강요할 수 없다는 점이다. 누가 얼마의 이익을 보고 얼마를 손해 보는지 우리는 속속들이 알지 못한다. 결과적으로 관세 폐지를 둘러싼 초기 상황은 파레토식 관점에서 볼 때 비효율적이지 않다.

두 번째 문제는 파레토식 관점에서 효율적인 상황이 동일 관점에서 비효율적인 상황보다 반드시 더 나은 건 아니라는 점이다. 관세가 존재하는 상황이 비효율적인 이유는 그 상황이 관세가 없는 상황보다 파레토식 관점에서 더 나쁘기 때문이 아니라 제3의 대안, 즉 관세를 폐지하고 더해서 보상을 지급하는 상황보다 더 나쁘기 때문이다.

쿠키 20개와 콜라 20개를 당신과 내가 나눠 갖는 경우를 생각해보자. 내가 전부 갖는 분할방식은 파레토식 관점에서 효율적이다. 그 외의 다른 어떤 변화도 내게는 손해만 가져올 뿐 그 이상의 파레토식 개선이 불가능하기 때문이다. 우리가 각자 쿠키 10개와 콜라 10개씩 나눠 갖는 분할방식도 비효율적이다. 서로의 기호가 다른 점을 생각할 때 우리 둘 다 당신은 쿠키 11개, 나는 콜라 11개를 갖는 것을 더 좋아할 수 있기 때문이다.

파레토식 관점에서 볼 때 내가 전부 갖는 분할방식은 효율적이고, 똑같이 나눠 갖는 건 비효율적이다. 하지만 이 논리에 근거해서 내가 전부 갖는 편이 똑같이 나누는 것보다 더 낫기 때문에 첫 번째 방법을 택해야 한다고 주장하는 건 상식을 벗어난 행위처럼 보인다. 게다가 상대방이 이런 내 요구에 동의할 거라고 기대하는 것도 이상하긴 매한가지다.

"가능하면 언제나 마셜식 개선을 추진하라"는 일반적인 방침을 채택하는 것은, 개별적인 마셜식 개선과는 별개로 거의 파레토식 개선과 다름없는 듯 보인다. 손해를 보는 사람이 없다는 뜻이다. 어떤 경우에는 마셜식 개선 덕분에 나는 3달러만큼의 편익을 얻고, 당신은 2달러만큼의 손해를 본다. 또 다른 경우에 당신이 6달러만큼 편익을 얻고, 나는 4달러만큼 손해를 본다. 이외에도 수많은 경우가 존재한다. 이 모든 결과를 합하면, 특정한 개인이나 집단이 계속해서 손해 보는 쪽에만 있는 게 아니라면, 모든 또는 거의 모든 사람이 편익을 얻는다. 이 점이 바로 마셜식 개선을 선호하는 또 다른 이유다.

이 책에서 경제학을 소개하는 방식은 기존의 틀에서 벗어나 있지만, 그 내용(내가 제시하는 것)만큼은 다른 많은 경제학자가 믿고 가르치는 내용과 크게 다르지 않다. 그런데도 이 장은 완전히 예외다. 파레토식 접근법에 관한 나의 불만에 공감하는 동료들도 많지만, 그들 대다수는 파레토식 접근법을 계속 가르친다. 나는 그렇지 않은 척 파레토식 전략을 따르는 대신, 우리가 일종의 불완전한 방식으로 이 사람이 얻는 이윤과 저 사람이 입는 손실의 균형을 유지하고 있다는 사실을 인정하는 편이 낫다고 생각한다. 그런 측면에서 이 부분의 이야기는 사람들이 동의하느냐 하지 않느냐에 따라서 '선구적'이 되거나 '주류에서 벗어난' 이야기가 될 것이다.

일반적으로 경제적 개선은 변화를 평가하는 합리적인 훌륭한 방법을 제공하지만, 항상 그런 것은 아니다. 당신과 나 이렇게 두 사람으로 구성된 하나의 사회를 상상해보자. 우리 중 한 사람은 수명을 연장하는 알약을 가졌고, 그 알약은 누구든 먹는 사람의 기대 수명을 두 배로 늘려준다. 우리 둘 중 누가 그 알약을 차지할 것인지 결정하기 위해 우리가 마셜의 접근법을 사용하고자 한다고 가정해보자.

내가 알약을 가진 경우 당신이 어떤 제안을 하더라도 나는 절대 알약을 넘겨주지 않을 것이다. 따라서 내게 그 알약의 금전적 가치(내가 알약을 단념하려면 받아야 하는 금액)는 당신이 평가하는 금전적 가치(당신이 알약을 얻기 위해 지급하려는 금액)보다 훨씬 크다. 결과적으로 내가 그 알약을 차지하는 건, 마셜의 기준에 따르면, 선순위에 의한 결과다.

반대로 당신이 알약을 가진 경우를 가정해보자. 정확히 똑같은 논의가 오간 후 우리는 그 알약을 당신이 차지하는 것이 선순위에 의한 결과라는 사실을 알게 된다. 알약의 가치가 막대하므로 누구든 그 알약을 가진 사람은 결과적으로 훨씬 부자다. 돈 때문이 아니라 돈으로 살 수 없는 어떤 것 때문에 말이다. 부자는 같은 편익(이 경우에는 알약을 차지함으로써 얻는 편익)에 대해 더 많은 금전적 가치를 부여한다. 그래서 처음에 누가 알약을 갖고 시작하는지에 따라 결과가 달라진다. 더 나아가 초기 배분에 관해 우리가 무슨 가정을 하는지에 따라서 그 변화가 경제적 개선인지 아닌지가 결정되기도 한다. 그래서 초기 배분은 사람들이 소유하는 것에 영향을 미치고 그 결과, 자신에게 이로운 변화를 끌어내려고 그들이 지급하려는 것에도 영향을 미친다.

개선에 관한 마셜의 정의를 적용할 경우, 대체로 이런 문제가 없다. 예를 들어 관세의 바람직함을 고려할 경우, 관세가 존재한다는 가정하에 관세를 폐지함으로써 사람들에게 어떤 영향이 미칠지 알아보든지, 또는 관세가 존재하지 않는다는 가정하에 관세의 도입이 사람들에게 어떤 영향을 미칠지 알아보든지 아마 아무런 차이가 없을 것이다. 차이가 없는 이유는 대부분 이익과 손실이 금전적인 것이기 때문이다. 수입이 1달러 증가함으로써 느끼는 금전적 가치는 당신이 아무리 부자라도 똑같다. 또다른 이유로는 설령 이익과 손실 중 일부가 금전적인 것이 아닌 경우, 대다수 사람의 수입은 관세 폐지(또는 도입)로 인해 극히 미미한 영향만 받을 것이고, 그에 비례해 비금전적인 가치와 동등한 수준의 금전적인 가치에 관한 영향도 미미할 것이기 때문이다.

이 문제는 마셜식 접근법에만 국한되지 않는다. 엄격한 파레토식 기준에서는 대안 대부분을 비교할 수 없다. 수명을 연장하는 알약을 누가 가져야 할지 판단할 방법도 없을뿐더러 관세가 과연 폐지되어야 하는지 판단할 방법이 없기 때문이다.

## 개선의 대안

경제적 효율성의 개념을 이해하는 사람은 그 단점도 잘 안다. 경제학자들은 개선에 관해 설명할 때 부자와 가난한 사람이 느끼는 돈의 가치가 다르다는 점을 배제하고, 무엇이 자신에게 이익인지 모르는 사람도 있을 수 있다는 가능성을 간과한다. 아울러 예의 바르고 문화적으로 풍요로운 사회에서 살아가는 삶의 가치처럼, 쉽게 소유하거나 거래할 수 없는 재화의 가치를 무시하는 행동이 실제로 얼마든지 있을 수 있다는 가능성도 배제한다.

하지만 더 나은 기준을 제안하기는 훨씬 더 어렵다. 가장 대중적인 대안은 직관인 듯하다. 사람들은 변화에 직면해서 곰곰이 생각하고 그 변화가, 전체적으로 좋은 것인지 나쁜 것인지 판단한다. 올바른 판단을 위해서는 그 변화가 관련된 모든 사람에게 끼칠 영향을 고려해야 한다. 하지만 내가 아는 한 다양한 수백 명의 삶을 직관으로 알 만큼 정신적으로 탁월한 능력을 갖춘 사람은 없다. 특정한 어떤 변화가 그 많은 사람 하나하나에 어떤 영향을 끼칠지 알 정도의 지식으로 무장한 사람도 없기는 매한가지다.

실제 우리는 소수의 사람에게 끼칠 영향만 검토한다. 게다가 그 소수의 사람도 우리와 비슷한 사람이거나 우리의 친구들, 또는 우리가 거의 아는 게 없는 가공의 정형화된 인물(이를테면 '부자', '노동자' 등)이 전부다. 우리가 동시에 상상할 수 있는 여섯 명 정도에 대한 영향을 종합하고, 그 결과가 모든 사람에게 미칠 전체적인 영향을 측정할 수 있는 훌륭한 도구라고 가정한다. 그에 따른 결과 중 하나는 나나 나와 비슷한 사람들에게 이로운 정책은 국가에도 유익하고, 나나 나와 비슷한 사람들에게 손해가 되는 정책은 국가에도 유해하다고 믿는 경향으로 나타난다.

또 다른 결과는 편익은 명백하고 비용은 명확하지 않은 정책을 지지하는 경향이다. 일례로 일정 구역의 토지가 도시공원으로 보존되어야 하는지를 결정하는 경우, 그 도시에 사는 사람이라면 거의 누구나 '그렇다'고 대답할 것이다. 그들은 잠재적으로 그 공원을 이용할 사용자(수익자)의 관점에서 효과를 생각한다. 그런 사람들은 해당 지역이 공원으로 보존되지 않았다면 자신이 그곳에 살았을지도 모른다고, 또는 그곳이 공원으로 지정되는 바람에 현재 만족스럽지 못한 다른 장소에서 살게 되었다고 생각하지도 않는다. 만약 손실은 그대로 놔둔 채 이익만을 전부 합한다면 당연히 포지티브섬positive sum(이해관계자들과의 협력을 통한 상생 전략을 말하는 것으로, 시장의 가치를 증대시킴으로써 구성원이 서로 이득을 볼 수 있다는 장점이 있다. 상대를 죽이고 내가 이겨 가치의 총합을 줄이는 제로섬 전략과 대비된다_옮긴이)이 도출될 것이 분명하다. 하지만 이 포지티브섬은 그 변화가 진정한 개선인지 아닌지와 관련해서 아무런 의미가 없다. 설령 그 분석이 지극히 불완전할지라도, 직관은 분석을 대체하기에 역부족이다.

# 무엇이 효율적인가?

## : **효율성**

## 경쟁시장

모자는 가득 찼고 토끼는 잠에서 깨어났다. 이제 때가 되었다. 필요한 설명은 모두 끝났다. 이제 나는 이 책의 전반부 아홉 개의 장에서 신적인 공무원을 이끌어낼 참이다.

경쟁적인 산업을 떠올려보자. 산출물을 소비자에게 판매하고, 생산요소를 노동자나 지주, 투자자 같은 소유주에게서 구입하는 시장이다. 그런 시장의 기업이나 소비자, 소유주는 모두 가격 수용자다. 그에 따른 결과는 효율적인가? 신적인 공무원이 더 나은 결과를 만들어낼 수 있을까?

신적인 공무원은 똑같은 방식으로 생산된 똑같은 양의 재화를 가지고 배분 방식만 바꿀 수 있다. 생산 방법만 바꿔서 같은 수량을 생산하고 그 수량을 같은 사람에게 배분할 수도 있다. 마찬가지로 생산 수량을 바꿀 수도 있다. 경제적 개선이 될 수 있는 변화나 그런 변화의 조합이 존재할까?

## 배분의 효율성

재화는 단일 가격으로 판매된다. 사람들은 그 재화가 하나 더 추가되어 얻는 가치와 그 단일 가격이 일치하는 수량, 즉 한계가치=가격(MV=P)인 수량을 소비한다. 이제 이 사람에게서 저 사람에게로 일정량의 재화를 옮긴다고 가정해보자. 주어진 가격으로 해당 재화를 구매한다는 점에서 그 재화에 대해 적어도 가격만큼의 가치를 느끼는 사람에게 일정량의 재화를 가져온다. 그리고 주어진 가격으로는 그 재화를 구매하지 않으려고 한다는 점에서 가격만큼 가치를 느끼지 않는 사람에게 그 재화를 제공한다. 옮겨진 각각의 재화는 그 재화를 얻는 사람보다 잃는 사람에게 더 가치가 있고 따라서 그같은 변화는 개선이 아니라 개악이다.

모든 희망자에게 같은 가격으로 재화를 판매함으로써 이뤄지는 배분은 해당 재화에 가장 많은 가치를 느끼는 사람에게 재화를 배분하는 셈이다. 즉, 모든 재배분은 자신이 잃는 재화가 정해진 가격보다 더 가치 있다고 느끼는 사람에게서 별로 가치 없다고 느끼는 사람에게로 옮겨가는 것이다. 따라서 어떤 식의 재배분도 개선일 수 없다. 이 논리는 산출물의 수량과 상관없이 똑같이 적용된다. 그 산출물의 생산량이 얼마든 상관없이 수요량을 그대로 유지할 수 있는 가격에 판매하는 것은 효율적인 배분이다.

## 생산의 효율성

신적인 공무원은 기업이 같은 산출물을 더 저렴한 방식(어쩌면 생산요소들의 조합을 달리해서)으로 생산하게 할 수 있을까? 그럴 수 없다. 모든 기업은 이미 최소 비용으로 상품을 생산한다. 비용을 줄이면 기업의 이윤이 늘어나므로 지금보다 비용을 줄일 방법이 있었다면 해당 기업에서 이미 채택하였을 것이다.

하나의 기업을 폐쇄하고 나머지 다른 기업의 생산량을 조금 더 늘리거나 새로운 기업을 만들어서 나머지 다른 기업의 생산량을 줄이는 것처럼 기업의 숫자에 변화를 주면 어떻게 될까? 균형에 이르렀을 때, 시장가격을 수용하는 기업은 평균원가곡선의 최소 수량을 생산한다. 기업들이 이미 최소한의 평균원가로 생산하고 있으므로 산출량에 변화를 주면 평균원가는 분명히 더 올라갈 것이다.

## 수량의 효율성

소비자는 그 재화의 한계가치가 자신이 지급해야 하는 가격과 정확히 일치하는 지점에서, 즉 한계가치=가격($MV=P$)일 때 해당 재화를 구매한다. 경쟁적인 균형에 도달했을 때 재화의 가격은, 그 재화를 조금 더 생산하는 비용과 일치한다. 즉, 가격=한계비용($P=MC$)이다. 따라서 수량 증가는 소비자가 그 재화에 부여하는 가치보다 생산비용이 더 클 정도로 생산량이 늘어난다는 뜻이다. 반대로 수량 감소는 생산비용보다 소비자가 부여하는 그 재화의 가치가 더 클 정도로 생산량이 줄어든다는 의미다. 어떤 쪽으로 변하든지 그런 변화는 경제적으로 개악이 될 것이다.

그렇다면 신적인 공무원은 한 번에 두세 가지 변수에 변화를 줘서 결과를 개선할 수 있을까? 개선할 수 없다. 우리는 시장의 배분규칙(소비자들이 딱 원하는 만큼만 생산해 그들이 기꺼이 지불하려는 가격으로 판매하는 것)이 산출량을 적절하게 배분하는 효율적인 방식이며, 경쟁적인 산업에서 채택되는 생산방식이 적정 수준의 산출량을 생산하는 효율적인 방식이라는 사실을 논증했다. 그렇다면 이제 오직 한 가지 변수(수량)만 남는데, 조금 전까지 살펴본 바에 따르면 산출물이 시장의 배분규칙에 따라 생산되고 배분되는 경우, 효율적인 수량이란 경쟁 산업이 생산하기로 하는 수량이다.

우리가 할 수 있는 것은 끝났다. 지금까지 살펴보았듯이 경쟁적이고 가격 수용적인 기업들이 존재하는 산업에서 만들어진 결과물에는 어떤 식으로 변화를 주더라도 경제적 개선이 될 수 없다. 경쟁시장은 효율적이다. 신적인 공무원은 그 안에서 살아 있고 건재하며 경제 분야 전반에 고루 흩어져서 존재한다.


## 의도적으로 간과한 것들

지금까지 나는 주장의 전체적인 논리를 보여주기 위해 몇몇 중요한 요소를 의도적으로 간과했다. 이제부터는 이 요소들로 되돌아가 설명을 보충한다.

### 가치 비용

나는 산출물의 생산방식에 어떤 변화를 주어도 생산비용을 낮출 수 없다고 설명했다. 이 같은 설명은 변화가 개선될 수 없다는 설명과 다소 차이가 있다. 생산비용의 변화는 결과적으로 기업이 생산요소의 소유주에게 지급하는 금액의 변화일 뿐이다. 변화로 인해 지급할 금액, 즉 '비용'이 증가한다는 설명과 그 변화가 경제적 개악, 즉 '가치의 순손실'이라는 설명 사이에는 무슨 관계가 있을까?

그 관계는 5장에 나온다. 5장에서 살펴보았듯이 생산요소(5장에서는 노동이었다)의 가격은 그 생산요소를 생산하는 개개인의 원가와 같다. (여가의 한계가치라고도 알려진) 노동의 한계부정가치는 임금과 같다. 생산자가 노동을 1시간 연장하여 생산 과정에 변화를 주는 경우, 그가 해당 노동에 대해 지급해야 하는 가격, 즉 비용은 추가 노동에 따른 노동자의 비용, 다시 말해 가치비용과 일치한다. 노동자는 추가된 노동 시간이 그리고 그에 따른 보수가 이익일 수도 손해일 수도 있지만, 기업은 노동자에게 지급한 액수만큼 손해를 본다. 동일 기업이 노동을 1시간 단축하는 경우에도 똑같은 분석이 적용된다. 기업이 절약하는 돈은 노동자가 추가로 얻는 여가 시간의 가치와 똑같다. 이 분석법은 다른 생산요소에도 똑같이 적용된다.

기업이 개인 소비자들을 물리치고 생산요소를 차지하는 경우에는 어떨까? 이를테면 사과는 애플소스를 만들 수도 있고, 원래 상태 그대로 먹을 수도 있다. 소비자는 마지막으로 남는 사과 한 개의 한계가치가 사과 가격과 일치하는 수준으로 사과를 소비한다. 따라서 (기업이 애플소스를 만들기 위해 그 사과를 사 갔기 때문에) 그 소비자가 사과 한 개를 덜 먹어 발생하는 가치 손실은 기업이 그 사과를 차지하는 데 든 비용과 같다.

기업이 생산요소 조합을 달리해 생산 방법을 어떻게 바꾸더라도 그 비용은 다른 사람이 해당 생산요소를 생산하는 데 드는 비용 합계와 똑같다. 따라서 어떤 변화로 인해 비용이 낮아지면 재화를 생산하는 가치비용도 낮아지고, 반대로 비용이 상승하면 가치비용도 상승한다.

만약 기업이 경매를 통해 다른 기업을 물리치고 추가 생산요소를 획득하면 어떻게 될까? 철강회사가 더 많은 노동력을 투입하기로 하면 원래부터 철강 산업에 종사하던 노동자의 여가 시간이 줄어들고, 자동차를 생산하다가 철강 산업으로 넘어오는 노동자들도 발생할 것이다.

노동자 한 명을 잃어 자동차 산업에서 발생하는 비용은 그 노동자의 한계수입생산량이다. 즉, 그 노동자를 고용하여 증가한 그리고 달러로 측정되는 산출량이다. 증가한 산출량은 노동자의 임금과 같고, 해당 임금은 철강 산업이 그를 고용하기 위해 지급해야 하는 금액이다. 이처럼 기업이 노동자를 고용하는 데 드는 비용은 그 노동자가 다른 기업에 고용될 때의 가치비용과도 같다. 이 경우에 가치손실은 노동자의 여가 손실이 아닌 다른 산업에서 손실된 산출물이다.

이 논리는 다른 생산요소에도 그대로 적용된다. 기업이 토지나 자본을 이용할 수 있는 권리를 획득하려면 해당 토지나 자본의 소유주에게 다른 기업보다 좋은 조건을 제시해야 한다. 아울러 다른 기업은 필요하다면 그들이 생산요소를 뺏김으로써 발생하는 손실에 상응하는 어떤 것을 그 소유주에게 기꺼이 제안하려 할 것이다. 따라서 기업이 각자의 생산요소에 지불해야 하는 가격은 해당 생산요소를 가져옴으로써 다른 곳에서 손실로 나타나는 산출물의 가치와 같다.

지금까지 나는 기업적인 측면에서 생산비용, 즉 기업이 생산요소를 차지함으로써 발생하는 비용이 해당 생산요소를 이용하는 데 따른 (여가 시간에서든 또는 그 생산요소가 생산할 수도 있었던 다른 재화의 가치에서든) 가치손실과 같다고 설명했다. 경쟁 산업은 최소한의 비용으로 산출물을 생산하므로 가치비용 역시 최소한으로 발생한다. 해당 산업이 기존의 산출량 생산 방식에 어떤 식으로든 변화를 준다면 그 변화는 경제적 개악이 될 것이 틀림없다.

## 가치의 이익과 손실

경쟁에 의한 균형의 효율성을 증명하면서 나는 대금 결제를 통해 생산요소나 산출물의 소유권을 이전하는 과정에서 발생하는 가치의 이익이나 손실을 무시했다. 이 사람에게서 저 사람에게 돈이 이동하는 것은 개선도 개악도 아니다. 이 사람이 1달러를 얻으면 저 사람이 1달러를 잃을 뿐이다.

기업이 근무 시간을 1시간 연장하기로 하면 결과적으로 노동자의 노동 시간은 1시간이 늘어난다. 또 다른 결과로, 노동력에 관한 추가 수요가 발생해서 임금이 약간 상승한다. 임금 상승을 초래한 그 기업은 산출물 시장뿐 아니라 생산요소 시장에서도 가격수용자의 관점에 있으므로 이 같은 약간의 임금 상승은 무시할 수 있다. 하지만 산업 전체로 보거나 경제 전체로 보면, 이 약간의 임금 상승은 모든 노동자의 전체 노동 시간과 곱해져야 한다. 기업이 노동의 투입량을 한 단위 늘려서 발생하는 비용과 편익을 계산할 때 그런 것까지 고려할 필요가 있을까?

맞다. 없다. 임금 상승은 판매자와 구매자 사이에서 일어나는 노동력의 이동이다. 누군가가 잃는 돈은 다른 누군가가 가져간다. 순이익이나 순손실은 존재하지 않으므로 변화도 없고 개선도 없다.

이런 식의 논증으로 생기는 한 가지 문제는 내가 말로 수학적 논거를 제시하고 있다는 점이다. 엄밀히 말해, 이런 분석법은 지극히 작은 변화에 적용해야 한다. 즉, 노동 시간 1시간보다는 1,000분의 1초를 다뤄야 한다. 커다란 변화는 무수히 많은 작은 변화로 나눌 수 있으므로 각각의 작은 변화가 상황을 악화시킨다고 증명하면 커다란 변화도 마찬가지라는 사실을 입증하는 셈이 된다. 이런 식의 증명은 수학적으로 논증할 때보다 말로 주장할 때 더 어렵지만, 증명에 실패할 경우 정확성의 문제가 발생한다.

경쟁에 의한 균형이 효율적이라는 증거를 정확하게 구술하는 일이 가능할 수도 있겠지만, 그럴 경우 이미 어려운 증명 과정이 지금보다 훨씬 더 어려워질 수 있다. 나는 앞에서 제시한 증명 과정이 그 결과가 참인 이유를 명쾌하게 보여줄 정도로 정확하다고 생각한다.

## 복잡한 실물경제

나는 생산자와 소비자 사이에 기업이 존재하는, 한 층으로 구성된 경제를 설명하고 있다. 대부분 실물경제는 이보다 훨씬 복잡하다. 기업이 생산하는 산출물(강철 덩어리나 타자기, 철도 운송 등)의 대다수는 다른 기업의 생산요소가 된다. 이런 점 때문에 현실 세계를 설명하기가 더 어렵긴 하지만, 그렇다고 근본적인 논리가 변하는 것은 아니다.

왜 그런지 맨 밑에 있는 층에서 위로 올라가면서 살펴보자. 최초 소유주(노동자나 지주, 자본가 등)에게서 생산요소를 구매하고, 그 생산요소를 이용해 타자기를 생산하는 기업에 대해 생각해보자. 그 기업은 한계비용과 같은 가격으로 그 타자기를 판매한다. 따라서 그보다 한 층 위의 기업이 타자기값으로 지불하는 가격은 그들이 이용하고 있는 생산요소의 실질적인 인적 비용을 보여주는 정확한 지표다. 그 기업이 노동자에게 지급하는 임금이 노동에 대한 실질적인 인적 비용을 보여주는 정확한 지표인 것과 마찬가지다. 우리가 경쟁에 의한 균형의 효율성을 증명하는 데 이용한 접근법은 두 번째 층에도 그대로 적용된다. 필요한 경우 얼마든지 많은 층에 같은 논법을 그대로 적용할 수 있다. 경쟁 관계로 구성된

레이어 케이크(크림·잼 등을 사이사이에 넣어 여러 층으로 만든 케이크_옮긴이) 전체가 효율적인 셈이다.

우리가 사용한 논법에는 다수의 단순화를 포함한다. 그중 하나는 각각의 기업이 오직 한 종류의 재화만을 생산한다는 가정이다. 이 가정을 포기할 경우, 연산품(양모와 양고기, 또는 같은 광석에서 정련되는 두 가지 금속처럼 동시에 생산되는 재화)이나 재화 간의 품질 차등처럼 흥미로운 난제가 발생하지만, 그런데도 결과는 바뀌지 않는다. 12장과 13장에서 논의한 것처럼 시간과 불확실성에서 초래되는 복잡성은 어떨까? 앞에서 살펴봤듯이 우리는 시간을 통합하고 미래의 수익과 비용, 가치 흐름을 현재가치로 전환해 계산함으로써 모든 요소를 우리의 분석법에 맞게 바꿀 수 있다. 이런 형태의 논의를 반복하면서 우리는 변화하는 세상에서 경쟁에 의한 균형의 효율성을 증명할 수 있다.

불확실한 세상에서 효율성은 훨씬 더 복잡한 문제다. 신적인 공무원이 안다고 생각되는 것이 정확히 무엇인지, 우리가 어떤 종류의 완벽한 경제를 모델로 삼고 있는지 규명할 때 우리는 신중을 기해야 한다. 신적인 공무원은 미래를 아는 반면 실질적인 시장 참여자는 미래를 모른다면 신적인 공무원은 시장 참여자들의 성과를 손쉽게 개선할 수 있다. 하지만 우리는 신적인 공무원을 정의하면서 그가 모든 사람이 가진 정보를 다 가졌지만, 그보다 더 많은 정보를 갖지는 못했다고 전제했다. 이런 전제는 현실 세계의 공무원과 마찬가지로 그에게 우리 것보다 더 나은 수정구슬이 있는 건 아님을 암시한다. 따라서 효율성의 증거는 확실한 세상뿐 아니라 불확실한 세상에서도 유효하다.

15장의 끝 부분에서 나는 효율성이 현실 세계의 경제를 판단하는 불합리할 정도로 엄격한 기준인지 질문했다. 이제 당신은 그 질문의 답을 이해할 수 있는 곳에 서 있다. 우리는 효율적인 결과를 낳는, 즉 신적인 공무원이라도 더는 개선할 수 없는 결과를 낳는 제도(경쟁시장)를 설명할 수 있다. 실제 시장은 모범적인 전형에 완벽하게 부합되지는 않아도(예를 들어 실제 시장에서는 하나같이 같은 재화를 생산하는 무수히 많은 기업으로 해당 산업이 구성되지 않는다) 때때로 그 전형에 근접한다.

이 논의에 쏟는 관심의 양과 그 관심을 반영한 다양한 사례들의 숫자를 보면서 어쩌면 당신도 짐작하고 있겠지만, 경쟁시장의 효율성은 주목할 만한 결과다. 만약 당신이 인류의 후생을 개선하기 위해 경제학을 활용한다면 효율성은 아마 경제이론이 낳은 가장 중요한 결과물 중 하나일 것이다. 현실 세계의 경제가 이를 증명하기 위한 전제에 정확하게 들어맞을 거라고 기대할 수는 없다. 하지만 다양한 경제 분야의 많은 부분이 우리가 효율적이라고 생각할 수 있을 만큼 근접하게 들어맞는다. 효율성을 증명하는 데 필요한 전제가 붕괴되는 경우, 비효율을 줄이는 방법을 알아내기 위한 첫 번째 단계는 비효율의 원인을 이해하는 것이다.


## 독점은 효율적인가?


경제학에서 효율성이나 경쟁 같은 단어는 기술적인 용어이며, 일상적인 대화에서 사용될 때와 상당히 다른 의미를 지닌다. '독점은 비효율적이다'라는 문장을 생각해보자. 보편적인 반응은 "당연하지. 그걸 모르는 사람이 어디 있겠어. 독점가들은 부자이지만 게으르잖아. 그들을 압박할 경쟁자도 없어서 기업을 경영하는 수준도 형편없지"일 것이다.

부유하고 게으른 독점가가 형편없이 기업을 경영하는 것은 경제학자가 독점이 비효율적이라고 말할 때의 의미와는 다르다. 일상적인 대화에서 효율적이란 말이 사용되는 것처럼 경제이론은 독점 기업이 경쟁 기업과 마찬가지로 효율적일지도 모른다고 암시한다. 15장에서 논의된 지극히 다른 의미에서 볼 때만 우리는 일부 독점 기업이 비효율적일 거로 생각할 수 있다.

### 단일가격에 의한 독점

타자기를 설계하고 생산할 공장을 짓는 데 1,000만 달러가 든다고 하자. 그리고 일단 짓고 나면 그 공장에서는 대당 100달러를 주고 타자기를 사려는 사람들이 있는 한 무한정 타자기를 생산할 수 있다. 정해진 비용으로 타자기를 더 많이 생산할수록 평균원가는 내려가고 그 덕분에 타자기 회사는 상대적으로 작은 다른 회사보다 타자기를 더 싸게 판매할 수 있다. 바로 자연독점이다.

우리는 경쟁적인 산업이 배분과 생산, 수량의 세 가지 방식에서 효율적이라고 증명했다. 배분과 생산이 관련되어 있는 한 그 증명 과정은 단일가격에 의한 독점에도 그대로 적용된다. 경쟁적인 기업과 마찬가지로 그 타자기 회사는 생산된 타자기를 모든 희망자에게 같은 가격으로 판매한다. 산출물을 배분하는 효율적인 방식이다. 또 비용을 줄여 이윤을 늘릴 수 있으므로 다른 경쟁적인 기업과 마찬가지로 최대한 낮은 비용으로 재화를 생산한다.

수량은 어떨까? 경쟁시장 기업과 달리 단일가격 독점 기업은 한계비용보다 가격을 높게 책정해서 이윤을 극대화한다. 만약 타자기 한 대를 생산하는 비용이 100달러이고, 가격이 150달러라면 타자기에 관해 140달러의 가치를 부여하는 사람은 구매를 포기할 것이므로 비효율적이다.

독점 기업이 타자기 한 대를 추가로 생산해서 그 소비자에게 무상으로 주는 경우, 기업에서는 100달러만큼 손해이고 그 소비자는 140달러만큼 이득이다. 순증가는 40달러이다. 그 소비자가 타자기를 150달러에 구매하는 경우에도 마찬가지로 순증가이다. 이 경우에 기업이 얻는 50달러와 소비자가 잃는 10달러가 합쳐져서 총 40달러가 증가한다. 물론 둘 중 어떤 경우도 발생하지는 않을 것이다. 독점 기업은 150달러가 이윤을 극대화하는 가격이므로 그 가격보다 낮게 판매하지 않을 것이고, 소비자는 140달러보다 높은 가격으로는 구매하지 않을 것이다.

그림 16-1은 비효율성을 보여준다. 진한 색으로 표시된 부분은 독점 이윤을 극대화하는 가격에서의 소비자잉여와 한계비용과 같은 가격에서의 소비자잉여 차이를 보여준다. 이 차이 중 일부가 이전(소비자가 높은 가격에 상품을 구매하여 독점 기업에 지급하는 돈)이다. 그 나머지 부분은 소비자가 한계비용과 같은 가격에서 구매하고, 독점이윤을 극대화하는 가격

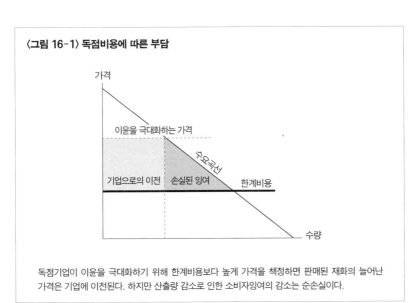

**〈그림 16-1〉 독점비용에 따른 부담**

독점기업이 이윤을 극대화하기 위해 한계비용보다 높게 가격을 책정하면 판매된 재화의 늘어난 가격은 기업에 이전된다. 하지만 산출량 감소로 인한 소비자잉여의 감소는 순손실이다.

에서는 구매하지 않는 경우에 소실되는 소비자잉여다. 즉, 소비자는 이 부분에 해당하는 잉여를 잃지만, 그 잉여를 획득하는 사람은 아무도 없다는 뜻이다. 이 부분을 가리켜 독점 때문에 소실되는 후생 삼각형이라고 한다.

우리는 앞에서도 이 삼각형 부분을 본 적이 있다. 그렇다. 바로 10장에서다. 영화관에서 팝콘을 한 봉지에 0.5달러에 판매하는 대신 1달러씩 판매함으로써 잃게 되는 부분과 똑같다. 영화관은 영화표 가격을 이용해서 모든 고객의 소비자잉여를 영화관으로 이전해 어떤 식의 비효율성이라도 존재하는 경우, 즉 총잉여가 감소하는 경우, 영화관의 이윤도 감소했다.

앞에서 나는 경쟁에 의한 균형의 효율성을 증명하는 것이 (한 기업의 산출물이자 다른 기업에서는 생산요소가 되는 타자기처럼) 중간재와 관련된 경제에도 일반화할 수 있다고 설명했다. 하지만 여기에 독점 기업을 보탤 경우, 그런 논법은 더는 유효하지 않다. 타자기를 구매하는 기업은 타자기를 구매하기 위해 지급해야 하는 가격으로 타자기 구매비용을 측정한다. 만약 타자기가 독점 기업에 의해 생산되고 한계비용보다 높은 가격으로 판매된다면 그 가격은 타자기를 생산하는 데 드는 실질적인 인건비를 더는 반영하지 않는다. 그러한 결과는 재화가 생산되는 방식을 왜곡한다. 즉, 기업은 독점 기업에서 생산된 생산요소를 효율적인 양보다 적게 사용한다. 예를 들어 알루미늄 생산은 독점이고 철강 생산은 그렇지 않은 경우, 자동차는 효율성을 따지기에 앞서 무조건 강철을 더 많이 사용하고 알루미늄을 적게 사용할 것이다.

한 가지 해법은 수직통합이다. 알루미늄 회사가 자동차 회사를 합병하는 것이다. 합병된 그 기업의 자동차 부서는 기업이 지급해야 하는 각각의 비용, 즉 그 기업이 구매해야 하는 철강 가격과 그 회사가 생산하는 알루미늄의 한계비용에 기초해 알루미늄과 철강 중에서 결정하라고 지시를 받는다. 그에 따라 훨씬 더 효율적으로 설계된 자동차가 생산되고, 합작 투자한 주주들의 이익도 늘어난다. 주주들의 이익은 기업의 규모가 커져서 발생한 비효율성 때문에 주주들이 감수해야 하는 비용과 균형을 이룬다.

## 철도 회사를 운영하지 않을 방법

독점은 또 부차적이고 간파하기가 좀 더 어려운 비효율성을 낳는다. 아래에 소개되는 이야기를 생각해보자.

때는 1870년이다. 미국 국경 너머 어떤 곳에는 언젠가 사람들이 정착하고 농장이 들어설 분지가 하나 있다. 그곳으로 들어가는 철로를 가장 먼저 건설하는 사람은 누구든 독점권을 갖게 될 것이다. 그곳에 두 번째 선로를 놓을 만큼 경제가 활성화되지 않았기 때문이다. 철로가 1900년에 건설되는 경우, 철도회사가 궁극적으로 벌어들일 총 독점이윤은 2,000만 달러가 될 것이다. 만약 1900년 이전에 건설된다면 비용을 보전할 정도로 충분한 수요가 아직 없으므로 철도회사는 1900년이 되기 전까지 1년에 100만 달러씩 손해를 볼 것이다.

나는 1900년에 철로를 건설할 계획이다. 하지만 다른 누군가가 1899년에 철로를 건설하기로 한다. 내가 철로를 선점함으로써 기회를 날리는 것보단 1,900만 달러라도 버는 편이 훨씬 낫기 때문이다. 그런데 또 다른 사람이 나타나서 그 사람보다 더 빨리 철로를 건설하려고 한다. 그런 식으로 해서 결국 1880년에 철로를 건설한다. 그리고 철로를 건설한 사람은 자신의 자본을 투자해 정상이익과 별반 차이가 없는 돈을 번다.

이런 현상, 즉 정상적인 시장수익보다 높은 수익을 올리려고 경쟁하는 과정에서 해당 수익이 소실되는 것을 가리켜 지대추구rent seeking라고 한다. 뒷장에서 살펴보겠지만, 지대추구 행위는 범죄와 정치를 포함해 다양한 환경에서 등장한다. 지대추구 탓에 독점이윤이 소실되는 경우 독점비용에 따른 부담에는 그림 16-1의 후생 삼각형이 포함될 뿐 아니라 독점이윤 자체(사각형에서 고정비용을 제한 부분)도 포함된다. 이 같은 사실은 신적인 공무원이 아닌 단일가격의 독점 아래에 놓였을 때 소비자와 생산자가 궁극적으로 얼마나 손해를 보는지 보여준다. 더불어 독점을 더 효율적인 제도로 대체했을 때 얻는 이익의 상한도 보여준다.

독점이 효율적인 결과를 생산할 수 없다고 생각하는 이유는 한 가지가 더 있다. 가격을 얼마로 정하든 기업에서 생산비용을 보전할 수 없는, 수량과 상관없이 이윤이 항상 마이너스인 경우를 가정해보자. 그런 사업을 시작하려는 사람은 아무도 없을 것이다. 하지만 만약 신적인 공무원이 투자자에게 그런 사업을 시작하고 한계비용과 같은 가격으로 산출물을 팔도록 강요하는 경우, 그 사업의 소유주가 입는 손실보다는 소비자의 편익이 더 크다. 그럴 경우, 해당 사업을 존속하게 하는 행위는 경제적인 개선이 될 것이다.

독점 기업이 효율적이려면 두 가지 조건을 충족해야 한다. 첫째, 적어도 그 재화의 생산비용만큼 가치를 느끼는 모든 사람에게 재화를 공급해야 한다. 둘째, 일정 수량을 생산할 때 발생하는 소비자잉여에 이윤을 더한 결과가 플러스인 경우에만 생산한다.

## 독점 기업의 가격차등 전략

독점 기업이 모든 산출물을 같은 가격으로 판매하지 않고 비싼 값이라도 지급할 용의가 있는 고객에게 높은 가격을 부과해서 가격차별을 두면 어떻게 될까? 그 결과는 이윤의 증가로 그리고 비효율성의 감소로 나타날 것이다. 완전가격차별을 통해 독점 기업은, 10장에서 예로 든 쿠키 클럽의 경우처럼, 생산된 모든 제품을 생산비용보다 더 높은 가격에 판매할 수 있다. 그렇게 함으로써 이윤을 극대화할 뿐 아니라 첫 번째 효율성 조건을 충족할 수 있다.

독점 기업의 완전가격차별은 두 번째 효율성 조건도 충족한다. 모든 재화는 소비자의 지급 용의가 있는 가장 높은 가격에서 구매되므로 소비자잉여는 전부 독점 기업에 흡수된다. 독점의 모든 편익을 기업에서 가져가므로 총편익이 총비용보다 많다면 해당 사업을 시작할 가치는 충분하다.

독점 기업의 가격차별이 효율성 조건을 두 가지 다 만족시키는 이런 결과는 완전가격차별이 이뤄지는 경우에만 유효하다. 불완전가격차별은 비효율적일 뿐 아니라 때로는 단일가격에 의한 독점보다 더 손해일 수 있다. 똑같은 책을 영국에서는 10달러에 판매하고, 미국에서는 15달러에 판매하는 출판사를 생각해보자. 그 책에 관해 14달러의 가치를 느끼는 미국 소비자는 구매를 포기하지만, 똑같은 책에 11달러의 가치를 느끼는 영국 소비자는 그 책을 구매한다. 이런 식의 배분은 비효율적이다. 영국 소비자 대신 미국 소비자에게 책을 판매하면 3달러의 순편익이 발생하기 때문이다.

한편, 시장마다 가격을 달리해 책을 판매하는 능력은 더 많은 책 판매로 이어져 출판사에 유리하게 작용한다. 아울러 단일 가격에 의한 독점으로는 절대 불가능한 수준의 생산도 가능해진다. 단일 가격으로는 생산자가 비용을 보전할 수 없기 때문이다. 따라서 불완전한 가격차별의 효율성은 애매하다. 상황에 따라서 어떤 경우에는 단일 가격 독점보다 덜 효율적인 결과로 나타나고, 어떤 경우에는 더 효율적인 결과로 나타난다.

마치 완전하게 가격을 차별하는 독점 형태가, 그렇게 할 수만 있다면, 자연독점의 문제에 대한 이상적인 해법인 것처럼 들린다. 모든 잉여가 독점 기업에 귀속되는 문제가 있긴 하지만, 어쨌든 효율적인 결과를 만들어내니 말이다. 주주의 이익이나 고객의 이익을 똑같이 중요시할 정도로 충분히 넓은 관점에서 봤을 때 유일한 문제는 완전가격차별에 근접한 어떤 것을 실행하는 어려움인 듯 보인다.

문제는 또 있다. 지대추구다. 국경 근처의 한 분지에 철로를 건설하는 이야기를 다시 해보자. 다만, 이번에는 완전가격차별자가 있다. 이 경우에 완전가격차별은 최선의 해법이 아닐뿐더러 최악의 해법이다. 완전가격차별로 인해 모든 편익은 독점 기업에 이전되고, 독점 기업이 되려는 경쟁 과정에서 모두 소실된다.


## 효율적인 해결책

비효율성을 찾아내려는 한 가지 이유는 비효율성을 개선하려는 희망, 즉 제도를 수정해서 더 나은 결과를 만들어내려는 희망 때문이다. 우리에게는 신적인 공무원이 없기 때문에, 비효율적이긴 하지만 우리에게 주어진 수단으로는 개선될 수 없는 결과물이 존재할 가능성이 얼마든지 있다. 그렇지만 비효율성을 찾아내려는 노력은 여전히 가치 있는 일이다.

경쟁이 효율적이라는 이유로 독점의 비효율성에 관한 해법이 독점 기업을 해체하는 것이라고 생각할 수도 있다. 하지만 자연독점 기업 하나를 작은 기업 열 개로 나눌 경우 평균원가가 상승할 것이다. 자연독점이라고 하는 이유도 바로 이 때문이다. 산출량이 증가함에 따라 평균원가가 감소하므로 다른 기업을 퇴출하거나 합병해서 확장하려는 기업이 다시 등장할 것이다. 결국 우리는 독점 기업이 하나만 존재하는 원점으로 돌아온다.

독점의 비효율성은 인위적인 독점 기업을 해체하기 위한 논거로 사용된다. 하지만 나는 10장에서 인위적인 독점이 대부분 근거 없는 이야기라고 주장했다. 또 자연적인 경쟁시장에 관한 정부의 규제로 만들어진 독점 기업을 해체하는 논거로도 사용된다. 그러나 자연독점의 경우, 경쟁에 의한 균형은 선택 사항이 아니다.

전통적으로 경제학책에서 자연독점의 효율성 문제와 관련해 제시되는 해결책은 정부의 규제나 국유화다. 이 접근법은 민간 독점기업의 소유주와 경영자를 자신의 목적을 달성하고자 움직이는 경제 시스템 일부로 간주하면서 정부 관료에 대해서는 경제 시스템 외부에 존재하는 신적인 공무원으로 여긴다는 문제가 있다. 양쪽을 다르게 볼 아무런 이유가 없는데도 말이다.

규제기관의 감독자regulator나 국영독점 기업을 담당하는 공무원은 그들 나름의 목적, 즉 자신의 사적 편익과 더불어 자신을 임명한 행정부에 대한 정치적 이익이 혼합된 목적이 있다. 감독자의 관점에서 봤을 때 현명한 정책이란 그 감독자가 현 행정부에 관한 정치 헌금과 보수가 좋은 미래 일자리를 보장받는 대가로 독점 기업이 이윤을 극대화하는 데 도움을 주는 것일 수 있다.

19장에서 우리는 합리적 이기주의라는 가정을 이용해 정치시장을 분석하는데, 이 가정이 일반적인 시장 분석에도 이용된다. 더불어 대중의 후생을 극대화하려고 마련된 공공정책이 좀처럼 그럴듯한 성과를 내놓지 못하고 있음도 알게 될 것이다. 하지만 지금 시점에서는 그런 문제는 무시하고, 자연독점 기업을 담당하는 규제기관의 감독자들이 최선의 의도만을 가졌다고 가정한다. 그들의 목표는 독점 기업이 두 가지 효율성 조건으로 된 처방전을 따르게 해서 순편익을 극대화하는 것이다. 즉, 한계비용과 동일하게 가격을 부과하되 그 가격에서 순편익이 플러스여야 한다.

이를 위해 감독자에게는 해당 기업의 비용이 얼마인지 산정할 방법이 필요하다. 한 가지 방법은 가만히 지켜보면서 그 기업에서 산출물을 한 단위 생산할 때마다 얼마의 비용이 드는지 확인하고, 그 비용에 맞춰 가격을 책정하는 것이다. 하지만 비용을 산출량과 결부시키는 일은 관찰만으로 간단하게 해결되는 문제가 아니다. 예를 들어 한계비용을 산정하려면 우리는 그 기업에서 현재 생산하고 있는 수량의 생산비용뿐만 아니라 그 기업이 생산량을 달리할 때 생산비용이 어떻게 되는지도 알아야 한다.

규제기관의 감독자가 기업이 무엇을 할 수 있는지가 아니라 무엇을 하고 있는지만 감독하는 것도 문제다. 그리고 감독을 받는 기업이 감독자가 지켜보고 있다는 사실을 안다는 것도 문제다. 그 기업의 관리자는, 어쩌면 그들이 계획한 생산량에 비해 약간 규모가 작은 공장을 이용해, 마지막으로 생산되는 소량의 재화를 비용이 최대한 많이 들도록 생산하면 감독자가 그 기업의 한계비용이 높다고 생각하여 높은 가격을 책정하게 할 거라고 생각할 수도 있다.

그런데도 감독자가 그런 속임수를 꿰뚫어보고, 한계비용을 정확하게 산정해 한계비용과 동일하게 가격을 책정한다고 가정해보자. 자연독점 기업의 경우에 일반적으로 한계비용이 평균비용보다 낮다. 생산량이 증가하면서 평균비용이 떨어지는 것도 바로 그런 이유이다. 따라서 한계비용과 같은 가격으로 판매할 경우, 기업은 결국 파산할 수밖에 없다. 또는 그런 규제가 예상되었다면 애초에 해당 기업은 설립하지도 않았을 것이다. 이런 상황이 발생하는 것을 막기 위해 감독자는 가격과 평균비용의 차액을 보상해줄 방법을 찾아야 한다.

한 가지 분명한 해법은 납세자들의 세금으로 보조금을 지급하는 것이다. 그렇다면 감독자는 보조금의 규모를 어떻게 해야 하는지 어떻게 결정할까? 만약에 보조금이 단순히 수입과 비용의 차액과 동일하게 책정된다면 그 기업의 경영자는 비용, 특히 일상적인 경영업무를 더 수월하게 만들어주는 요소의 비용을 줄이기 위해 노력할 아무런 유인이 없다. 여기에서도 관리자는 감독자가 지켜보고 있다는 사실을 인지하고 그에 맞게 기업을 운영한다.

하나의 대안은 비용곡선을 평가하고, 그 기업에 한계비용과 같은 가격으로 판매하게 하고, 예상되는 손실을 보전할 만큼만 보조금을 지급하는 것이다. 비용이 평가 금액보다 적으면 이윤이 발생하지만, 평가 금액보다 많으면 손실이 발생하므로 경영자는 비용을 낮추려는 유인을 가진다.

하지만 어떻게 초기 평가를 할 수 있을까? 어쩌면 작년 비용을 활용할 수도 있을 것이다. 하지만 작년에 기업 경영자가 우리가 그렇게 할 거라고 예측했다면 장래에 보조금 받을 것에 대비해 높은 비용 근거를 마련하려고 일부러 당시에 부실하게 기업을 운영했을 가능성이 있다. 어쩌면 우리는 직접 관리팀을 꾸려서, 해당 기업이 생산량을 얼마로 하고 어떻게 해서 어느 정도의 비용으로 생산할 것인지 계산한 모든 작업 과정을 되풀이하려고 할 수도 있을 것이다. 그렇지만 이런 식의 해법에는 비용이 많이 든다. 게다가 실질적인 경영자와 달리 우리는 우리가 내린 결론을 계속해서 현실 세계의 결과물과 대조할 수 없다.

비용과 관련하여 필요한 모든 정보가 갖춰져 있더라도 여전히 한 가지 문제가 남는다. 효율성 조건의 두 번째 항목이다. 이 일련의 과정이 그 가치에 비해 납세자들의 부담이 더 크다면 굳이 독점 기업을 그대로 둘 이유가 전혀 없다. 독점 기업이 과연 존재해야 하는지 판단하려면 그 독점 기업의 산출물이 고객에게 얼마나 가치가 있는지, 그들의 수요곡선 아래에서 만들어지는 소비자잉여를 알아야 한다. 안타깝게도 우리는 그 수요곡선의 한 지점만을 관찰할 수 있을 뿐이다. 다시 말해 우리가 해당 독점 기업에 판매하라고 강요한 (한계비용과 일치하는) 그 가격의 수요량을 알 수 있을 뿐이다. 책에서 보면 독점 기업의 규제는 간단한 문제다. 그 책의 저자가 공들여서 그려넣은 도표에서 모든 관련 정보를 얻을 수 있기 때문이다. 하지만 현실 세계의 독점 기업은 대문에 비용곡선이나 수요곡선 따위를 그려놓지 않는다.

한계비용과 같은 가격으로 판매하는 건 자연독점 때문에 발생한 문제를 해결하는 교과서적 해법이다. 공익규제위원회가 현실 세계에서 목표로 삼는 해법은 가격을 평균비용과 일치하게 하는 것이다. 하지만 이 해법은 비효율적이다. 주어진 재화에 대해 한계비용보다는 더 많은 가치를 느끼지만 평균비용보다는 낮은 가치를 느끼는 고객은 구매를 포기하기 때문이다. 그런데도 독점 기업이 비용을 보전하기 위해 어디에서 돈을 벌어야 하는지 그 해답을 보여준다. 바로 고객이다. 또 이 해법은 존재하지 말아야 하는 독점 기업을 유지하는 데 따르는 위험을 없애주기도 하는데, 그런 독점 기업은 비용을 보전할 수 있는 가격을 찾을 수 없기 때문이다.

자연독점 기업을 통제하는 이 접근법은 규제 대상인 공익사업체에 투자한 주주들에게 '공정한 수익률'을 제공할 정도의 가격을 설정하는 개념이라고 해서 '수익률rate of return' 규제라고 한다. 주주들의 자본을 제외한 생산요소 비용은 과거의 경험에 근거해서 규제위원회가 생각하기에 타당한 수준에서 설정된다.

그렇다면 투자자는 배당금이 얼마나 되어야 공익사업체에 투자할 만한 가치를 느낄까? 분명한 사실은 '시장의 수익률'만큼은 되어야 한다는 것이다. 하지만 무엇을 기준으로 할까? 감독자가 초기에 투입된 금액을 기준으로 해서 투자자의 투자금액을 평가하는 경우, 신규 공익사업체의 투자자들은 매력 없는 도박에 직면한다. 예컨대 그들의 예상이 빗나가면, 기업은 파산하고 그들은 투자금액 전부를 날리게 되지만, 예상이 적중해도 겨우 시장수익률과 비슷한 이윤이 생길 뿐이기 때문이다.

투자금액의 현재가치를 공익사업체 주식의 시장가치로 평가하고, 공익사업체가 그 가치에 근거하여 시장수익률을 제공하도록 가격을 책정하는 건 어떨까? 불행하게도, 이 방법은 순환논증으로 끝난다. 주식가치는 그 공익사업체가 매출을 얼마나 올릴지에 관한 투자자들의 예상으로 결정되고, 해당 공익사업체의 매출은 감독자가 가격을 어느 선까지 용인할 것인가에 관한 공익사업체의 예상으로 결정된다. 감독자가 그 공익사업체의 매출을 어느 선까지 허락하든 해당 공익사업체의 매출은, 일단 주식가치가 그 공익사업체의 매출 금액에 맞춰 조정되고 난 다음에는 주식가치를 토대로 한 시장수익률이 될 것이다.

공익위원회는 현실 세계에 존재하고 공청회를 개최하며 보도자료를 배포해 탐욕스런 독점 기업에게서 고객을 보호하는 과정에서 그들이 어떤 유익한 일을 하고 있는지 알린다. 하지만 그들이 실제로 무슨 일을 하고 어떤 실질적인 영향을 끼치는지는 확실치 않다. 규제경제학에 대한 유명한 예전 논설에서 조지 스티글러George Stigler와 클레어 프리드랜드Claire Friedland는 각기 다른 시기에 규제가 도입된 미국 공익사업체의 수익을 살펴봄으로써 공익사업체의 규제 효과를 경험적으로 규명하려고 했다. 하지만 그들이 할 수 있는 말이라고는 효과가 없었다는 것뿐이었다.

## 독점의 국유화

독점 기업을 규제하는 한 가지 대안은 독점 기업을 국유화하는 것이다. 이렇게 하면 비용곡선과 관련해 감독자를 속이는 경영자의 문제가 해결된다. 감독자가 곧 경영자이기 때문이다. 하지만 이 방법이 유인 문제를 해결하지는 못한다. 국영기업의 경영자나 그 경영자를 임명하는 정치가의 관심사가 일반 대중의 관심사와 똑같지 않기 때문이다. 또 두 번째 효율성 조건을 충족시키는 문제도 해결하지 못한다. 자동차 안테나를 생산하는 국영독점 기업의 정부 관료는 설령 그 부품에 관한 수요가 완전히 없어지더라도, 만약 그가 신중한 사람이라면, 기업의 문을 닫을 것인지 또는 국회에 보조금을 늘려달라고 요청할 것인지 결정하는 과정에서 자신이 거느리고 있는 직원들이 잠재적인 유권자이면서 선거운동원이라는 사실을 떠올릴 것이다.

중요한 측면이 또 있다. 규제나 국유화가 규제 받지 않는 독점보다 상황을 더 악화시킬 수도 있다는 점이다. 완전경쟁과 자연독점 사이에는 수많은 중간 지점이 존재하며, 이 중간 지점에 있는 특정 산업의 위치는 얼마든지 변할 수 있다. 독점력을 상실할 위기에 처한 기업은 해당 기업을 규제하거나 소유함으로써 도움을 주려는 정부에 의존하려고 할 것이다.

그런 사례 중 하나가 주간州間통상위원회에 의한 운수업 규제다. 이 규제가 없었다면 운수업계는 트럭 운송이 철도 수송의 주된 경쟁자로 발전했을 때 경쟁시장이 되었을 것이다. 대규모 트럭 운송 회사들이 소규모 회사들에 비해 주목할 만한 비용 우위cost advantage가 없었기 때문이다. 주간통상위원회는 최초의 규제 대상이던 철도 회사를 보호하기 위해 먼저 화물 운반선에 규제를 가하고, 그다음에는 트럭 운수업계를 규제했다.

## 독점권 판매

앞에서 보았듯이 완전가격차별을 실시하는 독점 기업은 효율성 조건을 두 가지 모두 충족시킨다. 유일한 문제는 독점 기업이, 총잉여가 독점 기업에 이전되므로 총잉여를 차지하려는 과정에서 경쟁으로 모두 날려버린다는 점이다. 이 같은 문제는 직접적인 규제가 없어도 효율적인 결과를 얻을 수 있는 한 가지 가능한 방법이 있음을 암시한다. 1920년부터는 미국의 알루미늄 산업이 자연독점 상태가 될 거라는 사실을 우리가 1900년에 이미 알고 있었다고 가정해보자. 정부는 1900년에 경매를 통해서 가장 높은 금액을 제시한 사람에게 1920년 이후로 알루미늄을 생산할 수 있는 독점권을 판매한다. 야심 찬 독점권자들은 장래 독점이윤을 현재가치로 바꾼 금액과 같은 경매가격을 제시할 테고, 그 결과 정부는 (장래의) 독점권자가 평가한 독점이윤에 대해 100%의 세금을 징수한 셈이 될 것이다. 이 해법은 미래의 자연독점 산업을 미리 알아보는 능력으로 성공 여부가 결정된다. 추측이 빗나가는 경우에는 경쟁 산업을 정부 주도하에 독점시장으로 바꿔놓는 셈이 된다.

자연독점이 될 운명인 산업으로 경매를 제한할 만큼 우리가 충분히 알고 있더라도 실제로 그렇게 하는 건 별개 문제다. 어쨌든 수입원을 마련하거나 혜택을 입는 기업과 산업에서 정치적 지지를 얻기 위해 독점 기업을 만들어내려는 정부에 훌륭한 위장 수단을 제공할 수 있다. '독점'이란 용어는 바로 이런 맥락에서 유래했다.

### 특허권과 효율성

정부가 인정하고 우리 대부분이 익숙한 독점 형태 중 하나가 지적 재산권, 즉 특허권과 저작권이다. 내가 거래하는 출판사는 이 책의 판매 행위와 관련해 합법적인 독점권을 가진다. 다른 기업이 경쟁하려고 할 때 우리는 소송을 제기할 수 있다.

대부분의 독점과 마찬가지로 지적 재산권 역시 비효율적일 정도로 산출량(판매 부수로 따졌을 때)이 적다. 독자가 이 책을 사느라 지급한 돈은 내게 이 책을 쓴 대가로, 출판사에는 편집과 조판을 한 대가로 지급된다. 이런 비용은 얼마나 많은 부수가 팔리느냐와는 상관이 없고, 따라서 한계비용에 속하지 않는다. 이 책의 효율적인 가격은 책 한 부를 더 인쇄하고 배포하는 데 필요한 비용만을 보전하는 가격일 것이다. 가격이 그보다 더 높다는 것은 생산비용보다 더 많은 가치를 느끼지만 책 사기를 포기하는 사람이 있다는 뜻이다.

그렇다고 특허권과 저작권이 폐지되어야 한다고 지금 당장 결론짓지는 말자. 효율성 조건 중 두 번째 항목을 생각한 후에 해도 늦지 않다. 만약 이 책을 출간했는데 들어오는 돈이 한 푼도 없다면 나는 지금처럼 컴퓨터 화면 앞에 앉아서 이 장을 다시 손보고 있지 않을 것이다. 크리스마스이브를 보내는 훨씬 좋은 방법이 얼마든지 많기 때문이다. 만약 작가나 발명가에게 자신의 상품을 한계비용과 같은 가격으로 판매하도록 강요하는 법 규제legal rule가 존재했다면, 우리는 책을 효율적인 부수만큼 생산했을 것이다. 그렇지만 그 부수는 그다지 많지 않을 것이다.

지적 재산권 법은 정부의 독점권 판매를 보여주는 현실 세계의 예다. 발명가가 새로운 발명품에 관한 현재의 독점권을 누리기 위해 지불하는 비용은 그 발명품을 만들어낸 최초의 인물이 되어야 한다는 점이다. 또 이 책의 생산 그리고 판매와 관련한 독점권을 위해 내가 지금 이 순간에 지급하는 비용은 책을 쓰는 행위 그 자체다.

## 문제

자연독점을 둘러싼 대다수 논의에서 발생하는 오류는 독점이 문제라는 가정이다. 하지만 정작 문제는 특정 유형의, 이를테면 완전경쟁을 하도록 놔두기에는 너무 많은 공급량에서 최소 평균비용이 되는 생산함수다. 그러한 비용곡선으로 초래되는 문제를 해결하는 (불완전한) 방법으로 단일 가격을 유지하면서 규제를 받지 않는 독점 기업이 있다. 이런 독점 기업은 가능한 한 가장 낮은 비용으로 산출물을 생산하지만 생산량이 너무 적다는 점과, 적은 양이라도 생산을 계속할지 (때로는 생산이 필요할 때 생산하지 않을지) 결정하는 측면에서 비효율적이다. 규제를 받는 독점 기업도 또 다른 불완전한 해법이다. 이런 독점 기업은 규제를 받지 않는 민간 독점 기업보다 생산량이란 측면에서는 더 나을 수 있다. 하지만 최소 생산비용이란 측면에서는 더 나쁘다. 이것은 역시 문제를 해결한 뒤에도 비용과 제반 문제를 계속 일으킬 수 있는 해법이기도 하다. 정부가 독점 기업을 운영하는 방법 역시 같은 문제가 있는 불완전한 해법이다. 완전한 가격차별을 두는 독점은, 그것이 가능한 경우에 다른 대안이 지닌 단점을 피할 수 있는 훌륭한 해법이지만, 결국에는 지대추구의 형태로 잠재적으로 더 나쁜 점을 낳는다.

# 시장을 망치려면?

## : 정부의 개입

## 정부가 개입하니 가격이 올랐다

앞 장에서는 독점으로 인한 비효율성을 감소시키려고 의도한 정부의 조치들을 살펴봤다. 결론은 약간 비관적이었다. 시장 결과가 비효율적이지만, 그 비효율성을 개선하는 것은 어렵고, 개선하려는 시도가 자칫 더 많은 해를 끼칠 수도 있다. 이 장에서는 독점의 규제나 효율성을 증진하려는 시도에만 그치지 않고 시장에 더 광범위하게 개입하는 정부를 생각한다. 그 출발점은 가격 통제에 따른 일반적인 효과가 오히려 재화의 가격을 더욱 상승시킨다는 모순적인 결과다.

휘발유 가격이 전무후무한 수준인 갤런당 1달러로 폭등했다. 사람들은 중동의 수장들과 터무니없는 가격으로 소비자에게 바가지를 씌우는 석유회사들 때문에 가격이 폭등했다고 비난한다. 특단의 조치가 필요하다. 결국 소비자를 보호하려고 정부가 개입하고, 휘발유를 갤런당 0.80 달러보다 비싸게 판매하지 못하도록 법으로 금지한다.

그림 17-1은 휘발유의 수요와 공급 곡선을 보여준다. 이 두 곡선의 교차점이 시장가격과 수량이다. 갤런당 1달러일 때는 연간 200억 갤런이다. 갤런당 0.80달러일 때 생산자는 170억 갤런만큼의 휘발유만 생산하고 정제하고 판매하려고 하지만 소비자는 260억 갤런을 구매하려고 한다. 소비자는 생산량을 초과하는 90억 갤런만큼의 휘발유를 한동안 이용할 수 없고, 주유소에는 휘발유가 순식간에 바닥을 드러낸다.

어쩌면 당신은 휘발유를 충분히 확보하려고 새벽 일찍 주유소를 찾아가서 유조차가 주유소를 떠나자마자 휘발유를 살 수도 있다. 그렇지만 다른 사람들도 모두 같은 생각으로 주유소를 찾아와 휘발유를 사려는 사람들로 긴 줄이 생겼을 것이다. 이렇게 되면 소비자의 휘발유 구매 비

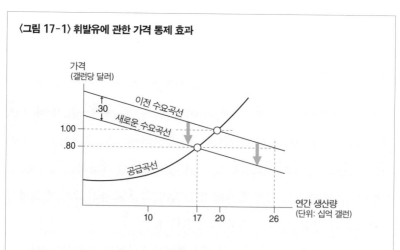

**〈그림 17-1〉 휘발유에 관한 가격 통제 효과**

갤런당 0.80달러의 가격 통제는 공급 부족을 불러온다. 수요량이 공급량보다 크기 때문이다. 휘발유를 사려고 기다리는 줄은, 줄을 서는 비용이 수요를 줄여 통제 가격에 구매하려는 수요량과 공급량이 같아질 때까지 계속 늘어난다. 소비자들은 현재 갤런당 0.20달러 적게 지급하지만, 시간이 흐르면서 갤런당 0.30달러를 더 지급하게 된다.

용은 현금 비용 외에 시간이라는 비금전적인 비용까지 더해진다.

또 다른 비금전적인 비용은 불확실성이다. 장거리 여행을 할 때마다 외진 시골 마을에서 오도 가도 못하게 될 위험을 감수해야 하기 때문이다. 이외에도 자동차의 기름 탱크를 가득 채워두려고 수시로 주유소를 찾는 것도 비금전적인 비용 중 하나다. 어쩌면 주유소 주인에게 뇌물을 줘야 할지도 모른다. 실제로 1970년대 초에 가격 통제로 휘발유 공급량이 부족해지자 한 저명인사는 주유소를 인수했다.

만약 휘발유 1갤런을 살 때마다 현금 0.80달러 외에 기다리는 시간과 그 밖의 불편함 비용 0.30달러를 추가한다면 실제로 나는 갤런당 1.10달러의 휘발유를 구매하는 셈이다. 이 추가비용은 소비자에게 부과되는 갤런당 0.30달러의 세금과 매한가지다. 또 실제 세금과 마찬가지로 그림 17-1처럼 수요곡선의 위치가 0.30달러만큼 아래로 이동한다.

줄을 서서 기다리는 것은 소비자에게 비용을 초래하지만, 휘발유 생산자에게도 유익한 건 아니다. 그들은 여전히 갤런당 0.80달러 이상을 받을 수 없다. 수요곡선의 위치가 이동하지만, 공급곡선은 제자리다. 생산량에 미치는 영향은 물론이고 소비자와 생산자의 후생에 미치는 영향은 단순히 갤런당 0.30달러의 세금을 부과할 때와 똑같다. 다만, 그 세금을 가져가는 사람이 아무도 없다는 차이만 있을 뿐이다.

0.30달러는 임의로 정한 숫자가 아니다. 그림 17-1에서 볼 수 있듯이, 수요곡선이 0.30달러만큼 변함으로써 가격통제 상태에서 수요량과 공급량이 정확하게 일치한다. 만약 소비자들의 (줄서기를 비롯한 기타 불편으로 인한) 비용이 0.30달러보다 적다면 수요량이 여전히 공급량보다 클 것이다. 한정된 공급량을 놓고 개개인이 서로 경쟁하려고 하면서 소비자의 비용은 더욱 늘어나고 줄은 더 길어진다.

이런 결과 즉, 가격을 통제하지 않을 때 비해 가격 통제로 소비자에게 금전적·비금전적으로 훨씬 더 높은 비용이 발생하는 것은 도표의 세부적인 수치가 바뀐다고 해서 달라지지 않는다. 소비자는 생산자가 생산하는 양보다 더 많은 휘발유를 소비할 수 없으므로 비금전적인 비용은 수요량이 공급량에 맞게 줄어들도록 아주 많아야 한다. 여기에 가격 통제가 없을 때보다 줄어든 공급량 때문에 소비자가 부담하는 비용은 더욱 증가한다.

휘발유를 할당함으로써 이런 문제를 해결할 수 있다. 가격을 통제하면 생산량이 15% 감소하므로 모든 사람에게 작년 휘발유 구매량 대비 85%까지 구매할 수 있는 할당권ration ticket을 발행하는 것이다. 자신의 할당량보다 더 많이 구매하려는 사람은 구속된다. 할당된 휘발유를 구매하는 평균비용은 이제 갤런당 0.80달러뿐이지만, 할당량을 초과하는 한계비용이 매우 높다. 얼마 되지도 않는 양을 더 구매하려다 구속될 수도 있다. 사람들은 한계비용이 한계가치보다 적은 한도 내에서 계속 구매하고, 자신에게 할당된 휘발유 양을 다 소비하는 시점에서 구매를 멈춘다. 그 시점에서 한계비용이 급격하게 증가하기 때문이다.

가격 통제와 할당을 병행하는 것이 소비자에게 이익인지 손해인지는 휘발유를 낮은 가격에 구매하여 얻는 이익이, 적은 양을 구매할 때 생기는 손실보다 더 큰지 더 작은지에 따라 달라진다. 더 복잡한 현실 세계에서는 할당 정책을 시행하고 수정하는 비용도 고려해야 한다. 휘발유를 효율적으로 배분하는 것은 복잡한 문제다. 가격 통제는 시장에서 저절로 제공되는 해법을 인위적인 행정상의 해법으로 대체하게 한다.

휘발유 가격 통제(그리고 휘발유의 공급 부족)는 OPEC의 카르텔과 그에 관한 닉슨 행정부의 대응 때문에 1970년대 초에는 매우 중요한 쟁점이었지만, 오늘날에는 희미한 추억일 뿐이다. 그런데도 여전히 다른 형태의 가격 통제가 존재한다. 가장 보편적인 가격 통제 중 하나인 임대료 규제는 배분효과allocational effect와 분배효과distributional effect의 차이를 둘러싼 흥미로운 논쟁거리를 제공한다.

## 분배와 배분

경제학자가 아닌 일반인은 분배 때문에 많은 문제가 발생한다고 생각하는 경향이 있다. 예컨대, 새로운 자동차가 나와도 부자는 그 자동차를 구매하지만, 가난한 사람은 그렇게 하지 못한다는 식이다. 사립학교가 있어도 부자들이나 보내지 가난한 사람들은 엄두를 못 낸다. 반면에, 경제학자는 배분 문제에 관심이 더 많다. 수입이 똑같지만 기호가 다른 두 사람을 생각해보자. 새로운 자동차도 판매 중이고 사립학교도 생겼다. 한 사람은 자동차를 사고 사립학교에는 관심이 없다. 다른 한 사람은 사립학교에 관심을 보이지만, 자동차에는 무관심하다. 배분은 어떤 재화가 어디로 가는가의 문제다. 분배는 누가 얼마나 많이 얻는가의 문제다.

경제학자가 배분 문제에 집중하는 이유는 분배가 덜 중요해서가 아니라 분배에 대해서는 별로 할 말이 없기 때문이다. 경제학자는 사람들에게 편익을 (또는 해를) 주는 배분의 변화를 주도할 수 있으며, 이득을 얻는 사람과 손해를 보는 사람의 균형을 맞추는 문제는 그다지 신경 쓰지 않으면서 배분의 변화를 평가한다. 분배의 변화는 정확히 반대다. 내가 1달러를 잃고 당신이 1달러를 벌면 순증가도, 순손실도 없는 셈이다. 무엇이 개선이고, 아닌지 평가하기 위해 우리가 가진 최소한의 기준이 효율성임에도 분배의 변화는 효율성에 아무런 영향도 미치지 않는다.

각 가정에 존재하는 일반적인 규칙을 생각해보자. 방을 어지른 사람이 치워야 하는 건 당연하다. 어떤 경우에도 이 규칙이 영향을 미치는 건 분배의 측면이다. 이 규칙에 기초해서 누가 어떤 재미없는 일을 해야 하는지 결정되기 때문이다. 하지만 장기적으로 볼 때 이 규칙에 따른 효과는 (가족 중 누군가가 특별히 다른 사람보다 더 어지르지 않는다면) 결국 비슷해진다. 주된 효과는 모든 가족 구성원에게 어지르지 않으려는 유인을 제공한다는 점이다. 이런 결과는 수고의 배분이란 측면에서 봤을 때 개선이다. 어지르고 나서 치우는 것보다 어지르지 않는 편이 일반적으로 효율적이기 때문이다.


## 가격 통제의 모순

임대료가 치솟는다. 산타모니카 시는 임대료를 규제해서 탐욕스런 집주인에게서 무고한 세입자를 보호하기로 한다. 임대료 규제가 효과를 미치는 건 명백히 분배 측면이다. 즉, 집주인은 손해를 보고 세입자는 이익을 본다. 하지만 배분의 문제는 상대적으로 불분명하다. 임대료를 규제하면 아파트 수요가 공급량보다 많아진다. 이미 임대 아파트에서 살고 있다면 다행이지만, 새로 들어갈 아파트를 찾는 사람은 문제다.

가족제도가 변하면서 이사하는 사람들이 생긴다. 젊은 부부는 자녀가 늘어나면서 방 네 개짜리 아파트에서 여섯 개짜리 아파트로 이사한다. 방 여섯 개짜리 아파트에서 살던 부부는 나이가 들고 자녀들이 독립하면서 네 개짜리 아파트로 이사한다. 하지만 생각해보라. 임대료가 규제되는 상황에서 방 여섯 개짜리 아파트에 사는 노부부가 내는 한 달 임대료는 600달러다. 마찬가지로 임대료 규제를 받는 방 네 개짜리 아파트의 임대료는 400달러다. 그렇지만 임대료 규제로 수요량이 공급량보다 많아져 산타모니카에는 방 네 개짜리 임대 아파트가 없다. 한편, 임대료 규제가 없는 다른 도시의 방 네 개짜리 아파트 임대료는 600달러다. 결과적으로 그 노부부는 살던 아파트에서 그대로 살 것이다.

산타모니카에서 방 네 개짜리 아파트에 살다가 똑같은 크기 그대로 다른 도시로 이사길 원하는 사람들도 같은 문제를 겪는다. 시간이 흐르면서, 사람들이 현재 어디에 사는지는 점점 더 그들이 이전에 어디서 살았는지로 결정되고, 현재 그곳이 (아파트의 크기나 위치가) 그들이 살기에 적당한지 아닌지는 점점 덜 중요해진다. 이것이 배분의 문제다. 즉, 상대적으로 이익을 얻는 사람도 없는데, 한쪽에서는 손해를 보는 사람이 발생하는 것이다.

간단한 해법이 있다. 세입자가 임대한 아파트를 어떻게든 그들이 받을 수 있는 대가에 전대할 수 있게 하는 것이다. 그러면 어떤 아파트든 규제된 임대료와, 전차인이 전대인에게 지불하려는 임대료(임대료 규제가 없었다면 존재했을 시장 임대료) 이렇게 두 가지 임대료가 존재한다. 나이 든 노부부가 방 여섯 개짜리 아파트에 계속 사는 데 드는 비용은 이제 800달러다. 만약 그들이 다른 곳으로 이사한다면 임대료 600달러를 절약할 수 있을 뿐 아니라 600달러에 기존의 임대를 계속 유지하는 한편, 그 아파트를 800달러에 전대함으로써 추가로 200달러를 벌 수 있다. 그들이 방 네 개짜리 아파트로 이사하면(즉, 새로 들어가는 아파트의 현재 세입자에게 600달러에 해당 아파트를 전대할 경우), 임대료 규제가 없을 때와 같은 금액을 절약할 수 있다.

임대료 규제가 시행되는 시점에 거주하고 있던 아파트에 대해 원래 세입자에게 부분적으로 소유권을 인정해줌으로써 임대료 규제와 규제가 없는 전대 방식을 합치면 아파트 거래에 자유시장이 형성된다. 방 여섯 개짜리 아파트의 세입자가 4분의 1만큼 주인이 되는 것이다. 세입자가 800달러에 전대하기로 결정하면 전대 임대료의 4분의 3은 집주인에게 돌아가고 나머지 4분의 1은 세입자에게 돌아간다. 이 같은 방식을 따른다면 특별한 배분 비용 없이도 (정치적으로나 다른 이유에서 봤을 때 바람직할 수 있는) 분배 효과를 볼 수 있다.

여기에서 한 가지 문제는 그와 같은 시스템에서는 집주인이 그 아파트를 계속 관리해야 할 유인이 없다는 점이다. 임대료 규제가 있기 전까지 그가 자신의 아파트에서 받을 수 있는 임대료는 그 아파트의 상태에 따라 좌우되었다. 하지만 이제 그의 아파트는 규제된 임대료만큼의 가치만 있으면 그만이다. 그런 점에서 아파트의 가치 저하는 초기 세입자(실거주자 또는 전대인)의 부담이 된다.

그에 따라 아파트의 상태가 나빠지기 시작한다. 그 결과 집주인이 어떤 수준으로 아파트를 관리해야 하는지 구체적으로 규정하는 새로운 법안(이미 그런 법안이 존재하지 않는 경우에)이 등장한다. 임대료를 규제하지 않는 상황에서는 집주인이 자신의 이익을 위해 아파트를 수리하고 보수할 가치가 있었지만, 임대료를 규제하자 더는 그럴 이유가 없어졌다. 따라서 집주인이 자발적으로 하지 않는 일들을 하게 강제할 획일적인 기준이 마련되고 시행되어야 하는 상황이 되었다.

임대료가 규제되는 상황에서는 새로운 아파트를 지어 얻는 이득 일부가, 아파트를 건설하는 사람이 아닌, 최초의 세입자에게 돌아간다. 그 결과, 아파트 건설시장이 위축된다. 이에 관한 한 가지 분명한 해법은 신축 아파트에 한해서 가격 규제를 적용하지 않는 것이다.

하지만 정치적인 이익을 위해 기존의 주거시설에 올해 임대료 규제를 부과하게 만든 요인이 향후 5년 뒤에도 그사이에 지어진 건물에 똑같이 임대료 규제를 부과하게 만들 수 있다. 정치인이 자신은 물론이고 자신의 뒤를 잇는 사람도 그렇게 하지 않겠다고 공약하지 않는 한 신규 건설시장의 투자자들은 해당 위험을 감수해야 한다. 따라서 임대료 규제는 주택건설 관련 주식 가치를 떨어지게 한다. 뉴욕시는 미국의 대도시 중 유일하게 제2차 세계대전이 끝난 이후로도 임대료 규제를 고수하는 도시다. 그리고 만성적인 주택난으로 시름 하는 유일한 도시이기도 하다.

다른 형태의 가격통제에도 비슷한 문제가 발생한다. 휘발유의 소비량이 할당되면 생산자는 생산량은 그대로 유지하면서 품질을 낮춰 돈을 더 벌 수 있다. 법률과 규제 기관은 4분의 3갤런을 1갤런으로 속여서 0.80달러에 판매하는 것 같은 명백한 기만행위는 예방할 수 있겠지만, 서비스의 질처럼 불명확한 측면은 감시하고 통제하기 어렵다. 가격통제에 따른 비용 중 하나는 가격통제가 없는 시장이라면 고객들이 선택하지 않았을 열악한 품질이다. 임대료 규제에 따른 비용 중 하나가 집주인의 관점에서 더는 자신의 건물을 관리할 유인이 없는 것처럼 말이다.

규제를 받지 않는 전대와 같은 역할을 하는 것이 매매할 수 있는 할당권 시스템이다. 그에 따른 결과는 효율적인 배분으로 나타나는데, 만약 추가되는 1갤런의 가치가 당신보다 내게 더 크다면 나는 당신에게 할당권을 구매할 수 있다. 하지만 전체 휘발유 생산량은 여전히 비효율적으로 적다. 이는 추가된 1갤런의 가치 중 오직 일부만이 생산자에게 돌아가고, 나머지는 해당 1갤런의 휘발유에 해당하는 할당권을 가진 사람에게 돌아가기 때문이다. 그에 따른 순효과는 마치 휘발유 생산 과정에 부과되는 세금처럼 수입이 (현금화할 수 있는) 할당권의 형태로 소비자들에게 배분된다는 점이다.

그렇다면 일반적으로 할당제도에서 할당권을 사고파는 행위를 금지하는 이유는 무엇일까? 그것은 가격통제와 할당제도를 병행하는 데 따른 효과가 너무 확실하게 나타나고 그로 인한 결과를 감당하기가 훨씬 어렵기 때문일 것이다. 국가적 난관에 봉착해서 전 국민이 함께 고통을 분담해야 한다고 주장하는 건 쉬운 일이다. 휘발유가 충분치 않다면 모든 사람이 필요한 만큼만 가져가되 그 이상은 안 된다고 말하는 것도 쉬운 일이다. 반면에, 세금을 부과하거나 앞에서 언급한 보조금 지원처럼 특별 제도를 도입해야 한다고 주장하는 건 훨씬 어려운 일이다. 할당제도를 도입하고 할당권의 거래를 가능하게 해야 한다고 주장하는 것도 마찬가지로 어려운 일이다. 하지만 엄격한 할당제도에서 할당권 거래를 가능하게 하면 구매자(할당권에 상대적으로 낮은 가치를 느끼는 사람에게 할당권을 사는 사람)나 판매자(할당권에 더 많은 가치를 느끼는 사람을 위해 자신의 할당권을 포기하는 사람) 모두에게 편익을 제공한다.


## 손해배상원칙과 자율계약

매수자 위험부담원칙Caveat emptor('매수자가 주의하게 하라'는 의미의 라틴어)은 판매자나 생산자가 상품의 하자에 책임이 없다고 말한다. 반면에, 매도자 위험부담원칙Caveat venditor('매도자가 주의하게 하라'는 뜻의 라틴어)은 판매자나 생산자에게 책임이 있다고 말한다. 법 규제가 매수자 위험부담원칙에서 매도자 위험부담원칙으로 변한 것은 언뜻 보기에 순수한 변화처럼 보인다. 즉, 생산자가 하자 상품에 관한 보상으로 소비자에게 무엇을 주든지 소비자에게는 이익이고 생산자에게는 손해인 것처럼 보인다.

위와 같은 시각이 우리에게 익숙한 그리고 2장에서도 언급했던 순진한 가격이론의 관점이다. 가격이론은 가격을 둘러싼 법률적인 관점의 변화에서 발생하는 효과를 간과한다. 하지만 그 같은 변화는 소비자에게 상품을 판매한 후 해당 상품에 하자가 있을 때 보상 책임을 떠안으므로 생산자에게 비용부담을 가중시키고, 해당 상품에 관한 소비자의 가치를 높인다. 그에 따라 공급곡선과 수요곡선이 모두 위로 이동해 가격이 상승한다.

그다음은 어떻게 될까? 아무런 효과도 없을 거라는 추측이 보통일 것이다. 하지만 생산자가 하자 상품을 책임질 경우, 생산자는 하자를 줄이려는 유인을 가진다. 마찬가지로, 소비자에게 발생한 비용은 소비자가 부담해야 한다면 소비자는 전동공구를 사용할 때 보호 안경을 착용하거나, 미지근한 콜라병을 흔들지 않으려는 유인을 가진다.

만약 소비자가 자신이 구매하려는 상품의 품질을 알고 있다면 첫 번째 유인은 불필요하다. 생산자는 품질관리를 개선하는 편이 자신에게 이익이라는 사실을 알 것이기 때문이다. 생산자는 소비자가 개선된 상품을 사려고 기꺼이 지급하려는 수준으로 가격을 높여서 품질을 개선하느라 추가된 비용을 충분히 보전할 수 있다. 하지만 상품의 품질을 평가하는 데 드는 비용이 비싸다면, 소비자는 상품의 품질을 무시한 채 구매를 결정할 테고, 이 경우에 매도자 위험부담원칙에 의해 생산자에게 부과되는 유인은 유용한 용도로 작용한다.

이 같은 사실은 주된 위험이 소비자의 부주의로 생겼거나 소비자가 해당 상품의 품질을 미리 아는 경우에는 매수자 위험부담원칙이 적용되어야 한다고 암시하는 듯하다. 또 소비자가 품질을 미리 판단할 수 없거나 문제를 피할 수 있는 최고의 방법이 생산자가 더 나은 상품을 생산하는 길밖에 없을 때도 매도자 위험부담원칙이 적용되어야 한다고 암시하는 듯하다.

그런데도 더 나은 해법이 있다. 매수자 위험부담원칙이나 매도자 위험부담원칙 중 하나를 자율계약과 병행하는 것이다. 시장에 통용되는 건 매수자 위험부담원칙이지만, 생산자가 매도자 위험부담원칙을 따름으로써 발생하는 비용을 보전할 수 있게 자신이 더 비싼 값을 지급하더라도 매도자 위험부담원칙에 근거해 구매하길 선호하는 소비자가 있다고 가정해보자. 그런 경우 생산자는 소비자에게 품질보증을 해주고 (더 높은 가격에) 판매하는 편이 보증 없이 그대로 판매하는 것보다 이익이다. 결과적으로 생산자는 품질보증을 제공함으로써 자신의 상품에 적용되는 규칙을 매도자 위험부담원칙으로 바꾼 셈이다. 생산자가 자발적으로 상품 하자에 책임을 졌다는 얘기다.

반대로, 처음에 규칙이 매도자 위험부담원칙인 경우를 생각해보자. 소송을 제기하지 않겠다는 권리 포기증서에 서명함으로써 소비자는 그 규칙을 매수자 위험부담원칙으로 바꿀 수 있다. 그런 권리 포기증서가 엄청난 차이를 만들어내는 경우가 의료사고다. 의료사고에 대비한 보험료가 매우 비싸다는 점을 생각할 때, 의사에 따라서는 소송을 하지 않겠다고 동의한 환자에게 진료비를 깎아주겠다고 제시할 수도 있다.

오늘날 법률제도에서 그런 권리 포기증서는 법적 효력이 없다. 수술 전에 해당 증서에 서명했더라도 마음이 바뀌면 환자는 얼마든지 소송할 수 있다. 이것은 최근 수십 년 동안 자율계약에서 멀리 이동해온 우리 법률제도의 움직임을 보여주는 한 예다. 일부 비평가들은 과거 20~30년 동안에 책임보험 비용은 물론이고 책임배상 소송이 규모와 빈도에서 급격히 증가한 주된 원인으로 이 같은 변화를 꼽는다. 문제는 법원이 법 규제를 잘못 적용했다기보다 법원에서 사람들이 계약을 통해 법원의 실수를 바로잡지 못하게 막아왔다는 점이다.

## 수입을 재분배하지 않는 법

나는 지금까지 줄을 서서 기다리는 비용이 사람(바쁜 직장인이나 공부할 수 있는 학생 등)마다 모두 다르다는 사실을 무시했다. 할당제도가 없는 가격통제는 가격통제가 없을 때보다 수요가 감소할 만큼 비금전적인 비용이 많으므로 평균적으로는 소비자에게 손해다. 하지만 비금전적인 비용이 예외적으로 낮은 개인 소비자에게는 이익이 되기도 한다. 다른 식의 가격통제나 자율계약에 제한을 가하는 다양한 형태의 제약도 생산자와 소비자 모두에게 비슷한 결과를 불러온다.

대부분의 논의에서 임대료 규제나 손해배상원칙, 기타 유사한 쟁점들은 재분배의 수단으로 여긴다. 가격통제나 임대료 규제, 매도자 위험부담원칙 등은 판매자가 비용을 감수해 구매자가 편익을 얻는다. 앞서 살펴봤듯이 이것은 잘못된 생각이다. 그런 정책의 주요한 효과는 상대적으로 덜 효율적인 자원 분배를 가져오고, 더 작은 파이를 나눠 갖도록 하는 것뿐이다. 또 그런 재분배는 소비자 집단에서 생산자 집단으로 또는 그 반대로 진행되기보다는 같은 소비자 또는 생산자 사이에서 일어난다.

임대료 규제는 예외다. 임대료 규제는 적어도 단기적으로 집주인에게서 세입자에게로 근본적인 재분배를 낳는다. 그 이유는 주택 공급이, 단기적으로 봤을 때 매우 비탄력적이기 때문이다. 집주인은 임대료가 10% 떨어졌다고 곧장 자신의 아파트를 허물어버리지 않는다. 임대료 규제가 주택 공급에 미치는 단기 효과는 휘발유 가격통제가 휘발유 공급에 미치는 효과와 비교하면 아주 미미하다.

다른 이유로는 임대료 규제가 할당제도와 병행(각각의 아파트를 현재 그 아파트에 거주하고 있는 세입자에게 배분한다)해서 시행되기 때문이다. 그런데도 아주 장기적으로 봤을 때 임대료 규제는 휘발유 가격통제와 다를 게 없다. 다만, 단기적인 현상이 오래되어 많은 사람이 몇 년 또는 수십 년 동안 임대료 규제로 편익을 누리고, 바로 이 점이 임대료 규제가 다른 형태의 대다수 가격통제보다 환영받는 이유다.


## 소비자를 소비자에게서 보호하기

일반적으로 가격 규제는 소비자를 생산자에게서 보호하는 방편으로 사회적 지지를 얻는다. 한편, 소비자가 무엇을 구매하고 누구에게 구매할 것인가를 둘러싼 규제는 소비자를 소비자 자신에게서 보호하는 방편으로 사회적인 지지를 얻는다. 하지만 우리 중 과연 얼마나 많은 사람이 어떤 의사가 얼마나 유능한지 또는 어떤 약이 얼마나 효능이 있는지 판단할 능력이 있을까?

이러한 논리는 일반적으로 허가제licensing와 보증제certifying, 즉 판매되는 대상 통제와 판매되는 방법 통제의 차이를 간과한다. 의료행위를 하려면 허가가 필요하므로 무면허 의사가 의료행위를 하면 감옥에 갈 수 있다. 하지만 의사가 단지 보증을 받는 직업이라면 보증을 받지 않은 의사도 의료행위를 할 수 있다. 다만, 자신이 보증받은 의사라고 주장할 수 없을 뿐이다. 고객에 따라서는 보증 기관의 판단보다 자신의 개인적 판단을 선호하거나 보증받은 의사들이 더 낫다는 점은 인정하지만, 요금이 더 저렴하거나 능력이 더 뛰어나거나 고객이 이해할 수 있게 설명한다는 이유로 보증받지 않은 의사를 더 선호할 수도 있다. 약품규제법에 적용된 유사한 규정은 현재 불법이거나 처방전이 있어야만 구매할 수 있는 약이 규제가 없는 경우, 적당한 경고만 주어질 뿐 무분별하게 판매될 수 있다는 의미를 내포한다. 보증제가 아닌 허가제를 옹호하려면 적절한 정보를 주더라도 사람들이 올바른 판단을 내리지 못한다는 전제가 필요하다. 하지만 이에 반대하는 사람들은 설령 부정확한 정보를 주더라도 내심 무엇이 자신에게 유리한지 판단할 수 있는, 자신이 세상에서 몇 안 되는 사람이라고 주장한다.

의무접종 같은 일부 규정은 소비자가 공공의 이익을 위해 행동하게 하려는 타당한 시도일지 모르지만, 그보다 훨씬 많은 규정은 매우 옹색하고 사적 이익을 위해 고안된 듯 보인다. 게다가 그 비용은 '보호받는' 사람들의 몫이다. 이런 측면을 명확하게 보여주는 사례가 특정 직업군에 종사하는 인원수를 줄이고 그들의 보수는 높게 유지하려는 허가제의 용도다. 또 대중적인 논의에서는 좀처럼 언급되지 않지만, 많은 주州에서 의사뿐 아니라 이발사나 요트 판매상, 도서관 사서, 그 밖의 특정 '직업군'에 부여되는 엄격한 허가 요건에 대한 가장 그럴듯한 설명처럼 보이는 이유이기도 하다.

## 세금을 줄이고 수입을 늘리는 방법

소득누진세graduated income tax가 시행되는 경우, 소득은 여러 세율 구간으로 분류되어 각각의 소득수준에 따라 다양한 세율로 세금이 부과된다. 누진세제도에서는 소득이 높을수록 세율도 높다. 반면, 역진세제도regressive system에서는 소득이 높을수록 세율이 낮다. '누진'이나 '역진'이란 용어는 단순히 소득수준에 등급을 매기는 두 가지 유형을 가리키는 말일 뿐 특별한 의미는 없다. 누진세는 소득에 따라 세율이 올라가고, 역진세는 줄어든다.

오늘날 미국은 누진세를 채택하고 있다. 항간에는 이 누진세를 비례세로 바꿔야 한다는 의견도 많다. 나는 이 두 대안을 단순화해서 살펴보려고 한다. 내 누진세는 첫 번째 세율 구간에서 연간 0달러에서 1만 달러이고, 두 번째 구간에서는 연간 1만 달러에서 2만 달러이며, 세 번째 구간에서는 연간 2만 달러 이상이다. 당신은 첫 번째 구간에서는 소득세를 내지 않고, 두 번째 구간에서는 소득의 20%를, 세 번째 구간에서는 소득의 40%를 세금으로 내야 한다. 우리는 이 같은 내용을 모든 소득에 고정비율로 징세하는 비례세와 비교해볼 것이다.

사람들의 소득이, 1년에 2만 5,000달러로, 모두 똑같다고 가정하고 배분효과에 집중하기 위해 분배효과는 논외로 한다. 누진소득세가 적용될 때, 사람들은 1년에 4,000달러를 소득세로 납부한다. 평균으로 따지면 소득의 16%다. 만약 이 누진소득세를 16%의 비례세로 바꾸면 어떻게 될까?

만약 "납세자는 이전과 같은 세금을 납부한다"면서 아무런 변화가 없다고 대답한다면, 당신은 아직 경제학자처럼 생각하지 않는 것이다. 새로운 세금제도에 일단 적응하고 나면 사람들은 이전보다 더 많은 세금을 납부할 것이다. 게다가 이전보다 더 풍요로운 삶을 누릴 것이다!

임금이 시간당 10달러라고 하자. 1시간을 더 일함으로써 추가되는 수입은 40%의 세율 구간에 해당한다. 즉, 노동자는 6달러를 벌고 국세청은 4달러를 버는 셈이다. 합리적인 노동자는 추가로 일하는 시간의 한계 가치가 그 대가로 받는 금액과 같아질 때까지 자신의 여가(또는 노동력)를 판매한다. 결과적으로 납세자 개개인은 1시간을 더 일하는 데 따른 한계 부정가치가 6달러가 되는 시점까지 계속 일한다.

조세제도를 비례세로 바꾸면 한계세율은 40% 대신 16%가 된다. 당신은 10달러를 더 벌면 번 돈의 8.40달러를 가진다. 당신이 현재 일하는 시간을 기준으로 노동의 한계부정가치는 6달러에 불과하므로 약간의 여가와 돈을 맞바꿀 만한 가치가 충분히 있다. 사람들은 여가 감소로 한계 가치가 상승해서 시간당 8.40달러에 이를 때까지 일하는 시간을 늘린다. 결국 납세자들은 이전보다 더 많은 시간을 일하고, 더 많은 소득을 올리며, 더 많은 세금을 내고, 형편도 더 나아진다.

그들은 더 많은 시간을 일하므로 더 많은 돈을 번다. 또 소득이 늘었으므로 더 많은 세금을 낸다. 새롭게 늘어난 소득의 16%는 이전 조세제도로 징수되던 4,000달러보다 많다. 납세자들이 살기가 나아지는 이유는 그들이 단지 더 많은 돈(이 돈은 추가로 일하는 시간과 반드시 균형을 이뤄야 한다)을 벌었기 때문만은 아니다. 개개인이 일정 금액의 수입과 일정량의 여가가 조합된 이전보다 더 나은 결과를 스스로 선택했기 때문이다.

어떻게 그렇게 단언할 수 있을까? 새로운 제도 안에서 개개인은 이전과 똑같은 시간을 일하고 똑같은 세금을 내겠다고 선택할 수도 있다(세율이 산출되는 방식도 그러한 전제를 바탕으로 한다). 납세자가 그렇게 결정하지 않은 사실은 그가 선호하는 다른 대안이 생겼음을 보여준다. 더 명백한 논증을 위해 예전의 최적 조합이 여전히 이 새로운 기회집합에 포함된다. 예전의 최적 조합이 더는 최적이 아니라는 사실은 새로운 기회집합이 납세자가 예전 조합보다 더 선호하는 조합을 포함하고 있다는 뜻이다. 이 주장은 우리가 3장에서 주장했던 것과 같다. 3장에서 우리는 내가 집을 사고 난 후에 집값이 오르거나 내리는 경우에 왜 내게 이득인지 설명하려고 같은 주장을 펼쳤다.

이제 세율을 내려서 모든 납세자에게 누진소득세제도를 시행하던 때 (연간 4,000달러)와 같은 세금을 징수하면 상황은 더욱 나아진다. 비례세제도는 이제 납세자들에게 16%의 비례세를 징수할 때보다(비록 세율이 16% 였지만, 이때도 납세자들은 이전의 누진세보다 선호했다) 더 나은 결과를 제공하면서도(이를테면 14%의 세율을 부과하면서) 같은 세수입을 올린다. 이 같은 변화는 단순한 개선이 아니라 (모든 사람이 같다는 가정에서) 파레토식 개선이기도 하다. 모든 사람에게 이익이 되는 변화다.

## 공평한 분배와 계급투쟁

모든 납세자가 같다는 전제하에, 비례세가 누진세보다 분명 월등하다는 점을 증명하는 과정에서 나는 다수의 복잡한 요소들을 배제했다. 그 중에서 가장 중요한 것은 세법의 변화로 증가한 노동력 공급이 임금에 미치는 효과다. 이 효과를 참작하면 세법 변화의 이득 중 일부가 노동을 제공하는 사람에게 귀속되는 생산자잉여에서 노동력을 구매하는 사람에게 귀속되는 소비자잉여로 이전된다. 즉, 노동력의 최종 구매자인 소비자가 이제 더 낮은 가격으로 노동력을 얻는다. 모든 사람이 같다고 가정하면 결과적으로 소비자잉여와 생산자잉여가 모두에게 공평하게 분배된다. 이런 분석법이 훨씬 복잡하긴 하지만 순효과가 이득이라는 사실은 어쨌거나 변하지 않는다.

이런 상황에서 논리는 비교적 단순하다. 사람들이 소득에서 얼마를 세금으로 내느냐는 평균세율로 결정된다. 또 사람들이 얼마를 벌지 결정하는 문제는 그들의 한계세율에 의해 결정된다. 미국 같은 나라(한계 세율과 낮은 평균 세율로 조합된)의 조세제도는 세금을 많이 거두지도 못하면서 국가 전체로는 소득을 감소시키는 데 매우 효율적이다.

한 영웅이 40명의 악당에게 쫓기고 있으며 화살은 겨우 10개밖에 없다. 그가 위기에서 무사히 탈출하는 방법은 맨 앞에서 쫓아오는 악당에게 활을 쏘는 것이다. 다른 악당이 맨 앞으로 나서면 또 그에게 활을 쏜다. 또 다른 악당이 앞으로 나서면 또 그에게 활을 쏜다. 어느 순간부터 악당들은 누가 더 천천히 달릴 수 있는지 경쟁하기 시작한다.

영웅은 한계비용을 훨씬 높게 만들어서 자신의 목숨을 구한다. 평균하면, 그는 전체 악당의 4분의 1만 죽일 수 있다. 하지만 가장 빨리 달리는 악당에 한해서는(적어도 화살이 바닥나기 전까지는) 전부 죽일 수 있다. 뻔히 죽을 걸 알면서 영웅을 죽이는 기쁨을 만끽하려고 죽음을 향해 달려들 악당은 없다. 영웅이 자신의 의도를 확실히 전달한 순간부터 악당들은 맨 앞에서 달리는 영광을 사양한다.

1장에서 살펴봤지만, 얄 시구르가 클론타프 전쟁에서 패한 원인도 똑같다. 그에게는 뻔히 예상되는 죽음을 각오하고 기꺼이 군기를 들 병사가 없었다. 또 실제로 처벌되는 사람은 아무도 없지만, 휘발유를 초과해서 소비하는 사람에게 엄한 처벌을 내리는 이유도 마찬가지다. 자신에게 할당된 휘발유량을 초과해서 사용하면 구속을 당할 거라고 사람들이 실제로 믿는다면 아무도 할당량을 초과하지 않고 따라서 구속을 당하는 사람도 없다. 똑같은 이유로, 조세제도를 이용해서 납세자 모두를 더 가난하게 만들 수도 있다.

더 자세한 비교를 위해 세율 구간이 딱 두 개뿐인 누진세제도를 생각해보자. 낮은 쪽의 구간에는 전체 소득 중 하위 95%가 포함되고 20%의 세율이 적용된다. 높은 쪽의 구간에는 전체 소득 중 오직 상위 5%만 포함되고 세율이 100%다. 각각의 세율 구간 대상자는 해마다 새로 산정된다. 이 조세제도는 소득 대부분이 거의 같은 세율로 세금이 징수되므로 누진세보다 비례세에 가깝다. 하지만 그 효과는 세금을 매길 수 있는 소득을 제로로 만드는 결과로 나타난다. 처음 상위 5%에 포함되는 소득계층이 화살을 맞고, 그다음에는 새로운 상위 5%의 소득계층이 화살을 맞고, 계속해서 같은 과정이 반복되기 때문이다.

개개인이 모두 같은 세상에서는 누진세제도에 반대하는 배분 논의가 활발하다. 누진세를 옹호하는 분배 논의는 소득이 불공평하고, 그 불공평을 줄이고 싶은 사람들이 있는 세상에서만 나타난다.

그 이유는 부자보다 가난한 사람에게 더 많은 행복을 주면, 비록 총가치에서는 손해더라도 전체적인 행복이란 측면에서는 이득이라는 믿음 때문이다. 앞선 장에서 나는 시장에 의한 소득분배가 과연 정당한지를 질문하고 답은 보류했다. 더 공평한 분배가 더 정당하다는 믿음은 소득의 재분배를 지지해야 하는 또 다른 이유다. 세전 소득의 분배보다는 세후 소득의 분배를 더 공평하게 하려고 한다면 (비록 비싼 대가를 치러야 하지만) 누진세가 확실한 답이다.

조세제도는 매우 다양한 방향으로 소득을 재분배한다. 부자가 가난한 사람보다 더 많은 세금을 내면서 소득분배가 더 공평하게 이뤄지는 경우도 있지만, 소득이 같은 사람들이라도 납세액이 달라 세후의 소득분배가 공평하게 이뤄지지 않을 때도 있다. 실제 어떤 추세로 이뤄지는지 판단하는 건 매우 어려운 일이다. 소득과 세금에 관한 통계의 주된 출처는 국세청이고 사람들의 관심을 끄는 것은, 대부분 국세청에 보고되지 않는 소득이다.

이 문제와 그밖에 다른 많은 문제를 둘러싼 대중적 논의의 근본적인 오류는 부자에게 유리하면 가난한 사람에게는 무조건 불리하고, 가난한 사람에게 유리하면 부자에게는 불리하다고 가정하는 것이다. 이런 식의 가정은 경제학자와 달리 모든 문제를 분배의 관점에서 보려는 일반인의 성향이다. 이를 반증하는 예로 50%의 세율 구간에 속하고, 수입이 1년에 20만 달러이며, (합법적이든 불법적이든) 달러당 45센트의 비용을 들여 소득 대부분에 과세를 받지 않는 부자를 생각해보자. 그는 합리적으로 행동하고 있는 셈이다. 국세청에 소득액의 50%를 세금으로 내는 대신, 조세 전문 변호사나 회계사에게 45%를 지급해 세금을 내지 않는 편이 낫기 때문이다. 만약 세율이 40%로 떨어지면 세금을 내지 않는 것보다 내는 편이 더 싸게 먹힌다. 즉, 그 부자에게도 이득이고 국세청도 더 많은 돈을 징수할 수 있다는 이점이 있다.

이런 현상의 전형적인 예를 보여준 사람은 아서 래퍼Arthur Laffer('래퍼 곡선'이란 이름으로 이 현상을 대중에게 널리 알렸다)가 아니라 애덤 스미스다. 애덤 스미스의 예에서는 수입관세가 너무 높아서 모든 수입이 밀수로 이뤄졌다. 만약 밀수 비용을 감수할 필요가 없을 만큼 관세를 낮췄더라면 소비자와 세무 관리 모두에게 이득이었을 것이다.

# 개인 합리성이 집단 합리성을 이길 때

## : 시장실패

*THE ECONOMICS OF DAILY LIFE*

## 꼬리물기가 나쁜 이유

지금은 러시아워다. 장소는 로스앤젤레스Los Angeles의 윌셔 대로 Wilshire Blvd와 웨스트우드 대로Westwood Blvd가 만나는 세상에서 가장 번잡하다는 교차로다. 윌셔 대로에 있는 신호등이 녹색으로 바뀌자 무려 열 개의 차선을 점령하고 있던 자동차들이 물밀듯 나아간다. 신호등이 노란색으로 바뀔 때 행렬의 맨 마지막에 있는 자동차 몇 대가 교차로를 건너려고 한다. 하지만 앞선 자동차들 때문에 결국 교차로를 어중간하게 막아선 채 오가지 못하는 신세가 된다. 교차로에 갇혔던 자동차들이 조금씩 움직이면서 웨스트우드 대로에 있던 자동차들이 우르르 밀려온다. 하지만 신호등이 빨간색으로 바뀔 때쯤이면 어느새 새로운 무리의 자동 차들이 교차로에 갇혀 있다.

양 대로를 운전하는 사람들이 앞 자동차가 교차로를 충분히 빠져나갈 때까지 교차로 진입을 자제하면 체증이 발생하지 않을 것이다. 그러면 차량 흐름은 더 빨라지고 운전자들도 목적지에 더 일찍 도착할 수 있다. 그런데도 운전자들은 합리적으로 행동하고 있는 셈이다. 나는 윌셔 대로에서 공격적으로 운전해 편익을 얻고(운이 좋으면 신호등이 바뀌기 전에 교차로를 건널 수 있고, 최악에도 신호가 바뀌었을 때 다른 방향에서 진입한 차들이 내 앞을 막아서지 못하게 교차로에 깊숙이 진입해 있을 것이다), 웨스트우드 대로에서 운전하는 사람은 피해를 본다. 마찬가지로, 당신이 웨스트우드 대로에서 공격적으로 운전하는 건 당신에게 편익을 제공하고, 윌셔 대로를 운전하는 사람에게는 피해를 준다. 그 피해가 너무 커서 궁극적으로는 모두에게 손해다. 하지만 나는 내가 내린 결정으로 발생하는 모든 편익을 취하고, 그 결정으로 발생하는 어떤 손해도 입지 않는다. 내 목적을 달성하는 최선의 행동을 선택하는 데 올바른 결정을 내리고 있는 셈이다. 하지만 우리가 모두 올바른 결정을 내리지 못하고 덜 공격적으로 운전하면 모든 사람이 이득을 본다.

검사는 피고측 변호사를 불러 형량 거래를 제안한다. 그 변호사의 고객이 2급 살인죄를 인정하면 지방검사는 1급 살인죄의 공소를 철회할 것이다. 피고인의 관점에서는 어쩌면 무죄판결을 받을 기회를 잃는 셈이다. 그렇지만 전기의자에 앉게 될 위험도 없어진다.

이런 사전형량 거래는 범죄자들을 가벼운 처벌로 봐준다는 점에서 비판을 받는다. 하지만 사전형량 거래의 실질적인 효과는 오히려 그 반대에 가깝다. 가볍기는커녕 오히려 더 엄하게 처벌하는 셈이다. 어째서 그럴까? 합리적인 범죄자라면 그렇게 하는 편이 훨씬 이득일 때(재판하는 것보다 처벌이 상대적으로 덜 엄한 경우)에만 사전형량 거래를 수용할 것이다.

그렇다면 사전형량 거래로 처벌이 가벼워진다는 뜻이 아닌가?

　1년에 발생하는 사건이 100건이라고 치자. 지방검사에게 할당된 예산은 10만 달러(약 1억 1,000만 원)가 전부다. 사건마다 1,000달러를 들여서 조사와 공소를 진행할 때 피고인 중 절반이 무죄판결을 받고 풀려난다. 하지만 90명의 피고인이 스스로 자백하면 지방검사는 자백을 거부한 나머지 10명에게 자신이 가진 재원을 집중할 수 있다. 이제 지방검사는 그 10건의 사건에 각각 1만 달러를 사용할 수 있으며, 유죄판결 비율은 90%다.

　제안을 수락할지 말지 결정하는 피고인의 관점에서 재판으로 가면 이제 유죄판결을 받을 확률은 90%다. 따라서 그에 걸맞은 결정을 내린다. 그 결과로 나타나는 거래는 90%의 유죄판결 확률보다 훨씬 매력적일 것임이 틀림없다. 그런데도 사전형량 거래가 없었더라면 직면하게 되었을 50%의 유죄판결 확률보다는 덜 매력적이다. 누구도 지방검사의 제안을 수락하지 않는다면 범죄자 모두에게 이득이지만 개인적인 관점에서 보면 수락하는 편이 더 이익이다. 11장에서도 소개했지만, 이것이 현실 세계에서 죄수가 직면하는 딜레마다.

　앞서 소개한 두 가지 사례 모두에서 한 집단에 속한 각각의 구성원이 한 합리적인 행동은 그 집단의 구성원 모두에게 손해를 끼친다. 즉, 개별적으로는 합리적인 판단이 집단 전체로 보면 불합리한 판단이 된다. 경제학자들은 그 같은 상황을 가리켜 시장실패market failure라고 부르는데, 시장실패는 현실 세계의 시장이 효율적인 결과를 낳지 못하는 이유를 설명한다. 하지만 시장실패는 경쟁시장뿐 아니라 그 밖의 많은 상황, 이를테면 전쟁터나 교차로, 감옥, 기표소 등에서 발생한다. 다양한 시장실패의 원인과 해법에 대한 경제학적 분석은 경쟁시장을 어떻게 제대로 작동할 것인가 하는 문제 이외에도 많은 문제와 관련이 있다. 이제부터 그 문제들을 살펴본다.

## 공익은 실현 가능할까?

시장실패를 보여주는 한 가지 형태는 공익 문제다. 즉, 생산자가 자신이 생산한 재화의 수혜자를 통제할 수 없을 때 그 재화를 생산한 대가를 어떻게 보상받는가 하는 문제다. 예를 들면 라디오 방송이 있다. 라디오 수신기가 있는 사람은 방송사의 허락이 있든 없든 방송을 들을 수 있다. 그렇다면 방송사는 방송 송출에 따른 대가를 어떤 식으로 보상받을 수 있을까? 해당 재화가 대중에 공개적으로 제공되는 현실의 일정 부분은 법에 의한 결과라고 할 수 있다. 허가 없이 방송을 청취하면 해당 행위를 불법으로 규정할 수도 있다. 하지만 방송이란 재화의 특성 때문에 해당 행위를 불법으로 규정하더라도 그 법령을 실제로 시행하려면 엄청난 비용이 들 것이다.

이 예를 통해 알 수 있듯이, 어떤 재화의 공공재 여부는 그 재화를 생산하는 주체가 정부이냐 아니냐로 결정되는 게 아니다. 미국에서는 라디오 방송 대부분을 민간 방송사가 제작한다. 그런데도 라디오 방송은 여전히 공공재다. 우정 업무는 정부가 수행할 때조차 사적 재화다. 우체국은 우표를 붙이지 않으면 편지를 배달하지 않는다.

### 민간에 의한 공공재 생산

공공재를 민간이 생산할 방법은 헤아릴 수 없이 많다. 만장일치 계약도 그중 하나다. 생산자는 어떤 재화를 생산할 때 그 재화의 혜택을 보게 될 사람들을 전부 모아놓고 해당 재화 생산 비용으로 그들이 얼마를 지급했으면 하는지 알려준 다음에 개개인이 제 몫을 지급하는 데 동의하지 않으면 생산을 포기하겠다고 선언하는 것이다.

이런 상황에 따른 논리를 그 집단에 속한 한 구성원의 관점에서 생각해보자. 그는 다음과 같이 판단할 것이다.

"만약 다른 누군가가 지급을 거부하면 거래는 성사되지 못하고 나는 돈을 지급할 필요가 없겠지. 하지만 다른 사람이 모두 동의하고 나 혼자 거부하면 내 돈은 절약되겠지만, 공공의 이익에 해가 될 거야. 그렇다면 그 재화가 내가 분담해야 하는 생산비용보다 더 많은 가치가 있다면 동의해야겠다."

다른 사람들도 똑같은 생각을 하므로 모든 사람이 각자가 생각하는 재화의 가치만큼 대가를 지급하려고 한다. 재화의 총가치가 전체 생산비용보다 많으면 거둬들일 수 있는 돈의 총액도 전체 생산비용보다 많다. 재화는 생산될 가치가 있을 때 결국 생산되고 효율적인 결과를 낳는다.

규모가 큰 집단에서는 이런 만장일치 계약을 이끌어내기가 어렵다. 기업가가 반대하는 사람의 이름을 지우고 계약서를 다시 만들지도 모른다는 희망을 품은 채 동의하길 거부하는 구성원이 있을 수 있기 때문이다. 또 그 기업가의 관점에서는 해당 재화가 대중 개개인에게 어느 정도의 가치가 있는지 판단하기 어려울 때도 있다. 단 한 명에 대해서라도 가치 평가가 너무 높게 되면 그 개인은 계약서 서명을 거부할 것이고 거래가 물거품이 될 수 있다.

한 가지 해결책은 소수의 특혜 집단을 찾는 것이다. 즉, 해당 공공재에서 얻는 편익이 많아 전체 비용을 부담하라고 설득할 수 있고, 그들끼리

만장일치 계약을 이끌어낼 수 있을 만큼 적은 인원으로 구성된 소집단을 파악하는 것이다. 집 앞에 있는 잔디를 깎을 때 나는 소수의 특혜 집단으로 행동하는 셈이다. 잔디를 깔끔하게 다듬으면 집 근처 환경이 더 좋아져서 모든 사람에게 이로워진다. 그래서 내가 잔디를 깎는 데 들어가는 모든 비용을 기꺼이 댈 정도로 많은 편익이 생긴다.

만장일치 계약은 공공재를 생산하는 데 따른 문제를 해결하는 해법 중 하나일 뿐이다. 다른 해법도 있다. 공공재를 한시적이지만 사적 재화로 만드는 것이다. 공공재가 홍수조절이라고 가정해보자. 댐을 건설하면 그 아래의 분지에는 홍수가 줄어들고, 그 결과 토지의 가치가 상승할 것이다. 댐을 건설하는 비용을 보전하는 방법의 하나는 해당 분지의 땅을 가능한 한 많이 사뒀다가 댐을 건설하고 난 다음에, 늘어난 가치를 반영한 값으로 되파는 것이다.

훨씬 기발한 해법으로는 두 가지 공공재를 조합해 패키지로 제공하는 방법이 있다. 두 가지 공공재 중 하나는 생산비용이 분명하고 소비자에게도 긍정적인 가치가 있는 공공재이며, 다른 하나는 생산비용이 불명확하고 소비자에게도 부정적인 가치가 있는 공공재다. 이 패키지는 불명확한 생산비용과 긍정적인 가치를 지닌다. 라디오나 텔레비전 방송을 제작하는 방식도 이와 같다. 이때 첫 번째에 해당하는 공공재는 방송 프로그램이고, 두 번째에 해당하는 공공재는 광고다.

현실 세계의 또 다른 예로 컴퓨터 프로그램을 생각해보자. 워드나 엑셀 프로그램을 복사해서 친구에게 주는 건 마이크로소프트 사의 저작권을 침해하는 행위지만, 이를 단속하려고 마이크로소프트 사에서 취할 방법은 거의 없다. 이 회사의 저작권은 실질적으로 손쉬운 대상에게만 구속력을 가진다. 이를테면 불법으로 복사한 프로그램을 공개적으로 판매하는 유통업자나 대기업뿐이다. 사업을 계속 유지하려면, 특히 개개인의 소비자를 겨냥한 소프트웨어 회사들은 공공재를 생산하는 데 따른 보상 대책을 마련해야 한다.

한 가지 방법은 컴퓨터를 판매하면서 맥라이트MacWrite 같은 소프트웨어를 매킨토시 프로그램과 함께 패키지 가격으로 제공하는 것이다. 해당 프로그램은 컴퓨터의 가치를 높이고 더불어 판매자는 컴퓨터 가격을 높여서 그 프로그램을 함께 제공하는 데 따른 비용을 보전할 수 있다.

하지만 이 방법은 컴퓨터가 급속히 표준화되면서 실효성이 감소했다. 그 대안 중 하나는 프로그램을 어떻게 작동해야 하는지 묻는 말에 수화기 반대편에서 친절하게 대답하는 목소리와 결합하는 방법이 있다. 판매자는 해당 프로그램을 구매한 사람의 신상을 기록하고 등록된 구매자에 한해서만 도움을 제공한다.

이런 예에서 볼 수 있듯이 공공재는 다양한 방식으로 개인이나 민간단체에 의해 생산된다. 이 주체들은 특정한 환경에서 일정량의 공공재를 생산한다. 하지만 그들이 효율적인 수준까지 생산량을 끌어올릴 거라고는 믿기 어렵다. 생산자는 자신이 생산한 재화의 가치 중 오직 일부만 가져가고, 따라서 그 일부의 가치만으로도 생산비용 전부를 보전하기에 충분한 경우에만 재화를 생산한다. 공공재는 비록 생산되기는 하지만, 효율성의 관점에서 볼 때 너무 적게 생산된다.

우리에게 익숙한 골칫거리 대다수는 공익과 관련된 문제다. 일례로, 회의를 통해 뭔가를 결정하는 문제가 있다. 사람 대부분은 주목받길 좋아한다. 단상에 오르면 당면한 현안에 대해 꼭 필요한 이야기만 하지 않고, 그 참에 자신이 얼마나 영리하고, 재치 있고, 똑똑한지 뽐내려고 한다. 이 같은 행동은 (만약 그 발표자가 정말로 재치도 없고 똑똑하지 않은 경우에)

다른 사람에게 불필요한 비용을 발생시킨다. 만약 그 회의실에 60명이 있고 발표자가 1분을 말하면 그 사람들에게 1분씩의 비용이 발생하는 셈이다. 전체로 따지면 1시간이다. 간결함 역시 공공재이며 생산량 또한 너무 적다.

## 공기업에 의한 공공재 생산

확실한 대안은 정부가 공공재를 생산하고 세금으로 그 비용을 충당하는 것이다. 이 방법은 개선일 수도, 아닐 수도 있다. 정부에서 국민이 유리하게 행동하도록 하려고 의존하는 시스템, 즉 투표는 그 자체로 공공재의 민간 생산을 의미한다. 당신이 시간과 노력을 들여 어떤 후보가 대중에게 최선의 봉사를 할 것인지를 판단해 투표할 때, 당신이 들인 시간과 노력으로 발생한 편익은 대부분 다른 사람에게 돌아간다. 당신은 더 나은 후보에게 투표함으로써 공공재를 생산하고 있는 셈이다. 일반적으로 이 공공재는 민간에서 생산하기 매우 어렵다. 대중은 한 국가의 인구 전체를 포함하는 무척 큰 집단이기 때문이다.

같은 이유로 해당 공공재의 생산량은 아주 보잘것없다. 이런 공공재의 생산량이 부족한 것은 사람들이 누가 최선의 후보인지 판단하는 데 공을 들이는 것이 그들 자신에게 이익임을 깨닫지 못하고 있다는 뜻이다. 바꿔 말하면, 민주주의가 제대로 굴러가지 않고 있으며, 국민은 정부가 국민에게 유리하게 행동한다고 생각하지 않는다는 의미이기도 하다. 자연독점을 규제하는 정부기관과 마찬가지로 공공재의 국영 생산을 감독하는 행정 관료 역시 자신의 사적 이익이나 자신을 임명한 행정부의 정치적 이익이 경제적 후생을 극대화하는 일과 별개의 정책들을 낳게 된다는 사실을 알게 될 것이다.

설령 정부가 효율적인 수준으로 공공재를 생산하려고 할 때도 효율성의 두 번째 조건을 충족시키려는 감독자의 문제와 비슷한 문제가 정부 앞에 놓인다. 어떤 공공재를 얼마나 생산할지 판단하려면, 정부는 먼저 그 공공재가 소비자에게 어느 정도의 가치가 있는지 알아야 한다. 수요곡선만 관찰해서는 그 가치가 어느 정도인지 알 수 없다. 설령 정부라도 공공재의 수혜자를 통제할 수 없기 때문이다. 해당 공공재를 원하는 개개인은 자신이 그 공공재를 얼마나 원하는지 부풀려서 말하려는 유인을 가졌기 때문에 여론조사를 할 때도 수요량에 관한 정보가 매우 부정확할 수 있다.

## 외부효과, 나만 생각한다

외부효과는 내 행동이 누군가에게 초래하는 순비용 또는 순편익을 의미한다. 우리에게 익숙한 예로는 오염(부정적인 외부효과-비용)과, 이론적인 연구에 의한 과학적 진보(긍정적인 외부효과-편익) 등이 있다. 내가 우리 집에 페인트칠하거나 마당의 잔디를 깎을 때 나는 내 이웃에 긍정적인 외부효과를 주는 셈이다. 반대로, 당신이 식당에서 담배를 피우거나 새벽 1시에 시끄럽게 음악을 틀어놓으면 당신의 이웃에 부정적인 외부효과를 주는 셈이다.

외부효과의 문제는 그 외부효과 자체가 나빠서가 아니다. 물론, 적어도 내가 읽고 싶은 책이 있을 때 일해야 한다면 나쁘지만 외부효과의 문제는 당신이 담배를 피울지 말지, 또는 음악을 틀지 말지 결정하는 과정에서 자신의 비용만 고려하기 때문에 (이웃의 비용까지 포함된) 총비용이 총편익보다 더 많아도 그렇게 행동할 수 있다는 점이다. 마찬가지로, 나는 이번 주에 잔디를 깎지 않을 수도 있다. 비록 (내 이웃의 편익까지 포함해서) 총편익이 더 많아도 내가 얻는 편익이 잔디를 깎는 비용보다 적기 때문이다.

이 장의 도입부에서 외부효과의 문제와 관련한 두 가지 사례가 소개되었다. 교차로에 갇힌 운전자는 다른 운전자에게 시간 낭비로 인한 외부비용을 부과한다. 사전형량 거래를 받아들이는 피고인은 다른 피고인들에게 비용을 부과한다.

'외부비용'과 '공공재'는 대체로 같은 문제를 다른 관점으로 바라본다. 긍정적인 외부효과는 공공재라고 할 수 있다. 마찬가지로, 부정적인 외부효과는 '부정적인' 공공재라고 할 수 있으며, 이 부정적인 공공재가 생산되지 않도록 억제하는 행위를 '긍정적인' 공공재라고 할 수 있다. 같은 문제를 놓고 어떤 경우에는 이렇게 보는 것이, 어떤 경우에는 저렇게 보는 것이 더 손쉬운 방법일 수 있지만 어떻게 보든 결국엔 같은 문제다.

'오염'은 가치 중립적인 용어가 아니다. 친구에게 적당한 오염수준이 무엇이라고 생각하는지 물어보면 쉽게 확인할 수 있다. 자연스러운 반응은 "살인과 마찬가지로 당연히 제로지"라는 대답일 것이다. 그 대답에 공감한다면, 이산화탄소가 오염물질인 동시에 인간의 신진대사로 발생하는 부산물이라는 점을 생각할 필요가 있다. 오염 수준을 제로로 줄이려면 첫 번째 단계는 인간이 숨을 쉬지 않는 것이다. 아니면, 적어도 숨을 내뱉지 않는 것이다.

다른 많은 경우도 그렇지만 이 경우에 한쪽으로 치우친 단어를 선택함으로써 흥미로운 문제들이 배제된다. 우리가 하려는 행동 대부분에는 편익과 비용이 존재한다. 어떤 것을 '오염'이라고 부른다고 해서 과연 그 어떤 것이 지급할 가치가 있는 비용인지 아닌지는 알 수 없다. 심지어 그 것이 비용인지 편익인지조차 알 수 없다. '열오염'을 생각해보자. 발전소에서 냉매로 사용된 다음에 외부로 배출되는 온수는 수온을 상승시킨다. 만약 당신이 그렇게 해서 따뜻해진 물에서 수영을 즐긴다면 열오염은 좋은 것이다.

경제학의 관점에서 우리가 원하는 것은 적당한 양의 오염이다. 다량의 황산화물이 대기로 배출돼 발생하는 피해가 가장 저렴한 방식, 즉 굴뚝을 청소하거나, 다른 생산방식을 도입하거나, 아예 그 공장을 폐쇄하는 등으로 배출을 차단하는 비용보다 훨씬 큰 경우 해당 오염은 비효율적이고 없어져야 한다. 하지만 그 피해가 배출을 차단하는 비용보다 적은 경우에 그런 오염은 효율적이다. 즉, 그 오염을 참고 지내는 편이 우리에게 이득이다. 우리가 원하는 것은 효율적인 오염이며, 그 이상도 이하도 아니다.

이를 위한 확실한 접근법은 규제다. 예컨대, 어떤 기업이 어디에 폐기물을 버릴지, 굴뚝 높이는 얼마나 높이 설치해야 할지, 어떤 종류의 연료를 사용할지 등에 대해 세부 규정을 마련하는 것이다. 이런 규제를 적절히 실행하려면 감독자에게 엄청나게 많은 정보가 필요하지만, 그들이 필요한 정보를 가진 경우는 거의 없다. 감독자는 오염의 피해 규모가 얼마나 되는지, 해당 오염원을 통제하는 데 드는 비용이 얼마인지도 알아야 한다. 이와 관련해서 오염물질을 배출하는 기업들은 대체로 감독자에게 비협조적이다. 오염을 줄이는 비용이 많을수록 그들에게 이득이기 때문이다. 그래야 계속해서 오염물질을 배출하도록 허가받을 것이다.

더 효과적인 해법은 오염물질을 배출하는 기업에 환경세를 부과하는 것이다. 만약 철강회사에 1달러만큼의 오염물질을 배출할 때마다 환경세로 1달러씩을 부과한다면 그 회사는 상품 가격(이제 철강은 이전보다 더욱 비싸질 것이다)과 생산 방식을 결정할 때 해당 비용을 참작할 것이다. 또 1달러보다 적은 비용을 들여서 1달러만큼의 오염을 줄일 수 있다면 그렇게 할 것이다. 그 결과는 강철의 효율적인 생산량으로 그리고 효율적인 수준의 오염으로 나타날 것이다.

이 방법이 직접적인 규제보다 더 낫긴 하지만 충분히 효과적인 방법은 아니다. 감독자는 더는 오염을 통제하는 데 드는 비용을 산출할 필요가 없어졌지만, 그 비용은 이제 기업들의 관심사가 되어 여전히 오염에 의한 비용을 산출할 필요가 있다. 그런데 이 비용을 산출하는 일이 절대만만치 않다. 더구나 감독자가 효율적인 결과물을 만들어내도 감독자에게 득이 되는 건 아무것도 없다.


## 외부효과 해결하기

외부효과 문제를 해결하는 한 가지 민간 해법은 사유공동체다. 한 명의 개발자가 주택단지를 개발하고 입주자에게 주민들로 구성된 조합에 가입하라고 요구한다. 그 조합은 잔디나 페인트칠 등 공동체의 전체적인 외관에 영향을 주는 요소들을 관리하거나 집주인에게 관리를 요구한다. 내 친구가 그런 민간공동체에서 거주한 적이 있는데, 그곳에서는 이웃의 동의가 없으면 자기 집의 현관 색깔도 바꿀 수 없었다.

이런 식의 해법은 수의계약의 탈을 쓴 정부의 규제처럼 들리지만, 둘 사이에는 두 가지 중대한 차이가 있다. 주택단지의 분양 가격을 최대한 높이려고 가능한 한 최선의 규칙을 마련하는 건 개발자의 이해와 관련된 문제다. 그리고 그 개발자는 누구에게도 집을 강매하거나 회원권을 구매하라고 강요할 수 없다. 해당 상품이 적어도 다른 개발자의 상품만큼 매력적이지 않은 경우, 소비자는 다른 개발자의 상품을 선택할 수 있고 당연히 그렇게 할 것이다.

또 다른 민간 해법으로는 합병이 있다. 만약 어떤 공장의 오염된 물이 근처에 있는 리조트로 흘러가는 경우, 두 기업을 합치는 것도 하나의 방법이다. 리조트 회사가 공장을 인수하거나 그 반대의 경우, 새로 합병된 회사의 수입은 두 기업의 원래 수입을 합친 만큼이 될 것이고, 해당 수입을 극대화하려고 노력할 것이다. 만약 공장 폐수를 통제해 리조트의 수입이 늘어나고 늘어난 수입이 폐수를 통제해 공장에 추가되는 비용보다더 많다면 그 회사는 기꺼이 그 비용을 감수할 것이다. 이 경우에 외부효과는 더는 외부의 문제가 아니다.

적절한 재산권을 창출함으로써 해결할 수 있는 외부효과 문제도 있다. 일례로, 영국에서는 송어가 서식하는 하천이 사유지이다. 각 하천에는 소유주가 있다. 이런 하천에 폐수를 방류하는 행위는 남의 집 앞마당에 폐기물을 버리는 것과 같이 불법 침해죄에 해당한다. 폐수를 방류하는 사람이 송어 낚시터로 사용하는 것보다 폐수 방류 목적으로 사용하는 편이 낫다고 생각되면 그곳을 매입할 수 있다. 또 폐수를 방류해도 송어가 살 수 있다고 믿는다면 마찬가지로 그곳을 매입해 이전 소유주에게 낚시하도록 대여할 수도 있다.

불행하게도, 어느 쪽으로든 외부효과로 이어지지 않는 재산권을 명확하게 정의할 수 없을 때도 있다. 당신이 자고 싶을 때 내가 음악을 들으려고 당신의 허락을 받아야 한다면 나는 더는 당신에게 외부효과를 부과할 수 없다. 하지만 내가 음악을 듣고 싶을 때마다 당신이 잠을 자려고 한다면 당신은 내게 외부효과를 부과하는 셈이다. 관련된 당사자가 단지 두 명뿐일 때는 당사자끼리 효율적인 중재안을 도출할 수 있다. 하지만 로스앤젤레스의 대기오염은 수백만 명에게 영향을 끼친다. 공공재를 생산할 때와 마찬가지로 관련된 사람이 많아질수록 만장일치의 계약을 이끌어내기는 점점 더 어려워진다.

이런 문제를 바라보는 방법 중 하나는 공익이나 외부효과와 관련된 모든 문제를 거래비용의 문제로 간주하는 것이다. 단체교섭에 드는 비용이 전혀 없다고 가정할 때, 시장실패로 인한 비효율 문제는 관련 집단끼리 단체교섭을 벌여서 언제든지 해결할 수 있다. 이 같은 주장에 붙여진 이름이 있다. 경제학자 로널드 코스Ronald Coase의 이름을 딴 '코스 정리 Coase theorem'다. 코스 정리에 근거해서 볼 때 흥미로운 문제는 언제나 '효율적인 결과에 이르지 못하게 방해하는 거래비용이 무엇인가?'라는 것이다.

외부효과의 이해와 관련해 코스가 공헌한 부분은, 이해 당사자 간의 단체 교섭에 드는 비용이 사라지면 문제도 없어지므로, 외부효과가 외부효과에 의한 결과가 아니라 거래비용에 의한 결과로 분석될 수 있다는 사실에 주목했다는 점이다. 또 그는 외부효과의 전통적인 분석법에 근본적인 오류가 있다는 사실에도 주목했다.

지금까지 나는 외부효과를 이 사람이 저 사람에게 부과하는 비용으로 다루면서 코스 이전의 분석법을 따랐다. 그러한 분석법은 적절치 않다. 코스도 지적했듯이 전형적인 외부비용은 당사자 간의 상호작용으로 발생한다. 로스앤젤레스의 오염문제는 애초에 오염이 없어도 발생하지 않았겠지만, 로스앤젤레스에 아무도 살지 않았더라도 발생하지 않았을 것이다.

만약 로스앤젤레스를 비우는 방법이 스모그 문제를 해결하는 해법으로 딱히 와 닿지 않는다면 더 그럴듯한 예를 생각해보자. 군대에는 폭탄 실험장이 있다. 폭탄이나 대포 등을 실험하는 데 사용하는 장소다. 당신이 만약 그곳에서 캠핑하면 텐트 바로 옆에서 폭발하는 130kg짜리 폭탄은 당신에게 심각한 외부효과를 초래한다. 그 경우 폭탄을 제거하는 것보다는 캠핑하는 사람들이 이동하는 편이 문제 해결에 더 도움이 된다.

공항의 소음 문제를 해결하려면 소음을 줄이는 것이 가장 일차적인 방법이다. 비행기를 더 조용하게 만들거나, 사람들이 자는 시간에는 공항을 폐쇄하거나, 비행기 조종사들에게 가능한 한 마지막 순간에 비행기 고도를 낮추라고 지시하는 것이다. 다른 방법도 있다. 비행경로상에 있는 건물에 방음장치를 하거나, 비행장 주변 건물들을 철거한 다음에 그곳에 저수지를 만들거나 시끄러운 공장들을 입주시키는 것이다. 철강회사에 오염 비용을 물리는 것과 마찬가지로, 항공사에도 소음 비용이 부과되는데, 이때 해당 지역 건물에 방음공사를 하거나 주민들이 다른 곳으로 이사하는 편이 비용상 더 저렴하지만 어쨌든 이로써 항공사는 소음을 줄이려는 유인을 가지게 된다.

외부효과를 둘러싼 전통적인 분석법에서는 주어진 문제의 최소 비용 기피자가 어느 쪽인지 이미 알고 있다고 가정한다. 캘리포니아 남부의 자동차 배기가스 규제가 그 도시를 텅텅 비우는 것보다 낫다는 사실을 누구나 알고 있듯이 말이다. 하지만 최소 비용 기피자가 어느 쪽인지 모르는 경우, 코스의 당사자 간 협상 개념이 최선의 해법이다. 누구에게 어떤 권리가 있는지 법률제도로 명확히 규정한 다음에 당사자가 스스로 단체교섭을 벌이도록 하는 것이다.

그럴 때는 초기에 어떻게 현명하게 권리를 규정할 것인가의 문제가 남는다. 예를 들어 항공사에 소음을 만들 무제한적 권리가 있다고 가정해보자. 만약 효율적인 해결책이 공항 근처에 아무도 살지 않게 하는 것이라면 문제는 간단히 해결된다. 반면, 소음을 줄이는 것이 해결책이라면 문제가 있다. 공항 근처에 사는 사람들이 항공사가 소음을 줄이는 데드는 비용을 대야 할 수도 있기 때문이다. 하지만 그런 행동은 공항 인근에 거주하는 모든 사람을 위해 공공재(조용함)를 생산하는 것이다. 다시 말해 대중을 위해 공공재를 생산하려면 거래비용이라는 제약이 생기는데, 효율적인 결과로 나아가려는 행동 역시 이 거래비용 때문에 가로막힌다.

이번에는 반대로, 각각의 집주인에게 비행기 소음 해결을 위한 항공사의 선택을 거부할 절대적인 권리가 있다고 가정해보자. 이제는 공공재의 문제가 거부의 문제로 대체된다. 어떤 집주인이든 항공사가 비행기 소음을 줄이는 대신 해당 건물에 방음공사를 해줌으로써 절약하게 되는 전체 비용을 자신에게 지급하라고 요구할 수 있다. 그 결과는 거래 불발로 그리고 비효율적인 결과로 이어질 것이다.

이럴 때 최고의 방법은 집주인들에게 피해 보상을 해주는 것이다. 그렇게 하면 (항공사가 소음을 줄임으로써) 거래가 아예 발생하지 않든지 (항공사가 집주인들에게 방음 공사비를 보상하고, 방음공사를 거부한 사람들에게는 피해 보상금을 지급함으로써) 상대적으로 간단하고 저렴한 거래가 발생하든지, 둘 중 어떤 해결책이 도출되더라도 가장 효율적일 수 있다. 하지만 이 해법의 성공 여부는 피해 금액을 측정하는 법원의 능력에 좌우된다. 피해 금액을 산정하기가 어렵거나 불가능할 때는 다른 규칙이 더 효율적인 결과를 낳을 것이다.

## 소작과 설거지

외부효과는 두 개의 기업이 합병될 때처럼 계약을 통해 해소될 수 있다. 마찬가지로, 계약을 통해 발생할 수도 있다. 소작의 경우를 생각해보자. 소작인은 지대 대신에 자신의 수확물 중 일정량을 지주에게 지불한다. 이 제도는 비효율적인 듯 보인다. 수확물의 일정량이 지주에게 돌아가면 소작으로 얻는 이익이 적어도 비용의 두 배가 넘어야 투자한 노동력이나 자본의 대가가 나온다. 계약으로 50%의 외부효과가 발생하는 셈이다.

여기에서 의문이 생긴다. 소작은 역사적으로 볼 때 다양한 시대와 문화에서 등장하는 보편적인 제도다. 만약 소작 제도가 그처럼 비효율적이라면 왜 존재하는 것일까?

다른 모든 대안이 그보다 더 불리하다는 점도 원인 중 하나다. 소작제를 고용제로 바꿀 경우 문제가 더 발생한다. 추가로 노동력을 투입한다고 가정할 때 소작제일 때는 수익의 절반을 갖지만, 고용제일 때는 돌아오는 것이 전혀 없다. 일정 금액의 지대를 내고 토지를 임대하면 농부는 적절한 유인을 갖지만, 수확량이 해마다 달라 예측이 불가능한 경우에 몇 년을 풍요롭게 살다가도 바로 이듬해에 굶어 죽을 수 있다. 소작을 바라보는 해석 중 하나는 소작이 보험과 마찬가지로 위험을 분산하기 위한 (값비싼) 대책이라는 것이다.

지주는 농부를 자신의 피고용인이라도 되는 양 감시해 비용을 줄일 수 있다. 지주가 판단하기에 소작을 준 농부가 열심히 일하지 않는다고 생각되면 이듬해에 소작인을 바꿀 수 있다. 지주의 관점에서 소작인은 토지를 빌려줄 때에 비해 더 많은 감시가 필요하지만, 피고용인에 비해 감시할 필요가 적다. 소작인은 적어도 자신이 생산한 산출량 일부를 갖기 때문이다.

소작을 둘러싼 또 다른 해석은 지주도 (자신의 경험이나 관리, 어쩌면 자본에 이르기까지) 생산요소에 기여할 수 있다는 점이다. 지주에게 산출량 일부를 제공하는 것은 농부의 유인을 감소시킬 수 있지만, 반대로 지주의 유인을 증가시킬 수 있다. 이때 우리가 논의했던 다른 상황과 마찬가지로, 실질적인 최선의 대안은 약간의 비효율성을 수용하는 것이다.

몇 년 전에 나는 책을 계약하려고 협상 중이었다. 당시에 나는 책을 컬러로 인쇄할지 흑백으로 인쇄할지를 물었다. 컬러로 하면 비용은 더 많이 들지만 그만큼 더 많이 팔린다. 편집자는 그 논의를 꺼렸다. 하지만 내가 자꾸 묻자 편집자는 그런 내용은 계약서에 서명한 후에 결정하자고 했다.

출판사는 책을 출판하는 모든 비용을 부담하면서 수입은 저자하고 나눠 가진다. 따라서 더 큰 비용을 들여 더 많은 책을 팔려는 유인이 비효율적으로 낮다. 소작인도 마찬가지다. 소작인은 추가로 발생하는 모든 비용을 자신이 부담하고 그 결과물 중 일부만 가진다. 저자는 이와 반대인 것처럼 보인다. 즉, 편익 일부를 가져가면서 아무런 비용도 지급하지 않는다.

바로 그런 이유로 출판사는 책을 어떻게 만들지 사전 동의를 원하는 저자를 피한다. 그리고 저자의 관점에서는 바로 그런 이유로, 과거에도 그랬지만 새로운 출판사를 찾는 것보다 신뢰할 수 있는 사람과 거래하는 것을 좋아한다.

또 다른 예는 집안일을 분담하는 모든 사람에게 익숙한 일이다. 문제는 '저녁을 먹은 후에 누가 설거지를 할 것인가?'이다. 일반적으로, '요리를 준비한 사람은 설거지는 안 한다'이다.

외부효과라는 측면에서 볼 때 이것은 잘못된 생각이다. 요리하면 음식도 생기지만 설거지거리도 생기기 때문이다. 요리하지 않은 다른 사람이 설거지하는 경우, 요리사는 가능하면 적게 어지르려는 유인이 비효율적일 정도로 낮다. 예를 들어 요리사는 스토브 안에 뭔가를 엎지르고도 그것이 굳기 전에 닦아내려고 애쓰지 않을 것이다.

대다수가 그렇게 생각하는 이유는 (날마다 식사 당번을 정해서 항상 교대로 요리할 수도 있으므로) 공평함 때문이 아니라 효율성의 또 다른 측면 때문이다. 다른 사람들과 마찬가지로 요리사는 여가의 한계효용이 줄어든다. 1시간 동안 서서 저녁을 준비한 후에 아마도 가장 피하고 싶은 일이 설거지를 하느라 다시 1시간을 더 서 있는 일일 것이다.

내가 하는 어떤 행동이 긍정적인 동시에 부정적인 외부효과를 초래하고 긍정적 · 부정적 외부효과가 정확히 똑같다고 가정해보자. 나는 외부비용과 외부편익을 무시할 것이고, 내 행동으로 인한 순 외부비용이 제로이므로 그렇게 하는 편이 효율적인 결과를 만들어내는 방법일 것이다.

긍정적 · 부정적 외부효과가 정확히 상쇄되는 경우는 좀처럼 불가능한 우연의 일치라고 생각하겠지만, 재정적인 외부효과Pecuniary externality라고 불리는 주목할 만한 상황에서는 그런 일이 가능하다. 내가 어떤 재화를 더 많이 또는 덜 생산하기로 할 때마다, 어떤 직업에 종사하거나 그만두기로 할 때마다, 나의 소비유형을 바꾸기로 할 때마다, 그 밖에 나의 시장 행동에 어떤 식으로든 변화를 주려고 할 때마다 공급곡선이나 수요곡선에 약간의 변화가 생기고, 그에 따라 가격에도 변화가 생긴다.

결과적으로, 모든 경제행위는 주목할 만한 외부효과를 초래하는 듯 보인다. 하지만 이런 외부효과는 그냥 무시할 수 있는 종류의 외부효과다. 가격이 1페니 떨어질 때 구매자는 판매자가 잃는 만큼을 얻는다. 즉, 내과 의사들이 손해를 입는 만큼 환자에게는 이익이다. 그 같은 결과가 재정적인 외부효과다. 특정한 직종에 종사하거나 어떤 재화를 사거나 팔기로 한 내 결정이 다른 사람들이 사거나 파는 특정 재화나 서비스 가격에 영향을 줘서 그들에게 무시할 수 없는 영향을 미칠 수 있다. 그렇지만 그런 영향은 순비용이나 순편익을 초래하지 않으므로 그냥 무시한다고 해서 어떤 비효율적인 결과를 낳지는 않는다.

## 유익한 경제학에서 나온 유해한 주장들

정부의 시장 개입에 관한 찬성론을 찾고 있는 사람에게는 외부효과 이론이 매우 유용하다. 어쨌든 우리가 하는 행동 대부분은 다른 사람에게 영향을 끼친다. 일반적으로 어떤 것을 금지하거나 세금을 부과하면 부정적인 외부효과가 예상된다. 반대로 어떤 대상, 이를테면 당신의 직업 등에 보조금을 지급하려고 할 때는 긍정적인 외부효과가 기대된다.

이러한 주장에는 두 가지 오류가 있다. 첫째는 편익과 외부편익을 구분하지 않는다는 점이다. 더 나은 교육을 받은 사람이 더 생산적이라는 이유로 정부가 학비를 지원해야 한다는 주장이 그 대표적 예다. 더 생산적인 사람들은 일반적으로 많은 보수를 받는다. 앞에서 살펴봤듯이, 완전경쟁시장에서 임금은 근로자의 한계 생산물과 일치한다. 교육을 받아서 발생한 이익이 교육을 받은 당사자가 아닌 다른 사람에게 가는 경우에만 외부효과라고 할 수 있다.

두 번째 오류는 긍정적·부정적 외부효과를 모두 포함해서 생각하지 않는다는 점이다. 어떤 행동이 다른 사람에게 외부비용을 초래한다는 사실이 그 같은 행동에 세금을 부과하거나 그런 행동을 아예 하지 못하게 해야 한다는 의미는 아니다. 똑같은 행동이 다른 누군가에게는 더 커다란 편익을 제공할 수 있기 때문이다.

일례로, 인구증가율을 둔화시켜야 한다고 주장하는 보편적인 경제 논리를 생각해보자. 그런 관점을 지지하는 사람들은 한 쌍의 부부가 자녀를 한 명 더 가짐으로써 다른 사람에게 부과하는 모든 비용을 합산한다. 그 결과가 부정적인 외부효과로 나타난다는 사실은 그다지 놀라운 일도 아니다. 산아제한 캠페인에 보조금을 지원하면서 경제적인 논리로 정당화하는 경우를 보라.

그런 주장으로 우리에게 생기는 편익은 무엇일까? 인구가 많다는 것은 국가 부채나 국방비용을 분담할 사람들이 더 많다는 뜻이고, 새로운 정보(새로 태어난 아이가 장차 암 치료제를 개발하거나 이전과는 다른 형태의 보석을 만들지도 모른다)와 관련된 공공재를 생산할 사람이 많다는 뜻이다. 이를테면 책 같은 재화를 구매할 사람들이 더 많다는 뜻이다. 경제 연구와 관련해 내가 맨 처음 진행한 프로젝트는 비용과 편익의 총계를 내서 아이가 한 명 더 늘어나면서 발생하는 순 외부효과를 평가하는 것이었다. 결과적으로 내가 내린 결론은 아이가 한 명 늘어나는 데 따른 외부효과가 얼마나 큰지 우리는 알 수 없을 뿐 아니라 그 외부효과가 긍정적인지, 부정적인지도 알 수 없다는 것이었다.

여기 또 다른 예가 있다. 오토바이를 타는 사람에게 헬멧 착용을 의무화하는 법을 지지하는 사람은 교통사고 상해가 보험회사나 시립병원에 부정적인 외부효과를 가져온다고 주장한다. 보험의 측면에서 본다면 그런 주장은 보험회사에서 헬멧 착용에 동의하거나 동의하지 않는 고객에게 차등 요금을 적용할 수 있게 해야 한다는 것을 암시한다. 납세자의 관점에서 본다면, 순 외부효과가 부정적이라고 가정할 때, 합리적인 주장이다.

헬멧은 일부 심각한 부상을 막아주기도 하고 치명적인 사고를 덜 치명적인 사고로 바꿔놓기도 한다. 집중치료가 장례 비용보다 훨씬 비싸다는 점을 참작하면 다친 사람에게는 집중치료를 통한 변화가 개선이지만, 건강보험의 관점에서는 부정적인 외부효과다.

또 헬멧 때문에 사고가 증가할 수도 있다. 오토바이를 타는 사람은 얼마나 빨리 달릴지, 얼마나 조심스럽게 운전할지 결정하는 과정에서 편익과 비용의 균형을 맞춘다. 요컨대 안전하게 보호 장비를 갖출수록 위험은 낮아지고 따라서 운전자는 더 위험한 도전을 하려고 할 것이다. 만약 사고 비용 일부를 납세자들이 부담해야 한다면 그 자체로 부정적인 외부효과가 발생한다.

만약 안전장치가 더 위험한 행동을 부른다는 생각에 동의하지 않는다면, 공공선택이론의 창시자인 고든 털록Gordon Tullock의 제안 중 한 가지, 즉 모든 자동차 운전대에 운전자를 향해 대못을 박았다고 생각해보라. 아니면 충돌 감지 장치에 수류탄을 연결했다고 생각해보라. 이런 것조차 운전자들의 위험한 도전을 확 줄이지 못할 거라고는 좀처럼 믿기 어렵다. 경험적 증거에 관심을 두는 사람들은 사무엘 펠츠먼Samuel Peltzman의 논문을 읽어봐야 한다. 그는 논문에서 자동차에 의무적으로 안전장치를 설치하게 한 법규가 고속도로에서 발생하는 교통사고 사망률에는 거의 영향을 끼치지 않았음을 보여준다. 교통사고 사망률의 감소는 교통사고 증가율과 맥을 같이했다.

외부효과의 일반적인 계산법을 보여주는 세 번째 예는 '시장 사기'에 관한 법률 원리이다. 한 기업의 CEO가 매출 증가를 낙관한다. 덩달아 그 회사의 주가가 오른다. 하지만 매출은 증가하지 않는다. 주가도 다시 내려간다. 한 변호사가 주가가 한창 높을 때 주식을 매입한 주주들을 대신해서 집단 소송을 제기한다. 그 변호사는 CEO의 연설이 속임수였고, '시장 사기'였으며, 따라서 그 변호사의 고객들에게는 그들이 주식을 매입하느라 지급한 금액과 그 연설로 주가가 오르지 않았다면 그들이 지급했을 금액의 차이만큼 피해 보상을 받을 권리가 있다고 주장한다.

경제학자의 관점에서 볼 때, 이 같은 주장에는 수많은 오류가 있다. 한 가지만 예를 들어보면, 피해 금액을 측정하는 방법이다. 설령 CEO의 연설이 속임수였고 그래서 주가가 올랐다고 하더라도 그 효과는 총 외부효과가 아니라 순 외부효과로 평가되어야 한다. 비싼 가격에 주식을 매입한 구매자가 있다는 건 비싼 가격에 같은 양의 주식을 매도한 판매자가 있다는 뜻이다. 즉, 구매자가 잃은 만큼 판매자는 이익을 본 셈이다. 순수한 피해 금액은 제로다. 따라서 외부효과는 단지 개인의 재정 측면에서 발생했을 뿐이다.


## 돈 주고는 사지 않는 정보

상품을 구매하는 비용에는 구매하려는 대상에 대한 정보를 얻는 비용도 포함된다. 기업들이 지금처럼 규모가 커진 것도 그런 이유 중 하나이다. 상표가치는 정보라는 차원에서 일종의 자본 역할을 한다. 생산자에 대한 정보가 없는 경우, 생산자가 더 나은 거래조건을 제시하더라도 그

조건이 과연 더 나은지 결정하는 데 드는 비용이 해당 거래조건을 수락함으로써 절약하는 금액보다 더 클 수 있다. 당신은 상표가치가 있는 상품이 과거에도 좋은 품질을 유지해왔음을 알고 있을뿐더러 생산자에게는 상표가치를 떨어뜨리지 않으려고 계속 좋은 품질을 유지하려는 유인이 있다고 믿는다.

우리는 왜 다른 재화를 구입하듯이 정보도 단순하게 구매하지 않을까? 아니, 때로는 그렇게 한다. 이 책을 포함해서 〈컨슈머 리포트 Consumer Reports〉나 〈카 앤드 드라이버Car and Driver〉, 〈핸드건 테스트 Handgun Tests〉 같은 잡지를 구매할 때가 그렇다. 그런데도 우리가 이용하는 정보 대부분은 각자의 경험을 통해 얻는다. 왜일까?

판매를 목적으로 정보를 생산하는 문제 중 하나는 해당 정보에 들어 있는 재산권을 확실히 보호받지 못한다는 점이다. 내가 당신에게 어떤 정보를 팔면 당신은 그 정보를 자신이 직접 활용할 수도 있고, 친구나 이웃이 이용하게 할 수도 있다. 바로 여기에 제값을 받고 판매할 목적으로 정보를 생산하는 사람들의 어려움이 있다. 컴퓨터 프로그램도 이와 같다. 정보는 대체로 공공재에 해당한다. 이 말은 공공재이므로 생산량이 부족하다는 뜻이다.

시어스Sears나 제이씨페니JCPenney처럼 상표가치가 있는 소매상은 이런 공공재 문제를 해결하는 민간 해법 중 하나다. 시어스에서 판매되는 상품들은 시어스가 생산한 것이 아니다. 어떤 특정 상품을 1~2년에 한 번씩 구매하면 해당 상품을 만들어내는 생산자 중 누가 최고인지 알아내기가 어렵지 않다. 하지만 이런저런 물건을 구매하면서 시어스를 자주 이용하는 사람은 지급한 돈만큼 시어스가 충분히 가치 있는 상품을 제공하는지 쉽게 판단할 수 있다. 시어스는 상품에 정보를 더해서 판매하는 셈이다. 또 시어스는 당신에게 실제 생산자가 누구인지 공개하지 않아 당신이 (똑같은 상표를 다른 할인점에 가서 사려고 하는 친구에게) 해당 정보를 전매하지 못하게 한다. 당신이 친구에게 줄 수 있는 정보라고는 시어스에 가면 있다는 말뿐이다.

## 레몬 문제와 역逆선택

중고자동차 시장을 생각해보자. 판매자는 자기가 판매하는 자동차 상태가 나쁜지 좋은지 구매자보다 더 잘 안다. 만약 구매자가 자동차를 볼 줄 모른다면 좋든 나쁘든 똑같은 값을 치를 것이다. 이 말은, 곧 판매자로서는 좋은 중고차를 판매하는 일이 이로울 게 없다는 뜻이다. 따라서 좋은 차보다는 불량한 차를 팔 확률이 늘고, 이에 구매자도 자신의 기대를 수정해 구매를 제안한다. 이럴 때는 불량한 차만 매물로 나온다. 상태가 좋은 중고차를 가진 주인들이 차를 팔지 않아서가 아니라 불량 중고차 판매가에 자기 차를 팔려고 하지 않아서이다. 이런 현상을 레몬 문제 lemon problem (레몬은 중고차를 뜻하는 미국 은어다)라고 한다.

내 친구 에이미 글레이저Ami Glaser는 이 문제와 관련해 한 가지 해법을 제시했다. 그는 마음에 드는 중고차를 발견하면 딜러에게 추가로 발생하는 비용에 대해 1년 동안 품질보증을 제공하라고 요구했다. 딜러가 거절하면 에이미는 미련 없이 다른 중고차 가게를 찾았다. 마침내 그는 적당한 중고차를 기꺼이 품질보증과 함께 내어주려는 딜러를 만났다. 에이미가 말했다. "좋아요. 이 차를 사겠어요. 품질보증은 필요 없습니다"

레몬 문제는 보험에서는 역선택adverse selection (정보의 비대칭으로 사고율이 낮은 보험가입자는 시장에서 제외되고, 사고율이 높은 보험가입자만 보험에 가입하는 현상, 즉 보험회사 측면에서 봤을 때 뒤바뀐 선택이 이루어지는 현상을 말한다_옮긴이)으로 나타난다. 소비자는 자신이 보험금을 받을 가능성이 어느 정도일지 알지만, 보험회사는 그렇지 않다. 게다가 보험금을 받을 일이 많아질수록 소비자는 보험 상품을 구매하려는 욕구가 더욱 강해진다. 보험회사는 보험료를 책정할 때 그런 상황을 고려해야 한다.

보험회사는 신규 가입자에게 건강검진을 받게 하거나, 또는 위험한 취미생활을 하지 않는다고 해놓고 낙하산이 펴지지 않아서 사망한 사람에게는 보험료 지급을 거부하겠다는 계약조항을 추가하는 등 다양한 방법으로 역선택을 통제하려고 한다. 또 다른 방법으로는 단체 상품을 판매하는 방법도 있다. 같은 공장의 모든 직원이 같은 보험에 가입하면, 보험회사는 위험도가 낮은 피보험자와 높은 피보험자가 무작위로 섞인 단체 고객을 갖게 된다. 위험도가 낮은 피보험자의 관점에서는 위험도가 높은 피보험자보다 불리한 거래가 되겠지만, 보험료는 위험도가 높은 피보험자들이 아니라 보통 직원들의 위험 정도를 반영한다.

국민건강보험을 지지하는 사람들은 국민건강보험이 모든 사람을 대상으로 하는 단체 상품이라고 주장한다. 따라서 국민건강보험에는 이 제도의 이점을 취하려고 이민을 선택한 위험도가 높은 피보험자들만 제외하면, 역선택의 문제가 없다. 타당한 주장이다. 하지만 역선택의 문제를 해결함으로써 얻는 이득이 과연 정부가 부담해야 하는 비용을 능가하는지는 불확실하다.

### 도덕적 해이

우리가 보험을 들어 대비하는 일의 대부분은 적어도 우리가 통제할 수 있는 것들이다. 건강 문제나 집에 불이 나는 경우는 물론이고 홍수나 지진처럼 불가항력적인 일도 마찬가지다. 나는 홍수를 통제할 수는 없지만, 홍수로 인한 손실을 통제할 수는 있다. 홍수 범람원에 살 것인지, 지대가 높은 곳에 살 것인지를 결정하고 집은 또 얼마나 튼튼하게 지을 것인지를 결정함으로써 말이다.

나는 그런 예방 조치들을 취할 것이다. 다만, 그 효과가 비용보다 더 큰 경우에만 말이다. 일단 화재보험에 가입한 후에 성냥을 가지고 부주의하게 행동하여 발생하는 비용이나 스프링클러 장치를 설치하여 얻는 편익이 모두 보험회사에 이전된다. 이런 형태의 외부효과를 '도덕적 해이moral hazard'라고 부른다.

보험회사의 관점에서 도덕적 해이는 역선택과 마찬가지로 통제해야 할 대상이다. 통제 방법의 하나는 피보험자가 취해야 할 예방조치, 이를테면 공장에는 반드시 스프링클러 장치를 설치해야 한다는 등의 조항을 구체적으로 명시하는 것이다. 다른 방법으로는 공동보험coinsurance이 있다. 고객에게 화재를 예방하려는 근본적인 유인을 주려고 피해 금액의 일부만 보장해주는 것이다. 이와는 정반대로, 만약 보험회사가 건물의 실제 가치보다 더 많은 보험금을 설정하는 실수를 범하면 화재 가능성은 급격히 증가한다.

## 대규모 물물교환 시장, 결혼

물물교환은 가장 단순한 형태의 거래다. 나는 내가 소유하고 당신이 원하는 재화를, 당신이 소유하고 내가 원하는 재화와 교환한다. 그렇게 하려면 나는 내가 원하는 것을 가진 동시에 내가 가진 것을 원하는 사람을 찾아야 한다. 오늘날 우리 사회처럼 복잡한 사회에서는 그런 사람을 찾기란 쉽지 않다. 자동차를 장만하려고 할 때 나는 먼저 광고를 뒤져 내가 원하는 종류의 자동차를 팔고 있는 판매자를 찾는다. 그다음 그 판매자에게 전화해 혹시 그가 거래의 경제학을 배우고 싶은 의향이 있는지 묻는다. 이 같은 행동은 잠재적으로 거래할 수 있는 사람의 숫자를 뚝 떨어뜨린다.

해결책은 화폐(거의 모든 사람이 기꺼이 받아줄 어떤 재화)를 개발하는 것이다. 일반적으로 화폐는 그 자체로 가치가 있는 어떤 것(금이나 옷감, 가축 등)으로 시작했지만, 점점 교환의 매개물로 평가받게 된다. 화폐경제 체제 안에서 나는 내가 가진 것을 원하는 사람을 찾고, 그에게 내가 가진 것을 판 다음, 그 돈으로 다른 사람에게 내가 원하는 것을 구매한다.

물물교환의 어려움을 보여주는 한 예로, 거의 모든 사람이 참가하는 대규모 물물교환 시장, 이를테면 결혼이나 데이트, 섹스 시장을 생각해 볼 수 있다. 만약에 내가 어떤 여성과 데이트를 하거나, 동침하거나, 결혼한다면 그 여성은 필연적으로 나와 데이트하거나, 동침하거나, 결혼해야 한다. 나는 내가 원하는 동시에 나를 원하는 여성을 찾아야 한다. 이런 시장에서는 많은 탐색 비용과 오랜 탐색 시간이 소모되고, 남녀를 불문하고 욕구 불만을 느끼거나 외로운 사람들이 많이 관찰된다. 다시 말해, 이런 시장은 대체로 물물교환에 따른 거래비용이 높으므로 거래자들이 서로 만나기 어려운 시장이다.

시장실패로 인한 문제를 비효율성이 아닌 불공평으로 오해하기 쉽다. 한 사람이 피해를 봐야 다른 한 사람이 이득을 얻으므로 외부효과는 나쁜 것으로 간주되고, 다른 사람이 값을 치르면 아무것도 하지 않고 무임승차하는 사람이 생기므로 공공재는 불공평하다고 여긴다.

하지만 그런 생각은 잘못이다. 모두 똑같은 사람 100명이 공기를 오염시키고, 오염된 그 공기를 마신다고 생각해보라. 불공평은 없다. 모든 사람이 공기를 오염시켜서 이득을 취하고, 공기가 오염되어서 손해를 입는다. 그러나 개개인은 자신이 발생시킨 오염 비용의 100분의 1만큼만 부담하므로 효율적인 수준보다 오염이 훨씬 더 심화되고 결국 모든 사람이 불행해진다.

공공재 문제는 한 사람이 다른 사람의 이익에 대해서도 값을 치른다고 이해할 게 아니라, 해당 공공재의 가치가 생산비용보다 더 높아도 값을 치르는 사람이 없으면 얻는 사람도 없다고 이해해야 한다. 역선택의 문제는 불량품을 구매하거나 스카이다이빙하면서 생명보험을 드는 사람들 문제가 아니다. 문제는 충분히 판매할 가치가 있는데도 자동차가 팔리지 않고, 충분히 보험을 들 가치가 있는데도 사람들이 보험을 들지 않는다는 것이다. 우리가 가장 선호하는 물물교환 시장은 우리 대다수를 외롭고 성적 욕구불만을 느끼게 만든다.

**5**부

경제학의 제도와 법

# 정치와 경제의 상관관계

## : 정치시장

## 관세는 필요한가?

우리가 '정부의 조치'라고 부르는 것은 한 개인의 행동이 아니라 정치 시장의 산물이다. 다른 시장과 마찬가지로 정치시장에서도 합리적인 개 인들이 나름의 목표를 추구하려고 행동한다. 민간시장을 지배하는 규칙 과 다른 규칙이 있을 뿐이다. 이 장에서는 그런 정치시장을 탐험한다.

그 시작은 정부를 공익을 위해 봉사하는 중립적인 행위자로 보는 데 오랫동안 방해가 되어온 쟁점, 즉 관세다. 150년이 넘는 세월 동안 경제 학자 사이에서는 관세가 관세를 부과하는 국가는 물론 관세의 부과 대 상이 되는 국가에도 해가 되고, 따라서 대부분 국가는 관세를 폐지하고 자유경쟁무역으로 나아가는 것이 더 나았을 거라는 전망이 지배적이었 다. 하지만 대다수 국가는, 19세기의 영국과 20세기의 홍콩을 제외하고는, 관세를 유지했다. 관세를 인하하는 일은 협상을 통해 이뤄졌다. 당신이 관세를 인하하면 우리도 관세를 낮추겠다는 식이었다.

경제학자들이 관세가 좋은 생각이 아니라고 믿는 이유는 무엇일까? 관세를 부과하는 것이 합리적인 입법자에게 득이 되는 이유는 또 무엇일까? 지금부터 그 답을 찾아보자.

우리는 관세가 과연 나쁜 것인지는 아직 증명하지 않았다. 이제 나는 일부 단순화시킨 가정을 전제로 만약 미국 전체가 국제 시장에서 가격수용자의 위치에 있다면 미국의 관세정책이 궁극적으로는 미국인을 더 불행하게 만든다는 사실을 증명하려고 한다.

유감스럽게도, 증명을 위해서는 약간의 수학이 필요하다. 고등학교 수준 정도의 대수학 문제를 쉽다고 느끼는 독자라면 전혀 어려움이 없을 것이다. 하지만 방정식을 보기만 해도 구토 증세를 느끼는 독자라면 그 다음의 구술 증명으로 곧장 건너뛰어도 무방하다. 그럴 경우에 놓치는 부분이 생기는 건 어쩔 수 없다.

## 자동차 관세가 밀 가격에 영향을 주는 이유

**가정:** 오직 한 가지 재화만(자동차) 수입되고 한 가지 재화만(밀) 수출된다. 미국은 국제 시장에서 가격수용자다. 밀 생산량과 자동차 소비량의 변화는 자동차와 밀의 해외 교역량 비율에 큰 영향을 끼치지 않는다. 미국에서 밀과 자동차 산업은 아무런 실질적인 순 외부효과를 초래하지 않으면서 가격을 수용하는 산업이다. 운송비용은 발생하지 않는다.

**기하학적 증명:** 그림 19-1은 미국에서 생산되는 자동차의 공급곡선과

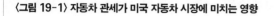

## 〈그림 19-1〉 자동차 관세가 미국 자동차 시장에 미치는 영향

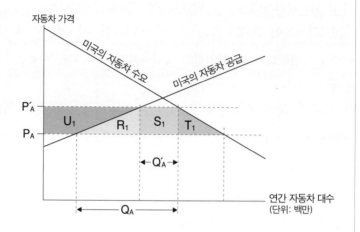

자동차 수입량은 국내 수요량과 공급량의 차이와 같고, $Q_A$에서 $Q'_A$로 감소한다. 미국의 자동차 가격은 $P_A$에서 $P'_A$로 상승한다.

## 〈그림 19-2〉 자동차 관세가 미국 밀 시장에 미치는 영향

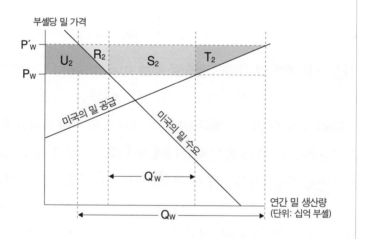

밀 수출은 $Q_W$에서 $Q'_W$로 감소하고, 미국의 밀 가격은 $P_W$에서 $P'_W$로 하락한다.

미국에서 소비되는 자동차의 수요곡선이 자동차 한 대당 관세 $t를 부과하기 전과 후에 어떻게 변하는지 보여준다. $P_A$는 관세를 부과하기 이전의 시장가격이고, $P'_A$는 관세를 부과한 이후의 시장가격이다. $Q_A$는 관세 부과 이전에 수입된 자동차 수량이고, $Q'_A$는 이후에 수입된 자동차 수량이다. 그림 19-2는 그에 상당하는 밀의 공급과 수요곡선, 가격, 수량을 보여준다.

미국의 공급량이 수요량과 일치하는 가격이 국제시장 가격보다 높고, 따라서 미국은 자동차를 수입한다. 미국 소비자의 수요량은 미국 자동차 산업의 공급량에 수입량을 더한 것과 같다. 미국에서 밀 공급량과 수요량이 일치하는 가격은 국제 밀 가격보다 낮고, 따라서 미국은 밀을 수출한다. 미국 농부들의 밀 생산량은 미국 소비자의 수요량에 수출량을 더한 것과 같다.

왜 자동차 관세가 밀 가격에 영향을 줄까? 밀은 미국이 외국에서 자동차를 수입하는 대신 외국에 수출하는 재화다. 미국이 자동차 관세를 부과하면 외산 자동차를 구매하느라 해외로 유출되는 달러가 줄어든다. 그 결과, 외국인들이 미국에서 밀을 수입하는 데 쓸 달러가 줄어든다. 즉, 외국의 밀 수요는 감소하고, 미국의 밀 가격도 하락한다.

그림 19-1에서 $U_1$은 관세로 인해 증가하는 (미국의) 생산자잉여다. $U_1+R_1+S_1+T_1$은 (미국의) 소비자잉여 감소분이다. 짙은 색으로 표시된 부분이 관세 탓에 자동차 산업에서 발생하는 잉여의 순손실이다. 마찬가지로 그림 19-2에서 $U_2$는 자동차 관세 때문에 초래된 밀 가격의 하락으로 늘어나는 (미국의) 소비자잉여를 나타낸다. $U_2+R_2+S_2+T_2$는 (미국 기업의) 생산자잉여 감소분이다. 짙은 색으로 표시된 $R_2+S_2+T_2$ 부분은 자동차 관세의 간접적인 영향으로 초래되는 (미국의) 밀과 관련한 잉여의 순

손실을 보여준다.

잉여의 순손실은 관세 수입과 비교하여 검토되어야 한다. 정부는 매년 수입되는 자동차의 수량 $Q'_A$에 관세 t를 징수하고, 따라서 정부의 관세 수입은 $t \times Q'_A$이다. 만약 이 금액이 짙은 색으로 표시된 두 부분의 총액보다 많으면 관세를 부과하는 편이 더 이익이다. 정부의 수입이 줄어든 잉여보다 더 많기 때문이다. 정부의 수입이 더 적으면 관세로 인해 오히려 손해를 보는 셈이다.

미국이 국제시장에서 가격수용자인 까닭에 관세는 미국을 벗어난 다른 시장에서 자동차와 밀의 상대가격에 영향을 끼치지 않는다. 관세를 부과하기 전 가격 비율은 $P_A/P_W$이다. 관세 부과 후에 해외 밀 가격은 $P'_W$이고, 해외 자동차 가격은 $P'_A - t$이므로 상대가격은 $(P'_A - t)/P'_W$이다.

왜 자동차의 국제 가격이 $P'_A - t$일까? $P'_A$는 미국의 자동차 가격이다. 외산 자동차를 미국으로 들여오려면 국제 가격에 관세 t를 더해야 한다. 미국의 자동차 가격은 $P'_A$이므로 국제 가격은 $P'_A - t$가 되어야 한다.

미국 이외의 시장에서는 미국에서 관세를 부과하기 이전이나 이후에 가격 비율의 변동이 없기 때문에 다음과 같다.

$$\frac{P_A}{P_W} = \frac{P'_A - t}{P'_W} \qquad \text{(방정식 1)}$$

앞에서 가정한 대로, 자동차가 미국의 유일한 수입 품목이고, 밀이 유일한 수출 품목이므로 외국인들이 미국에 자동차를 수출해 버는 달러의 총액은 그들이 미국에서 밀을 수입하는 데 사용하는 달러의 총액과 같아야 한다. 관세가 부과된 이후의 가격과 수량을 이용하면 다음과 같은 방정식이 성립된다.

$$P'_W \times Q'_W = \text{외국인들이 밀을 구매하는 데 사용하는 \$} = \text{외국인들이 자동차를 수출해서 벌어들이는 \$} = (P'_A - t)Q'_A \qquad \text{(방정식 2)}$$

(미국인은 자동차를 구매할 때 $P'_A$를 지급하지만, 관세로 징수되는 $t$는 미국 정부의 수입이므로 $P'_A - t$인 금액만 외국인에게 돌아간다.)

결과적으로, 그림 19-1과 19-2에서 우리는 아래와 같은 결론을 도출할 수 있다.

$$S_1 + S_2 = (P'_A - P_A)Q'_A + (P_W - P'_W)Q'_W \qquad \text{(방정식 3)}$$

방정식 1과 2는 다음을 암시한다.

$$Q'_W = Q'_A \frac{P'_A - t}{P'_W} = Q'_A \frac{P_A}{P_W}$$

이 방정식을 방정식 3에 대입하면 다음과 같다.

$$S_1 + S_2 = (P'_A - P_A)Q'_A + Q'_A \frac{P_A}{P_W}(P_W - P'_W) =$$
$$Q'_A\left\{P'_A - P_A + \frac{P_A}{P_W}(P_W - P'_W)\right\} = Q'_A\left\{P'_A - P_A + P_A - P'_W\frac{P_A}{P_W}\right\}$$

방정식 1에서 $\dfrac{P_A}{P_W}$를 $\dfrac{P'_A - t}{P'_W}$로 바꾸면 다음이 나온다.

$$S_1 + S_2 = Q'_A\left\{P'_A - P'_W\frac{P'_A - t}{P'_W}\right\} = \qquad \text{(방정식 4)}$$
$$Q'_A(P'_A - P'_A + t) = Q'_A \times t$$

$S_1 + S_2$는 관세 때문에 잃은 잉여의 일부일 뿐이다. $Q'_A \times t$가 수입 전부다. 관세는 수입에 비해 더 큰 비용을 초래하고, 궁극적으로는 $R_1 + T_1 + R_2 + T_2$만큼 손해를 끼친다. 게다가 여기에는 미국과 거래하는

해외 파트너가 부담하는 추가 비용은 고려하지 않았다.

**구술 증명:** 지금까지 나는 내 연구 결과(미국이 국제 시장에서 가격수용자이고, 미국 기업들이 국내 시장에서 가격수용자인 경우, 미국의 관세는 궁극적으로 자국민에게 손해를 끼친다)를 수학적으로 증명했다. 이제는 같은 결과를 또 다른 언어, 즉 말로 증명하려고 한다.

미국의 관점에서 볼 때, 해외 무역은 $P_A/P_W$의 비율로 밀을 자동차로 바꾸는 일종의 기술이다. 우리는 16장에서 경쟁적인 산업이 효율적임을 증명했다. 따라서 밀을 자동차로 바꾸기 위한 경쟁적인 산업의 결과물역시 효율적이다. 관세는 밀이 자동차로 전환되는 과정에 세금을 부과해서 밀 사용량과 자동차 생산량을 감소시킴으로써 효율적인 결과를 바꿔놓는다. 신적인 공무원이라면 어쩌면 그 같은 변화를 만들어낼 수 있을지 모르겠다. 하지만 신적인 공무원도 이미 효율적인 결과물은 더는 개선할 수 없다. '효율'이란 용어의 정의가 그렇기 때문이다. 따라서 관세는 경제적인 개선이 될 수 없다.

**적용:** 두 가지 다른 언어를 이용한 각각의 증명은 제각각 장단점이 있다. 구술 증명은 관세가 바람직하지 않은 이유를 우리가 직관적으로 이해할 수 있도록 도와준다. 무역은 단지 수출품을 수입품으로 바꾸는 하나의 기술일 뿐이다. 그리고 경쟁적인 산업에서는 수입품을 한 단위 더 추가함으로써 얻는 편익이 그 수입품과 교환해야 할 수출품을 생산하는 비용과 일치할 때까지 그 기술을 사용한다. 관세는 생산 과정에 추가 비용을 보태고, 관세까지 더해진 가격에는 매력을 느끼지 못하는 소비자들을 빼앗아감으로써 해당 산업의 산출량을 감소시킨다. 관세는 특정한 생산 방식에 부과되는 일종의 세금이며, 그로 인한 순손실은 여느 세금과 같이 여분의 부담으로 이어진다.

수학적 증명에서는 미국이 국제시장의 가격수용자라는 가정을 전제로 한다. 그래야만 방정식 1이 성립한다. 구술 증명에서는 수출이나 수입과 관련된 산업이 미국 내에서 가격수용자라고만 (그리고 효율적이라고) 이야기했다. 그 둘은 전혀 다른 의미다. 미국의 농업이 100만 개의 소규모 농장으로 구성되었고, 그 농장들이 세계 밀 생산량의 90%를 생산한다면 각각의 농부는 가격수용자이지만 미국 전체로는 가격수용자가 아니다.

그런데도 구술 증명은 미국이 가격수용자라는 사실을 전제로 한다. 미국이 가격수용자가 아니라면 밀 수출량은 (그리고 자동차 수입량은) 해외시장의 가격 비율(밀을 자동차로 바꾸는 비율)에 영향을 준다. 미국인의 관점에서 볼 때, 이것은 외부효과다. 즉, 내가 외제 자동차를 구매하면 외제 자동차의 가격이 오르고 (내가 그 자동차값을 지급하는 데 사용하는 밀 가격은 내려가서) 당신은 더 비싼 돈을 주고 자동차를 구매하게 된다. 외부효과는 비효율적인 결과로 이어진다. 결과적으로, 미국이 가격설정자인 경우에 관세가 없는 초기 상황은 오히려 비효율적이고, 따라서 관세를 부과함으로써 상황을 개선할 수 있다.

전 세계적인 측면에서 볼 때, 가격에 미치는 이 같은 영향은 재정적인 외부효과다. 만약 내가 자동차를 구매함으로써 전 세계의 자동차값이 오른다면 다른 구매자의 관점에서는 순손실이지만, 판매자의 관점에서는 이익이다. 그렇지만 구매자가 미국인이고 판매자가 외국인일 때 미국인의 이익만 따져보면 순 외부효과다. 미국인의 관점에서는 손실만 있고 이익은 없기 때문이다. 결과적으로, 미국이 국제 시장에서 가격수용자일 때 모든 이익을 고려하면 관세가 없는 편이 더 이익이지만, 미국의 이익만을 놓고 보면 비효율적이다.

## 가정 바꾸기

대부분의 경제학적 주장이 그렇듯이 이런 주장은 항상 옳은 가정을 전제로 하지는 않는다. 그렇다면 이러한 가정 중 일부를 바꿔보면 어떨까?

**미국의 독점:** 미국이 밀을 생산하는 독점 기업에 가깝거나, 또는 자동차를 구매하는 독점적인 소비자에 가깝다고 가정해보자. 즉, 미국이 판매하거나 구매하는 양의 변화는 국제가격에 커다란 영향을 끼친다. 자동차 관세는 미국의 자동차 수요를 감소시키고, 자동차의 국제가격을 떨어뜨린다. 밀의 수출 관세는 미국의 밀 산출량을 감소시키고, 밀의 국제가격을 상승시킨다. 따라서 미국이 국제 시장에서 가격설정자인 경우, 수입관세나 수출관세가 미국에 순편익을 가져올 수 있다.

이런 결과는 기업이 카르텔을 형성함으로써 얻는 이득과 유사하다. 미국이 (자동차 소비가 줄게 수입관세를 부과함으로써) 자동차의 국제가격을 하락시키거나, (밀에 수출관세를 부과함으로써) 밀의 국제가격을 상승시킬 때 밀 판매자이며 자동차 구매자인 미국은 이익이 발생한다. 반면, 밀 구매자이며 자동차 판매자인 미국의 교역 상대국들은 손해를 본다. 독점과 관련해 앞에서 논의했듯이, 그 결과는 순손실이지만 독점가의 관점에서는 이득이다. 수요와 공급 곡선은 단기보다 장기적인 측면에서 더 탄력적이고, 따라서 다른 독점이윤과 마찬가지로 관세로 인한 이득은 시간이 흐르면서 감소한다. 밀을 재배할 수 있는 곳은 미국 말고도 얼마든지 많다.

**유치산업 보호정책:** 미국에 주석 산업이 아직 존재하지 않는다고 가정해보자. 미국에 주석 주물공장을 설립하려는 기업은 난관에 부딪힌다.

예컨대 미국인 노동자는 주석을 다루는 데 익숙하지 않을뿐더러 미국의 철도회사는 주석을 운반해본 경험도 없거니와 주석 운반용으로 설계된 특수 화차도 없고, 미국의 광산업계는 아연광에서 주석을 정련하는 데 필요한 석탄을 생산해본 경험도 없기 때문이다. 이런 문제들이 해결되기 전까지 미국에서 생산되는 주석은 외국에서 수입한 주석보다 더 비쌀 것이다. 일단 자리가 잡히고 안정되기만 하면 주석 산업이 이윤을 창출할 테지만, 누구도 맨 앞에 나서서 총대를 메려고 하지 않는다.

한 가지 해법은 주석 회사가, 나중에 보상받을 수 있는 투자라고 생각하고, 처음 몇 년 동안 발생하는 손실을 감수하는 것이다. 그렇게 하지 않는다면 아마도 초기 이윤은 기업이 손실을 감수하기에 충분치 않거나 손실을 겨우 감수할 정도에 불과할 것이다. 이런 식의 논쟁을 피하려면 기업 차원이 아닌 주석 산업 차원에서 개선이 진행된다고 가정해보자. 기업 혼자서는 불가능하지만, 모든 기업이 힘을 합치면 노동자는 주석을 다루는 데 익숙해질 것이고, 보조산업도 주석 제조업을 지원할 정도로 성장할 것이다.

초기에 진출하는 기업은 그들의 득실을 계산할 때 외부 편익을 고려하지 않기 때문에, 한시적인 관세 부과로 수입 주철의 비용을 상승시키지 않는 한, 절대로 생산하지 않으려 할 수 있다. 유치산업 보호 관세를 옹호하는 이유도 이런 까닭이다. 우리는 주철 산업에 종사하는 기업의 관점에서 특별히 고려할 만한 외부효과가 없다는 가정을 배제했다. 반면, 이 경우에는 앞선 다른 경우와 달리 설령 관련된 모든 당사자의 이익을 고려하더라도 관세가 바람직하다. 만약 미국이 수입하는 것보다 더 낮은 비용으로 주석을 생산할 수 있는 잠재력을 보유했다면 미국의 생산자와 소비자들의 이득은 외국 생산자들의 손실보다 더 클 것이다.

경제이론에는 관세를 반대하는 일반적인 경우와 달리 여러 예외적인 경우들이 존재하지만, 그런데도 이 예외들이 관세가 존재하는 이유를 설명하지는 않는다. 우리가 현실 세계에서 관찰하는 관세는 경제학적인 관점에서 좀처럼 바람직하다고 할 수 없는 것들이다. 보호를 받는 대상이 유치산업이 아니라 미국의 자동차나 신발 산업, 또는 강철회사처럼 노쇠한 산업이기 때문이다.

왜 그런지 이해하려면 정치에 관한 경제이론, 즉 정부의 의무적인 시장개입이 아닌 적극적인 시장개입을 둘러싼 이론이 필요하다. 이 이론은 공공선택이론public-choice theory이라고도 불린다.


## 정치에는 무관심해도 투표하는 이유

학교에서 가르치는 민주주의는 단순한 버전이다. 정치가는 유권자의 표를 원한다. 유권자는 정부가 올바르게 일을 처리해주길 바란다. 따라서 정치가는, 당선과 재당선을 목적으로, 공공의 이익을 위해 정부를 이끈다. 이런 행동 방식이야말로 민주주의의 본질적인 패턴이며 그 외의 것들, 정부가 실제로 행하는 거의 모든 행위는 실험적 오차일 뿐이다.

하지만 이 이론에서 잘못된 것 중 하나는 이 이론이 정치가들은 합리적이지만 유권자들은 그렇지 않다고 전제한다는 점이다. 어떤 정책이 공공에 이익이고, 따라서 어떤 정치가를 지지해야 할지 판단하는 행동에는 비용이 들게 마련이다. "내가 특히 나쁜 놈이오"라는 슬로건을 들고 선거운동을 할 정치가는 없을 테니 말이다. 합리적인 사람은, 유권자든 소비자든, 정보를 구함으로써 발생하는 편익이 그에 따른 비용보다 더 가치가 있을 때만 정보를 구한다. 정보가 비용을 들이는 만큼의 가치가 없는 경우, 정보 얻기를 포기함으로써 합리적으로 행동한다.

올바른 사람을 대통령에 당선시키는 일이 당신에게 10만 달러의 가치가 있다고 가정해보자. 그리고 당신이 행사하는 한 표가 선거 결과를 바꿀 확률이 100만분의 1(역시 상당히 높은 확률이다)이라고 가정해보자. 따라서 투표와 관련한 당신의 기대수익은 10센트가 된다. 이 금액은 당신이 어떤 후보에게 투표할지를 놓고 1분 이상 고민할 가치가 없음을 암시한다.

우리는 방금 유권자 대다수가 투표에 무관심으로 일관하는 이유를 설명했다. 하지만 또 다른 문제가 남는다. 그런데도 유권자들이 어쨌든 투표하는 이유는 무엇일까? 조금은 다른 이야기를 먼저 살펴보자.

## 열성적인 지지자 시장

미국을 비롯한 많은 나라에서 일류 스포츠팀은 거의 언제나 도시나 대학과 연계되어 있다. 이러한 방침이 지극히 익숙해서 우리는 그 이유에 대해 좀처럼 궁금해하지 않는다. 하지만 다른 산업 분야에서는 이와 유사한 방침이 채택되는 경우가 극히 드물다. 심지어 스포츠와 비슷한 연예산업도 예외는 아니다.

그 이유는 스포츠팀이 판매하는 것 중에는 그 팀에 관한 충성심도 포함되기 때문이다. 팬들이 경기장을 찾는 이유는 단순히 경기를 구경하려는 게 아니라 자기편을 응원하기 위해서이다. 자기편이 더 나은 경기를 펼치는 데 자신의 응원이 도움된다고 믿는 팬은, 비록 아주 작은 부분이긴 하지만, 자신도 그 경기에 동참하고 있다고 느낀다. 스포츠팀이 도시나 대학교에 연고를 두는 것도 해당 집단에서 충성심을 이끌어낼 수 있는 저렴한 방법이기 때문이다.

4년마다 미국의 운명이 걸린 게임이 진행된다. 투표가 끝난 날 밤에 그들은 점수를 합산하고 합산 결과에 따라 한 팀이 승리하고 한 팀이 패배한다. 유권자는 응원에 그치지 않고 게임에 동참한다. 게임에 참가하는 비용은 1시간만 할애하면 된다. 미국의 운명에 영향력을 행사하는 방법으로 이 같은 거래는 만족스럽지 못하다(선거 결과에 영향을 줄 확률이 100만분의 1인데 1시간을 할애한다). 하지만 선거하는 날 밤에 흥미를 더하는 방법으로 그 가격이면 저렴한 편이다.

미국의 형편을 개선하려고 유권자는 투표해야 할 뿐 아니라 올바른 후보에게 투표해야 한다(그리고 이를 위해서는 후보와 공약을 고려하는 데 추가로 1시간이 더 필요하다). 스포츠팀을 응원하는 팬의 관점에서는 어느 팀이 자신의 응원을 받을 만한지 굳이 알 필요가 없다. 정치적인 지지자도 마찬가지다. 유권자 중 상당수는 자기 지역구를 대표하는 국회의원의 이름도 모른다. 후보들의 정치적 관점을 정확하게 설명할 수 있는 유권자들은 단지 소수에 불과하다.

이런 주장에 관한 보편적인 반응은 "당신은 우리 모두가 정치에 무심하다고 말하지만, 만약에 우리가 정말로 그럴 경우 민주주의가 제대로 돌아가지 않을 것이다"라는 것이다. 맞는 말이다. 진실한 믿음에 항상 바람직한 결과가 뒤따라야 하는 건 아니다. 어떤 사람은 취미로 정치적인 정보를 수집하고, 또 어떤 사람은 칵테일 파티에서 잘난 체하려고 해당 정보를 모은다. 그런 사람들의 관점에서는 투표를 잘 알고 하려고 필요한 정보를 수집하는 데는 비용이 들지 않는다(다른 목적의 행동 부산물로 그 같은 정보를 수집하기 때문이다). 어떤 사람은 심심풀이로 신문을 읽는 과정에서 그 부산물로 필요한 정보를 얻는다. 민주주의 선거 결과는 무료로 제공되는 정보로 움직인다. 그리고 유권자가 무료로 얻는 정보의 품질을 보여준다.

시민계급에 초점을 맞춘 민주주의 모델이 합리적 무시 때문에 실패한다면 우리는 다른 모델을 찾아봐야 할 것이다. 통상적인 시장 모델을 찾을 때와 마찬가지로 그 출발점은 자신의 목표를 달성하려고 최선의 방법을 찾는 합리적인 개인이 되어야 하고, 거기에서부터 우리가 실제로 관찰하는 것에 관한 예측과 해석을 추론해야 한다.

## 집중된 이해집단

입법 시장을 생각해보자. 개개인이 정치가에게 입법을 지지하거나 반대하는 대가를 제안한다. 그 대가는 해당 정치가에게 투표하겠다는 약속의 형태를 취하기도 하고, 향후 선거운동에 사용되거나 정치가의 (은밀한) 수입으로 사용될 현금 보상의 형태를 취하기도 한다. 그러려면 정치가는 자신이 계속해서 당선되어야만 법안을 지지 혹은 반대할 수 있다는 주어진 조건에서 자신의 효용가치를 극대화하는 방법을 모색한다.

과연 효과적일까? 이런 시장에서 이뤄지는 간단한 거래를 생각해보자. 어떤 입법자가 법률안을 제안한다. 이 법률안에 따르면, 1,000명의 개인에게 각각 10달러씩 비용(총 1만 달러)이 부과되고, 10명의 개인에게 500달러씩 편익(총 5,000달러)이 제공된다. 이 법률안을 지지하거나 반대하려면 각각 얼마가 제시될까?

잃는 쪽의 총비용은 1만 달러이지만, 그들이 해당 법률안에 반대하라고 정치가에게 제시할 수 있는 총액은 1만 달러보다 훨씬 적다. 법률안을 무효화시키려는 운동기금에 기부하는 사람은 해당 집단에 속한 1,000명을 위해 공공재를 제공하는 셈이다.

대중의 규모가 커질수록, 대중에게 도움을 주려고 조성되는 재화의 가치 비율은 낮아진다. 얻는 쪽의 편익도 마찬가지로 일종의 공공재이지만, 이 공공재는 훨씬 적은 대중에게, 즉 1,000명이 아닌 10명에게 돌아간다. 숫자가 적은 대중은 더 수월하게 협력해서 공공재 마련을 위한 기금을 마련할 수 있다. 소집단에 돌아가는 편익이 큰 집단의 비용보다 적지만 그런데도 소집단이 정치가에게 법률안에 관한 지지를 요청하면서 제안할 수 있는 총액은 상대적으로 대규모인 집단이 법률안에 반대해달라고 제시할 수 있는 총액보다 훨씬 많을 것이다.

이 같은 결론은 추가로 정보비용을 고찰함으로써 더욱 확고해진다. 해당 법률안이 자신에게 10달러만큼 피해를 줄지도 모른다고 의심하는 개인의 관점에서 보면, 그 같은 의심을 확인하려고 너무 열심히 노력할 필요가 없다. 잠재적으로 손실을 볼 수 있는 금액이 적고, 결과를 바꿀 수 있을지 없을지도 모를 어떤 일을 자신이 기꺼이 할 것 같지도 않기 때문이다. '집중된 이해관계'에 있는 구성원들과 비교했을 때 '분산된 이해관계'에 있는 구성원들은 관련 정보에 무지하기로 함으로써 (합리적인) 선택을 한다.

'집중된'과 '분산된'이란 말을 어떤 집단이 공공재의 재원을 얼마나 쉽게 마련할 수 있는지 결정짓는 전체적인 특징의 간단한 표현이라고 생각하자. 해당 집단의 구성원 숫자는 그러한 특징 중 하나에 불과하다. 자동차에 부과되는 수입관세를 예로 들어보자. 자동차 관세는 수십만 명(자동차 회사의 주주들과 그 회사의 노동자들, 디트로이트의 지주들 등)에게 편익을 제공한다. 하지만 GM이나 포드, 크라이슬러, 미국 자동차 노조UAW,

디트로이트 시 등은 이미 그런 대규모 집단에 속한 다수의 이익을 도모하고자 존재하는 조직이다. 다양한 목적을 위해, 우리는 모든 주주와 대다수 노동자를 다섯 명의 개인으로 구성된 조직(효율적으로 조직화할 수 있을 정도로 충분히 작은 집단)으로 간주할 수 있다. 자동차 관세의 수혜자들은 그 구성원의 단순한 숫자가 암시하는 것보다 훨씬 더 집중된 이해관계에 있다.

비용보다 훨씬 가치가 있음에도 생산되지 않는 공공재들이 존재하기 때문에 공공재의 문제는 사적 시장에서 비효율성으로 이어진다. 이러한 결과는 법률안을 둘러싸고 입찰하는 과정에서 비용과 편익이 부분적으로만 묘사되어서 재차 사적 시장의 비효율성으로 이어진다. 잠재적인 수혜자와 피해자가 해당 법률안에 찬성하거나 반대하려고 각자의 이득과 손실에 대해 서로 다른 부분을 부각시키는 경우, 순비용을 초래하는 법률안은 통과되고, 순편익을 발생시키는 법률안은 거부될 가능성이 있다.

법안을 둘러싸고 입찰을 벌이는 개인과 이해집단의 이런 단순한 모델에 기초해서 우리는 어떤 예측을 할 수 있을까? 한 가지 예측은 분산된 이해집단의 희생을 담보로 해서, 집중된 이해집단에 편익을 제공하는 쪽으로 입법이 진행될 거라는 점이다. 정부가 농부들을 대하는 방식이 좋은 예다. 미국이나 프랑스, 일본처럼 전체 인구에 비해 농부의 숫자가 적은 부유한 나라에서는 농부들이 수확하는 곡물 가격을 인상시키는 방향으로 농업정책이 결정된다. 반면, 인구 대비 농부의 비율이 높은 아프리카나 아시아의 많은 나라에서는, 가난한 농부들로 이뤄진 분산된 대집단에 비용을 부과함으로써 도시 노동자와 엘리트에게서 정치적인 지지를 얻으려 한다. 따라서 농업정책은 식품 가격을 낮추는 쪽으로 고안된다.

관세와 관세협상의 역사를 통해서도 확인할 수 있다. 관세는 집중된 이해집단(수입으로 인해서 경쟁에 직면하게 된 재화를 생산하는 생산자들)과 분산된 이해집단(그 재화의 소비자와 수출품 생산자)에 비용을 부과함으로써 편익을 제공한다. 앞에서 살펴봤듯이, 이런 경우에는 보통 총비용이 총편익보다 크다(하지만 정치시장에서는 총비용이 비중 있게 다뤄지지 않는다).

국가적인 후생의 관점에서 볼 때 관세협상은 전혀 이치에 맞지 않는다. 당사자인 두 나라가 관세를 폐지하고 난 후에, 협상을 시작하는 편이 훨씬 이득이기 때문이다. 하지만 관세협상을 진행하는 사람들의 정치적인 후생이란 관점에서 보면 충분히 이해가 된다. 미국의 정치가들이 그들에게 지원을 제공하는 귀중한 원천을 포기하려고 할 때는 그들과 비슷한 위치에 있는 일본 정치가들이 그에 상응하는 어떤 것을 제공하겠다고 동의할 때뿐이다.

여기에 더해서 정치시장은 대체로 비효율적인 결과를 낳지만, 그런데도 효율적인 결과물을 선호하는 경향이 있음을 짐작할 수 있다. 변화로 인한 피해자의 비용이 줄수록 주어진 변화에 반대하는 피해자의 투자도 줄어든다. 마찬가지로, 변화로 인한 수혜자의 편익이 많아질수록 그 변화를 관철시키려는 수혜자의 투자도 증가한다. 따라서 분산된 집단의 이익을 집중된 집단으로 이전하려는 정치가는 그 과정에서 가능한 한 효율적인 방식을 채택하려는 유인을 가진다.

만약 이 같은 주장이 사실이라면, 이를테면 관세처럼 비효율적인 이전이 발생하는 이유는 무엇일까? 다시 말해 이전 비용을 최소한의 불가피한 수준으로 줄이면서 의도된 피해자들에게 단순히 세금을 징수하고, 그 수입금을 의도된 수혜자들에게 넘겨주지 않는 이유는 무엇일까? 세금을 징수하고 편익을 제공하는 관리비용과 관련된 지나친 부담 때문일까?

한 가지 해답은 우리가 제시한 모델에 함축된 세 번째 예측이 존재한다는 사실이다. 정치가들은 무슨 일이 벌어지고 있는지 알아내는 정보 비용이 피해자에게는 가능한 한 높고, 수혜자에게는 가능한 한 낮은 이전을 선호한다. 즉, 피해자나 수혜자 모두에게 같은 비용이 발생할 때 정치가는 정보비용이 낮은 쪽보다는 높은 쪽을 선호하는데, 이는 수혜자가 집중된 이해집단이고 더 집중된 이해집단일수록 정보에 대한 지급 능력이 더 높기 때문이다.

높은 정보비용을 선호하는 이 같은 성향은 비효율적인 형태의 이전이 존재한다는 사실을 설명하는 데 도움이 된다. 다른 사람에게 비용을 부과함으로써 특정인에게 편익을 제공하도록 고안된 법률안을 지지하는 사람들은 해당 법률안을 실제와는 다른 어떤 것으로 위장하길 좋아한다. 소비자에게 세금을 징수해서 그 수입을 GM이나 포드, 크라이슬러, 미국 자동차 노조에 지급하는 법률안은 똑같은 목적으로 고안된 자동차 관세보다 훨씬 더 강력한 반대에 부딪힐 것이다. 자동차 관세는 자국을 보호하는 방법 가운데 하나로 정당화될 수 있기 때문이다.

우리는 이제 정치시장의 결과에 관한 세 가지 예측이 있다. 정치시장은 집중된 이해집단에 호의적이고, 덜 효율적인 이전에 비해 더 효율적인 이전을 선호하며, 이전을 다른 어떤 것으로 위장하길 좋아한다. 이런 예측들은 우리가 현실 세계에서 관찰하는 것과 어떻게 들어맞을까?

## 현실 세계 관찰하기

현실 세계에서 관세 혜택은 유치산업이 아닌 노후산업에 돌아간다. 미국의 철강 산업은 강력한 영향력을 지닌 집중된 이해집단이다. 이에 반해 현재는 존재하지 않지만 적절한 관세 혜택으로 육성될 수 있고 발전 가능성이 있는 유치산업은 집중된 이해집단이 아니다. 따라서 관세의 보호를 받는 건 노후산업이다.

이런 주장은 유치산업이 관세의 보호를 받지 못하는 이유를 설명하지만, 어떤 산업이 관세의 보호를 받는지 설명하지는 않는다. 만약 관세 혜택이 노후산업에 돌아간다면, 만족스러운 이론은 왜 그런지 이유를 설명할 수 있어야 한다. 매몰비용과 관련한 13장의 논의가, 정치가들은 다른 요소가 모두 같다는 전제에서 비용 대비 가능한 한 가장 높은 편익 비율을 제공하는 이전을 선호한다는 예측과 함께 그 같은 조건을 충족시킨다.

경쟁적인 산업 분야에서 경쟁력을 가진 수입품에 관세가 부과된다고 가정해보자. 관세가 부과되기 전의 가격은 평균비용과 일치했고, 따라서 경제적 이윤은 제로였다. 관세는 수입품의 공급을 감소시키고, 그 결과 가격이 상승하고 해당 산업의 산출량이 증가한다. 그러나 새로운 기업이 해당 산업으로 많이 진출해서 균형을 되찾고 나면 평균비용은 다시 가격과 같아진다(이윤은 다시 제로가 된다).

만약 해당 산업에 사용되는 일부 생산요소, 이를테면 일정한 형태의 토지 공급이 한정되어 있다면 해당 생산요소의 가치가 증가할 것이다. 어쩌면 소유주들은 생산요소의 증가된 가치 중 일부를 관세가 도입되고 유지되게 하려고 기꺼이 제공할 것이다. 하지만 그 생산요소가 지극히 탄력적인 공급곡선을 갖고 있거나 소유권이 다수의 개인에 나뉘어 있다면, 다시 말해 소유주들이 분산된 이해집단이라면 과도기적 이윤은 관세를 지지하는 사람을 보상해줄 정도에 불과하다.

노후산업에는 공급량이 한정된 중요한 자원이 있다. 계속 유지할 정도로 충분한 수익을 내지만, 새롭게 증설할 가치가 없는 공장들이다. 공장의 소유권은 해당 산업만큼이나 집중되어 있다. 관세는 경쟁 관계에 있는 수입품의 비용을 올려서 국내에서 생산된 재화의 수요를 늘리므로 덩달아 공장의 현재가치도 증가한다. 비싼 가격 탓에 발생하는 소비자들의 손해 대부분은 생산자들의 증가된 부로 귀속된다.

그런데도 관세는 편익보다 비용이 여전히 더 크다. 그렇지만 관세로 인한 비용은 수많은 소비자에게 분산되고, 편익은 소수의 생산자에게 집중된다. 산업 전체로 보면 성장산업보다 노후산업일 때 편익이 훨씬 크므로 노후산업은 관세를 지지하려고 많은 것을 투자한다. 노후산업이 상대적으로 더 많은 관세 혜택을 누리는 이유도 바로 그 때문이다. 그로 인한 결과는 효율적인 관세로 정당화할 수 있는 관세의 형태와 거의 정반대로 나타난다.

같은 분석법을 이용해서 왜, 특히 농업에서 분산된 이해집단일 때는 세금이 징수되고, 집중된 이해집단일 때는 보조금을 지원받는 현상이 두드러지는지 설명할 수 있다. 농업에서 한정된 자원은 토지다. 토지 공급은 상대적으로 비탄력적이므로 공급이 더 탄력적인 생산요소의 소유주에게서 또는 소유주에게 수입을 이전할 때보다, 비교적 적은 부담으로 수입을 지주에게 또는 지주에게서 이전할 수 있다. 이전으로 인한 수혜자와 피해자 모두가 농업에 매력을 느끼는 이유도 바로 그 때문이다.

## 정부가 공짜로 주는 건 없다

정부는 권리를 나눠준다(서류 몇 장을 발부해 수취인이 어떤 행위를 할 수 있도록 허가한다). 나눠줄 수 있는 권리는 총 1,000개다. 각각의 권리는 잠재적인 수취인에게 100만 달러의 가치가 있다.

허가증의 가격이 제로인 경우, 신청자가 부족할 일은 없을 것이다. 신청자를 선별하기 위한 방법이 필요하다. 허가증은 '공공의 이익'을 위해 허가증을 사용할 기업에 돌아간다. 그 사회는 민주주의 사회다. 정부 관료들은 허가증을 유권자들이 선호하는 기업에 주려고 한다.

당신 회사에도 허가증이 필요하지만, 허가증을 받지 못할 것 같으면 당신은 회사의 대중적인 이미지 개선을 위해 돈을 투자할 가치가 있다고 생각할 것이다. 그리고 아마 광고를 이용해 당신 회사의 상품이 국가적인 후생에 얼마나 중요하고, 당신 회사가 얼마나 많은 일자리를 제공하고 있는지, 당신 회사가 허가증을 얻는 게 얼마나 중요한 일인지 대중을 설득할 것이다.

당신이라면 그런 일에 얼마를 투자하겠는가? 만약 광고로 실패와 성공이 갈린다면 그 광고의 가치는 허가증의 가치와 거의 같다. 광고비로 10만 달러를 쓴 덕분에 결과적으로 당신만 허가증을 받을 거라는 사실을 알아내고는 다른 기업도 20만 달러의 예산을 들여서 광고하기 시작한다. 이에 당신은 상황을 재평가하고 예산을 늘린다. 곧이어 다른 기업들도 똑같이 행동한다.

정부에서 100만 달러의 가치가 있는 권리를 부여받으려고 광고하는 데 드는 비용이 100만 달러보다 적은 동안은 기꺼이 경쟁에 합류하려는 기업이 언제나 존재한다. 그들은 경쟁에 참여해 투자 총액을 올려놓거나 권리를 획득할 가능성을 낮춰놓는다. 각각의 기업이 허가증을 받으려고 평균적으로 허가증의 가치와 같은 금액을 투자할 때 균형 상태에 도달한다.

어떻게 보면 이런 결과는 전혀 놀랍지 않다. 균형 상태에서 한계비용은 한계가치와 같다. 하지만 달리 보면, 정말 놀라운 결과다. 정부가 10억 달러의 가치가 있는 특권을 무료로 나눠주지만, 수취인들은 결국 아무것도 얻는 것이 없다. 특권을 얻으려고 특권의 총가치를 투자하기 때문이다. 나는 이 현상을 프리드먼의 제2 법칙이라고 부르고자 한다. 즉 '정부는 아무것도 공짜로 나눠줄 수 없다.'

'지대추구'라는 용어는 앤 크루거Anne Krueger의 논문으로 경제학에 처음 소개되었다. 그녀가 검토한 예는 외국환 관리로 통화의 공식적인 가치를 시장가치보다 더 높게 유지하는 국가들이었다. 수입허가를 받은 수입업자는 인위적으로 높게 설정된 공식 환율에 근거해 지역 통화를 달러로 교환하고, 외국에서 상품을 수입해 많은 이윤을 남긴다. 앤 크루거가 내린 결론에 의하면, 터키 정부와 인도 정부가 나눠주는 허가증과 기타 권리를 시장가치에 기초해 보수적으로 산정한 평가액과 그로 인한 지대추구 행위로 낭비되는 금액이 대략 인도는 국민소득의 7%, 터키는 15%에 달했다.

지대추구는 외국환 관리를 실시하는 가난한 나라에만 나타나지 않는다. 특정 이해집단이 그들에게 유리한 입법을 위해 정치가들을 매수하면 정치가로서 성공하는 데 따른 가치가 증가하고, 정치적인 지위를 획득하고 유지하는 데 사용되는 총액이 증가한다. 이런 현상은 흥미로운 난제를 유발한다.

특히, 선거철이 가까워지면 선거운동에 얼마나 많은 돈이 들었는지를 두고 개탄하는 기사를 흔히 볼 수 있다. 하지만 내가 보는 견지에서 놀라운 것은 선거의 중요성을 고려했을 때, 정치운동에 어떻게 그렇게 적은 돈이 들었는가 하는 점이다. 대통령 선거를 치르는 해에 민주당과 공화당이 대통령 선거와 국회의원 선거를 하면서 지출한 총비용이 10억 달러도 채 되지 않는다. 선거에서 이기면 향후 몇 년 동안 연방정부를 통치하고, 그 기간에 해당 정부는 몇조 달러에 달하는 예산을 집행할 것이다. 선거 비용으로 지출한 액수의 수천 배에 달하는 돈이다.

상품의 가치와 그 상품을 얻으려고 투입되는 비용의 부조화를 설명해주는 한 가지는 상대적으로 집중된 이해집단일지라도 직면하는 공익의 문제다. 만약 어떤 집단이든 정치 기부금을 그 집단이 매수하려는 가치의 10%까지만 올릴 수 있다면, 1달러 가치의 편익을 제공하는 능력은 해당 편익을 제공하는 정치가에게 오직 0.10달러의 가치만 있다. 또 다른 요소는 상대적으로 효율적인 이전일지라도 피할 수 없는 비효율성이다. 어떤 이해집단을 대신해서 정부가 1,000만 달러를 지출하더라도 그로 인한 편익의 가치는 100만 달러에 불과할 수 있다. 이 두 가지 요소를 결합하면 정부 지출 1,000만 달러는 선거운동 자금 10만 달러로 줄어든다.

앞선 부조화를 설명하는 마지막 한 가지 해석은 정치적 지위를 돈으로 사느라 들어간 비용 대부분은 선거 자금 지출 기록이나 심지어 해당 정치가의 개인적인 기록에도 절대 나타나지 않는다는 점이다. 그런 비용은 부정이득을 나누겠다는 약속, 또는 개인이나 집단에서 지지를 얻는 대가로 부여된 정치적인 책임의 형태를 취하기 때문이다.

# 도둑에겐 죄가 없다.
# 부의 이전만 있을 뿐!

## : 법과 위법

## 합리적인 범죄자

몇 년 전 나는 콜롬비아 대학 근처 맨해튼의 한 동네에서 살았다. 당시에 나는 밤에 외출할 일이 있을 때 호신용으로 4피트(약 1.2m) 길이의 지팡이를 갖고 다녔다. 내 친구는 그 같은 행동이 위험천만하다고 지적했다. 잠재적인 강도들이 내 행동을 보고 그들에 대한 도전으로 생각해 벌떼같이 달려들 수 있다는 것이었다. 나는 강도들도 보통의 합리적인 기업인들과 다름없고, 따라서 가능한 한 최소 비용으로 수입을 창출하길 원할 거라고 대답해주었다. 나는 지팡이를 휴대함으로써 만약 강도들과 맞서 싸울 경우, 그들이 부담해야 할 비용을 증가시킬 뿐 아니라 순순히 당하고 있지만은 않겠다는 의지를 보여준 셈이다. 그들의 관점에서는 더 손쉬운 먹잇감을 찾는 편이 합리적인 선택일 것이다.

내가 한 번도 강도를 당한 적이 없다는 사실이 내 판단이 옳았다는 증거다. 강도를 당한 사람들을 관찰해보면 더 확실한 증거를 얻을 수 있다. 남자다움을 과시하고 싶어 안달하는 강도라면 범행 대상으로 축구선수를 골라야 한다. 약하고 나이 많은 여성을 공격해봤자 아무런 영광도 없기 때문이다. 반면, 강도가 최대한 적은 비용으로 수입을 창출하려는 합리적인 기업가 유형이라면 약하고 나이 많은 여성을 공격해도 말이 된다. 비교적 방어 능력이 없는 사람들이 강도를 당하는 것이다.

범죄에 관한 경제학적 접근법은 하나의 단순한 가정에서 시작한다. '범죄자는 합리적이다'는 가정이다. 도둑은 내가 경제학을 가르치는 이유와 똑같은 이유로 도둑질한다(그는 다른 어떤 직업보다 도둑질이 매력적이라고 생각하기 때문이다). 분명한 결론은 도둑질이란 직업의 비용을 증가시키거나 편익을 감소시킴으로써 도둑질을 줄일 수 있다는 것이다.

총기 규제법을 둘러싼 논쟁을 살펴보면, 이 법안에 반대하는 사람들은 총기 규제법으로 인해 잠재적인 피해자도 무장할 수 없게 되어 그들이 자신을 지키기가 더욱 어렵게 된다고 주장한다. 반대로, 이 규제를 지지하는 사람들은 범죄자가 피해자보다 폭력에 더 익숙하므로 각자 무장한 채로 양쪽이 대립할 경우, 범죄자에게 더 유리하다고 응수한다. 지지자들의 주장이 옳을 수도 있다. 하지만 그런 주장은 논점과는 거의 전적으로 무관하다.

약하고 나이 많은 여성들이 열 명 중 한 명꼴로 총을 가졌다고 가정해보자. 그리고 이 여성들이 강도에게 공격받는 경우, 열 번 중에 한 번은 강도의 손에 죽는 대신 오히려 강도를 죽이거나 자신을 보호하는 데 성공한다고 가정해보자. 평균적으로, 약하고 나이 많은 여성보다는 강도가 총싸움에서 이길 확률이 훨씬 높다. 하지만 역시 평균으로 따졌을 때, 강도 짓 백 번에 한 명꼴로 강도가 죽는 셈이다. 이런 확률로는 강도 짓이 무익한 사업이다. 백 번 중 한 번은 죽을 수도 있는 확률을 감수하고라도 돈을 빼앗기 위해 달려들 만큼 많은 돈을 가지고 다니는 힘없고 나이 든 여성들은 많지 않다. 따라서 강도의 숫자는 그들이 모두 죽임을 당해서가 아니라, 합리적으로 더 안전한 다른 직장을 찾기 때문에 급격히 감소한다.

어릴 때 우리는 여러 종류의 동물에 대해 배우면서 그 동물들에게는 엄격한 서열이 있으며, 상대적으로 강하고 흉포한 동물이 그 아래에 있는 모든 동물을 잡아먹는다고 상상했다. 하지만 사실은 그렇지 않다. 물론 사자가 손쉽게 표범을 이길 수 있다거나 늑대가 여우를 죽일 수 있다는 건 의심의 여지가 없다. 하지만 늘 표범만을 먹잇감으로 삼는 사자는 오래 살 수 없을 것이다. 오히려 자신이 죽임을 당할 수도 있다는 약간의 가능성과 상처를 입을 수도 있다는 상당한 위험은 한 끼 저녁 식사의 대가치고는 너무 비싸기 때문이다. 바로 그런 이유로 사자는 표범 대신 얼룩말을 사냥한다.

두 마리의 동물이나 범죄자와 피해자, 또는 서로 경쟁하는 기업이나 교전 중인 국가의 싸움을 분석하는 경우, 우리는 자연스럽게 승리나 패배만이 중요한 전면전을 상상하는 경향이 있다. 혹시 있다 하더라도 그런 경우는 드물다. 강도와 힘없고 나이 든 여성이 충돌하면 일반적으로 강도가 이긴다. 하지만 충돌로 인한 비용(백 번에 한 번은 죽을 수도 있다는 가능성)이 너무 크면 강도는 충돌을 피하려고 한다. 다른 많은 경우와 마찬가지로 이런 경우, 잠재적인 피해자가 직면하는 문제는 공격자를 어떻게 물리치느냐가 아니라 어떻게 공격을 무익하게 만들 것인가 하는 점이다.

## 우주 항로의 경제학

이 주제와 관련해서 내가 가장 좋아하는 설명은 폴 앤더슨Poul Anderson이 쓴 공상과학소설 《언맨 앤 어더 노벨라스An-man and other Novellas》이다. 소설의 배경은 별들 간의 여행이 가능해진 먼 미래고, 두 개의 항성군을 연결하며 잠재적으로 많은 이익을 가져다줄 수 있는 무역항로가 등장한다. 불행하게도 이 무역항로는 비열하고 국력도 약한 성간 제국의 영토를 통과한다. 그 성간 제국(보르투)은 그들의 영토를 통과하는 우주선을 납치해 화물을 압수하고 승무원들을 세뇌한다. 세뇌된 승무원들은 보르투 제국의 함대로 보충되는데, 그들의 함대에는 잘 훈련된 인력이 심각할 정도로 부족하기 때문이다.

보르투는 비열한 제국이다. 무역회사들이 마음만 먹으면 힘을 합쳐서 전함을 건조하고 보르투 소제국을 물리칠 수 있다. 하지만 그렇게 할 경우에 해당 무역항로를 이용하는 가치보다 더 큰 비용이 든다. 무역선을 무장하는 방법도 있다. 하지만 무장한 우주선을 건조하고 병력을 배치하는 비용 역시 해당 무역선을 통해 벌어들일 수 있는 이윤을 훨씬 초과한다. 그들은 제국과의 싸움에서 승리할 수 있지만, 이윤의 극대화를 추구하는 합리적 존재이기 때문에 싸움을 통해 굳이 승리를 거머쥐려고 하지 않는다.

이 문제는 한 무역회사의 수뇌인 니콜라스 판 레인이 해결한다. 먼저 그는 자신의 경쟁자들을 설득해 문제를 해결하는 사람이 누구든 그 사람에게 해당 무역항로를 통해 벌어들이는 이윤 중 일부를 제공하도록 했다. 니콜라스가 제시한 해결책은 무역선 네 대당 한 대를 무장하는 방법이다. 일반적으로 전함에는 상선보다 훨씬 많은 승무원이 탑승한다. 보르투 제국이 공격하는 우주선은 네 번 중 세 번꼴로 비무장 상태의 무역선이고, 따라서 해당 무역선과 네 명의 승무원들을 포획한다. 하지만 네 번 중 한 번은 무장한 무역선을 공격한다. 그 결과 제국은 전함과 20명의 승무원을 잃는다. 네 번의 공격을 할 때마다 제국은 평균 여덟 명의 승무원을 잃는 셈이다. 해적 행위가 더는 이익이 되지 않자 그들은 해적 행위를 중단한다.

이 문제와 해결책의 논리는 설령 무역이 갖는 가치보다 더 많은 비용이 들더라도 싸워야 한다고 주장하는 그의 동료 중 한 명에게 판 레인이 답변한 내용에 잘 요약되어 있다.

> 복수와 파괴는 기독교적 사고에 어울리지 않는다네. 더구나 그것들은 우리에게 그다지 이익이 되지 않을 거야. 시체한테 팔 수 있는 건 아무것도 없기 때문이지. 문제는 보르투 제국이 우리를 공격하는 것이 아무런 득이 되지 못하도록 만들 방법을 우리가 보유한 자원 안에서 찾는 것이라네. 바보 멍청이가 아닌 이상 그들은 공격을 그만둘 것이고, 어쩌면 나중에는 그들과 장사를 할 수도 있을 테지.

### 대도의 비밀

나는 이전에 범죄의 경제학과 범죄 예방에 관한 논문을 읽은 적이 있다. 잭 맥클린Jack Maclean이 쓴 그 논문의 제목은 '대도의 비밀Secrets of a Superthief'이었다. 대도는 소득이 높은 동네만을 전문적으로 노린 노련한 도둑이었다. 잠입한 집에 훔칠 만한 물건이 없는 경우, 그는 훔치길 포기한 물건들을 부엌 식탁에 쌓아놓고 대신 도난경보기의 제어판을 가져갔다. 그런 경우를 제외한 보통의 경우에는 급이 떨어지는 다른 도둑이 똑같은 집에 침입해서 집 안을 엉망으로 만들지 못하도록 일을 마치고 나올 때 도난 경보기를 재설정했다.

마침내 그 대도는 직업적인 실수를 저질렀고, 플로리다 주의 배려 덕분에 계획에 없던 휴가를 즐기게 되었다. 워낙에 활력이 넘치는 사람인지라 그는 함께 있는 수감자들의 기술과 전문적인 의견들을 모아서 도둑을 예방하는 방법에 관한 책을 냈다. 대도의 탁월한 통찰력 중 하나는 판 레인이 보여준 통찰력과 일치한다. 즉, 어떤 대립 상황이든 본질적인 목표는 적을 패배시키거나 적이 당신을 패배시키지 못하도록 막는 것이 아니라 당신이 반대하는 어떤 행동이 적에게 이득이 되지 않도록 하는 것이다.

대도의 주장에 따르면 도둑이 집 안으로 들어오지 못하도록 막는 건 어떤 경우에도 불가능한 일이다. 적절한 장비에 결연한 의지까지 갖춘 도둑을 막아낼 수 있는 문은 없기 때문이다. 견고한 문과 자물쇠의 역할은 도둑질을 불가능하게 만드는 것이 아니라 도둑이 일을 마치기 전에 발각될 확률을 높이고, 도둑에게 필요한 기술과 장비를 늘림으로써 도둑질에 따른 비용을 더 비싸게 만드는 것이다.

비용이 적게 드는 접근법으로는 대도가 '심리전mind games'이라고 부른 것을 이용하는 방법이 있다. 그림 20-1은 그가 제안한 속임수를 내 방식으로 바꾼 버전(내가 우리 집 뒷문에 테이프로 붙여두고는 했던 메모의 형태)을 보여준다. 존스 부인과 롬멜은 전적으로 상상에 의해 만들어진 존재다. 잠재적인 도둑도 메모 내용을 의심할 수 있겠지만, 그의 관점에서 확인할 길은 없다. 내가 살던 동네에서는 해충 구제업자를 쉽게 만날 수 있고, 안쪽에 있는 방들에 관한 언급은 도둑이 살충제를 마시지 않고 어디까지 갈 수 있는지 불확실하게 만들 정도로 모호하며, 셰퍼드나 도베르만으로 추정되는 롬멜(누가 푸들 이름을 롬멜이라고 짓겠는가?)은, 대도의

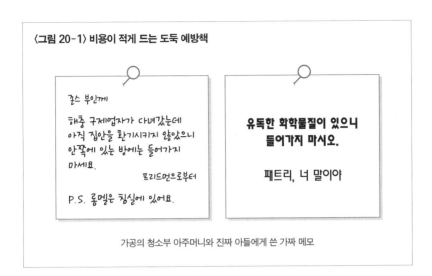

〈그림 20-1〉 비용이 적게 드는 도둑 예방책

존스 부인께

해충 구제업자가 다녀갔는데 아직 집안을 환기시키지 않았으니 안쪽에 있는 방에는 들어가지 마세요.

프리드먼으로부터

P.S. 롬멜은 침실에 있어요.

유독한 화학물질이 있으니 들어가지 마시오.

패트리, 너 말이야

가공의 청소부 아주머니와 진짜 아들에게 쓴 가짜 메모

조언에 의하면, 도둑의 관점에서 훔칠 물건이 제일 많이 있는 곳이라고 생각되는 방에 있다. 대도의 버전에는 집 안에 방울뱀을 풀어놓았다는 내용이 언급된다. 내 버전보다 기발한 생각이지만, 믿음은 덜 가는 이야기다. 대도는 간단하고 비용이 적게 드는 심리전과 관련해서 다른 예도 많이 제시한다. 이를테면 뒷마당에 커다란 개 밥그릇이나 특대 크기의 애견용 껌을 놓아두는 식이다.

두 번째 메모 역시 또 다른 예방책을 보여준다. 우리 집에 있는 방 하나에는 특별한 잠금장치가 되어 있었다. 합리적인 도둑이라면 방 하나에만 잠금장치를 설치한 이유는 그 안에 훔칠 만한 물건을 두었기 때문이라는, 바람직한 추론을 할 것이다. 따라서 내가 선택한 해법은 그림 20-1에 소개된 두 번째 메모다. 이 메모는 (그 방에는 위험한 화학물질이 있으며 집 안에 호기심이 많은 아이가 있다는) 대안적인 설명을 암시할 의도였다. 이 같은 해법은 내가 독창적으로 개발한 것이지만, 아마 대도가 봤다면 고개를 끄덕였을 것이다.

## 불법 시장

우리는 흔히 시장이라고 하면 주식시장이나 밀 시장, 슈퍼마켓 등 일반에게 개방되어 있고 사회적으로 수용되는 기구를 떠올린다. 하지만 시장의 개념은 그보다 훨씬 광범위하다. 러시아에는 정치적인 영향력을 거래하는 시장이 있다. 물론 워싱턴에도 있다. 불법 마약류나 장물을 거래하는 시장도 있으며, 합법적으로(21장 참조) 또는 불법적으로 성을 거래하는 시장도 있다.

경제학은 합법적인 시장뿐 아니라 불법적인 시장에도 적용된다. 하나의 생산요소가 없어지면 대체재의 가치가 증가한다. 불법적인 시장의 참가자들은 법의 힘을 빌려서 계약 이행을 강요할 수 없으므로, 이를테면 평판 같은 대안이 더욱 중요해진다. 미국의 전통적인 정의에 따르면 정직한 정치가란 일단 매수하고 나면 매수된 채로 있는 정치가다.

불법적인 시장에서 정보를 다루는 일은 매우 중요하다. 당신이 피고용인들과 미래의 거래를 결정하는 데 필요로 하는 그들의 정보는 당신과 미래의 거래를 결정하는 검사에게도 유용하다. 내가 범죄계의 제너럴모터스 같은 마피아에 관한 이야기들을 사실무근이라고 의심하는 이유도 그 때문이다. 대규모 조직에서는 서열에 따라 위에서 아래로 또는 아래에서 위로 수많은 정보가 움직인다. 오히려 범죄 대부분은 개개인이나 작은 조직에 의해 자행되고, 조직범죄는 거대한 조직이 아닌 범죄 시장의 상공회의소나 거래개선협회에 의해 자행되는 듯 보인다.

이런 해석은 우리가 일반적으로 신문이나 국회 청문회를 통해 듣는 정보와 정면으로 상충된다. 그렇다고 해서 내가 제시한 해석을 무조건 거부하기 전에 신문이나 국회 청문회를 통해 듣는 정보가 생성되기까지의 유인을 먼저 생각해보자. 신문은 판매 부수를 늘리길 원하고, 정치가들은 재선을 원한다. 그리고 조직범죄를 대수롭지 않게 다루는 것은 둘 중 어느 것에도 도움이 되지 않는다. 그들이 얻는 정보의 출처는 경찰인데, 경찰은 조직범죄와 싸우고 증언을 대가로 (그리고 무슨 말이든 그들을 체포한 사람이 듣고 싶어 하는 대로 말하려는 명백한 유인을 가진) 범죄자에게 면죄부를 발행하기 위해 더 많은 예산과 권한이 필요하다고 증명하고 싶어 한다. 그런 이야기들을 읽으면서 마피아의 힘과 지위에 관한 설명과 (거대 범죄 기업에 고용된 피고용인이 아닌 독립적인 기업가로서) 증인들이 자신의 범죄조직을 실제로 어떻게 운영하는지에 대한 설명을 비교하는 건 무척 흥미로운 일이다.

경찰의 도청 기록에 기초해서 뉴욕의 불법 도박을 연구한 결과에 따르면, 마권업자들은 소규모의 독립적인 운영자였다. 그들에게는 경쟁자를 상대로 폭력을 행사할 능력도 없었거니와 고객들을 끌어오는 하도급업자들에게 이윤분배와 관련해서 합의를 강요하는 데도 어려움이 있었다.

이런 이야기에는, 어쩌면 소문일 뿐이지만, 조직범죄 정보와 관련한 더 흥미로운 자료들이 들어 있다. '럭키 루치아노 최후의 증언The Last Testament of Lucky Luciano'이라는 논문은 의미심장한 사건을 소개한다. 마피아 두목 자리를 놓고 벌어진 갱들의 전쟁이 끝나자 그 전쟁의 승자는 전국에 있는 갱단의 우두머리들을 소집했다. 그러고는 이제부터 모든 조직은 그가 만든, 단 하나의 규칙 아래 단일 조직으로 결합될 것이라고 선언했다. 핵심은 규율이었다. 새로운 두목은 엄격한 규율을 반복해서 강조했고, 자신이 모든 것에서 최고이므로 자신이 모든 분쟁의 최고 조정자임을 강조했다. 그 규율은 엄격히 집행될 거라고 말이다. 그 뒤로 5개월도 채 지나지 않아 두목은 죽음을 맞이했다.

짐작하건대 마피아의 실질적인 정체는, 적어도 부분적으로는 법률제도의 대역이다. 다시 말해, 마피아의 역할은 범죄 사회 안에서 무력 사용을 합법화하는 것이다. 당신이 어떤 범죄조직에 속해 있고, 당신의 동료 중 한 명이 당신 몫을 슬쩍했다고 가정해보자. 당신은 분명 그를 죽이려고 할 것이다. 살인은 당신이 참여하고 있는 시장에서 판매되는 일종의 상품이다. 그에 따른 문제는, 만약 당신의 동료가 죽임을 당하고 그 책임이 당신에게 있다고 알려지면 불법적인 시장의 다른 참가자들이 당신과 거래하지 않으려고 할 거라는 점이다.

한 가지 해법은 공정한 판결을 위해, 범죄 시장 안에서, 신망이 있는 어떤 조직을 찾아가는 것이다. 당신은 동료의 죄를 뒷받침할 증거를 제시하고, 동료에게 자신을 변호할 기회를 제공하고, 중재자에게 그 동료가 유죄라고 판결해 달라고 요구한다. 중재자가 동료에게 잘못이 있다고 판결할 경우 (그리고 그 동료가 당신에게 적절한 배상을 하지 않을 경우) 당신은 청부업자를 고용해 그를 죽인다. 이제 당신의 동료가 잘못했다는 사실을 모두가 알고 있으므로 당신을 속이려는 계획을 가진 사람들만 당신과 거래하기를 두려워할 것이다.


## 마약과 폭력의 상관관계

미국에서 발생하는 상당수의 폭력사건은 마약 때문이라고 믿는 사람이 많다. 여기에서 한 가지 의문이 생긴다. 마약 단속법을 더 엄격하게 시행하면 폭력이 늘어날까? 아니면 줄어들까?

단속이 늘면 마약의 시장가격도 오른다. 중독자들이 마약값을 벌기 위해 범죄를 저지르고, 마약 중독자에 대한 일반적인 묘사가 암시하듯이 마약 수요가 비탄력적이라면 마약을 구매하는 비용이 늘어나고 그 결과 마약과 관련된 범죄도 늘어날 것이다. 현재 가격에서 수요가 탄력적이든 비탄력적이든 상관없이 확실한 건 마약을 합법화하면 범죄가 확 줄어들 거라는 점이다. 지금의 마약 값이 형성된 주된 이유는 마약이 불법이라 는 사실에 그 원인이 있다. 하지만 헤로인을 구하는 데 끊임없이 돈을 퍼 붓는 중독자라면 헤로인값이 20배 또는 30배로 떨어져도 돈이 바닥나는 건 시간문제다.

폭력과 관련한 두 번째 설명은 폭력이 지대추구의 한 형태라는 것이 다. 이 설명에서 범죄조직은 지역의 독점 기업이고, 따라서 라이벌 조직 과의 경쟁에서 자신을 보호해야 한다. 독점이윤이 클수록 세력권을 점령 하거나 유지하는 일에 더 큰 비용이 투입된다. 단속이 강화되면 사업에 따른 비용이 늘어나는 반면, 독점이윤은 줄어서 강화된 단속은 폭력 감 소로 이어진다.

세 번째 가능성은 폭력이 단순히 불안정한 재산권에서 기인하는 하나 의 결과라는 것이다. 마약 판매상은 현찰과 마약의 형태로 많은 재산을 가지고 다니고, 설령 그 재산을 도둑맞더라도 경찰에 신고할 수 없다. 그 결과, 마약 판매상은 자신의 재산을 보호하려고 폭력을 행사하고, 마약 판매상의 재산을 강탈하려는 사람도 폭력을 행사한다.

이런 폭력의 양은 강탈하거나 보호할 재산의 양과 비례하고, 따라서 판매되는 마약의 총가치로 결정된다. 수요가 비탄력적인 경우, 강화된 단속 노력에 의한 가격 인상이 수요 감소로 이어지지 않으므로 마약 판 매상의 수입은 늘어나고 폭력도 증가한다. 반면, 수요가 탄력적인 경우 에는 단속이 강화되면 수입과 폭력이 모두 감소한다.

마약과 관련된 폭력에는 이처럼 세 가지 설명이 존재한다. 그중 하나는 단속이 한계까지 증가하면 폭력이 감소할 거라는 사실을, 나머지 두 설명은 수요가 비탄력적인 경우에는 그 같은 조치로 인해 폭력이 증가하는 반면, 수요가 탄력적인 경우 폭력이 감소할 것임을 암시한다. 위의 설명이 하나같이 암시하는 바는 마약을 합법화하면 마약 관련 범죄가 사라질 거라는 점이다.


## 강도 짓이 잘못인 이유

우리는 강도나 도둑질, 살인 같은 특정한 행위가 나쁜 짓이며 그런 일이 발생하지 못하게 막는 것이 당연하다고 생각한다. 하지만 경제적인 효율성 측면에서 보면 선뜻 명확한 이유가 떠오르지 않는다. 도둑은 단순히 부를 이전하는 듯 보인다. 내가 100달러를 잃으면 도둑은 100달러를 얻는다. 효율성이라는 관점에서 볼 때 이 같은 이전은 손해도 이득도 아니다. 그렇다면 도둑질이 잘못인 이유는 무엇일까?

만약 그것이 사건 전부라면 효율성이란 측면에서 도둑질은 실제로 가치 중립적이다. 하지만 그렇지 않다. 도둑질에는 비용이 든다. 도둑은 연장을 구입하고, 범행 대상으로 삼은 집을 조사하고, 그 집에 잠입하는 등 도둑질에 많은 돈과 시간, 노력을 투자해야 한다. 그 시간과 노력이 얼마나 될까? 이 질문에 대한 답을 얻기 위해 우리는 군이 실제 도둑을 잡아서 심문할 필요가 없다. 경제 이론을 적용해 비용을 알 수 있기 때문이다. 도둑들의 시장이 균형을 이룬 상태라고 가정하면, 다른 경쟁 시장과 마찬가지로 한계비용과 평균비용, 가격은 모두 같다. 따라서 다음과 같은 분석이 가능하다.

도둑이 되려는 사람은 누구든지 운영비와 시간 가치, 체포될 위험 등을 포함해 순비용으로 50달러를 들여서 100달러를 훔칠 수 있다고 가정해보자. 수입이 비용보다 많으므로 경제적 이윤이 플러스다. 따라서 기업들이 해당 산업으로 진출한다. 도둑질이 다른 직업보다 보수가 좋다면 사람들은 기존의 직업을 버리고 도둑이 되려고 할 것이다.

점점 더 많은 사람이 도둑의 길로 들어서면서 도둑질의 한계수익이 감소한다. 값이 나가고 쉽게 훔칠 수 있는 물건들은 이미 도난을 당해 더는 훔칠 만한 물건이 없다. 도둑은 도둑질하러 갔다가 그 집에 이미 대도가 와서 값비싼 보석을 모조리 휩쓸어갔음을, 게다가 경보장치까지 재가동시켰음을 발견할 뿐이다. 다른 산업과 마찬가지로 산출량 증가는 수입의 감소로 이어진다. 도둑이 도둑질로 버는 '보수', 즉 도둑이 도둑질에 시간을 투자해서 시간당 훔칠 수 있는 액수가 줄어든다.

그렇다면 그 액수가 얼마나 떨어질까? 도둑질이 다른 직업보다 보수가 좋은 한 사람들은 기존 직업을 버리고 도둑이 될 것이다. 한계수익점에 있는 도둑의 관점에서 새로운 직업이 예전 직업보다 아주 미세한 정도로만 보수가 더 나을 때 균형에 도달한다. 이 도둑 다음으로 도둑이 되려 했다가 포기한 사람 관점에서는 도둑의 보수는 적다. 균형 상태에서 한계수익점에 있는 도둑은 시간당 6달러의 보수가 제공되던 기존 직업을 포기하고, 변호사 비용이나 때에 따라서는 무급 휴가 같은 비용을 제하고도 시간당 6.01달러를 벌 수 있는 새로운 직업, 즉 도둑질을 선택한다.

결과적으로 균형 상태에서 도둑질은 부의 이전이 아니라 순비용이다. 한계수익점에 있는 도둑은 100달러를 훔쳐서 도둑질을 위해 100달러에 해당하는 시간과 돈을 지출한다. 도둑은 비용과 수입이 거의 상쇄되어

소멸되고, 피해자에게 발생한 비용은 순손실로 남는다.

도둑질에 탁월한 재주를 가졌거나 다른 직업에서는 유난히 경쟁력이 없어서 도둑질에 특별한 매력을 느끼는 도둑의 경우는 어떨까? 그 도둑이 100달러를 훔치는 경우 비용은 50달러에 불과하고 그에게는 50달러가 남는다. 피해자는 100달러를 손해 보기 때문에, 비록 한계수익점에 있는 도둑만큼은 아니지만 어쨌든 결과는 여전히 순손실이다.

만약 도둑 모두가 한계수익점에 있는 도둑이라면, 다시 말해 도둑질에서 비교우위에 있는 잠재적 도둑끼리도 별다른 차이가 없다면 도둑질의 순비용은, 도둑과 피해자 양쪽에 발생하는 비용과 편익을 포함해 훔친 금액과 거의 같다. 하지만 도둑에 따라 편차가 큰 경우, 도둑질의 순비용은 여전히 플러스이지만 훔친 금액보다는 적다.

지금까지 우리는 도둑을 막는 데 들어가는 비용을 무시했다. 이 비용에는 사적인 비용(자물쇠나 도난경보기, 경비원 등)과 경찰이나 법원, 교도소 같은 사회적인 비용이 모두 포함된다. 짐작하건대 그런 비용이 한계수익점에 있는 도둑의 순수익보다 훨씬 크므로 도둑질에 따른 총비용은 도둑질하려고 들어간 집에 있는 물건을 모조리 훔치는 것보다 많아진다.

도둑질은 다른 형태의 지대추구와 같은 이유로 비효율적이다. 도둑과 피해자 양쪽이 같은 물건(처음에는 전적으로 피해자가 소유한)의 소유권을 놓고 경쟁하는 셈이다. 도둑에 의한 비용지출은 다른 어떤 도둑도 아닌 비용을 지출한 바로 그 도둑의 전리품 획득으로 이어지거나 원래 주인이 물건을 소유하는 대신에 그 도둑이 전리품을 획득하는 결과로 나타난다. 방어 목적에서 행해지는 피해자의 비용 지출도 지대추구다. 한 예로 도난경보기의 역할은 재산이 원래 주인의 손에 있도록 하는 것이다.

재산권이 불안정한 경우에 어떤 사람은 돈을 써서 재산권이 다른 사람에게 넘어가지 않도록 하려는 유인을 갖지만, 또 어떤 사람은 재산권이 자신에게 확실히 이전되도록 하려는 유인을 가진다. 이 같은 사실은 사적 이전이든 공적 이전이든 모두 해당된다. 세금을 부과할 수 있는 수입을 올리지 않거나 세금을 포함한 재화를 구입하지 않는 것은 과세에서 자신을 보호하는 (비용이 많이 드는) 방식이다. 마찬가지로 도난 경보기를 설치하는 것도 도둑에게서 재산을 보호하는 (비용이 많이 드는) 방식이다. 당신과 당신의 친구들에게 개인적인 특혜를 약속한 후보의 선거운동에 기부하는 행위는 재산권을 당신에게 이전하기 위한 지출인 동시에 도둑질에 필요한 연장을 구입하는 도둑의 지출과 매우 흡사하다.

## 효율적인 범죄

나는 내가 특별히 좋아하는 그림을 찾으려고 미술관을 뒤지는 데 20시간을 들였고, 마침내 그 그림을 찾아 100달러에 구입했다. 이 그림을 훔쳐가는 도둑은 내게 100달러보다 훨씬 큰 손해를 끼친다. 게다가 그 도둑은 그림을 팔아서 기껏해야 50달러 정도를 받을 것이다. 설령 적당한 미술관과 적당한 구매자(그 그림이 도난품인지는 알아보지 못하지만, 그림의 탁월함은 알아보는)를 만나더라도 그는 미술관에서 그림을 판매할 때 부과하는 가격이 아니라 미술관에서 그림을 매입할 때 지급하는 가격을 받을 뿐이다.

그 같은 상황에서 훔친 그림에 대해 도둑이 느끼는 가치는 피해자가 그 그림에 부여하는 가치보다 훨씬 적다. 바로 그런 이유로 미국을 비롯한 많은 나라에는 도둑들이 훔친 물건을 원래의 주인에게 되파는 정착

된 절차가 있다. 이와 관련해 유괴범은 극단적인 예를 보여준다. 그들은 원래 '주인'에게 (또는 그 대리인에게) 다시 판매해야만 비로소 가치 있는 물건(사람)을 훔친다. 그 같은 제도로 도둑질은 더 효율적이 될 뿐 아니라 많은 이윤을 낳고, 따라서 흔히 발생한다.

피해자와 도둑 사이에서 발생하는 이런 가치의 불일치는 도둑질의 비효율성을 바라보는 또 다른 방식을 암시한다. 만약 당신이 당신보다 내게 더 가치가 있는 어떤 것을 가졌다면 나는 그것을 훔칠 필요가 없다. 당신에게 사면 된다. 도둑의 관점에서 기꺼이 훔치고자 하지만 구매할 의사는 없는 재화는 도둑보다 현재의 주인에게 더 가치가 있다. 따라서 도둑질해서 가능해진 그 재화의 추가적 이전은 비효율적 이전이다. 즉, 현재의 주인보다 가치를 덜 느끼는 사람에게 재화가 이전되는 것이다.

예외, 즉 '효율적인 범죄'도 있다. 당신은 숲에서 길을 잃었고, 배가 고파서 죽을 지경이다. 그때 잠겨 있는 빈 오두막을 발견한다. 당신은 오두막에 들어가서 굶주린 배를 채우고, 전화를 이용해 도움을 요청한다. 당신의 관점에서 그 오두막을 이용하는 가치는 당신이 그 오두막의 주인에게 부과하는 비용보다 훨씬 크다. 당신은 당신이 먹어치운 음식과 망가뜨린 자물쇠를 기꺼이 보상하고자 할 것이다. '범죄'를 통해 그 자원(오두막에 관한 일시적인 통제권)에 대해 원래의 주인보다 더 많은 가치를 느끼는 누군가에게 자원이 이전된 셈이다. 그런 행동은 구매가 아니라 오직 범죄행위를 통해서만 이뤄질 수 있다. 오두막 주인이 애초에 그곳에 없었고, 따라서 당신에게 필요한 자원을 판매할 수도 없었기 때문이다.

보다 친숙한 예로는 시간에 쫓길 때 저지르는 속도위반이 있다. 어떤 장소에 서둘러 도착하는 일이 시속 130km로 운전하는 행위를 정당화할 정도로 중요한 경우가 종종 있다. 그런 상황에 법을 적용하는 방식 중 하나는 중대한 사유가 있는 경우를 제외하고, 시속 110km 이상으로 운전하는 행위를 불법으로 규정하는 것이다. 우리가 길 잃은 사냥꾼 문제(길 잃은 사냥꾼은 숙명론에 따라 형사책임을 면제받았다)를 대하는 방식도 바로 그런 식이다. 하지만 과속운전자를 같은 방식으로 다루려면 그가 과속한 이유가 얼마나 타당한지에 관한 정보가 필요한데, 경찰에게는 그 같은 정보가 거의 없다.

한 가지 대안은 충분히 무거운 벌금을 부과해 과속할 만한 타당한 이유가 있는 사람들만 법을 어기고, 벌금을 지급할 가치를 느끼도록 만드는 것이다. 이런 측면에서 볼 때, 과속 규제법은 환경세와 유사한 일종의 피구세Pigouvian tax(오염물질을 배출하는 대상에 부과하는 세금)다. 만약 대기를 오염시킬 경우, 대기오염으로 발생하는 피해와 같은 금액을 환경세로 지급해야 한다면 대기오염물질을 배출하는 가치가 오염에 따른 비용을 포함해 전체 비용보다 훨씬 큰 경우에만 오염물질을 배출할 것이다. 만약 과속운전자가 과속을 하지 않는 다른 운전자한테도 비용을 초래한다면 교통위반 딱지를 발부해 그 운전자가 어떤 속도로 운전할지 결정할 때 그에 따른 비용도 고려하도록 강요할 수 있다.

이런 방식은 처벌 수위를 결정하는 과정에서 단순한 규칙 한 가지를 암시한다. '어떤 범죄의 처벌 수위는 그 범죄로 인해 초래되는 피해에 상당하는 것이어야 한다'는 규칙이다. 이렇게 하면 오직 효율적인 범죄(범죄자의 관점에서 느끼는 가치가 그 범죄로 인한 피해보다 훨씬 큰 범죄)만 발생할 것이다.

범죄를 저지를 때마다 항상 잡히는 건 아니다. 열 번에 한 번꼴로 잡혀 유죄 판결을 받는 잠재적인 범죄자는 그만큼 처벌을 할인받는 셈이다. 효율적인 범죄만 발생하도록 하려면 그 나머지 범죄에 대해서도 대가를 치르도록 처벌이 확대되어야 한다.

여기에서 흥미로운 문제가 도출된다. 범죄를 저지를 때마다 잡히는 확실성에 근거해 1,000달러의 벌금을 부과하든, 50%의 가능성에 근거해서 2,000달러의 벌금을 부과하든, 10%의 가능성에 근거해서 1만 달러를 부과하든, 또는 100번 중 한 번의 가능성에 근거해 교수형에 처하든, 모두 같은 억제력을 발휘할 수 있다. 그렇다면 우리는 어떤 처벌 방법을 채택할 것인지 어떻게 결정해야 할까?

이 문제는 이미 9장에서 해결했다. 즉, 하나의 산출물을 생산하려고 생산요소의 조합을 선택하는 것이다. 산출물은 억제력이고, 생산요소는 체포 가능성과 처벌이다. 해결책은, 각각의 억제력 수준에 따라, 최소한의 비용으로 억제력을 낳는 가능성과 처벌의 조합을 찾아냄으로써 억제력의 총 비용곡선을 만드는 것이다.

범죄자를 검거하기 위해 더 많은 노력을 기울일수록 범죄자 체포 비용은 상승하고, 그에 따라 법 집행 비용과 체포 가능성도 증가한다. 다른 한편으로, 누군가는 범죄자가 잃은 것을 얻고, 많은 벌금보다 적은 벌금을 징수하기가 더 쉽다는 점에서 벌금형은 사형이나 징역형보다 효율적인 처벌이다. 이처럼 처벌 비용은 처벌의 크기에 따라 증가하는 경향이 있다. 최적의 조합은 극단적 집행(범죄자를 모두 검거해서 훔친 물건을 되돌려주도록 하는 것)과 그 정반대인 집행(오직 한 명의 범죄자만 잡아서 사형시키는 것)의 중간쯤에 위치한다.

가장 저렴한 비용이 드는 가능성과 처벌의 조합을 이용해 피해액에 상응하는 예측된 처벌을 부과함으로써 우리는 이제 비효율적인 모든 범죄를 방지하는 하나의 규칙을 갖게 되었다. 하지만 비효율적인 모든 범죄를 방지하는 것이 꼭 효율적이라고 할 수는 없다. 10달러의 순비용을 발생시키는 범죄가 비효율을 초래하지만, 그 범죄를 막으려고 법 집행과 처벌 비용으로 100달러가 든다면 막을 가치가 없다. 범죄의 효율적인 처벌은, 법 집행 비용을 고려할 때 약간의 비효율적인 범죄는 그대로 놔두는 것일 수 있다. 굳이 그런 범죄를 막기 위해 비용을 감수할 가치가 없기 때문이다. 효율적인 범죄를 어느 수준까지 막아야 하는지는 한층 더 모호한 문제인데, 효율적인 범죄를 제지함으로써 그런 범죄를 처벌하느라 드는 비용을 절약할 수 있기 때문이다.

## 왜 바로 교수형에 처하지 않을까?

처벌 비용에 관한 우리 논의는 흥미로운 난제를 제기한다. 왜 우리의 법률제도는 더 효율적인 처벌 방법이 있는데도 주로 징역형을 선고할까? 유죄선고를 받은 범죄자가 확실히 10년의 징역형을 선고받든지, 6분의 1의 확률로 사형을 당하든지 상관하지 않는다고 가정해보자. 우리는 그에게 징역형 10년을 선고하는 대신 주사위를 던지기로 한다. 1부터 5가 나오면 그를 풀어주고 6이 나오면 교수형에 처하는 것이다. 범죄자의 관점에서 평균을 따졌을 때, 이전보다 더 나쁠 게 없고 범죄 억제력에도 영향을 끼치지 않으며, 교도소를 유지하는 비용도 확 줄어든다. 게다가 주사위를 던지고, 경찰 예산을 줄이고, 과거에 비해 범죄자의 6분의 1만 잡아들이고, 그들을 전부 교수형에 처하면 비용을 더욱 절약할 수 있다.

사형이 징역형보다 더 효율적이지만, 그런데도 벌금형이 더 낫다. 유죄선고를 받은 범죄자에게 가능한 한 많은 돈을 쥐어짠 다음에 비교적 덜 효율적인 방식으로 특별한 처벌을 부과하는 처벌제도를 만들지 못할 이유가 무엇이겠는가? 예를 들어 우리는 범죄자에게 돈을 내면 징역형을 줄여주거나 사형에 처할 가능성을 낮춰주겠다고 선택권을 제안할 수 있다. 또 범죄자를 교도소에 가둘 경우, 그들을 일종의 노예처럼 부려서 뭔가를 만들어내도록 할 수도 있다. 범죄자를 사형시킬 경우, 주 정부가 그들의 신체를 몰수해서 장기 이식자들을 위해 장기 부족 문제를 완화하는 데 사용할 수도 있다. 범죄자들을 다루는 방식에 아무런 가책을 느끼지 않는다면, 처벌과 관련된 순비용을 줄일 수 있는 방법은 얼마든지 있다.

효율적인 처벌과 관련한 문제는 그로 인해 누군가가 이득을 취한다는 점이다. 우리가 유죄선고를 받은 범죄자에게서 돈을 쥐어짜 내는 데, 이를테면 경매를 통해 단지 몇십만 달러를 받고 그들을 판매하는 것 같은 탁월한 효력을 발휘하는 법률제도를 갖고 있다고 가정해보자. 그러면 누가 법 집행 제도를 운용하든지 무조건 많은 사람에게 유죄를 선고하는 것이 이득이 될 것이다. 그 결과, 어떻게 해서든 유죄판결을 받도록 만들어 타인의 인적 자원을 소유하려는 사람들이나 타인이 소유하지 못하도록 자신의 인적 자원을 지키려는 사람들에 의해 엄청난 비용이 발생하는, 다시 말해 대가와 비용이 큰 지대추구 행위가 이뤄지는 사회가 등장할 것이다.

이런 가정이 완전히 가상의 문제만은 아니다. 징벌적 손해배상이나 제품 디자인에 따른 책임, 집단소송, 시장 사기 주장 등과 관련한 오늘날의 문제를 지대추구 싸움과 유사하게 바라보는 시각도 있다. 고소인은 제품을 개선하기 위해서가 아니라 생산자에게서 돈을 이전시키기 위해 소송을 제기하고, 생산자는 혹여 어딘가에 있을 배심원이 결함이 있다고 생각할지도 모를 제품을 아예 생산하지 않음으로써 스스로를 방어한다. 그 결과, 미국에서는 더는 경비행기를 생산하지 않으며, 백신을 생산하는 기업도 찾아보기 어렵게 되었다. 유사한 문제가 재산 몰수에도 나타난다. 불법행위와 연루된 일에 어떤 재산이 이용된 경우, 꼭 그 주인이 불법행위를 저지르지 않았더라도 경찰은 그 재산을 몰수할 수 있다.

## 법 집행의 유인

어떤 사람이 당신의 팔을 부러뜨리면 당신은 경찰을 부르지만, 그 사람이 유리창을 깨거나 계약을 파기하는 경우에는 변호사를 찾는다. 첫 번째 경우에 법은 정부와 정부의 대리인이 집행하고, 두 번째 경우에는 피해자와 피해자의 대리인이 집행한다. 미국의 법률제도에서 공적 집행과 사적 집행의 구분은 대개 형법과 민법에 따른 구분으로 나뉜다. 겉보기에는 많은 점에서 다르지만, 본질은 비슷하다. 이를테면, 두 경우 모두 어떤 사람이 하지 말아야 할 행동을 하고, 유죄선고를 받은 피고인에게 유쾌하지 못한 어떤 일이 발생한다. 그리고 우리는 그 유쾌하지 못한 일을 처벌이나 피해보상이라고 부른다.

이 두 가지 형태의 법 집행에는 각각의 장단점이 있다. 사적 법 집행과 관련한 한 가지 문제는 피해를 보상해줄 돈이 없는 사람을 상대로는 고소할 유인이 거의 없다는 점이다. 공적 법 집행의 문제는 아래에 소개되는 부도덕함에 관한 이야기로 설명된다.

당신은 경찰관이다. 당신은 내가 저지른 부정행위의 증거를 잡았다. 유죄를 입증하기에 충분한 증거다. 그에 따른 처벌은, 내 관점에서, 2만 달러의 벌금과 맞먹을 것이다. 어쩌면 2만 달러의 벌금형에 처할 것이다. 또는 일정 기간의 징역살이를 피하려고 2만 달러를 지불해야 할 것이다. 이 이야기의 목적에 맞도록 2만 달러의 벌금형을 받는다고 가정하자.

나를 체포하면 경찰관으로서 당신의 명성은 높아지고, 조금은 진급하는 데 도움이 될 수도 있다. 나중에 늘어날 수입을 고려했을 때, 나를 체포하는 건 당신의 관점에서 1,000달러의 가치가 있다. 당신은 나를 체포하고, 나는 유죄선고를 받을 수도 있다. 그러나 이 책의 관점에서 보면 결론은 달라질 수도 있다. 당신은 당신의 관점에서 1,000달러의 가치가 있고, 내 관점에서는 2만 달러의 가치가 있는 어떤 것(내게 불리한 정보)을 가졌다. 그리고 1,000달러와 2만 달러의 중간에 있는 어느 지점에 우리 두 사람에게 편익을 제공하는 거래가 존재해야 한다. 나는 당신에게 5,000달러를 지불하고 당신은 증거를 태워 없앤다.

이 같은 결과는 나와 경찰관, 두 사람을 모두 만족하게 하지만, 법을 집행하는 효율적인 방법은 아니다. 그런 측면에서 공적 법 집행 제도는 적합한 유인을 제공하지 않는다. 공적 법 집행 제도는 당신에게 나를 체포하게 하여 그 제도가 제대로 작동하게 하고, 또 그와 다른 어떤 행동을 하는 편이 당신에게 더 이득이 되게 만든다.

이 문제를 해결하는 또 다른 방법은 당신에게 임금을 지급하는 대신에 당신이 유죄를 증명한 범죄자들에게 징수한 벌금의 가치만큼 보수를 지급하는 것이다. 이제 증거를 태워 없애는 행동은 당신에게 2만 달러의 비용을 초래하고, 따라서 당신이 뇌물로 받고자 하는 최소한의 금액은 2만 달러가 된다. 2만 달러는 내가 유죄선고를 받았을 때 지불해야 하는 비용이므로 죄를 봐달라고 그만큼의 돈을 뇌물로 제안하는 건, 그다지 의미가 없다. 내가 당신에게 뇌물을 주더라도 그로 인한 피해는 없다. 나는 어쨌든 2만 달러를 지불했고, 당신은 그 돈을 챙겼기 때문이다. 우리는 단순히 중개인을 제외시켰을 뿐이다.

이런 방법은 상식을 벗어난 부패한 시스템처럼 들릴 수 있지만, 오늘날 민법에서 법을 집행하는 방식이기도 하다. 내가 소개한 방법에 범죄자에게 피해자의 재산을 청구하는 과정만 보태면 일반적인 민법과 완전히 일치한다. 이제 공무원보다는 사적 중개인이라고 할 수 있는 경찰관은 범죄자를 뒤쫓기 전에 피해자에게 청구권을 매입한다.

지난 세기에 미국에 존재한 그런 제도에서 일하는 경찰관은 '현상금 사냥꾼'이라고 불렸다. 18세기의 영국에는 다른 원칙이 존재했다. 당시 영국에서는 범죄와 관련한 기소행위가 대부분 사적으로, 일반적으로 피해자에 의해 이뤄졌다. 사적으로 법을 집행하는 가장 완전한 형태의 제도는 중세 시대 초기 아이슬란드에 존재했다. 그곳에서는 살인이 민사범으로 다뤄졌을 뿐 아니라 유죄선고를 받은 피고가 보상을 거부하고, 따라서 법익 피탈자(법의 보호를 박탈당한 사람_옮긴이)로 선포되는 경우에 그를 잡아들이는 일을 포함해 법원의 평결을 집행하는 일이 원고와 원고의 친구들에게 일임되었다.

비상식적으로 보일지 모르지만, 이 제도는 상당히 효율적으로 운영된 듯 보인다. 해당 제도를 채택한 사회가 당시 가장 흥미로운 사회 중 하나였으며, 어떤 점에서는 가장 매력적인 사회 중 하나였기 때문이다. 또 이 제도는 독창적인 북유럽의 전설인 '사가'(13~14세기에 주로 만들어졌으며, 오늘날에도 영어로 번역되어 여전히 활발하게 출판되고 있는 역사소설이나 연대기)가 등장하는 배경이 되었다.

## 교통사고의 법칙

교통사고에 관한 경제학적 분석은 교통사고가 전적으로 우연한 사고가 아니라는 관찰에서 시작한다. 운전자는 자동차를 몰고 인도로 돌진해야겠다고 선택하진 않지만, 어떤 종류의 자동차를 운전할지, 얼마나 자주 그리고 어떤 속도로 자동차를 운전할지, 브레이크는 얼마나 자주 확인할지 선택한다. 비용 중 일부가 다른 사람에게 전가될 수 있을 때, 어떻게 해야 운전자가 올바른 선택을 하도록 유도할 수 있을까?

가장 간단한 방법은 직접적인 규제다. 자동차가 어떻게 만들어지고, 운전자가 한 번에 얼마의 거리를 운전하도록 하고, 최대 속도는 얼마로 할 것이며, 자동차의 브레이크는 어떤 주기로 확인해야 하는지 일일이 규제하는 것이다. 이런 해법은 다른 맥락에서 우리가 이미 논의했던 문제와 부딪힌다. 효율적인 규칙을 만들기 위해 입법부는 개인적인 취향과 능력에 관한 상세한 정보가 필요하지만, 그런 정보를 얻을 방법이 없다. 당신의 관점에서 정부가 규제해주길 원하는 행동 대부분은 눈으로 관찰할 수 없다. 운전자가 도로 상황에 주의를 더 집중하는지 또는 라디오에 더 집중하는지 경찰이 어떻게 알겠는가?

게다가 설령 입법부가 최적의 행동을 산정해서 그렇게 행동하도록 강요할 수 있더라도 입법부 관점에서 과연 그렇게 할 이유가 있을까? 정부가 권력을 이용해 더 실질적인 어떤 조치, 이를테면 국내 자동차 제조회사들에 정치적 지원을 받는 대가로 외제 차에 불이익을 주는 규제를 만들지 못할 이유가 무엇이겠는가?

더 나은 해법으로는 결과에 관한 책임을 부과하는 방법이 있다. 교통사고 유발자가 사고 발생 비용을 지급하는 것이다. 이를테면, 외부효과가 내면화되는 것이다. 운전자는 매번 한계 상황에 직면할 때마다 사고 방지를 위해 효율적으로 노력할 유인을 갖게 된다. 라디오나 동승자와 나누는 대화에 지나치게 정신이 팔리면 운전자는 그로 인해 파생되는 결과에 대해 대가를 치러야 한다. 법원은 운전자가 산만하게 운전하는지 모르지만, 본인은 안다. 이 해법에서는 안전 규제가 피해에 대한 민법상 책임으로 바뀌었다.

하지만 이 해법은 새로운 문제를 불러온다. 운전이 다수의 부정적인 상품이 걸린 복권처럼 되는 것이다. 그리고 원치 않는 위험은 사람들이 보험에 가입하도록 부추긴다. 보험에 가입하여 조심해서 운전하려는 운전자의 유인이 감소한다. 대형사고로 인한 비용을 지급할 수 없는, 즉 경제적인 보상 능력이 없는 운전자도 많다. 그 문제는 운전자가 보험에 가입하여 해결할 수 있겠지만, 그럴 경우 앞에서와 마찬가지로 조심해서 운전하려는 운전자의 유인에 부정적인 영향을 끼친다.

더 심각한 문제도 있다. 교통사고에서는 나 자신의 판단뿐 아니라 상대방의 판단도 중요하다. 즉, 내가 얼마나 속도를 내서 운전하는지도 중요하지만, 당신이 얼마나 주의해서 길을 건너는지도 중요하다. 이상적으로 생각하면 당신과 나는 똑같이 최선을 다해 주의를 기울여야 한다. 하지만 내가 당신의 손해를 전부 변상해야 한다면, 당신에게는 주의를 기울여야 할 아무런 유인이 없는 셈이다.

한 가지 대응책은 과실 책임에 관한 규정이다. 적절한 주의를 기울이지 않은 사람에게 피해가 가도록 하는 것이다. 하지만 여기에서 우리는 정보의 문제와 다시 직면하게 된다. 주의와 비용 그리고 편익은 겉으로 판단할 수 없다. 내가 특정한 순간에 자동차를 운전해서 얻는 가치가 그로 인해 다른 운전자에게 부과하게 된 비용보다 더 큰지 어떤지 법원이 어떻게 알겠는가?

다른 방법은 각각의 당사자가 사고로 인한 전체 비용 (상대방에게 초래한 비용이 아닌 주 정부에 초래한 비용)을 완전히 책임지도록 하는 것이다. 양쪽이 전체 비용을 별도로 보상하는 경우, 각각의 당사자는 교통사고를 피하려는 효율적인 유인을 가진다. 이 경우는 피해 보상이 벌금으로 바뀌었다.

이 해법은 새로운 문제를 불러온다. 교통사고의 양 당사자가 자신의 책임만큼 벌금을 내야 한다면, 그들의 관점에서는 교통사고를 신고하지 않을 타당한 이유가 있다. 피해 금액을 벌금으로 바꿔 우리는 사적 법률제도를 공적 법률제도로 바꿨고, 따라서 피해를 신고하고 소송을 제기하기 위한 공적 절차를 마련해야 한다.

신적인 공무원 같은 판사는, 신적인 공무원 같은 규정자나 입법자처럼 늘 부족하다. 우리는 사적이거나 공적인, 또는 형사나 민사상의 불완전한 해법 중 하나를 선택해야 한다. 다른 분야와 마찬가지로 법률 분야에서도 경제학은 문제를 명백하게 만드는 데 중요한 역할을 하지만, 그 자체로는 어떤 간단한 답도 만들어내지 못한다. 이론적인 문제들은 때때로 매우 어려울 뿐 아니라 우리는 해법을 찾으려고 이론과 사실을, 즉 현실 세계에 관한 이해와 생산 함수를 결합해야 한다.

하지만 우리는 재판이나 사적 단체교섭, 피해자에 의한 법 집행, 경찰관에 의한 법 집행, 피해자와 가해자의 합리적인 이기심에 의한 법 집행, 직접적인 규제, 진상 조사 기술에 대한 충분한 지식 없이 법원에 의해 시행되는 그 외의 대안들을 어떻게 나눠야 할지 판단할 수 없으며, 개개인에 의한 단체교섭이나 기타 현실 세계의 복잡한 사실들을 어떻게 나눠야 할지도 판단할 수 없다.

# 다이아몬드와 파뿌리의 상관관계

## : 사랑과 결혼

THE ECONOMICS OF DAILY LIFE

## 왜 결혼하는가?

너무 가까이 있어서 보이지 않는 것들도 있다. 충분한 거리를 두고 이를테면, 화성에서 보면 인간의 생활방식은 확실히 기이하고, 그중에서도 결혼제도는 특히 이상하다. 우리는 비록 종류가 하나뿐인 상품일지라도 여러 가게에서 구매하는 것을 당연하게 여긴다. 그렇지만 한편으로는 이상적인 삶이란 광범위한 재화와 서비스의 물물교환을 위해 서로 쌍방독점 상태가 되는 것임을 당연하게 받아들인다.

노동을 분담하면, 물론 이득이 있다. 하지만 2인 기업의 설립이 그런 이득을 취하는 유일한 방법은 아니다. 우리는 정육점 주인과 빵 굽는 사람, 양조업자 등이 보유한 비교우위를 이용하지만, 단지 한 끼의 저녁 식사를 위해 그들과 결혼할 필요는 없다. 전통적인 결혼제도에서 아내는 음식을 하는 데 남편보다 비교우위가 있을 수 있으며, 남편은 목공에 아내보다 비교우위에 있을 수 있다. 하지만 집을 벗어나면 그 아내나 남편보다 뛰어난 요리사나 목수는 얼마든지 있다. 부부가 가족 안에서 소비하는 것 즉, 음식과 집 청소, 자녀 양육과 교육 등의 상당 부분을 가정생산에 의존하는 이유가 무엇일까?

한 가지 이유를 들자면 거래비용 때문이다. 집을 지으려면 목수를 고용해야 한다. 하지만 느슨해진 지붕 널빤지 몇 개를 고칠 경우에는 적당한 목수를 구하고, 조건을 협상하고, 일을 제대로 하도록 다짐받고 하다 보면 날이 샌다. 그러느니 차라리 내가 하는 게 낫다. 지붕 수리는 목수가 나보다 더 잘하지만, 지붕에서 물이 새면 젖는 사람은 바로 나이기 때문이다. 따라서 나는 누가 감시하지 않아도 지붕을 잘 고치려는 유인을 가진다. 게다가 수리비용을 둘러싸고 옥신각신하느라 시간과 에너지를 허비할 필요도 없다.

또 다른 이유로는 전문성을 들 수 있다. 아내와 내가 찾아갈 레스토랑의 요리사는 우리보다 요리를 훨씬 잘할 것이다. 하지만 그 요리사도 '우리'만의 요리를 하는 데 있어서만큼은 우리보다 못할 것이다. 다른 분야에서도 마찬가지다.

왜 결혼은 영속성을 전제로 할까? 어째서 일시적으로 침대와 식탁을 공유했다가 나중에 둘 중 한 명이 더 나은 기회를 맞으면 그 기회를 따라가지 않는 것일까? 다시 말해 결혼이 장기계약인 이유가 무엇일까? 이 질문에 답하려면 앞서 장기계약이 존재하는 이유를 분석한 곳으로 돌아가야 한다.

다른 누구도 지금의 배우자를 대신할 수 없었을 거라고 아무리 강력하게 주장해도, 어쨌든 우리는 커다란 경쟁시장에서 배우자를 선택한다.

하지만 일단 결혼하고 나면, 우리는 다른 맥락에서 '기업 특유의 인적 자본'이라고 알려진 것을 얻는다. 배우자를 바꾸는 건 큰 비용이 든다. 그런데도 배우자를 바꾸는 경우, 둘이 함께 사는 법과 관련해서 부부가 축적해온 전문 지식은 이제 쓸모가 없다. 게다가 최소한 한 사람은 그동안 정들고 익숙해진 집을 떠나야 한다. 친구들도 아내의 친구와 남편의 친구로 나뉠 것이다. 무엇보다 최악은 새로운 배우자가 내 아이들의 진짜 부모가 아니라는 점이다.

기업 특유의 인적 자본은 일련의 교섭이 필요하다. 각각의 당사자는 아주 많은 부분에서 다양한 필요에 의해 자기 식대로 일을 처리하거나 상대방이 더 낫다는 점을 이용하고자 하고, 교섭을 깨기보단 마지못해 수용한다. 이런 교섭 문제를 해결하는 이상적인 해법은 양 당사자의 의무를 철저하게 명시해 장기계약하는 것이다. 계약서에 서명하기 전에는 결혼도 없고, 쌍방독점도 없으며, 교섭도 없다. 한편, 일단 계약서에 서명하고 나면 논의가 필요한 사안도 사라진다.

전통적인 결혼제도도 어느 정도는 그런 계약이다. 상대 배우자가 자신의 책임을 이행하지 않는 경우, 원칙적으로 남편이나 아내는 상대 배우자에게 손해배상을 청구할 수 있다. 이를테면 아내는 배우자를 부양하지 못한다는 이유로 남편을 고소할 수 있다. 문제는 관련된 모든 조건을 포함하는 세부적인 계약서를 작성할 수 없을뿐더러 강제로 집행할 수도 없다는 사실이다. 가격 통제가 시행되는 경우처럼 특정한 가격에 상품을 제공할 법적 의무가 있는 개인은 품질을 낮춰 그 의무에서 교묘히 벗어날 것이다. 내가 아는 한 지금까지 자신의 배우자가 요리를 못한다고, 또는 잠자리가 시원찮다고 고소해서 성공한 사람은 아무도 없다. 전통적인 결혼제도에도 교섭을 위한 아주 많은 여지가 여전히 남아 있고, 오늘날에도 교섭을 위해 사용되고 있다.

지금까지 나는 사랑에 대해서는 전혀 언급하지 않았지만, 많은 사람이 사랑과 결혼은 어느 정도 관련이 있다고 믿는다. 개인의 애정 생활은 부수적으로 유지하면서 자신과 취향이 같고 자신을 보완해줄 능력이 있는 사람과 결혼하지 않고, 우리는 사랑하는 사람과 결혼한다. 그 이유를 묻는 것이 오히려 이상하게 들리겠지만, 분명 합리적인 질문이다.

그 질문에 대한 한 가지 답은 사랑이 사람이 아니라 유전자에 적용되는 경제학인 자녀를 갖기 위한 섹스와도 관련이 있기 때문이다. 부모는 다른 사람의 아이보다는 그들 자신의 아이를 양육하길 선호하고 대부분의 양육은 양육자의 집에서 가장 편하게 이뤄진다. 따라서 아이의 생모와 생부가 부부로 있는 편이 훨씬 편리하다.

또 다른 답으로는 사랑이 값비싼 교섭으로 이어지는 이해 충돌을 감소시키기 때문이다. 내가 아내를 사랑하는 경우, 우리 부부는 아내를 행복하게 하려는 공통된 이해를 가진다. 아내가 나를 사랑하는 경우에도 우리 부부에게는 나를 행복하게 하려는 공통된 이해가 있다. 그런데도 우리 사랑이 서로의 목표가 일치하도록 정확히 계산되지 않는 경우, 어느 쪽으로든 여전히 갈등의 여지가 남는다. 예컨대 우리가 서로를 너무 많이 사랑하는 경우, 그녀를 위해 희생을 감수하려는 나의 시도는 나를 위해 희생을 감수하려는 아내의 시도와 충돌할 것이다.


## 왜 결혼하려 하지 않는가?

지금까지 우리는 결혼에 관한 경제 이론을 개괄적으로 살펴봤는데, 같은 이론을 이용해 다른 일을 할 수도 있다. 21세기에 들어서 미국에서 그리고 다른 나라에서 나타난 결혼 감소를 설명하는 것이다. 결혼이 줄고 결혼의 유효기간마저 그토록 짧아진 이유는 무엇일까?

이유는 간단하다. 가정생산에 투입되는 시간이 급격하게 줄었고, 그로 인해 배우자, 특히 아내를 통해 얻어지는 기업 특유의 인적 자본의 양도 줄었기 때문이다. 앞에서 나는 저녁 식사를 제공받기 위해 정육점 주인이나 제빵업자, 양조업자와 결혼할 필요는 없다고 말했다. 하지만 몇백 년 전만 해도 남자가 자신이 거래하는 제빵업자나 양조업자와 결혼하거나, 여자가 정육점 주인과 결혼하는 건 흔한 일이었다. 이 세 가지 모든 직업을, 특히 시골에서는 한 가족이 점유하는 경우도 아주 많았다.

가정생산을 감소시킨 한 가지 요인은 전문화의 증가다. 오늘날에는 베이컨이나 의류, 잼, 기타 많은 품목을 대량으로 생산한다. 가정에서는 여전히 세탁과 설거지를 하지만 이런 일에 세탁기나 식기 세척기를 사용하는 가정도 아주 많다.

가정생산이 감소한 더 중대한 요인은 유아 사망률의 급격한 감소다. 과거에는 두세 명의 자녀가 성인이 될 때까지 확실히 살아남게 하려면 여자가 쉬지 않고 계속 아이를 낳아야 했고, 따라서 아이를 낳아 기르는 일은 하루 중 거의 모든 시간을 할애하는 전업이었다. 하지만 현대 사회에서 두 명의 자녀를 갖길 원하는 부부는 두 명의 자녀만 낳으면 된다.

이러한 변화는 결과적으로 '주부'의 역할을, 전부가 그런 건 아니지만 대부분, 부업으로 바꿔놓았다. 자녀 수가 줄고 남편으로서 해야 할 일 아내로서 해야 할 일이 줄면서 불과 몇 세대 전보다 이혼 비용이 훨씬 낮아졌다.

이혼이 비용만 초래하는 건 아니다. 편익도 낳는다. 그렇지 않으면 이혼할 사람은 아무도 없을 것이다. 편익은 그대로인 채 비용만 줄어든다면 이혼하는 편이 비용보다 편익이 훨씬 많다는 사실을 적어도 남편이나 아내 중 한 사람이 깨닫는 경우가 늘어날 것이다. 실제로도 그렇다.

우리는 약혼할 때 다이아몬드 반지를 선물하고, 이런 관행을 당연하게 여긴다. 그렇지만 이런 관행은 비교적 최근에 등장했다. 1930년대 이전에는 예물을 교환하는 경우가 드물었다. 다이아몬드 판매량에 관한 통계자료를 살펴보면 최근 몇 년 사이 다이아몬드 판매실적이 그다지 좋지 않다. 약혼반지 수요는 1930~40년대에 증가해 1950년대에 이르러 정점에 달했다가 이후로는 조금씩 감소한 듯 보인다. 왜 그럴까?

그 이유와 관련해서 경제학자 마거릿 브리닉Margaret Brinig이 간단한 설명을 제시했다. 1935년 이전에는 미국의 전체 48개 주州 중 47개 주에서 결혼하기로 했다가 파기하는 경우, 그에 관한 소송을 인정했다. 약혼자에게 파혼당한 여자는 민사소송을 제기해 파혼에 따른 손해배상을 청구할 수 있었다. 손해는 다양한 형태의 피해에 근거했지만, 가장 중요한 것 중 하나가 처녀성의 상실이었다. 당시에 존재하던 결혼 시장에서는 여자가 처녀성을 상실하는 경우, 결혼할 가능성이 뚝 떨어졌다. 남자는 다른 누군가와 동침한 적이 있는 여자와 결혼하길 싫어했지만, 그런데도 약혼한 커플이 동침하는 건 흔한 일이었다. 파혼 소송은, 노래와 소설에 끝없이 등장하듯이, 재미만 보고 차버리는 남자들의 전통적인 전략을 위축시키는 데 일조했다.

1935~45년에는 미국 인구의 절반 정도가 속한 여러 주에서 파혼 소송이 폐지되었다. 오늘날 이 일은 거의 잊혔다. 브리닉은 값비싼 약혼반지는 남자가 약혼을 파기하는 경우에 소유권이 여자에게 귀속되어, 법적으로 강제할 수 없게 된 약속의 이행보증채performance bond 역할을

했다고 주장한다. 그녀는 다이아몬드 수입량과 소득, 결혼 비율, 법률 변화 등 수집 가능한 모든 자료에 대한 면밀한 통계학적 분석에 근거하여 자신의 주장에 설득력을 실었다. 좀 더 최근에는 성에 관한 도덕관의 변화로 파혼 소송과 다이아몬드 반지가 해법이 되던 문제마저 사라지면서 다이아몬드 약혼반지의 수요가 다시 감소했다.

## 일부다처제가 여성에게 유리한 이유

우리 사회는 오직 일부일처제만 허용한다. 하지만 다른 여러 사회에서는 일부다처제와 일처다부제 역시 합법이다. 일부다처제나 일처다부제를 합법화할 경우, 남자의 후생 차원에서 또는 여자의 후생 차원에서 어떤 효과가 있을까? 관련된 당사자 모두에게는 어떤 후생적인 효과가 있을까?

많은 사회에서 결혼에는 보상금, 즉 신랑이 또는 신랑 가족이 신부 가족에게 지급하는 신붓값이나 신부 가족이 신랑에게 제공하는 지참금이 수반된다. 미국 결혼제도에는 (결혼식 비용이나 결혼 예물 등을 예외로 한다면) 이런 식의 명백한 보상금은 없지만, 결혼하는 사람들은 자신을 속박하는 조건, 예를 들어 부부가 공동 재산에 대해 얼마큼의 재량권을 행사할지, 신랑과 신부가 각자 담당할 것으로 기대되는 의무가 무엇인지 등의 포괄적인 이해를 통해 일종의 보상금을 지급한다. 이렇듯 이해가 필요한 각 조건에는 그에 상응하는 잠재가격이 있으며, 이 가격은 배우자가 상대 배우자에게 지급한다.

어떤 질병이 돌아 결혼 적령기에 있는 수많은 여자가 죽었다고 가정해보자. 그에 따른 결과 중 하나로 결혼 조건이 여자에게 유리하게 바뀔 것이다. 즉, 아내를 얻는 비용이 증가한다. 이런 현상은 계약 조건을 이행하도록 강요하는 이혼의 위협이 도사리고 있는 경우, 특히 두드러진다. 이를테면, 결혼 전에는 여자가 원하는 건 무엇이든 다하겠다고 약속한 남자가 결혼 직후에 태도가 돌변하는 경우, 곧장 다른 남자가 그 남자의 자리를 대신할 것이다.

배우자를 얻는 비용이 조금 독단적인 '표준' 계약으로 규정된다고 생각해보라. 모든 실질적인 결혼 계약은 남편이 아내에게 지급하는 일정 금액을 더하거나 뺀 표준 계약으로 여길 수 있다. 여기에서 더한다는 것은 표준 계약보다 아내에게 더 유리한 계약을 의미하고, 뺀다는 것은 덜 유리한 계약을 의미한다. 공급과 수요는 다른 시장과 마찬가지로 작용한다. 가격이 상승할수록 아내의 공급량(결혼하려는 여자들의 숫자)은 증가하고, 수요량은 감소할 것이다. 이 모델은 좌우 대칭이다. 다시 말해 우리는 남편의 수요량과 공급량도 얼마든지 쉽게 증명할 수 있다. 다른 물물 교환 시장에서도 그렇듯이 각각의 시장 참여자는 구매자인 동시에 판매자다.

어떤 사람은 다른 사람에 비해 결혼 상대로 훨씬 가치가 있다. 표준 계약에 관한 정의에는 배우자의 품질도 포함되어야 한다. 배우자를 얻기 위해 제시하는 호가呼價가 제로가 되려면, 즉 표준 계약과 같은 호가를 유지하려면, 당신이 지극히 바람직한 아내를 얻는 데 따른 편익과 다른 차원에서 그녀에게 제시하는 호의적인 조건들이 같아야 한다. 어쩌면 당신은 설거지를 도맡아 하겠다고 합의할 수 있다.

이런 관점에서 보면 매력은 일종의 재산이다. 외모가 뛰어나거나 유쾌한 성품을 가진 남녀는 그렇지 않은 사람보다 더 부유하고, 인생에서 더 많은 것들을 누릴 수 있다. 백만 달러를 상속받은 사람이 그렇지 않은 사람보다 더 부유한 것과 마찬가지다.

우리는 여전히 결혼의 또 다른 중요한 특징을 배제하고 있다. 사람들의 취향이 모두 같은 건 아니라는 사실이다. 내 눈에는 결혼 상대자로 1만 명 중의 한 명 있을까 말까 한 훌륭한 여성인데, 다른 사람들이 그녀를 쫓아다니지 않았고 덕분에 나는 비교적 합리적 조건으로 그녀와 결혼했다. 심지어 평생 설거지를 하겠다고 약속할 필요도 없었다. 반면, 내 친구들이 결혼한 배우자 중 어떤 사람들은 전혀 내 관심을 끌지 못했다. 하지만 내 친구는 누가 봐도 자신의 배우자에게 푹 빠져 있었다. 독신생활을 포기할 만큼 좋아했을 뿐 아니라 내 약혼녀보다 그녀를 더 좋아했다. 결혼 시장의 균형은 부분적으로 공급과 수요의 문제이지만, 동시에 다양한 사람을 다양한 취향과 속성에 따라 분류하는 문제이기도 하다. 바로 이 점이 내가 여기에서는 배제하되 더 포괄적인 분석에서 다루고자 하는 복잡성이다.

일부다처제를 합법화하면 어떤 효과가 있을까? 이 질문에 대한 한 가지 대답은 우리가 관세의 효과를 분석할 때 이용한 방법과 마찬가지로 수요와 공급 그래프를 이용한 분석법을 채택하는 것이다. 수학적 방법을 선호하는 독자들은 이 문제를 스스로 풀어내려고 할 것이다. 여기에서는 구술 증명의 형태로만 문제를 설명하기로 한다.

가격은 표준 계약과 비교해서 결정되는데, 표준 계약의 주된 특징 중 하나는 일부일처제다. 일부일처주의자의 호가에 필적하는 중혼자重婚者의 호가는 한 명의 남편을 공유하는 비용과 균형을 이루기 위해 다른 측면에서 훨씬 유리한 조건들을 약속하는 것이다. 어떤 가격에서든 중혼자의 호가는 일부일처주의자의 호가와 (잠재적인 아내들의 관점에서 볼 때) 당연히 균형을 이루므로 일부다처제를 기꺼이 수락하려는 여성의 숫자도 똑같을 것이다. 일부다처제를 합법화해도 아내의 공급곡선에는 아무런 영향이 없다.

일부다처제를 합법화하면 이전에는 한 명의 아내를 원했던 남성들도 (잠재적인 두 명의 아내가 남편을 반씩 나누는 것을 수락할 만한 조건을 남성들이 기꺼이 제안한다고 가정할 때) 그보다는 두 명의 여성과 결혼하려고 시도할 수 있다. 따라서 아내에 관한 수요곡선이 위로 이동한다. 공급곡선은 그대로인 채 수요곡선만 위로 이동하므로 가격이 상승한다. 여성의 관점에서는 더 유리해진다.

남성 대부분은 단지 한 명의 아내를 얻을 뿐이고 더 불리해진다. 이전보다 아내가 될 사람에게 더 유리한 조건을 제시해야 하기 때문이다. 한편, 아내가 두 명일 때 남편에게 미치는 효과는 불분명하다. 그 남편은 아내가 한 명인 것보다 두 명인 상태를 선호하면서도 새로운 가격에 두 명의 아내를 얻는 것보다 예전 가격에 한 명의 아내를 얻는 쪽을 선호할 수 있기 때문이다.

하지만 결론적으로 말하자면 이득이다. 왜 그런지 알아보기 위해 우리가 두 단계에 걸쳐 변화한다고 상상해보라. 첫 번째 단계는 남편과 아내의 (서로에 대한) 배분은 그대로 놔둔 채 새로운 가격으로 변화하는 것이다. 이 변화는 순수한 이전이다. 아내는 남편이 잃는 것을 얻는다. 다음 단계는 남편과 아내가 새로운 가격에 맞춰 적응하도록 하는 것이다. 아내의 숫자를 바꾸지 않는 남성들은 아무런 영향도 받지 않는다. 가격 상승에 맞춰 아내의 숫자를 한 명에서 제로로 줄이거나 일부다처제의 합법화에 따른 장점을 취하려고 아내를 한 명 이상으로 늘리는 남성들과 예전 가격에서는 결혼을 선택하지 않았지만, 새로운 가격에서는 결혼을 선택한 여성들은 이득을 본다. 개선이 더해진 순수한 이전은 결과적으로 개선이 된다.

일처다부제를 합법화하는 효과에 대한 분석도 여성과 남성의 역할이 바뀔 뿐이다. 이제 일부 여성은 두 명의 (또는 그 이상의) 남편을 사들이므로 남편에 관한 수요곡선이 위로 이동한다. 예전 가격에서는 남편에 관한 수요량이 공급량보다 많아 가격이 상승한다. 오직 한 명의 남성과 결혼하는 여성들은 남편이 될 사람을 놓고 일처다부제를 지향하는 여성들과 경쟁해야 하므로 이전보다 훨씬 좋은 조건을 제안해야 한다. 남성에게는 이득이고, 일부일처제를 추구하는 여성에게는 손해이며, 일처다부제를 추구하는 여성에게는 이득도 될 수 있고 손해도 될 수 있다. 순효과는 경제적 개선이다.

이 같은 결론을 터무니없다고 생각하는 독자도 많을 것이다. 도대체 어떻게 일부다처제가 여성에게 유리하고, 일처다부제가 남성에게 유리할 수 있단 말인가? 그런 반응은 내가 2장에서 순진한 가격이론이라고 묘사했던 것, 즉 가격 변동이 없다고 보는 이론을 보여준다. 만약 일부다처제가 도입되고 그 외의 다른 것은 변동이 없다면 (남편 한 명을 건사하는 부담을 분담하려는 여성들을 제외하고는) 여성은 손해를 본다. 하지만 일부다처제가 도입되면 또 다른 변화가 생긴다. 아내에 관한 수요곡선이 위로 이동하고, 결혼 계약에 내재된 가격도 아울러 상승한다. 한 명의 남편을 공유하는 아내들은 더 유리한 조건으로 남편을 맞는다. 즉, 그들의 남편은 일처다부제를 지향하는 라이벌과의 경쟁 때문에 아내를 얻으려면 훨씬 좋은 조건을 제시해야 한다. 여성들이 일부다처제를 수용하는 이유는 그들이 제시받는 가격이, 그들의 관점에서 볼 때, 한 명의 남편을 공유하는 데 따른 불이익과 적어도 균형을 이룰 정도로 충분하기 때문이다.

아내와 남편을 (또는 남편과 아내를) 자동차와 자동차 구매자로 바꿔놓으면 이런 결말이 덜 불합리하게 보일 것이다. 자동차를 한 대 이상 소유하지 못하도록 하는 법이 있다고 가정해보자. 그 법을 폐지하면 자동차 수요가 증가할 것이다. 자동차 판매상에게는 이득이다. 새로운 기회를 활용하지 않는 구매자는 이전보다 더 비싼 가격을 지급해야 하므로 손해를 본다. 한 대보다 많은 자동차를 구입하는 구매자는 새로운 가격으로 자동차를 한 대만 구매하는 경우보다 이득을 보지만(만약 그렇지 않았다면 그들은 자동차를 한 대만 구매했을 것이다), 이전 가격으로 한 대만 구매하는 경우보다 반드시 이득이라고 할 수는 없다. 어차피 이전 가격으로 자동차를 구매할 방법도 없다.

일부다처제를 합법화한 '이후'에는 여성에게 이득이라고 말할 때 이 말은 일종의 미래를 묘사하는 듯 보이고, 그 미래에 일부다처제가 합법이 되면 다른 두 명의 여성과 결혼하려고 기존에 있던 한 명의 아내와 이혼하는 남성들이 생기고, 결혼 계약에 관한 재협상을 요구하는 여성들이 등장할 것처럼 생각된다. 하지만 이 생각은 오류다. 다른 유사한 논의에서와 마찬가지로 여기에서 '이전'과 '이후'는 분석 대상으로 삼고 있는 세상이 아니라 분석 과정의 단계를 의미한다. 나는 두 가지 대안의 특징을 비교하고 있다. 하나는 일부다처제(또는 일처다부제)를 합법화했을 때의 특징이고, 다른 하나는 그렇게 하지 않았을 때의 특징이다. 일부다처제가 불법이었다면 한 명의 여성과 결혼했을 남성은 일부다처제가 합법화되는 경우, 두 가지 선택권이 있을 뿐이다. 남들과 다른 조건으로 한 명의 여성과 결혼하거나 두 명 혹은 그 이상의 여성과 결혼하거나, 아니면 터무니없는 가격 때문에 시장에서 배척당하고 독신으로 남는 것이다.

## 돈 많은 여자 대 예쁜 여자

"갈색 소녀는 집과 땅을 가졌고, 흰 피부에 금발인 앨린더는 아무것도 없어요"

프랜시스 제임스 차일드Francis James Child가 수집한 잉글랜드와 스코틀랜드의 대중 민요에 나오는 가사다.

민요에 등장하는 청년은 두 여인 중 한 명을 선택해야 한다. 그중 한 명은 아름답고, 한 명은 부자다. 거의 언제나 똑같지만, 그 청년은 부유한 여인을 선택한다. 그 결과는 비극이다. 적어도 결혼한 두 사람은 그리고 일반적으로 세 사람 모두 죽음을 맞는다. 이 민요가 주는 교훈은 분명하다. 아름다운 여인과 결혼하라는 것이다.

이 민요에서 분명한 점은 여인의 재산을 보고 결혼하는 건 잘못이지만, 미모에 이끌려 결혼하는 건 잘못이 아니라는 것이다. 그런데도 그 이유는 불명확하다. 사실 (피부가 까무잡잡하고 '흰 피부의 금발인' 앨린더보다 덜 매력적인) 갈색 소녀는 자신의 재산을 소유할 자격을 얻기 위해 아무것도 한 일이 없다. 따라서 우리는 그녀가 청년을 차지할 자격이 없다고 주장할 수 있다. 하지만 흰 피부에 금발인 앨린더도 자신의 미모를 소유할 자격이 없기는 마찬가지다. 두 여인이 한 것이라고는 한 명은 부를 위해, 다른 한 명은 외모를 위해 적당한 부모를 선택한 것뿐이다. 그렇다면 어째서 청년이 미녀를 위해 부를 거부하면 훌륭하고 고결한 행동인 반면, 부를 위해 미녀를 포기하면 사악한 행동이 되는 것일까?

한 가지 해답은 이런 민요의 줄거리가 앞에서 내가 배제한 어떤 것에 의존하고 있기 때문일지도 모른다. 민요 속의 세계에서, 어쩌면 대부분의 수많은 인간 사회에서, 신부와 신랑은 결혼으로 이해관계가 얽히게 되는 유일한 당사자들이 아니며, 결혼에 영향력을 행사하는 유일한 사람도 아니다. 만약 청년이 앨린더와 결혼하면 그는 신부가 아름다워서 득을 보는 유일한 사람이 된다. 하지만 만약 그가 갈색 소녀와 결혼하면 그의 부모들은 신부의 재산에 대해 어느 정도 재량권을 행사할 수 있을 거라고 기대할 수 있다. 아마도 그들은 노후에 신부의 재산으로 살 수 있을 거라고 믿을 것이다. 결국, 청년이 갈색 소녀와 결혼하도록 설득하는 건 청년의 어머니다.

만약 그것이 이 민요의 전모라면 노래를 하는 사람이, 또는 적어도 이 민요가 대상으로 삼는 청중들이, 세대 간 격차를 사이에 두고 어느 쪽을 지지하는지 아주 명확하다.


## 이타주의 경제학

나는 경제학이 여러 목표를 전제로 하지만 그 목표들이 반드시 이기적인 것일 필요는 없다고 수차례 주장했다. 이제 왜 그런지 증명하고자 한다. 두 사람이 있다고 가정해보자. 이타주의자인 앤과 수혜자인 빌이고, 그 둘은 부모와 자식 관계이다. 이타주의자는 수혜자의 후생에 마음을 쓴다. 수혜자도 자신의 후생에 관심을 둔다. 만약 이 같은 불균형이 믿기지 않는다면 어떤 부모든 붙잡고 물어보라.

앤은 한정된 돈을 가졌고 그 돈을 두 가지 재화로, 즉 자신의 소비와 빌의 소비로 나눈다. 3장에서 소비자가 예산선을 아래로 이동시킨 것처럼 앤은 수입을 빌에게 이전함으로써 한쪽 재화의 양을 줄이고 다른 한쪽 재화의 양을 늘린다.

앤의 수입이 주당 75달러이고 빌의 수입은 25달러라고 가정하자. 앤이 빌에게 한 푼도 주지 않는 경우, 75달러와 25달러가 앤과 빌이 각자 소비하는 금액이다. 앤이 빌에게 수입의 전부를 주는 경우, 앤의 소비는 제로가 되고 빌은 주당 100달러를 소비할 것이다. 이 두 가지 경우의 중간에서 일단의 대안, 즉 앤이 빌에게 줄 수 있는 다양한 금액에 상응하여 그들의 수입을 합쳐 다양한 분배율로 나눈 금액이 정해진다.

그림 21-1은 이런 상황을 보여준다. 앤에게 최적인 지점은 그녀의 예산선과 무차별곡선이 만나는 Y이다. 해당 지점에서 그녀는 빌에게 15달러를 나눠줘서 자신은 60달러를 갖고 빌은 40달러를 가진다.

앤의 수입이 90달러로 증가하고 빌의 수입이 10달러로 줄어든다고 가

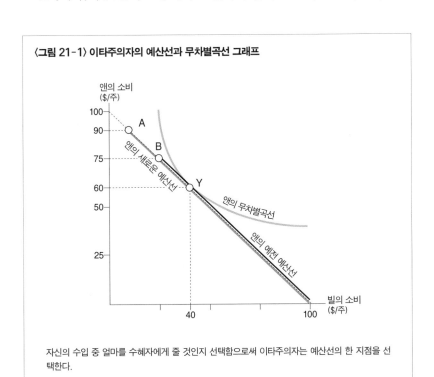

〈그림 21-1〉 이타주의자의 예산선과 무차별곡선 그래프

자신의 수입 중 얼마를 수혜자에게 줄 것인지 선택함으로써 이타주의자는 예산선의 한 지점을 선택한다.

정해보자. 앤이 선택할 수 있는 대안이 그녀의 새로운 예산선으로 나타난다. 이제 그녀의 대안에는 이전 예산선에 있던 모든 지점과 여기에 더해 일부 새로운 지점들이 포함된다. 새로운 지점들은 모두 Y지점에 의해 영향을 받는데, 새로운 지점들이 무차별곡선의 아래에 위치하기 때문이다. 앤은 빌에게 이전하는 금액을 10달러만큼 더 늘리고, 소비는 이전과 마찬가지로 Y지점에서 이뤄진다.

Y는, 앤의 관점에서, 100달러를 자신과 빌이 나누는 이상적인 방식이다. 그들의 수입을 합친 금액이 100달러인 한 그리고 앤의 수입이 최소한 60달러에서 시작하는 한 앤에게는 Y지점으로 움직일 수 있는 선택권이 있으며 그렇게 할 것이다. 결과적으로, 앤과 빌의 관점에서 보면 수입을 어떤 조합(100달러와 0이나 90달러와 10달러, 60달러와 40달러 등)으로 나누든 아무런 차이가 없다. 어떻게 조합하든 이타주의자와 수혜자의 소비 형태는 모두 같은 결과로 나타난다.

수입이 100달러라서 그런 것만은 아니다. 이 논리는 수입이 얼마든 동일하게 적용된다. 이타주의자가 자신이 선호하는 분배 결과를 얻을 수 있을 정도로 시작하는 한 중요한 건 총액일 뿐 초기 분배가 아니다.

수혜자가 결국 얼마를 갖는지의 문제는 두 사람의 수입을 합친 금액으로 결정되므로 합리적인 수혜자는 자신의 수입뿐 아니라 이타주의자의 수입을 유지하는 데 주의를 기울이는 편이 자신에게 이득이라는 사실을 알게 될 것이다. 이런 측면에서 수혜자는, 설령 이타주의자의 후생에는 관심이 없을지라도, 마치 자신도 이타주의자인 양 행동한다.

이 주장은 이타주의자가 다른 사람의 효용가치를 자신의 효용가치가 결정되는 변수 중 하나로 여기는 어떤 사람이라고 정의함으로써 일반화될 수 있다. 여기에서 일반화는 수혜자의 관점에서 이타주의자와 수혜자

두 사람으로 구성된 사회에 경제적 개선을 가져오는 행동을 취하는 것이 수혜자 자신에게도 이득이라는 점이다. 경제적 개선을 가져오는 변화는, 이타주의자가 이전하기로 한 총액의 변화로 발생하는 효과를 일단 계산에 포함하면, 수혜자에게도 이득이 된다. 나는 이 결과를 모든 변화가 돈으로 환산되는 이차원적인 간단한 예를 통해 도표로 증명했다. 더 일반적으로, 이를테면 손실이 팔이 부러지거나, 창문이 깨지거나, 심지어 비탄의 형태로 나타나기도 하는 경우의 증명도 이와 유사하지만 훨씬 복잡하다. 그 결과는 이타주의자가 충분히 부자라서 자신이 선호하는 분배 결과를 얻을 수 있는 상황에 국한된다.

이런 결과를 위협 게임으로 오해하기 쉽다. 수혜자가 이타주의자에게 상처를 주면 이타주의자는 이전하는 금액을 줄여 수혜자를 벌하고, 따라서 수혜자는 후원자의 비위를 건드리지 않는 편이 자신에게 이득이라는 사실을 깨닫게 된다는 것이다. 하지만 사실은 그렇지 않다. 이타주의자는 수혜자가 어떤 변화에 대한 책임이 있다는 사실을 알아도 위의 논증 과정에 언급된 어떤 처벌도 가하지 않는다. 제3자가 또는 자연현상으로 변화가 생기는 경우에도 이타주의자는 정확히 똑같은 행동을 보일 것이다. 그 변화가 순개선인 경우, 수혜자와 이타주의자는 해당 변화 이후에 더 이득을 본다. 그리고 그에 따라 이타주의자가 이전하기로 하는 금액에 변화가 생길 것이다. 반면, 그 변화가 순손실인 경우에는 수혜자와 이타주의자는 결국 손해를 본다.

한 명의 이타주의자(부모)와 두 명의 수혜자(자녀)가 있는 상황을 생각해보자. 두 명의 수혜자 중 한 명은 불량아이고 재미 삼아 자신의 어린 여동생에게 발길질한다. 바로 앞에서 설명한 분석법이 암시하는 바에 따르면, 만약 불량아가 자신의 여동생에게 발길질하면서 느끼는 금전적 가치가 여동생의 관점에서 발길질을 당하는 금전적 비용보다 적다면 불량아는 여동생을 걷어차지 않는 편이 더 이득이다. 부모가 불량아의 증가된 효용가치와 발길질을 당한 여동생의 줄어든 효용가치에 상응하도록 아이들에 대한 지출을 조정하고 나면 불량아는 얻은 것보다 잃은 것이 더 많다. 여기에서도 변수는 부모가 발길질하는 장면을 목격한 것보다는 두 자녀가 얼마나 행복한지에 관한 부모의 관찰 결과로 좌우된다.

부모의 이타주의로 인한 영향력을 적당히 고려했을 때 불량아는 결과적으로 여동생을 걷어차는 행동이, 그렇게 하는 것이 오직 효율적인 경우에만, 자신에게 득이 된다는 사실을 깨닫게 되는데, 이런 과정을 가리켜 '불량아 정리'라고 한다. 이타주의자 특유의 효용함수(이 효용함수는 그 변수 안에 수혜자의 효용가치를 포함하고 있다)때문에 이타주의자와 수혜자는 효율을 극대화하는 것이, 즉 이타주의자와 수혜자에게 미치는 순효과가 경제적 개선인지 아닌지에 따라 결정하는 것이 그들의 사익에 도움이 된다는 사실을 깨닫는다.

나는 지금까지 게리 베커의 개념들을 설명해왔으며 이 경제학자는 사회 생물학적 난제 중 하나, 즉 이타적인 존재에 관한 해답을 내놓았다. 진화이론이 암시하는 것처럼, 만약 우리가 우리 자신의 번식에 유리하게 작용하는 능력(간략히 말하면, 가능한 한 자손을 많이 갖도록 행동하는 능력) 덕분에 진화를 거쳐 선택되었다면, 타인의 이익을 위해 자신의 이익을 희생하는 사람들은 벌써 도태되었어야 한다. 그렇지만 이타주의는 우리 인간을 포함해 다양한 종種에서 나타나는 듯 보인다.

이에 대한 한 가지 해석은 진화의 관점에서 봤을 때, 친족에게 향하는 이타주의는 진정한 이타주의가 아니라는 것이다. 예컨대 나는 내 자식들이 내 유전자를 가졌으므로 그들을 돌봐 종족 번식을 위해 노력한다. 이런 관점에서 보더라도 친족이 아닌 대상을 향한 이타주의는 여전히 설명하기 곤란한 난제로 남는다. 베커의 주장은 이타주의가 위에서 언급한 과정을 통해 협동을 낳고, 따라서 각 수혜자가 전체 집단에 관해 효율적인 방식으로 행동할 유인을 제공하므로 이타주의자는 물론이고 수혜자에게도 이득이라는 것이다. 이타주의자가 있는 집단은 이타주의자가 한 명도 없는 집단에 비해 훨씬 번창하고, 더 많은 자손이 살아남고, 이타주의자의 유전자를 포함해서 그 집단의 유전자가 갈수록 널리 퍼져나갈 것이다.

이타주의자는 다른 집단보다 자신이 속한 집단의 성공적인 종족 번식을 촉진하지만, 자신의 자원을 같은 집단의 다른 구성원에게 이전함으로써 그들을 위해 자기 자신의 성공적인 종족 번식을 희생한다. 베커의 분석이 옳다면 이타주의 유전자는 시간이 흐를수록 점점 줄어들고 있음이 분명하다. 다시 말하면, 이타주의자의 종족 번식 과정이 집단의 종족 번식 과정과 적어도 균형을 이뤄야만 이타주의 유전자가 보존될 것이다.

이 장의 도입 부분에서 나는 미모를 보고 결혼하는 행동이 재산을 보고 결혼하는 행동보다 더 나은 이유가 무엇인지 물었다. 이제 우리에게는 그럴듯한 답이 있다. 사람들은 흔히 남녀가 사랑에 빠지는 이유 중 하나가, 재산이 아니라 미모 때문이라고 믿는다. 이타주의에 대한 우리의 분석은, 공동 후생을 극대화하면 이타주의자와 수혜자 모두에게 이득이므로 해당 집단에 이타주의자가 있으면 사람들은 더 쉽게 협동할 거라는 사실이다. 청년은 갈색 피부의 신부를 사랑하지 않고 흰 피부에 금발인 앨린더를 사랑한다. 그리고 결혼식 직후에 이 사실을 신부에게 고백한다. 그 결과, 갈색 소녀는 앨린더를 칼로 찌르고, 청년은 갈색 소녀를 죽이고 자살한다. 민요는 그렇게 끝나고 아마 청년의 부모는 교훈을 얻었을 것이다. '사랑에 빠진 상태'를 이타주의와 같게 본다면 이 민요의 교훈은 맞다. 만약 미인과 결혼한다면 당신은 미인인 아내를 얻을 뿐 아니라 효율적인 가족을 가진다는 이점도 얻는다.

물론, 그런 이타주의는 한 방향으로만 작용한다. 흰 피부에 금발인 앨린더의 미모가 그녀로 하여금 청년에게 이타적으로 행동하기 더 쉽도록 만들었을 리는 만무하다. 하지만 그런 사실이 이 논의의 주된 난점은 아니다. 우리는 '불량아 정리'를 통해 가족 중 한 명의 이타주의자만 있으면 충분하다는 사실을 알기 때문이다.

더 심각한 난점은 '사랑에 빠진 상태'와 이타주의의 관련성이 분명하지 않다는 점이다. 자신이 '사랑에 빠져 있던' 남성에게 버림받자 앨린더의 반응은 자신이 가진 가장 멋진 드레스를 입고 예전 남자친구의 결혼식을 망치러 가는 것이었다. '사랑에 빠진' 상태는 이타주의와 거리가 먼 복합적인 감정을 보여주는 듯하다. 육체적인 아름다움과 관련된 복합적인 요소들은 어느 수준까지 이타주의를 수반하고, 만약 그렇다면, 그 요소들이 결혼하고 나서 처음 6개월간이라도 남아 있을지의 여부는 알 수 없는 문제다.

## 현금 대신 선물을 주는 이유

어째서 사람들은 현금 대신에 어떤 형태로든 선물을 줄까? 만약 사람들이 자기 잇속에 맞게 행동한다면 현금을 받아서 자신이 원하는 물건을 직접 구매하는 편이 증여자가 주는 선물을 받는 것보다 이득이다.

현금 대신 선물을 주는 데는 두 가지 분명한 이유가 있다. 첫째는 선물

증여자에게 선물을 받는 사람의 후생이 아닌 다른 목적이 있다는 점이다. 어쩌면 나는 당신이 좋아서가 아니라 우리 사회에 교양 있는 사람들이 많아지길 바라거나, 더 똑똑한 학생들이 내 모교에 입학하게 하려고 당신에게 장학금을 지급하는 것일 수 있다.

선택권이 제한된 선물을 주는 두 번째 이유는 가부장적인 태도 때문이다. 만약 당신이 선물 받는 사람보다 무엇이 그에게 더 유익한지 잘 안다고 믿는다면 당신은 그가 당신의 돈을 사용하는 방식을 자연스럽게 통제하려 할 것이다. 대표적인 예는 부모가 자녀를 대하는 경우다.

가부장적인 태도가 심지어 자녀들한테도 합리적인 정책인지는 그다지 명백하지 않다. 내가 어렸을 때 우리 가족은 조부모를 찾아뵈려고 시카고에서 오리건의 포틀랜드까지 기차로 여행한 적이 있다. 그 여행은 2박 3일이 걸렸다. 아버지는 나와 내 여동생에게 침대칸에 가서 잠을 자든지, 아니면 그대로 앉아 있는 대신에 침대칸 요금에 해당하는 돈을 받든지 선택하라고 했다. 우리는 돈을 선택했다.

이 시점에서 우리는 크리스마스나 생일에 또는 그 비슷한 날에 친구나 심지어 부모에게도 현금 대신 선물을 주는 이유에 대해 재차 의문을 갖게 된다. 자녀한테 보여주는 가부장적인 태도는 적절할지 모르지만, 부모에게도 가부장적인 태도를 유지하는 건 적절치 못해 보인다. 그럴듯한 해답을 찾자면, 우리는 우리가 이미 읽어봤고 그분들이 좋아하실 게 분명한 책을 선물할 수 있다. 하지만 이런 해답이 과연 충분한 설명이 될지는 의심스럽다. 우리는 사람들에게 그들이 좋아할 만한, 그러나 특별한 이유가 없는 선물을 하는 경우가 많다.

내가 생각하기에 정확한 해답은, 특히 개인적인 거래에서 돈에 대한 반감과 어느 정도 관련이 있으며 그 같은 반감은 우리 사회의 독특한 특징인 것 같다. 예를 들어, 밤이 되면 되돌아올 편익을 기대하면서 여성을 비싼 레스토랑에 데리고 가는 행동은 매우 예의 바르지만, 같은 목적을 위해 그녀에게 돈을 주는 건 꿈도 꿀 수 없다.

그 같은 설명은 또 다른 문제로 이어진다. 왜 우리 사회가, 특히 개인적인 거래에서 현금을 사용하는 것에 대해 비우호적인지 설명하는 문제다. 경제학자로서 나는 '반反경제적인' 행동에 대해서도 경제학적인 설명을 찾고자 한다.


## 이론과 현실의 충돌

이 장을 진지하게 읽어주길 기대하고 썼는지 의아해하는 사람도 있을 것이다. 정말로 나는 사랑과 결혼을 경제학의 추상적인 논리로 분석할 수 있다고 믿을까? 정말로 나는 일곱 살짜리 소년이 자신의 여동생을 걷어찰지 말지 결정하는 과정에서 경제학 박사가 아닌 이상은 완벽하게 이해하는 사람이 거의 없는 경제 이론에 기초해서 비용편익 계산을 한다고 믿을까?

내 대답은 "그렇긴 하지만"이다. 나는 이 장에서 소개된 분석이 현실 세계에 있는 그대로의 사랑과 결혼, 자녀를 이해하는 데 유용하다고 믿는다. 나는 인간다운 것과 사랑하는 것, 어리다는 것, 부모가 된다는 것이 어떤 것인지에 대한 충분한 이해 없이는 사랑이나 결혼, 자녀를 이해하기에 이 같은 분석이 충분하다고 생각하지 않는다. 또 이론과 현실 세계에서 우리가 관찰하는 것이 서로 충돌하는 경우, 현실 세계가 뒤로 물러나야 한다고 생각하지도 않는다. 나는 달갑지 않은 증거와 직면한 유명한 독일 철학자의 말을 빌려 "알면 알수록 더 불행해진다"고 말하고 싶지 않다.

경제학은 현실 세계를 이해하는 방법의 하나다. 그 방법이 맞는지 틀리는지 알아내려고 당신은 경제이론에 근거한 예측이 실제로 당신이 관찰한 내용과 얼마나 잘 들어맞는지 확인한다. 예측대로 완벽하게 들어맞는 경우는 좀처럼 기대할 수 없지만, 비록 불완전하더라도 이론이 있는 편이 아예 없는 것보다 낫다.

여기에서 언급되는 모든 것이 사실인 것과 마찬가지로 우리 중 어떤 사람의 관점에서는 경제이론을, 특히 다른 사람들이 경제학 영역 밖이라고 여기는 것에 대한 경제이론을 만들어내는 일이 재미있는 게임이며, 심지어 예술의 한 형태라는 것도 사실이다. 그렇게 본다면 그 이론은 예술적인 기준, 즉 과학적인 우아함과 일관성으로 엄밀하게 평가된다. 경제학이 하나의 예술이자 학문이 되고 분석 내용이 흥미로울 뿐 아니라 유용하게 되는 것은 재미 삼아 경제이론을 구상하길 멈추고, 그 이론을 현실 세계와 비교해 테스트를 시작할 때뿐이다.

# 경제학은 여전히 탐구해야 할 영역

이 책을 끝내기 전에 직업적인 내 성향에 대해 간단히 알려야 할 것 같다. 내가 제시한 경제학적 관점, 즉 경제학이 광범위한 행동을 이해하기 위한 강력한 도구라고 보는 관점은 나만의 고유한 관점도 아니지만, 그렇다고 경제학자들 사이에서 보편적인 관점도 아니다. 만약 당신이 무작위로 경제학자 한 명을 골라 경제학의 정의를 묻는다면 대부분 "다양한 목적을 위해 한정된 자원을 배분하는 학문"이라는 대답을 들을 것이다.

이 책에서 제시한 폭넓은 관점은 아직 보편적으로 수용되고 있진 않지만, 매우 건설적인 것으로 입증되었다. 이 같은 관점을 지닌 대표적인 학자에는 제임스 뷰캐넌James Buchanan, 게리 베커, 로널드 코스Ronald Coase, 로버트 폴리Robert Foley, 더글러스 노스Douglas North, 조지 스티글러 등이 있으며 그들은 모두 노벨 경제학상 수상자다. 이외에도 유사한 재능을 가진 수많은 학자가 있는데, 다만 아직 그들은 스웨덴 왕립 아카데미의 관심을 끌지는 못했다.

경제제국주의가 성공하는 한 가지 이유는 흥미로운 아이디어가 흥미로운 사람들의 관심을 끌기 때문이다. 또 다른 이유는 우리가 애덤 스미스와 제러미 벤담Jeremy Bentham 시대 이후로 경제학자들이 손을 대지 않은 영역을 다루고 있고, 때로는 처녀지가 기름진 땅으로 판명되기 때문이다. 저 밖에는 난제로 가득한 세상이 우리의 도구를 기다리고 있으며, 처녀지를 개발하기 위한 토지 붐은 이제 막 시작되었다.

# :: 참고 문헌

## 1강

유전자의 경제학적 행동을 다룬 입문서로는 리처드 도킨스Richard Dawkins의 《이기적 유전자The Selfish Gene》(New York: Oxford University press, 1967)를 참고하기 바란다.

전쟁의 경제학에 대해 더 깊이 알고 싶다면 내가 쓴 논문, '전쟁의 경제학The Economics of War'을 참고하기 바란다. 이 논문은 J. E. 포넬Pournelle의 《철혈정책Blood and Iron》(New York: Tom Doherty Associates, 1984)에 실려 있다.

전쟁을 다른 관점에서 경제학적으로 분석한 책으로는 도널드 엥겔스Donald W. Engels의 《알렉산더 대제와 마케도니아 군대의 병참술Alexander the Great and the Logistics of the Macedonian Army》(Berkeley: University of California Press, 1978)을 참고하기 바란다. 저자의 분석을 보면, 알렉산더의 원정은 대군을 먹여 살리는 문제의 해결책이었다. 기아와 갈증은 창과 화살만큼이나 위험하다.

## 10강

나는 매직킹덤Magic Kingdom, 즉 디즈니랜드에 경제학 이론을 접목시키려고 생각한 최초의 경제학자가 아니며, 이 책에 소개된 기발한 소재들도 모두 다 내가 개발한 것은 아니다. 이 소재 중 하나는 월터 오이Walter Oi 교수가 〈분기별 경제학 저널Quarterly Journal of Economics〉(vol.85, 1971, pp. 77~96)에 기고한 '디즈니랜드의 딜레마: 미키마우스의 독점을 위한 2부제 가격제도'에서 가져왔다.

## 11강

게임이론에 관심 있는 사람을 위해 초기에 발표된 작품이자 아직까지도 읽어볼 만한 책으로 존 폰 노이만John von Neumann과 오스카어 모르겐슈테른Oskar Morgenstern이 쓴 《게임이론과 경제행동Theory of Games and Economic Behavior》(Princeton: Princeton University Press, 1944)을 추천한다. 쉬운 입문서로는 R. 던컨 루스Duncan Luce와 하워드 레이퍼Howard Raiffa의 《게임과 결정: 개요와 비평적인 전망Games and Decisions: Introduction and Critical Survey》(New York: John Wiley & Sons, 1957)과, 더글러스 베어드Douglas G. Baird, 로버트 거트너Robert H. Gertner, 랜달 피커Randal C. Picker의 《게임이론과 법Game Theory and the Law》(Cambridge: Harvard University Press, 1994) 등 두 권이 있다. 전략적인 문제를 다룬 에세이의 효시는 토머스 셸링Thomas Schelling의 《갈등의 전략

The Strategy of Conflict》(Cambridge: Harvard University Press, 1960)이다. 덕의 경제학을 탐험하는 데 관심 있는 독자라면 로버트 프랭크Robert Frank의 《이성 속의 열정: 감정의 전략적 역할Passions Within Reason: The Strategic Role of the Emotions》(New York: Norton, 1988)에서 훨씬 더 자세한 이야기를 접할 수 있다.

## 12강

이 장에서 다룬 소모성 자원을 둘러싼 분석은, 이를테면 '성장의 한계'나 '우주선 지구' 등과 같은 문제들을 둘러싼 최근 관심에 의한 산물이 아니다. 소모성 자원에 관한 분석은 해럴드 호텔링Harold Hotelling 이 이미 60여 년 전에 〈정치 경제 저널Journal of Political Economy〉에 '고갈성 자원의 경제학The Economics of Exhaustible Resources'(vol. 39, 1931, pp. 137~175)을 발표하면서 세상에 소개되었다.

## 13강

폰 노이만의 원래 논의는 《게임이론과 경제행동》 1장에서 소개된다.
복권과 보험의 모순에 관한 고전적인 논의로는, 밀턴 프리드먼Milton Friedman과 레너드 새비지 Leonard J. Savage가 〈정치 경제 저널〉(vol.56, 1948, pp. 279~304)에 쓴 '위험과 관련된 선택의 효용 분석'이 있다.

## 14강

이 책의 마지막 섹션은 1776년에 처음 세상에 발표된 내용을 내가 고쳐 쓴 것이다. 원문은 애덤 스미스 Adam smith의 《국부론An Inquiry into the Nature and Causes of the Wealth of Nations》(New York: Oxford University Press, 1976) 1편 10장에서 확인할 수 있다. 《국부론》은 오늘날에도 충분히 읽어볼 가치가 있다.
토지 가치에 세금을 매기자는 아이디어를 지지한 사람들 가운데 가장 유명한 헨리 조지Henry George는 《진보와 빈곤Progress and Poverty》(New York: Robert Schalkenbach Foundation, 1984)에서 자신의 주장을 피력했다.

## 15강

경제적 개선 개념에 대한 독창적이고 흥미로우며 읽어볼 가치가 있는 논의는 알프레드 마셜Alfred Marshall 의 《경제학 원리Principles of Economics》(8th ed., London: Macmillan, 1920) 6장을 참조하라.
대부분 경우에 효율성에 관한 마셜식 정의와 잠재적인 파레토식 정의는 결론이 일치한다. 이 두 가지 정의가 일치하지 않는 경우에는 데이비드 프리드먼David Friedman의 〈법률 연구 저널Journal of Legal Studies〉(vol.17, 1988)에 기고한 글 '이타주의는 과연 효율적인 결과를 낳는가? 마셜 대 칼도Does Altruism Produce Efficient Outcomes? Marshall vs. Kaldor'를 참고하라.

## 18강

자동차를 안전하게 만들수록 교통사고가 증가한다는 주장을 확인하려면 샘 펠츠먼Sam Peltzman이 〈정치 경제 저널〉에 쓴 논문 '자동차 안전 규제의 효과The Effects of Automobile Safety Regulations'(1975, pp. 677~725)를 참조하라.

## 19강

'지대추구rent seeking'라는 용어가 처음으로 사용된 논문은 앤 크루거Anne Krueger의 '지대를 추구하는 사회의 정치경제학The Political Economy of the Rent-Seeking Society' 〈아메리칸 이코노믹 리뷰American Economic Review〉(vol.64, 1974, pp. 291~303)이었지만 개념은 그보다 앞서 고든 털럭Gordon Tullock의 논문 '관세와 독점, 도둑의 후생비용The Welfare Costs of Tariffs, Monopolies and Theft' 〈웨스턴 이코노믹 저널Western Economic Journal〉(vol.5, 1967, pp. 224~232)과 데이비드 프리드먼의 《자유기구: 급진적 자본주의자를 위한 지침The Machinery of Freedom: Guide to a Radical Capitalism》(New York: Harper & Row, 1971; Arlington House, 1978; Open Court, 1989) 38장에서 먼저 소개되었다.

게리 베커Gary Becker의 '압력단체들의 정치적 영향에 관한 경쟁 이론A Theory of Competition Among Pressure Groups for Political Influence' 〈분기별 경제학 저널〉(vol.98, 1983, pp. 371~400)은 이 장에서 설명한 정치시장 모델을 이해하는 데 무척 중요한 자료다. 공공선택이론에 관한 대표적인 책으로는 제임스 뷰캐넌James Buchanan과 고든 털럭의 《동의 계산법The Calculus of Consent》(Ann Arbor, MI: University of Michigan Press, 1962), 맨서 올슨Mancur Olson의 《집단행동의 논리The Logic of Collective Action》(Cambridge, MA: Harvard University Press, 1965) 등이 있다.

## 20강

사적 법 집행과 관련한 나의 분석은 '사적 법 집행을 위한 효율적인 기구들Efficient Institutions for the Private Enforcement of Law'이란 제목으로 〈법률 연구 저널〉(1984. 06)에 소개되었다. 내가 쓴 《자유기구The Machinery of Freedom》에는 완전히 사적 재판과 경찰, 법 제도가 어떻게 작용하는지에 관한 논의와 아이슬란드의 법률제도에 관한 소개가 들어 있다. 최적의 처벌에 대한 더 자세한 설명은 내가 쓴 '피해자와 범죄자의 특성이 중요한가? 페인 테네시 판례 그리고 효율적인 처벌을 바라보는 두 가지 관점Should the characteristics of victims and criminals count? Payne v. Tennessee and Two views of Efficient Punishment' 〈보스턴 대학 법 평론Boston College Law Review〉(vol.34, 1993, pp. 731~769)을 참고하라. 아울러 내가 쓰고 존 이트웰John Eatwell, 머레이 밀게이트Murray Milgate, 피터 뉴먼Peter Newman이 편집한 소론 '법에 관한 경제학적 분석Economic Analysis of Law' 〈뉴 펄그레이브: 경제학 이론과 원칙 사전The New Palgrave: A Dictionary of Economic Theory and Doctrine》(Macmillan, 1987)은 주어진 주제와 관련해 포괄적인 개요와 세부적인 참조 내용을 제공한다.

마틴 고츠Martin A. Gosch와 리처드 해머Richard Hammer의 논문 '럭키 루치아노 최후의 증언The Last Testament of Lucky Luciano'(Boston: Little, Brown, 1974)은 루치아노가 고츠에게 제공한 정보를 토대로 했다고 한다. 페리 윌리엄스Terry Williams의 《코카인 키즈: 십대로 구성된 마약 조직의 뒷이야기The Cocaine Kids: The Inside Story of a Teenage Drug Ring》(Addison-Wesley, 1989)는 불법적인 시장에 대한 최근의 관점을 제시한다.

피터 로이터Peter Reuter와 조나단 루빈슈타인Jonathan B. Rubinstein의 '조직범죄의 실태와 허상Fact, Fancy, and Organized Crime' 〈퍼블릭 인터레스트The Public Interest〉(vol.53, 1978, pp. 45~67)은 조직범죄에 관한 내 관점을 뒷받침하는 증거와 주장을 제시함과 동시에 이 장에서 언급된 마권 영업에 대한 연구결과를 보여준다.

**21강**

결혼과 그 밖의 것에 관한 더 심층적인 경제학적 논의를 위해 나는 게리 베커의《가족에 관한 논문A Treatise on the Family》(Cambridge: Harvard University Press, 1981)을 추천한다.


**맺음말**

내가 맨 처음에 쓴 경제학 논문은 '국가의 규모와 상태에 관한 경제이론An Economic Theory of the Size and Shape of Nations' 〈정치 경제 저널〉(vol.85, 1977, pp. 59~77)이었다.

경제학의 창시자들에게 경제학을 배우고 싶은 학생들은 애덤 스미스의《국부론》과 데이비드 리카도 David Ricardo의《경제학 및 과세의 원리The Principles of Political Economy and Taxation》(Totowa, N.J.: Biblio Distribution Centre, 1977) 그리고 알프레드 마셜의《경제학 원리》를 읽어야 한다.

이 세 권의 책은 매우 다르다. 스미스의 책이 가장 광범위하고 재미있으며, 리카도의 책이 가장 난해하다. 마셜은《경제학 원리》에서 처음으로 현대 경제학을 하나로 합쳤다. 이 책은 위에 소개한 세 권의 책 중에서 현대 경제학 교과서를 대체할 수 있는 유일한 책이다.

# :: 찾아보기

데이비드 프리드먼 교수의
# 경제학 강의

지은이 데이비드 프리드먼
옮긴이 고기탁

1판 1쇄 인쇄 2015년 6월 30일
1판 2쇄 발행 2015년 9월 20일

발행처 도서출판 옥당
발행인 신은영

등록번호 제300-2008-26호
등록일자 2008년 1월 18일

주소 경기도 고양시 일산동구 무궁화로 11 한라밀라트 B동 215호
전화 (02)722-6826 팩스 (031)911-6486

홈페이지 www.okdangbooks.com
이메일 coolsey@okdangbooks.com

값은 표지에 있습니다.
ISBN 978-89-93952-65-0  03320

조선시대 홍문관은 옥같이 귀한 사람과 글이 있는 곳이라 하여 옥당玉堂이라 불렸습니다.
도서출판 옥당은 옥 같은 글로 세상에 이로운 책을 만들고자 합니다.

이 도서의 국립중앙도서관 출판시도서목록(CIP)은 서지정보유통지원시스템 홈페이지(http://seoji.nl.go.kr)와
국가자료공동목록시스템(http://www.nl.go.kr/kolisnet)에서 이용하실 수 있습니다.
(CIP제어번호: CIP2015017048)